주역64괘 해제

주역64괘 해제

초판 1쇄 인쇄	2014년 08월 18일
초판 1쇄 발행	2014년 08월 25일

지은이	이 건 표		
펴낸이	손 형 국		
펴낸곳	(주)북랩		
편집인	선일영	편집	이소현, 이윤채, 김아름, 이탄석
디자인	이현수, 신혜림, 김루리	제작	박기성, 황동현, 구성우
마케팅	김회란, 이희정		
출판등록	2004. 12. 1(제2012-000051호)		
주소	서울시 금천구 가산디지털 1로 168, 우림라이온스밸리 B동 B113, 114호		
홈페이지	www.book.co.kr		
전화번호	(02)2026-5777	팩스	(02)2026-5747

ISBN   979-11-5585-320-7 13150(종이책)   979-11-5585-321-4 15150(전자책)

이 책의 판권은 지은이와 (주)북랩에 있습니다.
내용의 일부와 전부를 무단 전재하거나 복제를 금합니다.

이 도서의 국립중앙도서관 출판예정도서목록(CIP)은 서지정보유통지원시스템 홈페이지(http://seoji.nl.go.kr)와
국가자료공동목록시스템(http://www.nl.go.kr/kolisnet)에서 이용하실 수 있습니다.
(CIP제어번호 : CIP2014024169)

알기 쉽게 풀어 쓴

주역 64괘 해제

주역64괘 해제 강설과 일주 육십갑자 음양론

이건표 지음

북랩 book Lab

추 천 사

출간을 축하합니다.

　인간은 누구나 미래에 대해 궁금해 하고 불안不安하기까지 한 것이 일반적一般的이다. 특히 산업화産業化, 정보화情報化, 글로벌화된 복잡하고 분화된 현대사회現代社會에서는 더욱 그러하다. 일기 예보를 할 때 구름, 바람, 기온, 기압 등을 하늘과 지상에서 훤히 들여다보고 슈퍼컴퓨터를 통하여 철저히 분석을 하여도 날씨를 정확히 맞추기란 쉽지 않다. 아무리 과학科學이 발전한다하여도 인간사人間事의 미래未來를 정확히 예측豫測하는 것은 불가능不可能하다.

　먼 옛날 우리의 조상祖上들도 언제나 밀려오는 자연재해自然災害에 나약했고 정보의 소통疏通이 원활圓滑하지 못했던 그들은 미래가 더욱 불안했을 것이다.
　약 2,500년 전 중국 고대 주周나라 시절 거북 등껍질이나 동물의 뼈를 불에 구어 생기는 선의 모양을 보고 서죽筮竹을 이용하여 길흉吉凶을 판단判斷하는 점占이 유행했는데 이를 해설한 것이 주역周易이다.
　스스로 움직이지 않으나 삼라만상森羅萬象을 움직이게 하는 끝없는 우주宇宙의 순환循環 원리原理를 태극太極이라 하고, 태극을 음陰과 양陽으로 둘로 나누고, 그 음양陰陽을 또 음과 양으로 나누어 사상四象: 太陽, 太陰, 少陽, 少陰이 만들어진다.
　또 사상을 음과 양으로 나누어 팔괘八卦를 만들고 팔괘를 가로와 세로로 서로 겹쳐서 64괘를 만들었는데 이 64괘가 주역周易의 본문을 구성하는 괘卦이다.

하늘의 움직임이 땅에 영향影響을 주고, 땅은 그 영향을 받아 자신이 변하는 동시에 하늘에 다시 영향을 주고, 하늘은 이것을 받아들여 변화變化하고, 그 변화를 다시 땅에 주는 순환의 연속이 주역周易의 근본根本이다. 주역은 하늘과 땅은 물론 만물萬物이 서로 교감交感하여 변화하는 과정을 64괘라는 틀 속에서 자연自然을 축소시켜 설명하는데 이는 인간사 뿐 만 아니라 우주에서 일어나고 있는 여러 현상을 예측할 수 있어 오랜 세월동안 동양東洋의 경전經典 중 경전으로 사랑받아 오고 있다.

  일지 스님께서는 보살의 수행법인 "수능엄경首楞嚴經" 한글번역본을 출간하시었고, 지난해 주역周易에 능통能通하시어 16상론을 중심으로 우주의 원리를 쉽게 해설하고 우리의 삶과 밀접한 행태行態, 체질體質, 혈기血氣를 바탕으로 인간사의 미래를 예측할 수 있는 "천운해제天運解題"를 발간하시었다. 그런데 1년도 안되어 주역을 바탕으로 사주四柱에 따른 8괘의 조합인 대상론大象論과 60갑자 해제론을 아우르는 "주역64괘 해제"를 발간하심에 진심으로 존경과 경의를 표하며 이 책이 우리의 미래에 대한 궁금중을 시원하게 풀어 줄 열쇠가 될 것이라는 것을 믿어 의심치 않는다.

2014년 5월 28일
한국사진문화원 Light House 대표
德山 文常旭

삶의 이정표인 "주역64괘 해제"의 출간을 축하드립니다.

　우리 민족의 전래 경전인 천부경 중에 "일적십거무궤화삼一積十鉅無匱化三"이라는 말이 나옵니다.
　이 말뜻을 풀이한 최동환 선생의 천부경강해 중 일적십거도一積十鉅圖라는 그림을 보면, 사람의 운명 중 64%는 사람의 힘으로는 도저히 어찌할 수 없는 불가항력적으로 고정이 되어있지만, 36%는 사람의 의지로 얼마든지 바꿀 수 있다고 합니다.
　이러한 원리를 모르는 사람은 사람의 모든 일상사 길흉화복을 운명론적으로 체념하지만, 이러한 원리를 이해한 사람은 36%라는 개인의 의지로 자신의 운명을 바꾸어 좋은 방향으로 나아가게 한다고 합니다.

　주역은 중국에서는 사서삼경四書三經중 "역경易經"으로, 수천 년 동안 유교儒敎의 경전으로 다루어 왔습니다.
　주역의 원래 이름은 "역易"이었습니다. 이 "역易"에는 세 가지의 뜻이 담겨 있는데,
　첫째가 간역簡易으로 간단하고 평이하다는 뜻입니다. 하늘과 땅은 모든 현상과 사물을 포용하고 생성화육生成化育하는데, 하늘은 사람에게 쉬운 것을 보여주고, 땅은 사람에게 간편함을 보여주고 있음을 나타냅니다.
　둘째는 변역變易으로 변하고 바뀐다는 뜻입니다. 천지간의 모든 상황과 사물은 항상 변하고 바뀌고 있다는 것입니다. 밤이 가면 낮이 오고, 겨울이 가면 봄이 오듯이 음, 양 두 기운의 변화작용을 의미합니다.
　셋째는 불역不易인데 바뀌거나 변하지 않는 이치를 말합니다.
　하늘은 높고, 땅은 낮지만 서로 위치를 바꾸거나 변하지 아니함이며, 천지 사이의 온갖 현상의 움직이고 정지하는 작용은 일정한 법칙에 따라 이루어지는데, 이 법칙은 항구불변한 것으로 변하지 않는다는 것입니다.

주역에는 이 세 가지의 법칙과 작용을 그 자체 속에 갖추고 있는데, 인간의 삶과 연결된 부분은 변역이라고 할 수 있습니다.

이번에 일지—日誌 이건표님이 새로 엮어 펴낸 "주역64괘 해제"는 사람의 의지와 노력과 힘으로 자신의 운명을 좋은 방향으로 바꿀 수 있음을 보여주고 있습니다.

주역에 담겨있는 세 가지 의미 중 늘 변화하고 바뀔 수 있는 현상인 변역과 천부경 중 사람의 의지로 변화시킬 수 있는 36%는 같다고 볼 수 있습니다.

사람은 태어나면서부터 죽을 때 까지 온갖 일과 부닥치게 되어있습니다. 그중에는 좋은 일도 있고, 나쁜 일도 있습니다. 좋은 일이야 상관없지만, 나쁜 일을 맞게 되면 누구나 좌절하고 낙담하고 심지어 생명까지 위험한 상황에 처하게 됩니다. 이 세상 누구라도 이러한 운명을 회피하거나 거스를 수가 없습니다. 그러나 닥치게 될 나쁜 운명을 미리 안다면 회피할 수 없다고 해도, 피해를 최소로 하거나, 전화위복으로 삼을 수는 있습니다.

일지스님이 펴 낸 "주역64괘 해제"는 바로 사람에게 닥치게 될 운명을 미리 알려줌으로써, 그에 적절하게 대응할 수 있는 방법을 제시하고, 피해를 최소로 하며, 전화위복의 계기로 삼을 수 있는 지혜를 알려줍니다.

수천 년 동안 선비들의 필독서로 취급되어 일반 백성은 이해하기 어려웠던 주역을 누구나 쉽게 이해하고, 생활에 적용할 수 있도록 정리하여 세상에 내놓은 일지스님의 고매한 뜻을 높이 받들어 늘 가까이 두고 읽고 체득하기를 추천하며, 다시 한 번, 삶의 이정표인 "주역64괘 해제"의 출간을 진심으로 축하드립니다.

2014년 6월 초
전통문화공간 여민락與民樂 대표
설촌雪村 김용욱

축하합니다.

　인연因緣의 깊이가 얼마인지는 모르지만 다시 한 번 뒤돌아보면서 지나온 세월歲月을 짚어봅니다. 일지스님과의 인연을 거슬러 올라가면 15년, 아니 20년은 되었지요. 내 나이 60이니까 40대 초반에 인연을 맺은 것으로 알고 있습니다. 40년을 건축업에 매달린 나로서는 주역周易이나 육십갑자에 대하여 문외한門外漢이기는 하지만 관심關心이 없었던 것은 아니지요. 스치듯 보아온 책도 있고 뜻을 가지고 들여다보기도 했으나 너무 난해難解한 까닭으로 가까이하지는 못했었지요.
　"천운해제"를 내고 다시금 주역周易을 풀었다고 발문을 부탁하니, 좁은 견해見解로는 쓸 수는 없으나 오랜 인연의 끈으로 작으나마 인사만 올립니다.
　평생을 접해온 주역이라는 두 글자가 의미하는 바는 모든 사람들에게 있어서 감히 넘볼 수 없는 동양철학東洋哲學의 정수精髓라고 알고 있습니다. 이러한 내용을 "천운해제"를 통하여 풀어내고 다시금 주역周易에 현실적으로 접근할 수 있도록 재정리한 것을 보고 참으로 공부에는 끝이 없다는 것을 어렴풋이나마 알게 되었지요. 어려운 공부라고 알고 있지만 보내온 목차나 건괘乾卦의 내용과 함께 괘卦를 쉽게 찾을 수 있도록 정리한 것을 보면, 일반인도 쉽게 공부할 수 있도록 만든 일지스님의 노고가 고마울 따름입니다. 늘 건승健勝을 바라는 마음입니다.
　세상을 살아오면서 인연因緣의 참뜻을 모르는 바가 아니지만, 또한 어려운 것도 이 인연이 아닌가 합니다. 수많은 인연 속에서 서로가 서로를 위하는 인연이야말로 최고로 친다지만, 때로는 악연惡緣으로 인하여 고통을 받는 것도 사실이지요. 주역周易이 자연自然의 이법理法을 말한다지만 쉬이 알 수 없는 것이 또한 이 주역周易으로 알고 있습니다. 이번에 새로운 시각으로 접근한 대상론大象論으로서의 주역과 더불어 소상론小象論인 "천운해제"를 통하여 삶을 다시 한 번 뒤돌아봐야 할 것 같다는 생각이 번뜩 스칩니다.

나이가 들면서 시야를 넓히고 싶은 욕망을 누구나 가지고 있는 것으로 압니다. 현실을 앞 세워 바쁘게만 내달리다 잠시 멈출 나이가 되면 기쁨도 있겠지만 후회스러운 일도 남은 것이 세상사가 아니던가요. 동양철학의 진수眞髓를 통하여 자연의 일부분으로서의 삶을 들여다보고 마음공부에 힘을 쏟으면서 두루 원만圓滿한 삶을 위해 노력을 해야겠네요. 더하여 악연惡緣보다는 좋은 인연因緣을 맺어가면서 앞으로 다가올 날을 준비하렵니다.

다시 한 번 축하를 보내며 고마운 마음을 전합니다.

항상 한 마음으로 인연을 이끌어가는 일지스님의 선연善緣에 늘 함께 할 수 있기를 바라면서, 할 말은 많으나 이만 줄입니다.

2014년 5월 30일
동환기업 대표 전문수

축하드리며.

　내리는 봄비와 함께 연두 빛이 짙어지고 초록빛 물결이 짙어지는 초여름입니다.
　도시에서는 늘 바쁘고 계획된 하루하루를 살아가면서 계절季節마다 달라지는 빛깔과 바람, 그 향기香氣를 느낄 새 없이 나이를 먹어가지요. 거품과 같은 인생에 회의감을 느끼고 몸과 마음이 만신창이가 되었을 무렵, 내가 무엇을 위해 살아가는지 내가 누구인지도 모르고 중심中心이 없이 흔들렸지요.
　답답한 마음에 내가 지금 무엇을 위해 살며, 누구를 위해 존재存在하는지 알고 싶어서 주역周易이라는 책을 공부하고자 육십갑자六十甲子와 함께 여러 책을 구입해서 보았지만, 전혀 알 수도 없고 이해할 수도 없는 내용으로 인하여 책을 덮어버렸습니다. 그렇게 세월을 보내다가 우연히 선지식善知識인 일지 스님의 제자가 되어 "육십갑자를 펼쳐보게 팔자가 보인다네."라는 책과 한글로 완역한 "수능엄경"을 공부하고 더하여 스님이 주역을 바탕으로 쓰신 "천운해제"를 공부하는 행운幸運을 잡게 되었습니다.
　공부를 하기 전에는 어렵게만 생각되어진 것들이 쉽게 다가왔으며, 조급하고 불안不安하던 마음도 다스려지고 삶을 살아가면서 그 당시는 왜 그렇게 해야만 했는지, 내 주변 사람들이 왜 그렇게 행동行動해야 하는지를 알게 되었습니다. 또한 자식을 어떻게 키워야 하는지, 내 삶을 어떻게 하면 알차게 살아갈 수 있는지 알게 되었지요. 더 중요한 것은 주변 환경이나 사람들을 바꾸는 것이 아니라 나 자신自身의 의식意識을 바꿔야한다는 것을 깊이 알게 되었습니다.
　공부를 하다 보니 사주四柱라는 것이 완벽한 것이 없으며, 오히려 불완전不完全한 것임을 알게 되었고 단지 타고난 사주에 이끌려가기보다는 스스로 노력 여하에 따라 바꿀 수 있는 것임을 어렴풋이 알게 되었습니다. 또한 서로가 조화造化를 이뤄야 하는 것이며, 이러한 조화를 통하여 상생

相生의 길을 가면서 나 혼자가 아닌, 나와 너, 너와 나의 삶을 윤택潤澤하게 하고 서로 깊이 알 수 있음을 배우게 되었습니다.

일지 스님의 선지식으로 인하여 느리게 가는 삶의 미학美學을 알게 되었답니다. 비가 오면 비가 오는 대로, 바람이 불면 바람이 부는 대로, 구름이 가면 구름이 가는 대로 한 해 한 해 나이가 먹어가면서 조금씩 늘어가는 잔주름과 함께 인생人生의 깊이를 알고 감사하며 살아가고 있습니다.

기존의 주역 책으로는 공부를 하기가 너무 어려운 까닭으로 엄두를 내지 못했는데, 스님이 쓰신 "천운해제"라는 책을 접하면서 처음부터 끝까지 이해理解하기가 쉬웠고 쉽게 읽을 수 있도록 집필執筆하신 것에 마음이 너무 기뻤습니다. "천운해제"와 "주역64괘 해제"는 점서占書가 아닌 참인생의 지혜智慧를 공부할 수 있는 것이니, 다른 분들도 제가 공부하고 느낀 것처럼 공부를 하셔서 참 지혜를 얻어 가셨으면 합니다.

일지 스님이 말씀하신 것 중에 인생력人生曆은 자연법自然法과 같다고 하셨지요.

자연법이란 봄 3개월, 여름 3개월, 가을 3개월, 겨울 3개월로 1년 365일이지요. 봄에는 씨앗을 뿌리고 여름에는 무성하게 키우고 가을에는 거둬들이며, 겨울에는 편하게 쉬면서 다음해를 준비準備하는 것이랍니다. 곧 봄은 어진 마음仁이며, 여름은 의로운 마음義이며, 가을은 예의를 지키는 마음禮이며, 겨울은 지혜로운 마음智을 이른 답니다. 이것이 인仁, 의義, 예禮, 지智로 1년을 보내는 사람의 됨됨이이며, 그 바탕은 믿음, 곧 신信이랍니다. 이것이 인생력이지요.

지구력地球曆은 봄 3년, 여름 3년, 가을 3년, 겨울 3년으로 12년을 이룹니다.

봄 3년은 모든 일의 씨앗이 되는 바탕을 만들고 시작하는 것이며, 여름 3년 동안은 열심히 노력하여 왕성旺盛하게 키우고 가을 3년에는 겸허謙虛한 마음으로 노력한 만큼 거두어들이며, 겨울 3년에는 지혜로운 마음으로

다가올 봄을 기다리면서 준비를 하는 것이 삶이 아니겠는지요. 이것이 자연법의 인仁, 의義, 예禮, 지智이며, 그 바탕은 믿음信이라고 말씀하십니다. 이렇듯 일지 스님의 말씀처럼 자연법과 같은 삶을 알고 지혜롭게 살아간다면 100년도 못사는 우리 인생사人生事를 두루 원만圓滿하게 살아갈 수 있을 것입니다.

저 자신 또한 스님이 집필하신 "육십갑자를 펼쳐보게 팔자가 보인다네."와 "천운해제" 그리고 "수능엄경"으로부터 많은 지혜를 얻었으니, 많은 분들이 이번에 집필하신 "주역64괘 해제"로 많은 도움이 되었으면 합니다.

충북 청원군 가덕면 상야리 한국불교태고종 성암원에서 합장배례합니다

2014년 5월 27일 비오는 아침에 창밖을 내다보면서
—좀 문옥희

"주역64괘 해제"의 출간을 축하드리며

　창밖에는 여름을 재촉하는 비가 내리고 따스한 커피 향과 함께 지나온 삶을 되돌아보면서 깊은 상념에 빠져봅니다. 나름 최선을 다하여 후회 없는 삶을 살아왔다고 생각하지만 때로는 공허해지며 채워지지 않은 그 무엇으로 인하여 답답해질 때도 있었답니다. 나이 50대 초반에 들면서 나의 삶을 되돌아보니 그 속에는 후회스러움과 고통과 때로는 어리석음으로 혼돈된 많은 그림이 그려지고 또한 슬픔과 기쁨 속에 바쁘게만 달려온 세월이었답니다.

　너무나 바쁜 일상 속에 예전에는 접하고 싶었던 주역이나 육십갑자 공부에 관심이 있었지만 너무 난해하고 어려운 까닭으로 평범한 내가 공부를 하겠다는 생각을 감히 하지 못하였답니다. 그러던 중 어떠한 인연이 있었는지 일지스님을 만나 제자가 되어서 조금씩 관심을 가지고 공부를 하다 보니 일지스님이 쓰신 "천운해제"를 공부하게 되었습니다. 대부분의 사람들이 한자에 약하여 어렵다 생각하고 도전을 하지 못하였지만 일지스님이 쓰신 "천운해제"는 일반사람들도 이해하며 볼 수 있게끔 책을 쓰셔서 저 또한 편하게 접근하여 공부를 하게 되었답니다.

　사업을 하고 있는 나로서는 가족과 직원, 그리고 많은 사람들의 인연 속에서 조금 더 지혜롭게 움직이고 현실을 직시하며, 많은 문제들을 해결함에 있어서 더 멀리, 더 깊이, 더 넓게 나를 알고 상대방을 이해하면서 포용하고 끌어안은 현명한 나 자신이 되고 싶었습니다. 그러던 중에 "천운해제"를 공부하면서 구름처럼 떠있던 마음과 정신이 안정되고 좁았던 시야가 밝게 열리며, 눈이 떠지면서 내 자신에 대한 의식이 많이 바뀌게 되었답니다. 어렵게만 생각되었던 이 공부를 쉽게 공부할 수 있음에 너무 감사하고 다른 모든 분들도 저처럼 주역을 바탕으로 한 "천운해제"와 이번에 스님께서 쓰신 "주역해제"도 한문이 아닌 한글로 풀어쓰신 것으로 공부를 하서서 어렵고 힘든 인생 삶에 깊은 도움이 되어서 지혜로운 삶을 살아가시길 간절히 바랍니다.

그리고 사업을 해나감에 있어서 머리가 아닌 가슴으로 끌어안고 작은 틀이 아닌 넓고 깊은 마음의 그릇으로 서로 상생하며, 내 발등만 바라보고 가는 삶이 아닌 멀리 내다보며 풍요로운 마음으로 삶을 영위할 수 있게끔 공부에 도움을 주신 일지스님에게 감사드리고 이번에 쓰신 "주역64괘 해제"도 많은 사람들에게 영향을 주고 지극한 도움이 되기를 바랍니다. 그리고 "주역64괘 해제"와 함께 나 혼자만 걸어가는 인생이 아닌 모든 사람들과 더불어 살아가는 가족의 화목, 사업의 지혜, 알찬 내 인생의 행복을 만들어 가시길 진심으로 바랍니다.

다시 한 번 일지스님의 "주역64괘 해제" 출간을 축하드리며 깊이 감사드립니다.

충북 청주시 상당구 영운동 무심천에서
2014년 5월 28일 비오는 해질녘.
一海 최용순 합장 배례합니다.

들어가는 글

주역周易이 언제 발생發生이 되고 어떻게 이루어져 오고 어떠한 위치位置를 점하고 있으며, 누구에 의해서 정립定立되었는가에 대해서는 굳이 스스로의 논리論理를 앞세우기보다 필요必要에 따라 가감加減한 것이다. 물론 주역周易의 본질本質을 벗어날 수도 있지만 되도록 쉬운 접근성接近性에 주안主眼을 두었다. 곧 깊은 자연自然의 도의道義라던가, 점서占書라든가, 많은 논의論議를 뒤로 하고 실용적實用的인 면에 마음을 두었다. 주역周易을 파훼破毀하기보다는 있는 그대로의 자연법自然法으로 보고 육십갑자六十甲子를 주역周易을 바탕으로 하여 해제解題하는 것을 기본基本으로 삼은 것이다. 즉 주역周易은 자연自然의 참된 이법理法을 넓고 크게 광의적廣義的으로 곧, 대상大象, 대역大易으로 그 가치價値를 세우며, 육십갑자六十甲子는 자연自然의 일부분으로써 그 자연에 의지依支하고 살아가는 사람들의 이법理法을 협의적狹義的으로 곧, 소상小象, 소역小易에 그 가치價値를 두었다.

주역周易은 자연自然의 참된 이법理法, 즉 지극히 공간적空間的인 이법理法을 8괘八卦로 집약集約하고 대자연大自然의 변화變化를 논리적論理的으로 세운다. 곧 도道의 변하지 않고 흐르는 면면한 바탕을 그림처럼 눈앞에 그려주는 것이다. 물론 음양오행陰陽五行을 바탕으로 하고 있으며, 8괘八卦로 집약集約된 그 내용內容을 밝게 알아내기에는 아직 어두운 까닭으로 육십갑자六十甲子를 빌려 주역周易을 해제解題한 것이다. 이 육십갑자六十甲子 또한 언제 누가 어떠한 연유緣由로 인하여 이루어지고 논리화論理化되었으며, 세상世上에 알려지게 된 것인지에 대해서는 모르겠으나, 되도록 본질本質에서 벗어나지 않으면서 실용성實用性에 중점重點을 두었다.

주역周易이 지극히 공간적空間的인 이법理法이듯이, 육십갑자六十甲子 또한 지극히 공간적空間的으로 세워진 논리적論理的이면서 실증적實證的이며, 통계학적統計學的인 이론理論이다. 다만 현시대現時代의 평면적平面的인 사고방식思考方式으로 인하여 그저 점서占書로서 만의 가치價値로 전락轉落한 것이다. 때문에 주역周易마저도 점서占書로만 이해理解되어지는 오해誤解를 불러 일으킨 것이 아닌가. 곧 천간天干과 지지地支를 음양오행陰陽五行으로 나누어 각각의 위치位置와 영향影響을 한곳에 묶고 그 의미意味를 축소縮小시킨 것이다. 이론적理論的인 근간根幹을 살펴보면, 동東쪽으로는 목木의 기운氣運을 배속配屬하고 남南쪽으로는 화火의 기운氣運을 배속配屬하고 서西쪽으로는 금金의 기운氣運을 배속配屬하고 북北쪽으로는 수水의 기운氣運을 배속配屬하면서 동서남북東西南北의 바탕이 되며, 이 네 가지의 기운氣運을 자리 잡게 하는 토土의 기운氣運을 동서남북東西南北 전체全體로 배속配屬한다.

또한 천간天干과 지지地支의 음양陰陽 오행五行을 가리면 천간天干은 목木: 갑甲-양陽, 을乙-음陰. 화火: 병丙-양陽, 정丁-음陰. 토土: 무戊-양陽, 기己-음陰. 금金: 경庚-양陽, 신辛-음陰. 수水: 임壬-양陽, 계癸-음陰이며, 지지地支는 목木: 인寅-양陽, 묘卯-음陰, 화火: 오午-양陽, 사巳-음陰, 토土: 진술辰戌-양陽, 축미丑未-음陰, 금金: 신申-양陽, 유酉-음陰, 수水: 자子-양陽, 해亥-음陰이다.

다시 말하면 이는 평면적平面的 사고방식思考方式인 지식知識일 뿐이며, 공간적空間的 사고방식思考方式으로써의 지혜智慧가 아니라는 것이다. 지극히 일괄적一括的으로 이끌어가는 어리석은 논리論理일 뿐이며, 억지 해석解釋을 유발誘發시키는 이론理論이 아닌가.

육십갑자六十甲子의 논리論理를 하나씩 들여다보면 오행五行의 기운氣運마다 6가지의 차등을 두어 자연自然의 공간적空間的인 이법理法을 밝게 설명說明하고 있다. 곧 각 오행五行마다 차등을 두어 동서남북東西南北 상하上下로 큰 기둥을 세우고 공간적空間的인 참된 지혜智慧를 밝게 드러낸 것을 보면 아래와 같다.

화火 불의 기운氣運
 1) 천상화天上火: 무오戊午 ⇒ 양陽, 기미己未 ⇒ 음陰
 2) 벽력화霹靂火: 무자戊子 ⇒ 양陽, 기축己丑 ⇒ 음陰

3) 산두화山頭火: 갑술甲戌 ⇒ 양陽, 을해乙亥 ⇒ 음陰
4) 산하화山下火: 병신丙申 ⇒ 양陽, 정유丁酉 ⇒ 음陰
5) 노중화爐中火: 병인丙寅 ⇒ 양陽, 정묘丁卯 ⇒ 음陰
6) 복등화覆燈火: 갑진甲辰 ⇒ 양陽, 을사乙巳 ⇒ 음陰

수水 물의 기운氣運
1) 천하수天下水: 병오丙午 ⇒ 양陽, 정미丁未 ⇒ 음陰
2) 대해수大海水: 임술壬戌 ⇒ 양陽, 계해癸亥 ⇒ 음陰
3) 장류수長流水: 임진壬辰 ⇒ 양陽, 계사癸巳 ⇒ 음陰
4) 대계수大溪水: 갑인甲寅 ⇒ 양陽, 을묘乙卯 ⇒ 음陰
5) 천중수泉中水: 갑신甲申 ⇒ 양陽, 을유乙酉 ⇒ 음陰
6) 간하수澗下水: 병자丙子 ⇒ 양陽, 정축丁丑 ⇒ 음陰

목木 나무의 기운氣運
1) 대림목大林木: 무진戊辰 ⇒ 양陽, 기사己巳 ⇒ 음陰
2) 송백목松柏木: 경인庚寅 ⇒ 양陽, 신묘辛卯 ⇒ 음陰
3) 양류목楊柳木: 임오壬午 ⇒ 양陽, 계미癸未 ⇒ 음陰
4) 평지목平地木: 무술戊戌 ⇒ 양陽, 기해己亥 ⇒ 음陰
5) 석류목石榴木: 경신庚申 ⇒ 양陽, 신유辛酉 ⇒ 음陰
6) 상자목桑柘木: 임자壬子 ⇒ 양陽, 계축癸丑 ⇒ 음陰

금金 철의 기운氣運
1) 금박금金箔金: 임인壬寅 ⇒ 양陽, 계묘癸卯 ⇒ 음陰
2) 검봉금劍鋒金: 임신壬申 ⇒ 양陽, 계유癸酉 ⇒ 음陰
3) 백납금白鑞金: 경진庚辰 ⇒ 양陽, 신사辛巳 ⇒ 음陰
4) 해중금海中金: 갑자甲子 ⇒ 양陽, 을축乙丑 ⇒ 음陰
5) 차천금鎈釧金: 경술庚戌 ⇒ 양陽, 신해辛亥 ⇒ 음陰
6) 사중금沙中金: 갑오甲午 ⇒ 양陽, 을미乙未 ⇒ 음陰

토土 흙의 기운氣運

1) 노방토路傍土: 경오庚午 ⇒ 양陽, 신미辛未 ⇒ 음陰
2) 대역토大驛土: 무신戊申 ⇒ 양陽, 기유己酉 ⇒ 음陰
3) 성두토城頭土: 무인戊寅 ⇒ 양陽, 기묘己卯 ⇒ 음陰
4) 옥상토屋上土: 병술丙戌 ⇒ 양陽, 정해丁亥 ⇒ 음陰
5) 벽상토壁上土: 경자庚子 ⇒ 양陽, 신축辛丑 ⇒ 음陰
6) 사중토沙中土: 병진丙辰 ⇒ 양陽, 정사丁巳 ⇒ 음陰

또한 사람이 살아가는 세상世上의 변화變化를 밝게 하기 위하여 각각의 지지地支에 오행五行을 빠짐없이 두었다. 곧 위에서 밝힌 평면적平面的 사고방식思考方式처럼, 목木은 갑甲, 을乙, 인寅, 묘卯이며, 화火는 병丙, 정丁 오午, 사巳이며, 토土는 무戊, 기己, 진술辰戌, 축미丑未이며, 금金은 경庚, 신辛, 신申, 유酉이며, 수水는 임壬, 계癸, 자子, 해亥가 아니라는 것이다. 이는 지극히 평면적平面的인 까닭으로 세상사世上事의 변화變化를 읽을 수가 없는 것이며, 오히려 오해誤解와 불신不信만을 키우는 것이고 세상 사람을 현혹眩惑시키는 난해難解한 말만 이룰 뿐이다. 다만 지혜로운 조상祖上이 있는 까닭으로 각각의 12지十二支에 오행五行을 두어 12지十二支가 서로 각각各各이면서 상생相生하고 상극相剋하며, 조화造化롭게 이루어가는 것을 알게 된 것이 아닌가. 이를 밝게 밝히면 아래와 같다.

자子 쥐 ⇒ 양陽

1) 갑자甲子 ⇒ 해중금海中金
2) 병자丙子 ⇒ 간하수澗下水
3) 무자戊子 ⇒ 벽력화霹靂火
4) 경자庚子 ⇒ 벽상토壁上土
5) 임자壬子 ⇒ 상자목桑柘木

축丑 소 ⇒ 음陰

1) 을축乙丑 ⇒ 해중금海中金
2) 정축丁丑 ⇒ 간하수澗下水
3) 기축己丑 ⇒ 벽력화霹靂火
4) 신축辛丑 ⇒ 벽상토壁上土
5) 계축癸丑 ⇒ 상자목桑柘木

인寅 호랑이 ⇒ 양陽   묘卯 토끼 ⇒ 음陰

1) 갑인甲寅 ⇒ 대계수大溪水   1) 을묘乙卯 ⇒ 대계수大溪水
2) 병인丙寅 ⇒ 노중화爐中火   2) 정묘丁卯 ⇒ 노중화爐中火
3) 무인戊寅 ⇒ 성두토城頭土   3) 기묘己卯 ⇒ 성두토城頭土
4) 경인庚寅 ⇒ 송백목松柏木   4) 신묘辛卯 ⇒ 송백목松柏木
5) 임인壬寅 ⇒ 금박금金箔金   5) 계묘癸卯 ⇒ 금박금金箔金

진辰 용 ⇒ 양陽   사巳 뱀 ⇒ 음陰

1) 갑진甲辰 ⇒ 복등화覆燈火   1) 을사乙巳 ⇒ 복등화覆燈火
2) 병진丙辰 ⇒ 사중토沙中土   2) 정사丁巳 ⇒ 사중토沙中土
3) 무진戊辰 ⇒ 대림목大林木   3) 기사己巳 ⇒ 대림목大林木
4) 경진庚辰 ⇒ 백납금白鑞金   4) 신사辛巳 ⇒ 백납금白鑞金
5) 임진壬辰 ⇒ 장류수長流水   5) 계사癸巳 ⇒ 장류수長流水

오午 말 ⇒ 양陽   미未 양 ⇒ 음陰

1) 갑오甲午 ⇒ 사중금沙中金   1) 을미乙未 ⇒ 사중금沙中金
2) 병오丙午 ⇒ 천하수天下水   2) 정미丁未 ⇒ 천하수天下水
3) 무오戊午 ⇒ 천상화天上火   3) 기미己未 ⇒ 천상화天上火
4) 경오庚午 ⇒ 노방토路傍土   4) 신미辛未 ⇒ 노방토路傍土
5) 임오壬午 ⇒ 양류목楊柳木   5) 계미癸未 ⇒ 양류목楊柳木

신申 원숭이 ⇒ 양陽   유酉 닭 ⇒ 음陰

1) 갑신甲申 ⇒ 천중수泉中水   1) 을유乙酉 ⇒ 천중수泉中水
2) 병신丙申 ⇒ 산하화山下火   2) 정유丁酉 ⇒ 산하화山下火
3) 무신戊申 ⇒ 대역토大驛土   3) 기유己酉 ⇒ 대역토大驛土
4) 경신庚申 ⇒ 석류목石榴木   4) 신유辛酉 ⇒ 석류목石榴木
5) 임신壬申 ⇒ 검봉금劍鋒金   5) 계유癸酉 ⇒ 검봉금劍鋒金

술戌 개 ⇒ 양陽   해亥 돼지 ⇒ 음陰
1) 갑술甲戌 ⇒ 산두화山頭火   1) 을해乙亥 ⇒ 산두화山頭火
2) 병술丙戌 ⇒ 옥상토屋上土   2) 정해丁亥 ⇒ 옥상토屋上土
3) 무술戊戌 ⇒ 평지목平地木   3) 기해己亥 ⇒ 평지목平地木
4) 경술庚戌 ⇒ 차천금鎈釧金   4) 신해辛亥 ⇒ 차천금鎈釧金
5) 임술壬戌 ⇒ 대해수大海水   5) 계해癸亥 ⇒ 대해수大海水

이것을 바탕으로 육십갑자六十甲子가 허황虛荒되거나 사람을 현혹시키는 그릇된 논리論理가 아닌, 주역周易을 바탕으로 삶에 대해 이야기 한 이론理論이 분명分明하게 성립成立되는 것이며, 어렵기만 한 천지자연天地自然의 이치理致나 개개인의 삶을 조금이나마 들여다볼 수 있게 된 것이 아닌가. 또한 12지지十二地支를 바탕으로 60갑자六十甲子를 정리하면 다음과 같다.

1) 해중금海中金: 갑자甲子 ⇒ 양陽, 을축乙丑 ⇒ 음陰
2) 대계수大溪水: 갑인甲寅 ⇒ 양陽, 을묘乙卯 ⇒ 음陰
3) 복등화覆燈火: 갑진甲辰 ⇒ 양陽, 을사乙巳 ⇒ 음陰
4) 사중금沙中金: 갑오甲午 ⇒ 양陽, 을미乙未 ⇒ 음陰
5) 천중수泉中水: 갑신甲申 ⇒ 양陽, 을유乙酉 ⇒ 음陰
6) 산두화山頭火: 갑술甲戌 ⇒ 양陽, 을해乙亥 ⇒ 음陰

1) 간하수澗下水: 병자丙子 ⇒ 양陽, 정축丁丑 ⇒ 음陰
2) 노중화爐中火: 병인丙寅 ⇒ 양陽, 정묘丁卯 ⇒ 음陰
3) 사중토沙中土: 병진丙辰 ⇒ 양陽, 정사丁巳 ⇒ 음陰
4) 천하수天下水: 병오丙午 ⇒ 양陽, 정미丁未 ⇒ 음陰
5) 산하화山下火: 병신丙申 ⇒ 양陽, 정유丁酉 ⇒ 음陰
6) 옥상토屋上土: 병술丙戌 ⇒ 양陽, 정해丁亥 ⇒ 음陰

1) 벽력화霹靂火: 무자戊子 ⇒ 양陽, 기축己丑 ⇒ 음陰
2) 성두토城頭土: 무인戊寅 ⇒ 양陽, 기묘己卯 ⇒ 음陰
3) 대림목大林木: 무진戊辰 ⇒ 양陽, 기사己巳 ⇒ 음陰
4) 천상화天上火: 무오戊午 ⇒ 양陽, 기미己未 ⇒ 음陰
5) 대역토大驛土: 무신戊申 ⇒ 양陽, 기유己酉 ⇒ 음陰
6) 평지목平地木: 무술戊戌 ⇒ 양陽, 기해己亥 ⇒ 음陰

1) 벽상토壁上土: 경자庚子 ⇒ 양陽, 신축辛丑 ⇒ 음陰
2) 송백목松柏木: 경인庚寅 ⇒ 양陽, 신묘辛卯 ⇒ 음陰
3) 백납금白鑞金: 경진庚辰 ⇒ 양陽, 신사辛巳 ⇒ 음陰
4) 노방토路傍土: 경오庚午 ⇒ 양陽, 신미辛未 ⇒ 음陰
5) 석류목石榴木: 경신庚申 ⇒ 양陽, 신유辛酉 ⇒ 음陰
6) 차천금鎈釧金: 경술庚戌 ⇒ 양陽, 신해辛亥 ⇒ 음陰

1) 상자목桑柘木: 임자壬子 ⇒ 양陽, 계축癸丑 ⇒ 음陰
2) 금박금金箔金: 임인壬寅 ⇒ 양陽, 계묘癸卯 ⇒ 음陰
3) 장류수長流水: 임진壬辰 ⇒ 양陽, 계사癸巳 ⇒ 음陰
4) 양류목楊柳木: 임오壬午 ⇒ 양陽, 계미癸未 ⇒ 음陰
5) 검봉금劍鋒金: 임신壬申 ⇒ 양陽, 계유癸酉 ⇒ 음陰
6) 대해수大海水: 임술壬戌 ⇒ 양陽, 계해癸亥 ⇒ 음陰

주역周易을 바탕으로 하여 육십갑자六十甲子를 해제解題하고 그 해득解得의 논리論理를, 또 그 기본적基本的인 바탕을 밝힌 것뿐이며, 본인本人의 저서 "천운해제天運解題"에서 미력微力하나마 힘을 보탠 것뿐이다. 곧 육십갑자六十甲子를 바탕으로 스스로의 괘卦를 세우고 스스로의 소상론小象論으로 행태行態와 성격性格, 선천적先天的인 본질本質을 깊이 알은 후에 대상론大象論, 즉 주역周易을 따라가서 지극히 본질적本質的인 문제問題를 알게 한 것이다. 물론 배우기에는 쉽지 않으나, 이미 자신自身의 사주四柱로 괘卦를 세울 수 있다면 그리 어려운 일은 아니다. 모쪼록 상생相生의 기운을 서로가 찾아내어 서로에게 도움이 되기를 바라는 마음이다. 때문에 본인의 "천운해제"는 변역變易으로서 의미를 다하는 것이며, 이를 바탕으로 통변通變까지 이르기를 바라는 것이다.

2014년 8월 늦은 밤
충북 청원군 가덕면 상야리
"한국불교 태고종 성암원"에서 一智 李健杓 합장배례

홈페이지: http://천운해제.com

목 차

추천사 ··· 4

들어가는 글 ··· 15

Ⅰ 상론象論의 전개展開 ·· 29

　1. 음양2론陰陽二論 ··· 30
　2. 4상론四象論 ·· 31
　3. 8상론八象論 ·· 32
　4. 16상론十六象論 ·· 33

Ⅱ 사주四柱 8괘八卦 가름 법法 ····································· 37

　1. 연주年柱 팔괘八卦 가름 법法 ································· 38
　2. 월주月柱 팔괘八卦 가름 법法 ································· 38
　3. 일주日柱 팔괘八卦 가름 법法 ································· 39
　4. 시주時柱 팔괘八卦 가름 법法 ································· 41

Ⅲ 주역64괘 해제 강설周易六十四卦解題講說 ············ 45

　1. 건괘乾卦 ☰ ·· 46
　　1-1) 건위천乾爲天: ☰ ☰ 乾上 乾下 陽 ⇒ 太陽 / 46
　　1-2) 천택이天澤履: ☰ ☱ 乾上 兌下 陽 ⇒ 少陰 / 52
　　1-3) 천화동인天火同人: ☰ ☲ 乾上 離下 陽 ⇒ 少陽 / 57
　　1-4) 천뢰무망天雷无妄: ☰ ☳ 乾上 震下 陽 ⇒ 太陰 / 60
　　1-5) 천풍구天風姤: ☰ ☴ 乾上 巽下 陰 ⇒ 太陽 / 65
　　1-6) 천수송天水訟: ☰ ☵ 乾上 坎下 陰 ⇒ 少陰 / 69
　　1-7) 천산둔天山遯: ☰ ☶ 乾上 艮下 陰 ⇒ 少陽 / 74
　　1-8) 천지비天地否: ☰ ☷ 乾上 坤下 陰 ⇒ 太陰 / 78

2. 태괘兌卦 ☱ ·· 82
   2-1) 택천쾌澤天夬: ☱ ☰ 兌上 乾下 陽 ⇒ 太陽 / 83
   2-2) 태위택兌爲澤: ☱ ☱ 兌上 兌下 陽 ⇒ 少陰 / 87
   2-3) 택화혁澤火革: ☱ ☲ 兌上 離下 陽 ⇒ 少陽 / 92
   2-4) 택뢰수澤雷隨: ☱ ☳ 兌上 震下 陽 ⇒ 太陰 / 96
   2-5) 택풍대과澤風大過: ☱ ☴ 兌上 巽下 陰 ⇒ 太陽 / 100
   2-6) 택수곤澤水困: ☱ ☵ 兌上 坎下 陰 ⇒ 少陰 / 105
   2-7) 택산함澤山咸: ☱ ☶ 兌上 艮下 陰 ⇒ 少陽 / 109
   2-8) 택지췌澤地萃: ☱ ☷ 兌上 坤下 陰 ⇒ 太陰 / 113

3. 이괘離卦 ☲ ·· 117
   3-1) 화천대유火天大有: ☲ ☰ 離上 乾下 陽 ⇒ 太陽 / 117
   3-2) 화택규火澤睽: ☲ ☱ 離上 兌下 陽 ⇒ 少陰 / 121
   3-3) 이위화離爲火: ☲ ☲ 離上 離下 陽 ⇒ 少陽 / 125
   3-4) 화뢰서합火雷噬嗑: ☲ ☳ 離上 震下 陽 ⇒ 太陰 / 130
   3-5) 화풍정火風鼎: ☲ ☴ 離上 巽下 陰 ⇒ 太陽 / 133
   3-6) 화수미제火水未濟: ☲ ☵ 離上 坎下 陰 ⇒ 少陰 / 137
   3-7) 화산여火山旅: ☲ ☶ 離上 艮下 陰 ⇒ 少陽 / 141
   3-8) 화지진火地晋: ☲ ☷ 離上 坤下 陰 ⇒ 太陰 / 145

4. 진괘震卦 ☳ ·· 149
   4-1) 뇌천대장雷天大壯: ☳ ☰ 震上 乾下 陽 ⇒ 太陽 / 149
   4-2) 뇌택귀매雷澤歸妹: ☳ ☱ 震上 兌下 陽 ⇒ 少陰 / 153
   4-3) 뇌화풍雷火豊: ☳ ☲ 震上 離下 陽 ⇒ 少陽 / 157
   4-4) 진위뢰震爲雷: ☳ ☳ 震上 震下 陽 ⇒ 太陰 / 162
   4-5) 뇌풍항雷風恒: ☳ ☴ 震上 巽下 陰 ⇒ 太陽 / 167
   4-6) 뇌수해雷水解: ☳ ☵ 震上 坎下 陰 ⇒ 少陰 / 171
   4-7) 뇌산소과雷山小過: ☳ ☶ 震上 艮下 陰 ⇒ 少陽 / 175
   4-8) 뇌지예雷地豫: ☳ ☷ 震上 坤下 陰 ⇒ 太陰 / 180

5. 손괘巽卦 ☴ ·· 184
   5-1) 풍천소축風天小畜: ☴ ☰ 巽上 乾下 陽 ⇒ 太陽 / 185
   5-2) 풍택중부風澤中孚: ☴ ☱ 巽上 兌下 陽 ⇒ 少陰 / 188

5-3) 풍화가인風火家人: ☴ ☲ 巽上 離下 陽 ⇒ 少陽 / 192
5-4) 풍뢰익風雷益: ☴ ☳ 巽上 震下 陽 ⇒ 太陰 / 196
5-5) 손위풍巽爲風: ☴ ☴ 巽上 巽下 陰 ⇒ 太陽 / 200
5-6) 풍수환風水渙: ☴ ☵ 巽上 坎下 陰 ⇒ 少陰 / 205
5-7) 풍산점風山漸: ☴ ☶ 巽上 艮下 陰 ⇒ 少陽 / 209
5-8) 풍지관風地觀: ☴ ☷ 巽上 坤下 陰 ⇒ 太陰 /213

6. 감괘坎卦 ☵ ·· 216
  6-1) 수천수水天需: ☵ ☰ 坎上 乾下 陽 ⇒ 太陽 / 217
  6-2) 수택절水澤節: ☵ ☱ 坎上 兌下 陽 ⇒ 少陰 / 221
  6-3) 수화기제水火旣濟: ☵ ☲ 坎上 離下 陽 ⇒ 少陽 / 225
  6-4) 수뢰둔水雷屯: ☵ ☳ 坎上 震下 陽 ⇒ 太陰 / 228
  6-5) 수풍정水風井: ☵ ☴ 坎上 巽下 陰 ⇒ 太陽 / 233
  6-6) 감위수坎爲水: ☵ ☵ 坎上 坎下 陰 ⇒ 少陰 / 236
  6-7) 수산건水山蹇: ☵ ☶ 坎上 艮下 陰 ⇒ 少陽 / 242
  6-8) 수지비水地比: ☵ ☷ 坎上 坤下 陰 ⇒ 太陰 / 245

7. 간괘艮卦 ☶ ·· 249
  7-1) 산천대축山天大畜: ☶ ☰ 艮上 乾下 陽 ⇒ 太陽 / 249
  7-2) 산택손山澤損: ☶ ☱ 艮上 兌下 陽 ⇒ 少陰 / 253
  7-3) 산화비山火賁: ☶ ☲ 艮上 離下 陽 ⇒ 少陽 / 257
  7-4) 산뢰이山雷頤: ☶ ☳ 艮上 震下 陽 ⇒ 太陰 / 261
  7-5) 산풍고山風蠱: ☶ ☴ 艮上 巽下 陰 ⇒ 太陽 / 265
  7-6) 산수몽山水蒙: ☶ ☵ 艮上 坎下 陰 ⇒ 少陰 / 269
  7-7) 간위산艮爲山: ☶ ☶ 艮上 艮下 陰 ⇒ 少陽 / 273
  7-8) 산지박山地剝: ☶ ☷ 艮上 坤下 陰 ⇒ 太陰 / 278

8. 곤괘坤卦 ☷ ·· 281
  8-1) 지천태地天泰: ☷ ☰ 坤上 乾下 陽 ⇒ 太陽 / 282
  8-2) 지택림地澤臨: ☷ ☱ 坤上 兌下 陽 ⇒ 少陰 / 286
  8-3) 지화명이地火明夷: ☷ ☲ 坤上 離下 陽 ⇒ 少陽 / 290
  8-4) 지뢰복地雷復: ☷ ☳ 坤上 震下 陽 ⇒ 太陰 / 294
  8-5) 지풍승地風升: ☷ ☴ 坤上 巽下 陰 ⇒ 太陽 / 298

8-6) 지수사地水師: ☷ ☵ 坤上 坎下 陰 ⇒ 少陰 / 301
8-7) 지산겸地山謙: ☷ ☶ 坤上 艮下 陰 ⇒ 少陽 / 305
8-8) 곤위지坤爲地: ☷ ☷ 坤上 坤下 陰 ⇒ 太陰 / 309

Ⅳ 주역에 따른 일주日柱 육십갑자 음양론陰陽論 ············ 317

1. 화火(불)의 기운氣運 ·· 318
  1) 천상화天上火: 무오戊午 ⇒ 양陽, 기미己未 ⇒ 음陰 / 318
  2) 벽력화霹靂火: 무자戊子 ⇒ 양陽, 기축己丑 ⇒ 음陰 / 319
  3) 산두화山頭火: 갑술甲戌 ⇒ 양陽, 을해乙亥 ⇒ 음陰 / 320
  4) 산하화山下火: 병신丙申 ⇒ 양陽, 정유丁酉 ⇒ 음陰 / 321
  5) 노중화爐中火: 병인丙寅 ⇒ 양陽, 정묘丁卯 ⇒ 음陰 / 322
  6) 복등화覆燈火: 갑진甲辰 ⇒ 양陽, 을사乙巳 ⇒ 음陰 / 322

2. 수水(물)의 기운氣運 ·· 324
  1) 천하수天下水: 병오丙午 ⇒ 양陽, 정미丁未 ⇒ 음陰 / 324
  2) 대해수大海水: 임술壬戌 ⇒ 양陽, 계해癸亥 ⇒ 음陰 / 325
  3) 장류수長流水: 임진壬辰 ⇒ 양陽, 계사癸巳 ⇒ 음陰 / 326
  4) 대계수大溪水: 갑인甲寅 ⇒ 양陽, 을묘乙卯 ⇒ 음陰 / 328
  5) 천중수泉中水: 갑신甲申 ⇒ 양陽, 을유乙酉 ⇒ 음陰 / 329
  6) 간하수澗下水: 병자丙子 ⇒ 양陽, 정축丁丑 ⇒ 음陰 / 331

3. 목木(나무)의 기운氣運 ·· 332
  1) 대림목大林木: 무진戊辰 ⇒ 양陽, 기사己巳 ⇒ 음陰 / 332
  2) 송백목松柏木: 경인庚寅 ⇒ 양陽, 신묘辛卯 ⇒ 음陰 / 333
  3) 양류목楊柳木: 임오壬午 ⇒ 양陽, 계미癸未 ⇒ 음陰 / 335
  4) 평지목平地木: 무술戊戌 ⇒ 양陽, 기해己亥 ⇒ 음陰 / 336
  5) 석류목石榴木: 경신庚申 ⇒ 양陽, 신유辛酉 ⇒ 음陰 / 337
  6) 상자목桑柘木: 임자壬子 ⇒ 양陽, 계축癸丑 ⇒ 음陰 / 338

4. 금金(철)의 기운氣運 ·· 340
  1) 금박금金箔金: 임인壬寅 ⇒ 양陽, 계묘癸卯 ⇒ 음陰 / 340
  2) 검봉금劍鋒金: 임신壬申 ⇒ 양陽, 계유癸酉 ⇒ 음陰 / 341

3) 백납금白鑞金: 경진庚辰 ⇒ 양陽, 신사辛巳 ⇒ 음陰 / 342
   4) 해중금海中金: 갑자甲子 ⇒ 양陽, 을축乙丑 ⇒ 음陰 / 343
   5) 차천금釵釧金: 경술庚戌 ⇒ 양陽, 신해辛亥 ⇒ 음陰 / 345
   6) 사중금沙中金: 갑오甲午 ⇒ 양陽, 을미乙未 ⇒ 음陰 / 346

5. 토土(흙)의 기운氣運 ·· 347
   1) 노방토路傍土: 경오庚午 ⇒ 양陽, 신미辛未 ⇒ 음陰 / 347
   2) 대역토大驛土: 무신戊申 ⇒ 양陽, 기유己酉 ⇒ 음陰 / 349
   3) 성두토城頭土: 무인戊寅 ⇒ 양陽, 기묘己卯 ⇒ 음陰 / 350
   4) 옥상토屋上土: 병술丙戌 ⇒ 양陽, 정해丁亥 ⇒ 음陰 / 351
   5) 벽상토壁上土: 경자庚子 ⇒ 양陽, 신축辛丑 ⇒ 음陰 / 352
   6) 사중토沙中土: 병진丙辰 ⇒ 양陽, 정사丁巳 ⇒ 음陰 / 353

Ⅴ 일주日柱 16상十六象 행태론行態論 ·· 355

남자男子 8상八象 행태론行態論 ·· 356
여자女子 8상八象 행태론行態論 ·· 364
연월일시年月日時에 따른 변역變易과 통변通變하는 법 ············ 375
1. 본인의 사주四柱로 변역變易과 통변通變하는 법 ············ 375
2. 본인 각각의 연월일시에 따라 괘를 세우는 법 ············ 385
3. 개인 대 개인의 사주四柱로 괘 세우기 ························ 388

Ⅵ 오행五行의 상생상극相生相剋에 대하여 ················ 389

육십갑자병납음六十甲子䄄納音 상극 중相剋中에서 상생相生하는 오행五行 ······ 390
사중금沙中金: 노중화爐中火의 주역 통변通變 도표 ············ 391
1. 상생相生 ·· 398
2. 상극相剋 ·· 405
3. 상비相比 ·· 416
천간天干 합合에 대하여 ·· 422
지지地支 6합六合에 대하여 ·· 428
지지地支 3합三合에 대하여 ·· 438

Ⅶ 살론殺論에 대하여 ………………………………………………… 443

    1. 형살刑殺 ………………………………………………………… 444
    2. 충살沖殺 ………………………………………………………… 458
    3. 파살破殺 ………………………………………………………… 460
    4. 해살害殺 ………………………………………………………… 462
    5. 원진살元嗔殺 …………………………………………………… 464
    6. 역마살驛馬煞 …………………………………………………… 466
    7. 평두살平頭煞 …………………………………………………… 471

Ⅷ 역치易治란 ………………………………………………………… 475

Ⅸ 후기 ………………………………………………………………… 479

Ⅰ

상론象論의 전개展開

1. 음양2론陰陽二論: 양의론兩儀論, 이의二儀

양陽 ― ⇒ 남자男子 음陰 -- ⇒ 여자女子

   천지天地 자연自然의 이법理法은 천간天干 지지地支의 음양陰陽 오행五行이 바탕이 되지만 인간사人間事의 이법理法은 육십갑자병납음六十甲子並納音 음양陰陽 오행五行이 그 근간根幹이 된다.
   음양陰陽을 양의兩儀라 이르는 것은 양兩의 의미意味가 둘이라는 뜻도 있지만 서로 짝을 이루어 아울러 겸한다는 의미意味이며, 의儀의 뜻은 거동이나 예의禮儀, 풍속風俗 등을 가리키지만 일에 대한 기준基準으로 삼고 따르면서 헤아려 짐작한다는 의미意味를 가지고 있다. 곧 양의兩儀를 풀어 쓰면, 서로가 짝을 이루어 아울러 겸하는 것을 인간사人間事의 바탕이 되는 기준基準으로 삼고 따르면서 헤아려 짐작한다는 것이다. 즉 양陽의 기운氣運속에 음陰의 기운氣運이 내재內在하며, 음陰의 기운氣運속에 양陽의 기운氣運이 내재內在한다.
   또한 양陽의 기운氣運이 음陰의 기운氣運을 아울러 겸한 까닭으로 태양太陽=과 소음少陰 ==을 낳고 음陰의 기운氣運이 양陽의 기운을 아울러 겸한 까닭으로 소양少陽==과 태음太陰==을 낳아서 4상四象을 이룬다. 때문에 이를 인간사人間事의 바탕이 되는 기준基準으로 삼고 따르면서 남자男子의 기운氣運속에 여자女子의 성격性格이나 성질性質, 됨됨이나 상태狀態, 행태行態나 체질體質 등을 내재內在하고 있으며, 여자女子의 기운氣運 속에 남자男子의 성격性格이나 성질性質, 됨됨이나 상태狀態, 행태行態나 체질體質 등을 내재內在하고 있다. 때문에 서로 다른 두 기운氣運이 짝을 이루어 아울러 겸하고 인간사人間事의 바탕이 되는 기준基準으로 삼고 따르면서 서로를 헤아려 이해理解하고 짐작한다.
   따라서 육십갑자병납음六十甲子並納音 음양陰陽 오행五行의 기운氣運이 제각각 짝을 이루어 아울러 겸하면서 인간사人間事 변화變化의 바탕이 되는 기준基準으로 삼아 헤아려 짐작하는 것이다.
 이렇듯 음양陰陽의 기운氣運이 서로 짝을 이루어 아울러 겸하면서 인간사人間事의 바탕이 되는 기준基準이 되는 것이다.

2. 4상론四象論

양陽 ― ⇒ 남자男子   음陰 -- ⇒ 여자女子
=   ==   ==   ==
태양太陽   소음少陰   소양少陽   태음太陰

 양陽의 기운氣運 속에 음陰의 기운氣運이 내재內在하고 있는 까닭으로 태양太陽=의 기운氣運과 소음少陰==의 기운氣運이 짝을 이루어 아울러 겸하면서 인간사人間事 변화變化의 바탕을 이룬다.
 이렇듯 남자男子의 기운氣運 속에 여자女子의 성격性格이나 성질性質, 됨됨이나 상태狀態, 행태行態나 체질體質 등을 내재內在하고 있다.
 또한 음陰의 기운氣運 속에 양陽의 기운氣運이 내재內在하고 있는 까닭으로 소양少陽==의 기운氣運과 태음太陰==의 기운氣運이 서로 짝을 이루어 아울러 겸하면서 인간사人間事 변화變化의 바탕을 이룬다.
 이렇듯 여자女子의 기운氣運속에 남자男子의 성격性格이나 성질性質, 됨됨이나 상태狀態, 행태行態나 체질體質 등을 내재內在하고 있으면서 4상론四象論을 이룬다.

3. 8상론八象論

양陽 ─ ⇒ 남자男子		음陰 -- ⇒ 여자女子	
⚌	⚍	⚎	⚏
태양太陽	소음少陰	소양少陽	태음太陰
건乾☰ 태兌☱	리離☲ 진震☳	손巽☴ 감坎☵	간艮☶ 곤坤☷
太陽　少陰	少陽　太陰	太陽　少陰	少陽　太陰

　4상四象 태양太陽의 기운氣運을 바탕으로 태양太陽 건乾☰의 기운氣運과 소음少陰 태兌☱의 기운氣運이 서로 어울려 남자男子의 기운氣運 속에 여자女子의 성격性格이나 기질氣質, 됨됨이나 상태狀態, 행태行態나 체질體質 등을 내재內在하고 있다.

　4상四象 소음少陰의 기운氣運을 바탕으로 소양少陽 리離☲의 기운氣運과 태음太陰 진震☳의 기운氣運이 서로 어울려 남자男子의 기운氣運속에 여자女子의 성격性格이나 기질氣質, 됨됨이나 상태狀態, 행태行態나 체질體質 등을 내재內在하고 있다.

　4상四象 소양少陽의 기운氣運을 바탕으로 태양太陽 손巽☴의 기운氣運과 소음少陰 감坎☵의 기운氣運이 서로 어울려 여자女子의 기운氣運속에 남자男子의 성격性格이나 기질氣質, 됨됨이나 상태狀態, 행태行態나 체질體質 등을 내재內在하고 있다.

　4상四象 태음太陰의 기운氣運을 바탕으로 소양少陽 간艮☶의 기운氣運과 태음太陰 곤坤☷의 기운氣運이 서로 어울려 여자女子의 기운氣運 속에 남자男子의 성격性格이나 기질氣質, 됨됨이나 상태狀態, 행태行態나 체질體質 등을 내재內在하고 있다.

　이렇듯 양陽 4상四象의 기운氣運과 음陰 4상四象의 기운氣運이 서로 짝을 지어 어울리면서 8상八象을 이룬다.

4. 16상론十六象論

남자男子

양陽― ⇒ 남자男子	음陰-- ⇒ 남자男子

태양太陽　　소음少陰　　소양少陽　　태음太陰

건乾☰　태兌☱　리離☲　진震☳　손巽☴　감坎☵　간艮☶　곤坤☷

太陽　　少陰　　少陽　　太陰　　太陽　　少陰　　少陽　　太陰

　남자男子 양陽에 태양太陽의 기운氣運을 바탕으로 태양太陽 건乾☰의 기운氣運과 소음少陰 태兌☱의 기운氣運이 서로 어울려 남자男子의 기운氣運 속에 여자女子의 성격性格이나 기질氣質, 됨됨이나 상태狀態, 행태行態나 체질體質 등을 내재內在하고 있다.

　남자男子 양陽에 소음少陰의 기운氣運을 바탕으로 소양少陽 리離☲의 기운氣運과 태음太陰 진震☳의 기운氣運이 서로 어울려 남자男子의 기운氣運속에 여자女子의 성격性格이나 기질氣質, 됨됨이나 상태狀態, 행태行態나 체질體質 등을 내재內在하고 있다.

　남자男子 음陰에 소양少陽의 기운氣運을 바탕으로 태양太陽 손巽☴의 기운氣運과 소음少陰 감坎☵의 기운氣運이 서로 어울려 남자男子의 기운氣運 속에 여자女子의 성격性格이나 기질氣質, 됨됨이나 상태狀態, 행태行態나 체질體質 등을 내재內在하고 있다.

　남자男子 음陰에 태음太陰의 기운氣運을 바탕으로 소양少陽 간艮☶의 기운氣運과 태음太陰 곤坤☷의 기운氣運이 서로 어울려 남자男子의 기운氣運 속에 여자女子의 성격性格이나 기질氣質, 됨됨이나 상태狀態, 행태行態나 체질體質 등을 내재內在하고 있다.

이렇듯 남자男子 양陽의 4상四象과 남자男子 음陰의 4상四象이 서로 어우러져 인간사人間事 남자男子의 8상八象이 이루어진다.

여자女子

양陽 ― ⇒ 여자女子				음陰 -- ⇒ 여자女子			
═	═ ═	═ ═	═ ═	═ ═	═ ═	═ ═	═ ═
태양太陽		소음少陰		소양少陽		태음太陰	
건乾 ☰	태兌 ☱	리離 ☲	진震 ☳	손巽 ☴	감坎 ☵	간艮 ☶	곤坤 ☷
太陽	少陰	少陽	太陰	太陽	少陰	少陽	太陰

　여자女子 양陽에 태양太陽의 기운氣運을 바탕으로 태양太陽 건乾☰의 기운氣運과 소음少陰 태兌☱의 기운氣運이 서로 어울려 여자女子의 기운氣運 속에 남자男子의 성격性格이나 기질氣質, 됨됨이나 상태狀態, 행태行態나 체질體質 등을 내재內在하고 있다.

　여자女子 양陽에 소음少陰의 기운氣運을 바탕으로 소양少陽 리離☲의 기운氣運과 태음太陰 진震☳의 기운氣運이 서로 어울려 여자女子의 기운氣運 속에 남자男子의 성격性格이나 기질氣質, 됨됨이나 상태狀態, 행태行態나 체질體質 등을 내재內在하고 있다.

　여자女子 음陰에 소양少陽의 기운氣運을 바탕으로 태양太陽 손巽☴의 기운氣運과 소음少陰 감坎☵의 기운氣運이 서로 어울려 여자女子의 기운氣運 속에 남자男子의 성격性格이나 기질氣質, 됨됨이나 상태狀態, 행태行態나 체질體質 등을 내재內在하고 있다.

　여자女子 음陰에 태음太陰의 기운氣運을 바탕으로 소양少陽 간艮☶의 기운氣運과 태음太陰 곤坤☷의 기운氣運이 서로 어울려 여자女子의 기운氣運 속에 남자男子의 성격性格이나 기질氣質, 됨됨이나 상태狀態, 행태行態나 체질體質 등을 내재內在하고 있다.

이렇듯 여자女子 양陽의 4상四象과 여자女子 음陰의 4상四象이 서로 어우러져 인간사人間事 여자女子의 8상八象이 이루어진다.
　남자男子의 8상八象과 여자女子의 8상八象이 서로 짝을 이루어 아울러 겸하면서 16상十六象을 이룬다. 이를 인간사人間事 변화變化의 바탕이나 중심中心이 되는 기준基準으로 삼고, 또 따르면서 서로가 서로를 헤아려 주고 서로가 서로의 까닭이나 형편形便, 사정事情 따위를 서로 이해理解하고 서로 감싸는 것이다. 이것이 바로 곧 변역變易이다.

사주四柱 8괘八卦
가름 법法

II

1. 연주年柱 팔괘八卦 가름 법法

양년陽年: 입춘立春-입하立夏 ⇨ 태양太陽 건乾☰.
　　　　입하立夏-입추立秋 ⇨ 소음少陰 태兌☱.
　　　　입추立秋-입동立冬 ⇨ 소양少陽 리離☲.
　　　　입동立冬-입춘立春 ⇨ 태음太陰 진震☳.
음년陰年: 입춘立春-입하立夏 ⇨ 태양太陽 손巽☴.
　　　　입하立夏-입추立秋 ⇨ 소음少陰 감坎☵.
　　　　입추立秋-입동立冬 ⇨ 소양少陽 간艮☶.
　　　　입동立冬-입춘立春 ⇨ 태음太陰 곤坤☷.

　이렇듯 양년陽年의 4상四象과 음년陰年의 4상四象이 합하여 8상八象이 이루어진다.
　남자男子 양陽의 4상四象과 음陰의 4상四象, 여자女子 양陽의 4상四象과 음陰의 4상四象이 합하여 16상十六象이 이루어진다.
　월주月柱, 일주日柱, 시주時柱 또한 이와 같다.

2. 월주月柱 팔괘八卦 가름 법法

양년陽年: 동지冬至-춘분春分 ⇨ 태양太陽 건乾☰.
　　　　춘분春分-하지夏至 ⇨ 소음少陰 태兌☱.
　　　　하지夏至-추분秋分 ⇨ 소양少陽 리離☲.
　　　　추분秋分-동지冬至 ⇨ 태음太陰 진震☳.
음년陰年: 동지冬至-춘분春分 ⇨ 태양太陽 손巽☴.
　　　　춘분春分-하지夏至 ⇨ 소음少陰 감坎☵.
　　　　하지夏至-추분秋分 ⇨ 소양少陽 간艮☶.
　　　　추분秋分-동지冬至 ⇨ 태음太陰 곤坤☷.

이렇듯 양년陽年의 4상四象과 음년陰年의 4상四象이 합하여 8상八象이 성립成立된다.

3. 일주日柱 팔괘八卦 가름 법法

1월一月-양월陽月: 입춘立春 후 8일까지 ⇨ 태양太陽 건乾 ☰.
    입춘立春 8일후부터 우수雨水까지 ⇨ 소음少陰 태兌 ☱.
        우수雨水 후 8일까지 ⇨ 소양少陽 리離 ☲.
   우수雨水 8일후부터 경칩驚蟄까지 ⇨ 태음太陰 진震 ☳.
2월二月-음월陰月: 경칩驚蟄 후 8일까지 ⇨ 태양太陽 손巽 ☴.
   경칩驚蟄 8일후부터 춘분春分까지 ⇨ 소음少陰 감坎 ☵.
        춘분春分 후 8일까지 ⇨ 소양少陽 간艮 ☶.
   춘분春分 8일후부터 청명淸明까지 ⇨ 태음太陰 곤坤 ☷.

3월三月-양월陽月: 청명淸明 후 8일까지 ⇨ 태양太陽 건乾 ☰.
   청명淸明 8일후부터 곡우穀雨까지 ⇨ 소음少陰 태兌 ☱.
        곡우穀雨 후 8일까지 ⇨ 소양少陽 리離 ☲.
   곡우穀雨 8일후부터 입하立夏까지 ⇨ 태음太陰 진震 ☳.
4월四月-음월陰月: 입하立夏 후 8일까지 ⇨ 태양太陽 손巽 ☴.
   입하立夏 8일후부터 소만小滿까지 ⇨ 소음少陰 감坎 ☵.
        소만小滿 후 8일까지 ⇨ 소양少陽 간艮 ☶.
   소만小滿 8일후부터 망종芒種까지 ⇨ 태음太陰 곤坤 ☷.

5월五月-양월陽月: 망종芒種 후 8일까지 ⇨ 태양太陽 건乾 ☰.
   망종芒種 8일후부터 하지夏至까지 ⇨ 소음少陰 태兌 ☱.
        하지夏至 후 8일까지 ⇨ 소양少陽 리離 ☲.
   하지夏至 8일후부터 소서小暑까지 ⇨ 태음太陰 진震 ☳.

6월六月-음월陰月: 소서小暑 후 8일까지 ⇨ 태양太陽 손巽☴.
소서小暑 8일후부터 대서大暑까지 ⇨ 소음少陰 감坎☵.
대서大暑 후 8일까지 ⇨ 소양少陽 간艮☶.
대서大暑 8일후부터 입추立秋까지 ⇨ 태음太陰 곤坤☷.

7월七月-양월陽月: 입추立秋 후 8일까지 ⇨ 태양太陽 건乾☰.
입추立秋 8일후부터 처서處暑까지 ⇨ 소음少陰 태兌☱.
처서處暑 후 8일까지 ⇨ 소양少陽 리離☲.
처서處暑 8일후부터 백로白露까지 ⇨ 태음太陰 진震☳.

8월八月-음월陰月: 백로白露 후 8일까지 ⇨ 태양太陽 손巽☴.
백로白露 8일후부터 추분秋分까지 ⇨ 소음少陰 감坎☵.
추분秋分 후 8일까지 ⇨ 소양少陽 간艮☶.
추부秋分 8일후부터 한로寒露까지 ⇨ 태음太陰 곤坤☷.

9월九月-양월陽月: 한로寒露 후 8일까지 ⇨ 태양太陽 건乾☰.
한로寒露 8일후부터 상강霜降까지 ⇨ 소음少陰 태兌☱.
상강霜降 후 8일까지 ⇨ 소양少陽 리離☲.
상강霜降 8일후부터 입동立冬까지 ⇨ 태음太陰 진震☳.

10월十月-음월陰月: 입동立冬 후 8일까지 ⇨ 태양太陽 손巽☴.
입동立冬 8일후부터 소설小雪까지 ⇨ 소음少陰 감坎☵.
소설小雪 후 8일까지 ⇨ 소양少陽 간艮☶.
소설小雪 8일후부터 대설大雪까지 ⇨ 태음太陰 곤坤☷.

11월十一月-양월陽月: 대설大雪 후 8일까지 ⇨ 태양太陽 건乾☰.
대설大雪 8일후부터 동지冬至까지 ⇨ 소음少陰 태兌☱.
동지冬至 후 8일까지 ⇨ 소양少陽 리離☲.
동지冬至 8일후부터 소한小寒까지 ⇨ 태음太陰 진震☳.

12월十二月-음월陰月: 소한小寒 후 8일까지 ⇨ 태양太陽 손巽 ☴.
소한小寒 8일후부터 대한大寒까지 ⇨ 소음少陰 감坎 ☵.
대한大寒 후 8일까지 ⇨ 소양少陽 간艮 ☶.
대한大寒 8일후부터 입춘立春까지 ⇨ 태음太陰 곤坤 ☷.

이렇듯 양일陽日 4상四象과 음일陰日 4상四象이 합하여 일주日柱 8상八象이 이루어진다.

4. 시주時柱 팔괘八卦 가름 법법

태어난 시간時間의 기둥을 세움.

시간지時干支	甲己日	乙庚日	丙辛日	丁壬日	戊癸日
子時: 밤 11時- 새벽 1時	甲子	丙子	戊子	庚子	壬子
丑時: 새벽 1時- 새벽 3時	乙丑	丁丑	己丑	辛丑	癸丑
寅時: 새벽 3時- 새벽 5時	丙寅	戊寅	庚寅	壬寅	甲寅
卯時: 새벽 5時- 오전 7時	丁卯	己卯	辛卯	癸卯	乙卯
辰時: 오전 7時- 오전 9時	戊辰	庚辰	壬辰	甲辰	丙辰
巳時: 오전 9時- 오전11時	己巳	辛巳	癸巳	乙巳	丁巳
午時: 오전11時- 오후 1時	庚午	壬午	甲午	丙午	戊午
未時: 오후 1時- 오후 3時	辛未	癸未	乙未	丁未	己未
申時: 오후 3時- 오후 5時	壬申	甲申	丙申	戊申	庚申
酉時: 오후 5時- 밤 7時	癸酉	乙酉	丁酉	己酉	辛酉
戌時: 밤 7時- 밤 9時	甲戌	丙戌	戊戌	庚戌	壬戌
亥時: 밤 9時- 밤 11時	乙亥	丁亥	己亥	辛亥	癸亥

양일陽日: 갑甲, 병丙, 무戊, 경庚, 임壬
음일陰日: 을乙, 정丁, 기己, 신辛, 계癸

밤 11시	— 12시	— 새벽 1시.
자초子初	자정子正	자말子末
새벽 1시	— 2시	— 새벽 3시.
축초丑初	축정丑正	축말丑末
새벽 3시	— 4시	— 새벽 5시.
인초寅初	인정寅正	인말寅末
새벽 5시	— 6시	— 아침 7시.
묘초卯初	묘정卯正	묘말卯末
아침 7시	— 8시	— 오전 9시.
진초辰初	진정辰正	진말辰末
오전 9시	— 10시	— 오전 11시.
사초巳初	사정巳正	사말巳末
오전 11시	— 12시	— 오후 1시.
오초午初	오정午正	오말午末
오후 1시	— 2시	— 오후 3시.
미초未初	미정未正	미말未末
오후 3시	— 4시	— 오후 5시.
신초申初	신정申正	신말申末
오후 5시	— 6시	— 저녁 7시.
유초酉初	유정酉正	유말酉末
저녁 7시	— 8시	— 밤 9시.
술초戌初	술정戌正	술말戌末
밤 9시	— 10시	— 밤 11시.
해초亥初	해정亥正	해말亥末

양일陽日: 태양太陽: 건乾☰. 밤 11시-5시.

　　　　소음少陰: 태兌☱. 새벽 5시-오전 11시.

　　　　소양少陽: 리離☲. 오전 11시-오후 5시.

　　　　태음太陰: 진震☳. 오후 5시-밤 11시까지이며,

음일陰日: 태양太陽: 손巽☴. 밤 11시-5시.

　　　　소음少陰: 감坎☵. 새벽 5시-오전 11시.

　　　　소양少陽: 간艮☶. 오전 11시-오후 5시.

　　　　태음太陰: 곤坤☷. 오후 5시-밤 11시까지이며,

음일陰日, 양일陽日 4상四象이 합하여 8상八象이 이루어진다.

Ⅲ

주역64괘 해제 강설

周易六十四卦解題講說

1. 건괘乾卦 ☰

1-1) 건위천乾爲天: ☰ ☰ 乾上 乾下 陽 ⇨ 太陽.
1-2) 천택이天澤履: ☰ ☱ 乾上 兌下 陽 ⇨ 少陰.
1-3) 천화동인天火同人: ☰ ☲ 乾上 離下 陽 ⇨ 少陽.
1-4) 천뢰무망天雷无妄: ☰ ☳ 乾上 震下 陽 ⇨ 太陰.
1-5) 천풍구天風姤: ☰ ☴ 乾上 巽下 陰 ⇨ 太陽.
1-6) 천수송天水訟: ☰ ☵ 乾上 坎下 陰 ⇨ 少陰.
1-7) 천산둔天山遯: ☰ ☶ 乾上 艮下 陰 ⇨ 少陽.
1-8) 천지비天地否: ☰ ☷ 乾上 坤下 陰 ⇨ 太陰.

1-1) 건위천乾爲天: ☰ ☰ 乾上 乾下 陽 ⇨ 太陽.

原文: 乾은 元하고 亨하며 利하고 貞하다. 象曰大哉라 乾元이여 萬物이 資始하니 乃統天이로다. 雲行雨施하여 品物이 流形하나니라. 大明終始하면 六位時成하나니 時乘六龍하여 以御天하나니라. 乾道의 變化에 各正性命하나니 保合大和하여 乃利貞하나니라. 首出庶物에 萬國이 咸寧하나니라.

象曰天行이 健하니 君子가 以하여 自彊不息하나니라.

初九는 潛龍이니 勿用이니라. 象曰潛龍勿用은 陽在下也이다.

九二는 見龍在田이니 利見大人이니라. 象曰見龍在田은 德施普也이다.

九三은 君子가 終日乾乾하여 夕惕若하면 厲하나 无咎이리라. 象曰終日乾乾은 反復道也이다.

九四는 或躍在淵하면 无咎이리라. 象曰或躍在淵은 進이 无咎也이다.

九五는 飛龍在天이니 利見大人이니라. 象曰飛龍在天은 大人造也이다.

上九는 亢龍이니 有悔리라. 象曰亢龍有悔는 盈不可久也이다.

用九는 見群龍하되 無首하면 吉하리라. 象曰用九는 天德이 不可爲首也이다.

直譯: 건乾의 기운은 크게 형통亨通하는 괘이니 매사에 마음을 곧고 바르게 가져야 이롭다. 상象에 이르기를 크다 건의 기운이여! 만물萬物이 이 기운을 바탕으로 비롯되니 이는 바로 하늘의 도를 통했음이라. 구름이 움직여 비를 내리고 온갖 만물의 모양이나 상태가 이루어진다. 처음과 마지막이 크게 밝으면 육효六爻의 자리가 때를 맞춰 이뤄지고 때를 맞춰 여섯 마리의 용을 타고 하늘에 오른다. 하늘의 도道가 변화變化하여 각자 타고난 성품이나 생명을 바르게 하니, 지키고 합하여 서로 응해야 이로우며 곧아진다. 많은 물건을 먼저 내놓음에 모든 나라가 편안하다.

상象에 이르길 하늘의 움직임이 강하고 튼튼하니 군자가 스스로 쉬지 않고 마지막까지 노력한다.

初九는 물에 잠겨있는 용이니 쓰지 말라. 상象에 이르기를 물에 잠겨있는 용이니 쓰지 말라고 한 것은 양陽의 기운이 밑에 있다는 것이다.

九二는 보이는 용이 밭에 있음이니 대인大人을 보아야 이롭다. 상象에 이르기를 보이는 용이 밭에 있다고 한 것은 덕德을 널리 베푼다는 것이다.

九三은 군자君子가 하루 종일 쉬지 않고 노력하여 저녁에 조심하면 염려스러우나 허물이 없다. 상象에 이르기를 하루 종일 쉬지 않는다는 것은 도道를 반복한다는 것이다.

九四는 혹 뛰어오르거나 연못에 있으면 허물이 없다. 상象에 이르기를 뛰어오르거나 연못에 있다는 것은 나아가는 일에 있어서 허물이 없다는 것이다.

九五는 날고 있는 용이 하늘에 있음이니 대인大人을 봐야 이롭다. 상象에 이르기를 날고 있는 용이 하늘에 있다는 것은 대인이 만들어 간다는 것이다.

上九는 마지막까지 오른 용이니 후회할 일이 있다. 상象에 이르기를 마지막까지 오른 용이니 후회할 일이 있다는 것은 가득 차 넘치는 일이 오래 갈 수 없다는 것이다.

用九는 무리를 이룬 용을 보더라도 우두머리가 없으면 길吉하다. 상象에 이르기를 하늘의 덕은 우두머리가 될 수 없다는 것이다.

解題: 건위천乾爲天 ☰ ☰ 乾上乾下은 강건불식剛健不息의 상象으로 아침에 해가 뜨는 곳이나, 초목草木의 싹이 향하는 위는 하늘이므로 "하늘"의 뜻을 나타낸다. 건乾이란 위에 있으므로, 굳셈, 다스림, 비롯함 등의 뜻으로 놀지 않고 부지런한 모양새이며, 멈추지 않고 계속 나아가는 모습이다. 강건剛健하고 충실充實하며, 능동적能動的이면서 적극적積極的인 것을 상징象徵한다. 또한 물들지 않은 순수純粹함을 의미意味하면서 한창 활동적活動的일 때를 이르고 삶에 있어서 전성기를 이른다. 더하여 그만큼 책임責任이 따를 때이며, 늘 긴장緊張을 늦출 수 없을 때이다. 자연自然이나 인생人生이나 성성하고 쇠衰하는 법임을 바르게 알아 초심初心을 잃지 않아야 한다.

象曰 하늘의 운행運行이 강剛하고 건강하다. 군자君子는 이 괘卦를 보고 스스로 쉬지 않고 노력努力하며 몸과 마음을 다하여 매사에 삼가 한다는 것이다.

初九는 물에 잠겨있는 용龍이니, 쓰지 말라고 한 것은, 양陽의 기운氣運이 밑에 있다는 것이다. 곧 이 말은 힘을 기르면서 때를 기다린다는 것이다.

九二는 보이는 용이 밭에 있으니, 대인大人을 만나야 이롭다고 한 것은, 덕德을 널리 펼 수 있다는 것이다. 이양二陽 중정中正의 마땅한 자리로 강한 기세氣勢이기는 하나, 오양五陽의 도움을 받아야 더욱 성盛할 수 있다는 것이다. 곧 타인의 도움이나 힘을 얻어야 한다는 의미이다.

九三은 군자君子가 종일토록 쉬지 않고 노력하고 저녁에 조심하면 염려스러우나 허물이 없다고 한 것은, 도道를 반복反復하여 행한다는 것이다. 곧 지나친 면이 없진 않으나 저녁에 반성反省하면서 삼가면 큰 허물이 없다는 것이다.

九四는 혹 뛰놀거나 연못에 있으면 허물이 없을 것이라고 한 것은, 나아가는 일에 있어서 허물없이 나아간다는 것이다. 곧 나아가고 물러나는 일에 있어서 신중愼重을 기하고 삼가 한다면 큰 위험危險이 없다는 것이다.

九五는 날고 있는 용이 하늘에 있으니, 대인大人을 보아야만 이롭다고 한 것은, 대인大人이 꾸미고 만들어 간다는 의미이다. 곧 오양五陽 중정中正의 마땅한 자리가 오를 만큼 올라 가득 차있다는 것이다.

上九는 마지막까지 오른 용이니, 후회後悔할 일이 있을 것이라고 한 것은, 가득 차 넘치는 일이 오래 갈수 없다는 것이다. 곧 자만自慢하지 말고 겸허謙虛한 자세가 필요必要하다는 의미이다.

用九는 무리를 이룬 용을 보더라도 우두머리가 없는 것이 길吉할 것이라고 한 것은, 구九, 곧 양陽의 기운氣運을 사용하는 일에 있어서 하늘의 덕德이 우두머리가 될 수 없다는 것이다. 오히려 겸손謙遜한 마음가짐이나 자세가 나중에는 크게 빛나는 것이 아니겠는가.

乾爲天건위천: ☰ 乾上, ☰ 乾下
出自圍林下 출자위림하/ 출중出衆한 그 많은 무리 속에서 스스로 뛰어나아가
二朝御鵬程 이조어붕정/ 하루가 멀다 하고 말을 몰아 먼 길을 떠난다네.
榮華雖至貴 영화수지귀/ 비록 꽃이 활짝 피어오르듯 이름을 날리고 귀하게 되어도
終見散田庄 종견산전장/ 마침내는 논밭에 흩어지는 모습을 보일뿐이라네.

건위천乾爲天은 겉으로 드러난 말이나 행동行動, 모습 등이 건강하고 힘이 있으며, 지극히 능동적能動的이면서 거침이 없는 사람이다. 또한 안으로 드러나는 사고방식思考方式이나 마음의 씀씀이, 모양새가 모나지 않고 매우 시원시원한 성격性格의 소유자所有者이다.

매사에 새로운 방법을 모색하는 매우 창조성創造性을 보이는 사람이며, 그 마음의 바탕에 보편적普遍的인 사고방식思考方式을 깔고 거침없이 밀고나가는 행동가行動家이다. 주변周邊 환경環境이나 주어진 상황狀況, 그 어떠한 것에도 방해妨害를 받지 않은 성격性格이며, 일이 되어가는 모든 과정過程을 밝게 알아서 마무리를 깔끔하게 처리한다. 적극적積極的이고 건전健全한 성격性格이며, 주어진 일이 있다면 잠시도 쉬지 않고 몸과 마음을 다해 노력努力하고 힘쓰는 사람이다.

스스로의 분수分數를 알아 때를 기다리면서 꾸준히 힘을 기를 줄 아는 사람이며, 스스로가 지닌 힘이나 덕德 따위가 주변에 큰 영향影響을 주기도 하고 때때로 지나친 말과 행동行動으로 인하여 위태로운 경향傾向에 처하기는 하지만, 항상 쉼 없이 노력하고 반성反省하면서 말과 행동을 삼가고 조심하면 큰 허물을 면한다. 또한 나아가고 물러가는 일에 있어서 신중愼重을 기하면서 스스로가 삼간다면 크게 이루어나가는 사람이다. 더하여 자신보다 더 뛰어난 이의 말을 존중尊重하고 받아들인다면 크게 도움이 된다.

매사每事 한걸음 물러서는 겸손謙遜한 마음가짐이 꼭 필요必要한 사람이다.

활달豁達하고 명랑한 성격性格에 긍정적肯定的인 사고방식思考方式을 지녔으며, 잠시도 쉬지 않고 스스로가 노력努力하면서 몸과 마음을 다해 힘쓰는 사람이다. 또한 일의 목적目的에 따라 문화적文化的 물질적物質的 가치價値 따위를 새롭게 만들어가는 사람이며, 더하여 자연스럽게 순리順理를 따르고 딴 생각이나 그릇된 욕심慾心이 전혀 없는 성품性品이다.

文言曰元者는 善之長也이며 亨者는 嘉之會也이고 利者는 義之和也이며 貞者는 事之幹也이다. 君子는 體仁이 足以長人이며 嘉會이 足以合禮이며 利物이 足以和義이며 貞固이 足以幹事이니 君子가 行此四德者이라 故로 曰乾元亨利貞이라.

初九曰潛龍勿用은 何謂也오. 子가 曰龍德而隱者也이니 不易乎世하며 不成乎名하여 遯世无悶하며 不見是而无悶하여 樂則行之하고 憂則違之하여 確乎其不可拔이 潛龍也이라.

九二曰見龍在田利見大人은 何謂也오. 子가 曰龍德而正中者也이니 庸言之信하며 庸行之謹하여 閑邪存其誠하며 善世而不伐하며 德博而化이니 易曰見龍在田利見大人이라하니 君德也이라.

九三曰君子終日乾乾夕惕若厲无咎는 何爲也오. 子가 曰君子가 進德修業하나니 忠信이 所以進德也이오 修辭立其誠이 所以居業也이라 知至至之라 可與幾也이며 知終終之라 可與存義也이니 是故로 居上立而不驕하며 在下立而不憂하나니 故로 乾乾하여 因其時而惕하면 雖危나 无咎矣리라.

九四曰或躍在淵无咎는 何謂也오. 子가 曰上下无常이 非爲邪也이며 進退无恒이 非離群也이라 君子進德修業은 欲及時也이니 故로 无咎이니라.

九五曰飛龍在天利見大人은 何謂也오. 子가 曰同聲相應하며 同氣相求하여 水流濕하며 火就燥하며 雲從龍하며 風從虎이라 聖人이 作而萬物이 覩하니 本乎天者는 親上하고 本乎地者는 親下하나니 則各從其類也이니라

上九曰亢龍有悔는 何謂也오. 子가 曰貴而无位하며 高而无民하며 賢人이 在下位而无輔이라 是以動而有悔也이니라.

潛龍勿用은 下也이고 見龍在田은 時舍也이며 終日乾乾은 行事也이고 或躍在淵은 自試也이며 飛龍在天은 上治也이고 亢龍有悔는 窮之災也이며 乾元用九는 天下이 治也이라.

潛龍勿用은 陽氣潛藏이고 見龍在田은 天下의 文明이며 終日乾乾은 與時偕行이고 或躍在淵은 乾道가 乃革이며 飛龍在天은 乃位乎天德이고 亢

龍有悔는 與時偕極이며 乾元用九는 乃見天則이라.

乾元者는 始而亨者也이고 利貞者는 性情也이라 乾始가 能以美利로 利天下이라 不言所利하니 大矣哉이라.

大哉라 乾乎여 剛健中正純粹이 精也이고 六爻發揮는 旁通情也이고 時乘六龍하여 以御天也이니 雲行雨施라 天下平也이라.

君子가 以成德爲行하나니 日可見之이 行也이라. 潛之爲言也는 隱而未見하며 行而未成이라 是以君子가 弗用也하나니라.

君子가 學以聚之하고 問以辨之하며 寬以居之하고 仁以行之하나니 易曰 見龍在田利見大人이라하니 君德也이라.

九三은 重剛而不中하여 上不在天하며 下不在田이라 故로 乾乾하여 因其時而惕하면 雖危나 无咎矣리라.

九四는 重剛而不中하여 上不在天하며 下不在田하며 中不在人이라 故로 或之하니 或之者는 疑之也이니 故로 无咎이라.

夫大人者는 與天地合其德하며 與日月合其明하며 與四時合其序하며 與鬼神合其吉凶하여 先天而天弗違하며 後天而奉天時하나니 天且弗違는 而況於人乎이며 況於鬼神乎이여.

亢之爲言也는 知進而不知退하며 知存而不知亡하며 知得而不知喪이니 其唯聖人乎아 知進退存亡而不失其正者가 其唯聖人乎라. 문언전은 지면상 생략합니다.

1-2) 천택이 天澤履: ☰ ☱ 乾上 兌下 陽 ⇨ 少陰.

原文: 履虎尾라도 不咥人이라 亨하니라. 象曰履는 柔履剛也이니 說而應乎乾이라 是以履虎尾 不咥人亨이라. 剛中正으로 履帝位하여 而不疚이면 光明也이라.

象曰上天下澤이 履이니 君子가 以하여 辨上下하여 定民志하나니라.

初九는 素履로 往하면 无咎이리라. 象曰素履之往은 獨行願也이라.

九二는 履道가 坦坦하니 幽人이라야 貞하고 吉하리라. 象曰幽人貞吉은 中不自亂也이라.
六三은 眇能視며 跛能履라 履虎尾하여 咥人이니 凶하고 武人이 爲于大君이로다. 象曰 眇能視는 不足以有明也이고 跛能履는 不足以與行也이며 咥人之凶은 位不當也이고 武人爲于大君은 志剛也이라.
九四는 履虎尾니 愬愬이면 終吉이리라. 象曰愬愬終吉은 志行也이라.
九五는 夬履니 貞이라도 厲하리라. 象曰夬履貞厲는 位正當也일세라.
上九는 視履하여 考祥하되 其施이면 元吉이리라. 象曰元吉在上이 大有慶也니라.

直譯: 호랑이의 꼬리를 밟아도 사람을 물지 않으니 매사에 형통亨通한 괘이다. 상象에 이르기를 리履는 부드러운 기운이 강한 기운을 밟는 것이니, 도리道理를 따라 건乾이 응한다. 이러함으로써 호랑이 꼬리를 밟아도 사람을 물지 않고 매사에 형통하다는 것이다. 강剛한 기운氣運이 올바르고 어느 한쪽으로 치우치지 않아서 왕의 자리에 올라서게 되고 오래토록 병들지 않으면서 밝게 빛난다는 것이다.
상象에 이르기를 위로는 하늘이고 아래로는 연못이 있는 것이 리괘履卦이니, 군자君子가 이로써 위와 아래를 분명하게 나누고 백성의 뜻을 정하는 것이다.
초구는 희고 깨끗한 뜻으로 신고 가면 허물이 없다. 상象에 이르기를 희고 깨끗한 뜻으로 신고 간다는 것은 홀로 원하는 바를 행한다는 것이다.
九二는 밟히는 도道가 매우 평평하고 너그러우니 그윽한 사람이여야 곧으면서 길吉하다. 상象에 이르기를 그윽한 사람이여야 곧으면서 길하다고 한 것은 올바르고 어느 한쪽으로 치우치지 않은 마땅한 자리中正를 스스로 어지럽게 만들지 말아야 한다는 것이다.

六三은 애꾸눈도 능히 볼 수 있으며 절뚝발이도 능히 밟고 설 수 있다. 호랑이 꼬리를 밟아 사람이 물리니 흉凶하고 무인武人이 큰 임금이 된다. 상象에 이르기를 애꾸눈도 능히 볼 수 있다고 한 것은 밝게 볼 수 있는 힘이 부족하다는 것이고 절뚝발이도 능히 밟고 설 수 있다고 한 것은 더불어 행할 수 있는 힘이 부족하다는 것이며, 사람이 물리니 흉하다는 것은 그 자리가 마땅치 않다는 것이고 무인이 큰 임금이 된다는 것은 뜻한 바 그 의지意志만이 강강剛하다는 것이다.

九四는 호랑이 꼬리를 밟으니 놀라서 두려워하면 마침내 길吉하다. 상象에 이르기를 놀라서 두려워하면 마침내 길하다고 한 것은 뜻한 바 행한다는 것이다.

九五는 쾌히 밟는다는 것이니 올곧고 바르더라도 근심 걱정이 있다. 상象에 이르기를 쾌히 밟는다는 것이니 올곧고 바르더라도 근심 걱정이 있다는 것은 그 자리가 올바르고 마땅하다는 것이다.

上九는 밟는 것을 보아서 복福과 화禍를 곰곰이 생각하여 밝히고 널리 베풀어 행해지면 크게 길하다. 상象에 이르기를 크게 길吉한 것이 위에 있다는 것은 큰 경사慶事가 있다는 것이다.

解題: 천택이天澤履 ☰ ☱ 乾上 兌下는 위험危險이 따르더라도 실천實踐하는 상象이며, 실제實際로 이행履行함에는 위험危險이 따르는 것이니, 스스로의 힘과 능력能力을 생각하고 조심스럽게 나가야 한다.

이履란 신을 신고 발로 밟다. 밟으며 걷다. 밟으며 가다의 의미意味로 몸소 행하여 나아감을 뜻한다. 행하는 바 스스로 겪고 나아가는 것이며, 직접적直接的인 경험經驗을 통하여 스스로를 이끄는 것이다. 이호미履虎尾, 곧 범의 꼬리를 밟는다는 뜻으로 늘 위험危險이 따른다는 것이며, 그래도 실천實踐하는 상象으로 위험危險을 두려워해서는 아무 것도 할 수 없는 것이 아닌가.

적극적積極的이면서 능동적能動的이고 지극히 이익이 되는 상괘上卦인 건乾☰과 성질性質이 부드럽고 순함을 의미意味하는 하괘下卦로서의 태兌☱가 따르는 상象이다. 타인他人의 다양한 경험經驗을 교훈敎訓으로 받아들이고 스스로가 처한 상황狀況이나 형편形便을 되돌아보는 마음가짐이 필요하다. 그렇다면 위험을 만나더라도 원하는바 목표를 이룰 것이다.

이호미履虎尾, 곧 범의 꼬리를 밟는다는 뜻으로 지극히 "위험危險한 일"을 비유比喩한 것이며, 또한 그러한 형편形便이나 사정事情에 빠진 것을 뜻한다. 그러나 이러한 상황에 처했다하더라도 타인他人의 의견意見이나 충고忠告를 따른다면 위험에서 피할 수 있다는 것이다. 늘 앞서 나간 사람들의 경험經驗을 바탕으로 실수하는 일이 없도록 살피고 몸과 마음을 삼가며 뒤를 따르라는 뜻이다.

스스로가 해온 일에 대하여 잘못이나 허물이 있는지 되돌아볼 시기時期이며, 이때를 놓치지 말고 잘못되거나 완전하지 못한 점 등을 찾아내어 스스로가 처한 상황을 편안하게 만들어야 한다. 생각지도 않은 좋고 큰 결과結果를 얻을 수가 있으며, 스스로의 역량力量 이상으로 일을 마무리할 것이다. 몸과 마음을 다한 성실誠實함으로 앞선 사람들을 따른다면 크나큰 위험危險을 범하더라도 뜻을 이룰 수 있다.

象曰 위로는 하늘乾☰, 아래로는 연못兌☱이 있는 것이 이괘履卦이니 이로써 군자君子는 이를 보고 위아래를 분별分別하고 예의禮儀로써 행하고 이를 가르치면서 백성의 뜻을 정하는 것이다.

初九는 사사로운 견해見解를 버리고 순수한 마음으로 실천實踐해 나아가면 허물이 없다. 세상사世上事에 홀로 나서는 길이다.

九二는 주위로부터의 유혹誘惑이나 혼란混亂함에 마음을 빼앗기지 않으면 길吉한 일이 있을 것이다. 곧 올바르고 어느 한쪽으로 치우치지 않은 마땅한 자리中正를 잃어서는 안 된다.

　六三은 애꾸눈과 절뚝발이이다. 곧 남보다 더 잘보고 더 잘 걸을 수 있다고 착각한다. 주제도 되지 못하면서 젠체하며 스스로를 자랑해 내세우고 스스로를 높인다. 이러한 사람과는 함께 할 수 없는 것이니, 스스로의 잘못이나 허물을 감추려고 함부로 나선다면 크게 흉凶한 일을 맞게 될 것이다. 덕치德治가 아닌 무인武人이 제왕이 되는 것과 같은 것이다.

　九四는 스스로의 잘못이나 허물을 되돌아보고 범의 꼬리를 밟는 위험危險한 일을 범해도 신중愼重함을 잃지 않는다면 끝내는 목표한 바를 이룰 것이다. 놀랍고 두렵더라도 말과 행동을 삼가면서 도전해 볼만한 일이다.

　九五는 스스로 판단判斷하고 결정決定하여 행하는 일이 비록 올바른 일이라 해도 위험危險은 따르는 것이 아닌가. 그럴수록 신중愼重에 신중을 기해야 할 것이다. 그 자리가 올바르고 마땅하더라도 근심 걱정은 따르지 않는가. 주저하거나 머뭇거림 없이 또 더하여 신중하게 밟고 선다면 후회할 일은 없을 것이다.

　上九는 스스로의 과거를 되돌아보고 잘못이나 허물을 돌이켜 교훈敎訓으로 삼으면 크게 웃을 일이 있을 것이다. 곧 복福과 화禍를 밝게 밝히고 나아가는 일과 물러서는 일에 밝으면 좋은 일이 찾아온다는 의미이다.

　　天澤履천택이: ☰ 乾上, ☱ 兌下
　　千載遲遲身不榮 천재지지신불영/ 하루하루 천년千年이 가도 이 몸에 영화榮華가 없더니,
　　晚年混然得榮華 만년혼연득영화/ 늘그막에 홀연히 권력權力과 부귀富貴를 얻는다네.
　　玉顔晚年將芙蓉 옥안만년장부용/ 옥과 같은 아름다운 얼굴이 늘그막에 연꽃처럼 막 피어나고
　　終得春光事事通 종득춘광사사통/ 마침내는 따스한 봄빛에 모든 일에 통하는 것을 얻는다네.

1-3) 천화동인天火同人**: ☰ ☲ 乾上 離下 陽 ⇨ 少陽.**

原文: 同人于野이면 亨하리니 利涉大川이며 利君子의 貞하니라. 象曰同人은 柔이 得位하며 得中而應乎乾해서 曰同人이라. 同人曰 同人于野亨 利涉大川은 乾行也이오 文明以健하고 中正而應이 君子正也이니 唯君子라야 爲能通天下之志하나니라.

象天與火가 同人이니 君子가 以하여 類施으로 辨物하나니라.

初九는 同人于門이니 无咎이리라. 象曰出門同人을 又誰咎也이리오.

六二는 同人于宗이니 吝토다. 象曰同人于宗이 吝道也이라.

九三은 伏戎于莽升其高陵하여 三歲不興이로다. 象曰伏戎于莽은 敵剛也이고 三歲不興이니 安行也이리오.

九四는 乘其墉하되 弗克攻이니 吉하니라. 象曰乘其墉은 義弗克也이고 其吉은 則因而反則也이라.

九五는 同人이 先號咷而後笑이니 大師克이라야 相遇이로다. 象曰同人之先은 以中直也이고 大師相遇는 言相克也이라.

上九는 同人于郊이니 无悔니라. 象曰同人于郊는 志未得也이라.

直譯: 사람이 함께 하되 넓은 들판에서라면 매사에 형통亨通하리니, 큰 냇물을 건너면 이로우며, 군자君子의 바르고 올곧음이 이롭다. 상象에 이르기를 동인同人은 부드러운 자리를 얻으며, 중정中正, 곧 이음二陰을 얻어 하늘에 응하는 것五陽을 일러 동인同人이라 한다. 동인同人은 이르기를 사람이 함께 하되 넓은 들판에서라면 크게 형통하고 큰 냇물을 건너면 이롭다고 한 것은 건乾의 행行함이고 문명文明을 세우고 키움으로써 중정中正의 마땅한 자리가 응함은 군자의 올바름이다. 오직 군자이어야 천하의 뜻에 능히 통할 수 있다.

상象에 이르기를 하늘과 불이 함께하는 것이 동인同人의 괘이니, 군자君子가 이로써 같은 동족同族을 모으고 드러난 모든 사물을 분명하게 나눈다.

初九는 사람이 함께 함은 들고 나는 문門과 같으니 허물이 없다. 상象에 이르기를 문을 나서는 일에 있어 사람이 함께 하는 것을, 또 누구를 책망責望하겠는가.

六二는 사람이 함께 우두머리에게 몰려가는 것이니, 부끄럽다. 상象에 이르기를 사람이 함께 우두머리에게 몰려간다는 것은 부끄러운 도道라는 것이다.

九三은 무기를 갖춰 풀숲에 숨기고 높은 언덕에 올라 주위를 살피지만 3년이 지나도 일으키지 못한다. 상象에 이르기를 무기를 갖춰 풀숲에 숨기는 것은 적이 강하다는 것이고 3년이 지나도 일으키지 못한다는 것은 편안하게 행할 바가 없다는 것이다.

九四는 담장을 올라타고 있으나 안을 공격하지 못하니 길吉하다. 상象에 이르기를 담장을 올라타고 있다는 것은 의義를 이기지 못한다는 것이고 그것이 길하다는 것은 어렵고 힘든 까닭에 다시 되돌아옴에 있다.

九五는 사람이 함께하여 처음에는 울고 뒤에는 웃은 것이니, 큰 스승을 이기고 서로 만난 것이다. 상象에 이르기를 사람이 함께하여 처음에 우는 것은 중정中正의 자리, 곧 오양五陽의 자리가 곧기 때문이며, 큰 스승과 서로 만난다는 것은 서로 이기는 것을 말한다.

上九는 사람이 함께 성 밖에 있는 것과 같은 것이니, 후회後悔가 없다. 상象에 이르기를 사람이 서로 함께 성 밖에 있다는 것은 아직 뜻을 얻지 못했다는 것이다.

解題: 천화동인天火同人 ☰ ☲ 乾上 離下은 널리 인물人物을 찾아 구하는 상象이며, 높은 곳을 지향志向하면서 뜻을 함께 할 수 있는 많은 사람이 모여야 일을 도모圖謀할 수 있다는 것이다.

동인同人이란 한가지로 서로 같다. 서로 같게 하여 하나로 합하고 함께 하다. 함께 다 같이 모이다. 음陰의 소리로서 양성陽聲을 돕는 음률音律이다.

뜻과 생각을 함께 하는 사람이니, 상괘上卦는 건乾☰으로 쉬지 않고 능동적能動的이면서 지극히 활동적活動的인 것과 하괘下卦는 이離☲로서 사물을 알고 생각하는 판단判斷능력이 뒤를 따른다. 서로가 서로를 위해 상생相生한다는 마음을 잃지 말고 유연悠然한 사고방식思考方式으로 매사每事를 대해야 할 것이며, 삿된 견해나 사사로운 감정感情에 치우치면 안 된다. 또한 자신만의 잣대를 들이대지 말아야 한다. 그러면 즐거움이 따를 것이다.

마음이 공명公明하며 조금도 사사로움이 없이 서로가 함께 한다면 그 어떠한 큰일이라도 성공成功으로 이끌 수가 있을 것이다. 때문에 서로가 서로에게 언행言行을 삼가고 몸과 마음을 다해 노력해야지만 만사萬事가 막힘이나 걸림이 없이 두루 원만圓滿해진다는 뜻이다.

상象에 이르기를 하늘乾卦☰과 더불어 불離卦☲이 있는 것이 동인괘同人卦이니, 군자君子는 이를 보고 인물人物을 찾아 같이 함께 할 이들을 모은다.

初九는 사람으로서 응당 지켜야 할 도리道理나 본분本分을 바르게 세우고 밖으로 나아가 움직이면 크게 발전發展할 때이다. 서로가 서로에게 숨김이 없이 몸과 마음을 다해 협력協力하는 것이 가장 좋지 않던가.

六二는 다른 사람과 함께 사업을 일으켜도 좋은 시기時期이니 때를 맞추어 나아감도 좋은 일이다. 그러나 아무런 명분이 없이 떼로 몰려다니면 시기와 질투뿐만 아니라 비난에서 자유롭지 못할 것이다.

九三은 지극히 경쟁競爭도 심할 것이니, 뜻을 함께 할 수 있는 사람을 가까이 두어야한다. 분수에 맞게 처신해야 하나 무기를 감추고 매복하여 사방을 살피면서 기회를 엿본다. 그러나 나아가지 못하고 3년이라는 세월을 허비한다. 때문에 오랜 세월 함께할 수 있는 동지가 필요하다. 준비하면서 기다려야 한다.

九四는 삿된 견해見解나 작은 잇속을 따라 다툼이 일어나면 밖으로부터의 비난非難을 피하지 못할 것이다. 제 처지處地나 형편形便을 알지 못하고 욕심慾心으로 세상사世上事를 들여다보면 나아갈 수가 없다. 되지도 않은 욕심으로 나아가지도 못하고 물러서지도 못하는 것이니, 야심野心을 버리고 바른 길로 돌아서면 길吉할 것이다. 나아가기도 곤란하고 물러서기도 곤란한 지경이니 제자리로 돌아오는 것이 길하다.

九五는 서로 만나 울고 웃으면서 이기는 것이니, 처음에는 외롭고 힘들지만 마침내는 즐거움을 찾는다는 것이다. 물론 훼방을 놓은 자가 많은 법이니 많은 무리 중에서 제대로 된 스승을 만나 도움을 받아야 한다. 그 도움으로 적을 물리치고 동지와 함께 할 수 있다.

上九는 마음을 터놓은 이들과 함께 나아가고 싶지만, 주위로부터의 억압抑壓과 방해妨害가 심하다. 이들을 구하러 온전하지 못한 세상사를 헤맸지만 잘못이나 허물은 없다. 아직 뜻을 얻지 못했지만 후회는 없다는 것이다.

天火同人천화동인: ☰ 乾上 ☲ 離下
赫赫乾坤事事通 혁혁건곤사사통/ 하늘과 땅을 통通하는 모든 일에 밝고 뚜렷하며,
天顔玉腮共雙榮 천안옥시공쌍영/ 천안天顔에 옥과 같은 볼이 영화榮華와 짝하여 함께 하네.
地角南荒淸缺岐 지각남황청결기/ 남쪽 땅 한 모퉁이가 거칠고 맑게 나뉘어 혼란混亂하니,
宜和英雄筵優遊 의화영웅연우유/ 마땅히 넉넉한 자리를 만들어 영웅과 벗하면서 함께 간다네.

1-4) 천뢰무망天雷无妄: ☰ ☳ 乾上 震下 陽 ⇨ 太陰.
原文: 无妄은 元亨하고 利貞하니 其匪正이면 有眚해서 不利有攸往하니라. 象曰无妄은 剛이 自外來而爲主於內하니 動而健하고 剛中而應하여 大亨以正하니 天之命也이라. 其匪正有眚不利有攸往은 无妄之往

이 何之矣리오 天命不祐를 行矣哉아.

象曰天下雷行하여 物與无妄하니 先王이 以하여 茂對時하여 育萬物하나니라.

初九는 无妄이니 往에 吉하리라. 象曰无妄之往은 得志也리라.

六二는 不耕하여 穫하며 不菑하여 畬이니 則利有攸往하니라. 象曰不耕穫은 未富也이라.

六三은 无妄之災니 或繫之牛하나 行人之得이 邑人之災로다. 象曰行人得牛가 邑人災也이라.

九四는 可貞이니 无咎이리라. 象曰可貞无咎는 固有之也일세라.

九五는 无妄之疾은 勿藥이면 有喜리라. 象曰无妄之藥은 不可試也니라.

上九는 无妄에 行이면 有眚하여 无攸利하니라. 象曰无妄之行은 窮之災也이라.

直譯: 망령됨이 없는 무망无妄은 크게 형통하고 바르고 올곧으면 이로우니 그 마음이 바르지 않으면 재앙災殃이 있고 갈 곳이 있다하여도 결코 이롭지 않다. 상象에 이르기를 무망은 강剛한 기운이 밖으로부터 들어와 스스로 안의 주인이 되는 것이니, 움직임이 강건剛健하고 강한 가운데 응應하여 크게 형통亨通함으로써 올바르니 하늘의 명命이다. 그 마음이 바르지 않으면 재앙이 있고 갈 곳이 있다하여도 결코 이롭지 않다는 것은 무망无妄의 갈 곳이 어디일 것이며, 천명天命이 돕지 않은 것을 행하는 것이 아니겠는가.

상象에 이르기를 하늘 밑에서 우레가 움직여 모든 사물이 더불어 망령되지 않으니, 선왕先王이 이로써 때에 맞춰 마음을 쓰고 만물萬物을 기르고 키운다.

初九는 망령됨이 없이, 곧 성실하게 가는 곳에 길함이 있다. 상象에 이르기를 망령됨이 없이, 곧 성실하게 간다는 것은 뜻을 얻었다는 것이다.

六二는 밭을 갈아도 얻어지는 것이 없고 묵은 밭을 개간하고도 새 밭이 되지 않으니, 곧 갈 곳이 있어야 이롭다. 상象에 이르기를 밭을 갈아도 얻어지는 것이 없다는 것은 아직 부자가 아니라는 것이다.

六三은 망령됨이 없어서 재앙災殃이다. 혹여 소를 매두었다 하더라도 지나던 사람이 이를 얻으니 마을 사람들에게는 재앙이 된다. 상象에 이르기를 지나던 사람이 소를 얻었다는 것은 마을 사람들에게는 재앙이라는 것이다.

九四는 가히 마음이 올곧고 바르니 허물이 없다. 상象에 이르기를 가히 마음이 올곧고 바르니 허물이 없다는 것은 견고하게 지킨다는 것이다.

九五는 뜻하지 않은 질병이니 약을 쓰지 않으면 기쁨이 있다. 상象에 이르기를 뜻하지 않게 얻은 질병疾病으로 얻은 약은 맛보지 않아야 한다는 것이다.

上九는 생각지도 않던 일을 행하면 재앙災殃이 있어 이로울 것이 없다. 상象에 이르기를 생각지도 않던 일을 행하면 어려움을 겪는 재앙이 있다는 것이다.

解題: 천뢰무망天雷无妄 ☰ ☳ 乾上 震下은 때에 맞춰 순응順應하고 몸과 마음을 다하여 만물萬物을 생육生育하는 상象이며, 무위자연無爲自然의 도道와 같은 것이니, 하늘의 섭리攝理에 몸과 마음을 맡기고 받아들이는 것이다. 그렇다고 소극적消極的인 행위行爲는 아니다.

무망无妄에서 무无는 무無로서 허무虛無의 도道, 혼연渾然하여 구별區別이 없는 만물萬物의 근원根源이 되는 도道를 의미한다. 조금도 다른 것이 섞이지 않고 고른 모양이며, 구별이나 차별差別이 없고 두루 원만圓滿한 것을 이른다.

상괘上卦인 건乾☰, 곧 하늘 아래 뇌성雷聲을 의미하는 진괘震☳가 자리한 것이다. 뜻밖에 일어나는 일을 말하며, 진실眞實하고 거짓이 없는 것을 뜻한다. 밖으로부터의 예기치 않은 일에 마음이 동요動搖를 일으키거나 흐트러지기보다는 순수純粹하게 받아들여 자연自然의 섭리攝理에 몸과 마음을 맡기는 것이 바른 길이다. 그렇다고 무의미無意味하거나 무기력無氣力하게 대처對處하는 것이 아니라, 스스로의 강한 줏대를 가지고 순리順理에 따라 작게는 자신自身을 양육養育하고 크게는 만물萬物을 낳고 기르는 것이다.

하늘乾卦☰ 아래서 우레震卦☳가 울리고 만물萬物은 망령됨 없이 하늘의 섭리를 따라 삶을 영위해 간다. 선왕先王은 이를 보고 때에 따라 힘을 쓰면서 만물萬物을 기르고 키운다.

初九는 망령됨 없이 성실함이란 의도적意圖的으로 꾸민 부자연스러운 짓이나 행동行動이 아니라 있는 그대로의 모습을 이르는 것이다. 순리順理대로 자연스럽게 나아간다면 좋은 일이 있겠으나, 작위적作爲的인 행위行爲를 일삼으면 본인本人 스스로가 좋지 않은 일을 불러들이는 것과 같다는 의미이다.

六二는 모든 것이 스스로의 의지意志에 따르는 것이다. 때문에 몸과 마음을 다한 노력에도 불구하고 그 결과結果가 좋지 않게 나오기는 하지만, 헛수고 하지 말고 때에 따라 적절適切하게 대응對應해야 한다. 아무런 노력努力도 없이 좋은 결과結果만을 바란다면 이 또한 어리석고 어리석은 것이니, 안으로 갖추어야 할 것은 갖추고 스스로의 마음을 다스려 안정安定시키면 예기치 않은 행운幸運이 찾아오는 것이다.

六三은 불행不幸을 불러들이는 것은 매사每事에 머뭇거리거나 단순한 의심疑心으로 인한 것이니, 이런 때에 한쪽으로 치우치는 생각을 버리고 몸과 마음을 다한 성의誠意로 순리順理에 따라야 한다. 누군가 평소대로 소를 매두었을 뿐, 지나던 사람이 소를 얻으면 그 마을 사람 모두가 욕을 먹은 것이 아닌가. 순간의 뜻하지 않은 말이나 행동 생각으로 인하여 재앙을 불러들인다는 의미이다.

　九四는 순리順理에 따라 올바른 길을 변함없이 따르는 사람은 만사萬事가 어긋나거나 흐트러짐이 없이 가겠으나, 삿된 의견意見을 내세워 욕심을 부리거나 도리道理에 어긋나면 좋지 않은 일이 닥칠 것이다. 함부로 나아가지 말고 제 분수를 지키면서 하늘의 뜻에 순응順應하는 것이 이롭다. 도리道理에 어긋난 못된 마음을 없애고 참된 마음으로 나아가면 명분名分을 얻음과 동시에 뜻을 세워 길吉할 것이라는 의미이다.

　九五는 오로지 낳고 기르며 키우는 일에 몸과 마음을 다해할 것이니, 결과結果에 집착執着하거나 삿된 욕심을 부리면 예기치 않은 일에 어려움을 겪는다. 일의 성패成敗를 떠나 스스로의 길을 단단하게 만들어 나간다면 어렵지 않게 풀릴 것이다. 부귀富貴를 구하겠다는 마음에 치우치지 말고 주어진 일에 충실充實하는 것이 재난災難을 피하는 가장 쉬운 방법方法이다. 올바른 길을 굳게 지켜야 하는 것이니, 이를 지키면 허물될 일이 없을 것이다. 뜻하지 않은 질병에 집착하지 말고 자연의 섭리에 맡기라는 의미이다.

　上九는 본래 그러하듯 되어가는 대로 순응順應하기를 바란다. 의도적意圖的으로 꾸민 부자연스러운 짓이나 행동行動을 하면 스스로를 궁지窮地로 몰아갈 뿐이다.

天雷无妄천뢰무망: ☰ 乾上, ☳ 震下
初年淸霜恨 초년청상한/ 결혼結婚하기 전에는 맑고 깨끗한 서리와 같이 맺힌 한恨이라
時和木馬行 시화목마행/ 시시 때때로 목마木馬를 타고 나아가 혼자 논다네.
水中姑値局 수중고치국/ 잠시 잠깐 값어치 있음을 헤아리고 살피는 가운데
終當祿財亨 종당녹재형/ 마침내 복福과 재물財物에 형통亨通함을 맞이한다네.

1-5) 천풍구天風姤: ☰ ☴ 乾上 巽下 陰 ⇨ 太陽.

原文: 姤는 女壯이니 勿用取女이니라. 象曰姤는 遇也이니 柔遇剛也이라. 勿用取女는 不可與長也일세라. 天地相遇하니 品物이 成章也이고 剛遇中正하니 天下에 大行也이니 姤之時義가 大矣哉라.

象曰天下有風이 姤이니 后가 以하여 施命誥四方하나니라.

初六은 繫于金柅면 貞이 吉하고 有攸往이면 見凶하리니 羸豕가 孚蹢躅하나라. 象曰繫于金柅는 柔道가 牽也일세라.

九二는 包有魚이면 无咎하리니 不利賓하니라. 象曰包有魚는 義不及賓也이라.

九三은 臀无膚이나 其行은 次且이니 厲하면 无大咎이리라. 象曰其行次且는 行未牽也이라.

九四는 包无魚이니 起凶하리라. 象曰无魚之凶은 遠民也일세라.

九五는 以杞包瓜이니 含章이면 有隕自天이리라. 象曰九五含章은 中正也이고 有隕自天은 志不舍命也일세라.

上九는 姤其角이라 吝하나 无咎이니라. 象曰姤其角은 上窮하여 吝也이라.

直譯: 구姤는 여자가 대장부와 같이 기상이 굳세고 성한 것이니 취할 여인이 아니다. 상象에 이르기를 구姤는 우연히 만난다는 것이니, 부드러운 기운이 강한 기운을 만난다는 것이다. 취할 여인이 아니라는 것은 함께 오랜 인연을 맺을 수가 없다는 것이다. 하늘과 땅이 서로 만나니 모든 사물이 드러나 보이고 강한 기운이 중정中正의 마땅한 자리를 만나 천하에 큰 영향을 주면서 행해진다. 구괘姤卦의 때時를 어기지 않는 것과 의義는 참으로 큰 것이다.

상象에 이르기를 천하天下에 바람이 있는 것이 구姤이니, 후왕后王은 이로써 널리 전하도록 명령하여 사방에 알린다.

初六은 수레바퀴의 회전을 멈추게 하는 쇠로 만든 장치裝置에 매여 있으니, 바르고 올곧아야 길吉하고 갈 곳이 있으면 흉凶한 일을 보게 되니, 약하고 여윈 돼지가 도망을 가지 못하고 멈칫멈칫 머뭇거리고 있다. 상象에 이르기를 수레바퀴의 회전을 멈추게 하는 쇠로 만든 장치에 매여 있다는 것은 부드러운 도道의 기운에 매이게 된다는 것이다.

九二는 보따리에 싸여있는 물고기가 있으니, 허물이 없다. 그러나 손님을 대우하기에는 이롭지 못하다. 상象에 이르기를 보따리에 싸여있는 물고기란 이것이 손님에게 미치지 못한다는 것이다.

九三은 둔부에 살이 없으나 그 움직임이 잠시 멈추었다 뒤를 이으며 꾸물거리니, 염려스러우나 큰 허물이 없다. 상象에 이르기를 그 움직임이 잠시 멈추었다 뒤를 이으며 꾸물거린다는 것은 행하는 일을 아직 끌어당기지 못하고 매인다는 것이다.

九四는 보따리에 싸여있는 물고기가 없으니, 흉凶한 일이 일어난다. 상象에 이르기를 물고기가 없어서 흉하다는 것은 백성으로부터 멀어진다는 것이다.

九五는 갯버들로 오이를 싼 것이니, 좋은 향기를 머금은 것이라면 하늘에서 자연스럽게 떨어지는 것이 있다. 상象이르기를 구오九五가 좋은 향기를 머금었다는 것은 중정中正의 마땅한 자리란 것이고 하늘에서 자연스럽게 떨어지는 것이 있다는 것은 지닌바 뜻을 버리지 말아야 한다는 것이다.

上九는 그 뿔에서 만난다는 것이니, 원망스럽고 억울하지만 허물은 없다. 상象에 이르기를 그 뿔에서 만난다는 것은 위上가 곤궁困窮하여 원망스럽고 억울하다는 것이다.

解題: 천풍구天風姤: ☰ ☴ 乾上 巽下는 여자女子의 기운氣運이 성盛한 상象이며, 음효陰爻 하나가 양효陽爻 다섯을 짊어지고 있는 것이니, 쉽게 취할 일이 아니다. 이렇다 저렇다 가름 짓기 전에 말과 행동行動을 삼가고 신중愼重하게 결정決定해야 한다.

구姤의 의미意味란 머물다 가는 가벼운 바람처럼 우연히 만나는 것을 이르며, 곧 자신自身의 의지意志와는 다르게 뜻하지 않은 곳에서 만나게 되는 것을 말한다. 부드러운 기운氣運이 감당堪當못할 강한 기운을 만나는 것이니, 함께 할 수 없다는 것이다.

건괘乾卦☰인 하늘 아래로 손괘巽卦☴인 바람이 부는 것이니, 함께 할 사람은 아니다. 한 개의 음효陰爻가 다섯 개의 양효陽爻를 싣고 있는 것이니, 여자女子의 기운氣運이 매우 성盛한 것을 나타낸다. 세상사世上事에 거침 없이 나서는 여자로서의 모습은 매력적魅力的이지만 인생人生을 함께 하기에는 지극히 거북하다는 것이다. 그렇다고 타고난 그 성품性品을 탓할 수만은 없는 것이니, 바람과 같은 만남이라도 좋은 인간관계人間關係를 맺을 수도 있기 때문이다.

이 괘卦가 만난다는 의미意味를 가지고 있지만 바람과 같이 만난다는 것은 쉽게 만나고 쉽게 헤어짐을 말하는 것이 아니겠는가. 또한 만나고 헤어지면서 좋은 일은 물론이고 나쁜 일도 따르는 것이 아닌가. 운세運勢를 따지자면 그리 좋은 운세를 지닌 것은 아니다. 여자女子의 기운氣運이 매우 성盛하다는 것을 이르지만 너무 억세고 거칠 것이 아닌가. 또한 생각이나 뜻하는 마음이 매우 자유분방自由奔放할 것이고 만나고 헤어짐에 미련을 두지 않을 것이다. 체면體面이나 관습慣習 같은 것에 얽매이지 않고 마음대로 하는 기운氣運이라 가정적家庭的이라 할 수 없고 오히려 사회적社會的으로 왕성旺盛한 활동活動을 보이는 여인女人이다.

좋은 의미意味로 보고자한다면 그리 좋은 편은 아니나, 나쁜 면에서 살펴보면 갑자기 불어 닥치는 바람으로 인해 손해損害를 본다는 뜻이니, 이리저리 휘말리다가 재물財物뿐만 아니라 몸과 마음마저도 망친다는 것이다. 물론 여자女子의 바람 때문이기도 하지만 스스로의 삶이 실패失敗의 길로 들어서는 것은 줏대을 제대로 세우지 못하고 치맛바람에 휘둘리기 때문이다. 이 여자女子의 기운氣運으로 인하여 어긋나거나 흐트러지는 일이 많을 것이며, 사기詐欺를 당하거나 손실損失이 많을 것이다. 그러나 때때로 좋은 인연因緣을 만나 행복한 시기를 구가하기도 하는 것이다. 만나서 마음을 나누기에는 좋은 여자女子이지만 억센 팔자八字로 인하여 평생平生을 함께 하기에는 어렵다.

하늘과 땅이 서로 만나 바람의 중재仲裁로 만물萬物을 아름답게 키우고 기르니, 이 괘卦가 의미意味하는 것은 매우 중요하다

상象에 이르기를 하늘乾═ 아래 바람巽☴이 불어 위아래를 소통疏通하게 하는 것이니, 이로써 군주君主는 이때를 맞추어 정치政治 목적의 명령이나 법령法令을 시행施行한다.

初六은 가볍게 나서면 크게 나쁠 것이니, 우연한 바람에 휩쓸리지 말고 스스로의 줏대에 흔들리는 마음을 잡아매야 한다. 여윈 돼지가 세상사에 휩쓸리면서 갈팡질팡하고 도망도 못하면서 매사에 머뭇거리는 모양새를 보인다. 괜한 마음에 흉한 꼴 당하기가 쉽다는 것이다.

九二는 집안을 단속團束해야 하는 것이니, 썩은 생선 비린내가 바람을 타고 담을 넘기 때문이다. 제대로 처리處理하여 애먼 욕을 먹지 말아야 한다. 또한 썩은 생선을 어찌 손님에게 대접할 수 있겠는가. 상에 내놓는 것은 좋지 않다는 의미이다.

九三은 온 몸의 상처로 인하여 마음대로 움직일 수도 없으니, 바람으로 인한 큰 탈은 없을 것이라 다행이 아닌가. 이러지도 저러지도 못하는 상황狀況이나 오히려 이러한 상황이 다행이라는 것이다. 굳이 나설 일이 아니라면 꾸물거리면서 시간을 보냄도 좋은 방법이라는 의미이다. 곧 지금의 매인 자리가 다행이라는 것이다.

九四는 썩은 생선의 비린내를 아직 처리하지 못했다면 주위 사람들이 떠나는 법이니, 나를 도와 줄 사람과 헤어지는 일이라 마음의 상처가 있을 것이다. 생선의 비린내로 인하여 분명히 있던 것을 잃은 것이니 흉한 일이 일어나는 바탕이라는 것이다.

九五는 좋은 향기를 품은 오이가 갯버들에 싸여있는 것이니, 스스로의

선한 마음을 드러내지 말아야 한다는 의미이다. 스스로가 지닌 것을 겸제하며 드러내지 않는다면, 예기치 않은 하늘의 도움을 받아 어려움을 벗어날 것이다. 이는 하늘의 뜻에 순응順應함을 잊지 않았기 때문이다. 또한 올곧고 바르면서 어느 한쪽으로 치우치지 않은 중정中正의 마땅한 자리로서 천명天命을 잊지 말아야 한다는 것이다.

上九는 위로 오르고 올라 사라질 듯이 한 바람이지만, 아직도 남아있는 오만傲慢과 고집固執에 그 끈을 놓지 않고 있으나 큰 허물이나 잘못 없이 지날 것이다. 뿔끝으로 서로 만나 충돌하는 꼴이니, 산양 두 마리가 암놈을 사이에 두고 오만함과 교만함으로 다툰다는 것이다. 때문에 한쪽으로는 원망스럽고 억울하기는 하겠지만 흉凶한 일은 없다는 의미意味이다.

天風姤천풍구: ☰乾上 ☴巽下
身起九級中 신기구급중/ 몸을 일으키니 아홉 가지 관직官職 가운데
觀風帝王傍 관풍제왕방/ 바람처럼 제왕帝王 곁에 함께 하는 것을 본다네.
一朝狂風起 일조광풍기/ 하루아침에 미친 듯이 바람이 불어
花落守空房 화락수공방/ 꽃잎이 떨어지고 텅 빈 방을 홀로 지킨다네.

1-6) 천수송天水訟: ☰ ☵ 乾上 坎下 陰 ⇨ 少陰.

原文: 訟은 有孚이나 窒하여 惕하니 中은 吉하고 終은 凶하니 利見大人이오 不利涉大川하나라. 象曰訟은 上剛下險하여 險而健이 訟이라 訟有孚窒惕中吉은 剛來而得中也이고 終凶은 訟不可成也이고 利見大人은 尙中正也이고 不利涉大川은 入于淵也이라.
象曰天與水가 違行이 訟이니 君子가 以하여 作事謀始하나니라.
初六은 不永所事이면 所有言하나 終吉이리라. 象曰不永所事는 訟不可長也이니 雖小有 言이나 其辯이 明也이라.
九二는 不克訟이니 歸而逋하여 其邑人이 三百戶이면 無眚하리라. 象曰不克訟하여 歸而逋竄이니 自下訟上이 患至가 掇也이리라.

六三은 食舊德하여 貞하면 厲하나 終吉이리니 或從王事하여 无成이로다. 象曰食舊德 하니 終上이라도 吉也이리라.

九四는 不克訟이라 復卽命하여 渝하여 安貞하면 吉하리라. 象曰復卽命渝安貞은 不失也이라.

九五는 訟에 元吉이리라. 象曰訟元吉은 以中正也이라.

上九는 或錫之鞶帶라도 終朝三褫之리라. 象曰以訟受服이 亦不足敬也이라.

直譯: 송訟은 참되고 믿음성이 있으나 막히거나 통하지 않은 까닭으로 두려워하는 것이니, 어느 한쪽으로 치우치지 않은 마음이면 길吉하기는 하지만 마침내는 흉凶하다. 때문에 대인大人을 보는 것이 이롭고 큰 냇물을 건너는 것은 이롭지 못하다. 상象에 이르기를 송訟은 위가 강剛하고 아래가 험난險難하지만 험난하면서도 튼실한 것은 송訟이다. 송訟은 참되고 믿음성이 있으나 막히거나 통하지 않은 까닭으로 두려워하는 것이니, 어느 한쪽으로 치우치지 않은 마음이면 길吉하다는 것은 강剛한 기운이 와서 마땅한 자리中正를 얻기 때문이고 마침내 흉凶하다는 것은 송사나 논쟁이 이루어질 수 없다는 것이며, 대인大人을 보는 것이 이롭다는 것은 오히려 올곧고 바르면서 어느 한족으로 치우치지 않아야 한다는 것이고 큰 냇물을 건너는 것이 이롭지 않다는 것은 깊은 곳에 빠질까 염려함이다.

상象에 이르기를 하늘과 물이 서로 어긋나 멀어지면서 행하는 것이 송訟이니, 군자君子가 이로써 일을 만드는데 있어 처음을 꾀한다.

初六은 일하는 바 오래도록 하지 않으면 사소한 말다툼이 있으나 마침내는 길吉하다. 상象에 이르기를 일하는 바 오래도록 하지 않는다는 것은 송사訟事나 논쟁論爭이 길지 않다는 것이고 비록 사소한 말다툼이지만 그 변명辨明이 밝다는 것이다.

九二는 송사를 이기지 못하니 도망가듯 돌아오지만 그 고을 사람이 300호이면 잘못이나 허물이 없다. 상象에 이르기를 송사에 이기지 못하여 되돌아가 숨는다는 것이다. 아랫사람이 윗사람에게 소송訴訟을 거는 까닭에 근심 걱정을 불러들이는 것이다.

六三은 오래전의 은덕恩德을 먹으니, 바르고 올곧으면 위태롭지만 마침내는 길吉하다. 혹은 왕王을 쫓아 일을 하더라도 이루는 것이 없다. 상象에 이르기를 오래전의 은덕을 먹으니 윗사람을 쫓으면 길吉하다는 것이다.

九四는 송사나 논쟁을 이길 수 없다. 다시 곧 돌아와 명을 받들어 달라지고 편안히 올곧으면서 바르게 하면 길吉하다. 상象에 이르기를 다시 곧 돌아와 명을 받들어 달라지고 편안히 올곧으면서 바르게 한다는 것은 잃지 않는다는 것이다.

九五는 송사나 논쟁에 크게 길吉하다. 상象에 이르기를 송사나 논쟁에 크게 길하다는 것은 어느 한쪽으로 치우치지 않고 올곧으면서 바른 중정中正의 마땅한 자리이기 때문이다.

上九는 혹 큰 띠를 하사받더라도 마침내는 아침마다 세 번씩 그 물건을 빼앗긴다. 상象에 이르기를 송사나 논쟁으로써 의복을 받아들여 쓴다는 것은 역시 존경받을 만한 것이 아니라는 것이다.

解題: 천수송天水訟: ☰ ☵ 乾上 坎下은 서로 다툴 상象이다. 지금은 힘들고 어려운 시기時機이니, 고집固執을 버리고 상생相生을 위해 몸과 마음을 다하여 힘을 쏟아야 한다.

송訟이란 뜻 그대로 시비是非 곡직曲直을 다투다. 논쟁論爭을 일삼으며 말다툼하다. 서로 다투어 흉함이 드러나다. 등의 뜻을 지니고 있다. 서로가 서로의 의견意見에 반대하고 자기주장만을 내세우면서 마지막까지 좋지 않은 결과結果로 끝맺음을 한다.

상괘上卦인 건乾☰, 곧 하늘은 오로지 위로만을 고집固執하고 하괘下卦인

감坎☵, 곧 물은 오로지 아래로만을 향하면서 반대로만 내달리는 형상形象이다. 때문에 다툼만이 잦아지고 서로가 손해損害를 보면서도 고집固執을 버리지 못한다. 그 뒷날의 좋지 못한 결과結果를 인지認知하면서도 못난 자존심自尊心 하나로 버티는 것이 이 괘卦이다. 자기주장만을 내세워 끝까지 관철貫徹하려는 것은 좋은 결과結果보다는 스스로가 다치는 것이니, 타인他人의 의견意見을 쫓아감이 오히려 득이 될 것이다. 또한 지금은 나설 때가 아니라는 것이다.

서로 화해和解하는 분위기雰圍氣보다는 서로가 의심疑心하고 화만 오른 상태이다. 마음을 돌려 대화對話의 창을 열지만, 상대방이 전혀 받아줄 생각이 없고 오히려 대화의 창을 빌미로 성패成敗를 좌지우지左之右之하려는 경향傾向이 강하다. 상대방이 강하게 밀어 칠 때 한 발짝 물러서서 지금의 어려운 상황狀況을 피하는 것이 좋은 결과를 불러들일 것이다. 지금 서로 다투고 있든 아니든, 내부적內部的으로 큰 난관難關에 봉착逢着해 있는 것이니, 진행進行되고 있는 모든 일에 신중愼重을 기해야 한다. 또한 마음을 냉정冷靜하게 가라 앉히고 감정感情에 치우치기보다는 이성적理性的이면서 논리적論理的으로 풀어 가야만이 그나마 상대방이 이해하고 받아줄 것이다.

어떠한 다툼이든 좋지 않은 것은 사실이다. 위에 있으면서 강한 것 건乾☰이 아래의 약한 것 감坎☵을 억압抑壓하고 물의 기운氣運인 감坎☵이 하늘의 기운인 건乾☰을 향해 등을 돌리고 내달리는 것이다. 서로 화해和解하고 싸움을 끝내면 서로에게 득得이 될 것이나, 끝까지 내달리면서 등을 돌린다면 보기에 흉凶할 뿐만 아니라 주위로부터 신뢰信賴를 잃을 것이다. 도저히 둘의 힘으로는 어찌할 수 없다 여겨진다면 제 삼자로서 현명賢明한 사람을 중재인仲裁人으로 삼아 풀어가는 것이 좋다.

상象에 이르기를 하늘은 위로만 향하려하고 물은 아래로만 향하려한다. 서로 등을 돌리고 내달리는 것이 송訟의 괘상卦象이다. 때문에 군자君子는 이러한 괘상卦象을 보고 어떠한 일이든 그 시작을 신중愼重하게 하면서 훗

날 분쟁紛爭이 일지 않도록 삼간 다는 것이다.

初六은 사소한 말다툼을 오래 끌지 않고 때에 맞추어 끝내니, 작은 분쟁은 있으나 결과結果는 좋다. 또한 그 변명이 매우 밝은 것이라 큰 잘못이나 허물이 없다는 것이다.

九二는 아랫사람이 도리道理에 어긋나게 윗사람과 다툼을 일으키니, 이는 당연지사當然之事 스스로가 화를 불러들인 것이다. 스스로의 잘못이나 허물을 인정하고 제 분수를 지키면서 한쪽으로 물러서면 큰 화는 면할 것이다. 곧 복이나 화는 스스로가 불러들인다는 의미이다.

六三은 자신自身이 처한 상황에서 만족滿足하고 사람이 마땅히 지켜야 할 바른 도리道理를 행한다면, 당장은 힘들고 어렵겠지만 결과結果는 밝을 것이다. 분에 넘치는 일에 종사하더라도 욕심은 화를 불러들이는 것이니 매사에 분수에 맞게 처신해야 한다는 의미이다. 또한 오래 전의 덕德으로 현재의 어려움을 타개해가는 것이니, 스스로를 낮추고 타인他人을 공경하는 것이 좋다는 것이다.

九四는 스스로를 자랑스럽게 세울 수 있는 일도 있겠으나 분수를 모르고 나서거나 헛된 욕심慾心을 부려서는 안 될 것이니, 지나침은 모자람만 못하다는 것을 알아야한다. 한 발짝 물러서서 삿된 마음을 버리고 천리天理에 순응順應하면 어려운 난관難關을 피해갈 수 있겠다는 것이다.

九五는 송사訟事와 논쟁論爭에 길吉하다. 오양五陽 중정中正의 마땅한 자리를 지키고 있기 때문이다.

上九는 싸움에서 얻은 명예名譽나 위신威信, 권위權威는 오래 가는 것은 아닌 것이니, 존경尊敬할만한 가치價値가 있겠는가. 싸움에서 얻은 체면體面 등은 오래 가지 못하는 것이며, 오히려 상처만이 남는 것이 아니겠는가. 소송이나 논쟁으로 얻은 영예榮譽는 존경할만한 가치가 없다는 것이고 하사받은 이 모든 것을 순식간에 빼앗기는 결과가 온다는 의미이다.

지극히 중용中庸의 도道가 필요한 것이니, 중용이란 이쪽과 저쪽이라는 경계境界를 두어 그 가운데 길을 가는 것이 아니고 이쪽과 저쪽을 하나로

하여 나아가는 것이 중용이다. 덧붙이면 낮과 밤을 하나로 끌어안고 가는 허공虛空을 중용의 도道라고 말할 수 있다.

天水訟천수송: ☰ 乾上, ☵坎下
災厄常隨身 재액상수신/ 재앙災殃으로 입은 화禍가 이 몸을 항상 따르고
一生大不安 일생대불안/ 일생一生을 큰 불안감不安感에 떨며 살아간다네.
天火在水上 천화재수상/ 하늘의 불덩어리가 물 위에 있는 것과 같으니,
兩物不相合 양물불상합/ 불과 물은 서로 합슴하지 않는 것이라네.

1-7) 천산둔天山遯: ☰ ☶ 乾上 艮下 陰 ⇨ 少陽.

原文: 遯은 亨하니 小利貞하니라. 象曰遯亨은 遯而亨也이나 剛當位而應이라 與時行也이니라. 小利貞은 浸而長也일시니 遯之時義가 大矣哉라. 象曰天下有山이 遯이니 君子가 以하여 遠小人하되 不惡而嚴하나니라.
初六은 遯尾라 厲하나 勿用有攸往이니라. 象曰遯尾之厲는 不往이면 何災也이리오.
六二는 執之用黃牛之革이라 莫之勝說이니라. 象曰執用黃牛는 固志也이라.
九三은 係遯이라 有疾하여 厲하니 畜臣妾에는 吉하니라. 象曰係遯之厲는 有疾하여 憊也이고 畜臣妾吉은 不可大事也이니라.
九四는 好遯이니 君子는 吉하고 小人은 否하니라. 象曰君子는 好遯하고 小人은 否也이리라.
九五는 嘉遯이니 貞하여 吉하니라. 象曰嘉遯貞吉은 以正志也이라.
上九는 肥둔遯이니 无不利하니라. 象曰肥遯无不利는 无所疑也이라.

直譯: 둔遯은 형통亨通하는 괘이니, 소인小人은 마음을 바르고 올곧게 가져야 이롭다. 상象에 이르기를 둔遯이 형통하다는 것은 물러나 숨은 것이 형통亨通할 수 있다는 것이다. 곧 강剛한 기운이 마땅한 자

리를 차지하고 응應하는 일이 있다는 것이다. 소인이 마음을 바르고 올곧게 가져야 이롭다는 것은 물이 스며들듯이 차츰 늘어난다는 것이다. 물러나 숨어사는 때와 의의意義는 참으로 크다.

상象에 이르기를 하늘 아래 산이 있는 것이 둔遯이니, 군자君子가 이로써 소인小人을 멀리 하되 악하게 대하지 않고 엄격하게 한다.

初六은 마지막으로 물러나 숨어사는 것이라 위태로우니, 갈 곳이 있어도 가지 말아야 한다. 상象에 이르기를 마지막으로 물러나 숨은 것이라 위태롭다고 하지만 가지 않으면 어찌 재앙災殃이 있겠냐는 것이다.

六二는 물러나 숨어 살려는 것을 잡으려면 황소의 가죽을 이용할 것이니, 어떠한 방법으로도 벗어날 수 없다. 상象에 이르기를 황소를 이용하여 잡으라는 것은 그 뜻이 지극히 견고堅固하기 때문이다.

九三은 물러나 숨어 살려고 하나 질병疾病이 있어서 위태롭지만 신하와 아내를 거두어 키우면 길吉하다. 상象에 이르기를 물러나 숨어 살려고 하나 위태롭다고 한 것은 질병이 있어 고달프다는 것이고 신하와 아내를 거두어 키우면 길하다는 것은 가히 큰일을 할 수 없다는 것이다.

九四는 물러나 숨어 사는 것이 좋으니, 군자君子는 좋고 소인小人은 그렇지 못하다. 상象에 이르기를 군자는 물러나 숨어사는 것이 좋고 소인은 그렇지 못하다는 것이다.

九五는 물러나 숨어사는 것이 아름답고 훌륭한 것이니, 마음을 바르고 곧게 지녀야 길하다. 상象에 이르기를 물러나 숨어사는 것이 아름답고 훌륭한 것이니, 마음을 바르고 곧게 지녀야 길하다는 것은 이것으로써 뜻을 바르게 한다는 것이다.

上九는 물러나 숨어 살면서 살을 찌운다는 것이니, 이롭지 않음이 없다. 상象에 이르기를 물러나 숨어 살면서 살을 찌운다는 것이니, 이롭지 않음이 없다는 것은 의심할 바가 없다는 것이다.

解題: 천산둔天山遯: ☰ ☶ 乾上 艮下은 군자君子는 은퇴隱退하여 형통亨通하고 소인小人은 바른 길을 지켜서 이득利得을 보는 상象이고 사람을 미워하지 말고 말과 행동行動을 삼가며, 소인小人은 멀리 해야 한다. 시류時流에 따라 맞지 않을 경우는 재빨리 물러나는 것이 좋은 방법方法이라는 것이다.

둔遯이란 달아나 숨어버리다. 숨어서 피하고 물러나다. 세상을 피하여 숨어 삶, 등의 의미意味를 지녔다. 스스로의 운이 쇠衰함을 알아 현명賢明하게 물러나는 것을 이른다. 군자君子는 이렇듯 밝게 움직여 나아갈 곳과 물러설 때를 알아 움직이나, 소인小人은 그렇지 못한 것을 이르고 스스로의 마음을 올바르게 가져야 함을 당부하는 것이다.

하늘을 뜻하는 건괘乾卦☰ 아래에서 산을 의미意味하는 간괘艮卦☶가 작지만 세력勢力을 확장擴張하고 솟아오르려는 형상形象이다. 때문에 군자君子는 때에 맞추어 물러나고 소인小人이 하늘의 섭리攝理에 순응順應하면 이롭다고 하는 것이다.

힘들고 어려운 시기時期를 만나면 잠시나마 물러나서 다음을 기다려야 하는 것을 이른다. 조급증躁急症과 성급性急한 성격性格으로 인하여 일을 그르칠 수 있는 시기時期이니, 득得이 될 일이 하나도 없음을 말한다. 이럴 때는 모든 일을 일시에 막아버리고 한 발짝 물러섬이 손해損害를 피하는 길이다.

솟아오르려는 아래의 간괘艮卦☶인 산이 눈앞을 가리고 앞을 막아서는 것을 의미意味하는 것이니, 여유餘裕가 있을 때 속세俗世를 잠시 물러나 생활生活하는 것도 삶에 있어서 꼭 필요必要한 지혜智慧인 것이다.

象에 이르기를 하늘 아래乾☰ 산艮☶이 있는 것이 둔괘遯卦이니, 군자君子가 소인小人을 멀리하기는 하지만 싫어하거나 미워하지 않고 이성적理性的인 판단判斷으로 엄정嚴正한 잣대를 들이댄다는 것이다.

初六은 하고 싶은 말이 있어도 함부로 나서지 말고 하고자 할 일이 있어도 함부로 나아가지 말고 가고 싶은 곳이 있어도 행보行步를 잠시 멈추는 것이 화를 피할 수 있는 길이다. 이미 물러나 숨을 대로 숨어버린 삶이니, 물러날 곳이 있겠는가. 함부로 나아가지 말고 때를 기다려야 한다는 의미이다.

六二는 자신의 줏대를 황소 가죽으로 얽어매야 하는 것이니, 이미 피할 수 없는 재앙災殃이라도 그 피해被害를 최소화最小化시켜야 하지 않겠는가. 이미 자리 잡은 이곳에서 때를 기다리는 것이니, 그 어떠한 유혹誘惑으로부터 단단하게 스스로를 지키고 마음을 다잡아야 한다.

九三은 알량한 자존심自尊心을 버리고 줏대를 견고堅固하게 해야 한다. 마음의 고달픔을 달래기 위해서 신하와 아내를 거두어 키우는 것은 좋으나 아직 큰일을 하기에는 소원하다는 의미이다. 울타리 밖의 유혹에 급한 발걸음을 내딛지 말고 울타리 안의 소소한 일에 정성을 들여야 한다는 것이다.

九四는 담 하나를 두고 안으로의 작은 일은 큰 허물이 없겠으나 담 밖의 큰일은 스스로를 피곤疲困하게 만드는 일이다. 이는 군자君子라면 능히 행할 수 있는 일이지만, 소인小人은 피하지 못하고 알량한 자존심自尊心을 내세워 위태롭게만 한다.

九五는 자신이 처한 상황狀況이나 형편形便을 밝게 알아 몸과 마음을 다한 한결 같은 마음으로 스스로의 뜻과 제자리를 지키니, 좋은 일이 있을 것이다.

上九는 지닌 마음을 올바르게 하고 의지意志를 바로잡아 세워야 앞날을 대비對備함에 있어서 이롭지 않음이 없다. 물러나 숨어 살면서 스스로의 몸과 마음을 찌우는 것이니, 어찌 이롭지 않겠는가. 마음의 여유로움이 혼란한 세상사를 밝게 들여다보게 한다는 것을 의미한다.

天山遯천산둔: ☰ 乾上, ☶ 艮下

寂寞深山程 적막심산정/ 고요하고 쓸쓸한 깊은 산길에
困龍碧沙中 곤용벽사중/ 지쳐서 노곤勞困한 용龍이 모래 가운데 푸르다네.
透過多塞滯 투과다새체/ 막히고 쌓인 많은 어려움을 뚫고 지나가야 하니
高臥見水澤 고와견수택/ 베개를 높이 하여 편히 누워 연못의 물을 본다네.

1-8) 천지비天地否: ☰ ☷ 乾上 坤下 陰 ⇨ 太陰.

原文: 否之匪人이니 不利君子貞하니 大往小來니라. 象曰否之匪人不利君子貞大往小來는 則是天地가 不交而萬物이 不通也이며 上下가 不交而天下가 无邦也이라. 內陰而外陽하며 內柔而外剛하며 內小人而外君子하니 小人道가 長하고 君子道가 消也이라.

象曰天地不交가 否니 君子가 以하여 不可榮以祿이니라.

初六은 拔茅茹라 以其彙로 貞이니 吉하여 亨하니라. 象曰拔茅貞吉은 志在君也이라.

六二는 包承이니 小人은 吉하고 大人은 否니 亨이라. 象曰大人否亨은 不亂群也이라.

六三은 包가 羞이로다. 象曰包羞는 位不當也일세라.

九四는 有命이면 无咎하여 疇가 離祉리라. 象曰有命无咎는 志行也이라.

九五는 休否라 大人의 吉이니 其亡其亡이라야 繫于苞桑이리라. 象曰大人之吉은 位正가 正當也일세라.

上九는 傾否니 先否고 後喜로다. 象曰否終則傾하나니 何可長也이리오.

直譯: 비否는 막혀서 통通하지 않은 것이니, 군자君子의 바르고 올곧음도 이롭지 않으며, 큰 것이 가고 작은 것이 오는 것이다. 상象에 이르기를 비否는 막혀서 통하지 않은 것이니, 군자의 바르고 올곧음도 이롭지 않고, 큰 것이 가고 작은 것이 온다는 것은 하늘과 땅이 서로 사귀지 않기 때문에 만물萬物이 통하지 않는다는 것이고 위와

아래가 서로 사귀지 않으니, 천하天下에 나라가 없다는 것이다. 안은 음陰이고 밖은 양陽이며, 안은 부드럽고柔 밖은 강剛하며, 안은 소인小人이고 밖은 군자君子이니, 소인의 도道는 자라고 군자의 도는 사라지는 것이다.

象에 이르기를 하늘과 땅이 서로 사귀지 않은 것이 비괘否卦이다. 군자君子가 검소한 덕으로써 어려움을 피해야 하는 것이니, 복록福祿으로 영화榮華를 누리지 못한다는 것이다.

初六은 소먹이로 띠를 베는 것이라 그 띠가 한 덩어리로 뭉쳐있다. 바르고 올곧으면 길吉하고 형통亨通하다. 상象에 이르기를 띠를 베는 것이 바르고 올곧으면 길하다는 것은 뜻이 군자君子에게 있다는 것이다.

六二는 모든 것을 끌어안고 이어받은 것이니, 소인小人은 길吉하고 대인大人은 막히는 일이 있으나 형통하다. 상象에 이르기를 대인은 막히는 일이 있으나 형통하게 된다는 것은 군중群衆이 어지러워지지 않는다는 것이다.

六三은 모든 것을 끌어안고 몸과 마음을 바친다. 상象에 이르기를 모든 것을 끌어안고 바친다는 것은 자리가 마땅하지 않다는 것이다.

九四는 명命이 있으면 허물이 없고 같은 무리에게 하늘에서 내리는 복福이 붙는다. 상象이르기를 명命이 있으니 허물이 없다는 것은 뜻이 행해진다는 것이다.

九五는 막혀서 통通하지 않는 것을 멈추게 하는 것이니, 대인大人은 길吉하다. 망한다. 망한다하니 모든 것을 싸잡아 뽕나무에 매단다. 상象에 이르기를 대인이 길하다는 것은 자리가 지극히 정당正當하다는 것이다.

上九는 막혀서 통하지 않던 것이 기울어지는 것이니, 먼저는 막혀서 통하지 않더니 후에는 기뻐한다. 상象에 이르기를 막혀서 통하지 않더니 마침내 기울어진다고 하니, 어찌 오래 갈 수가 있겠는가.

解題: 천지비天地否: ☰ ☷ 乾上 坤下는 하늘과 땅의 음양陰陽이 서로 통하지 않아 사물事物이 꽉 막힌 상象을 이르며, 서로가 어긋나고 사면四面이 막힌 형상形象이라 머뭇거리지 말고 현실現實과 맞부딪쳐야 한다.

비否가 의미意味하는 것은 매사每事에 부정否定하고 듣지 않는다. 서로의 마음이 막혀서 통하지 않는다. 좋지 않다. 등의 뜻을 가진다. 하늘乾☰의 기운氣運은 위로만 오르려 하고 땅坤☷의 기운氣運은 아래로만 내려가려고 하는 것이니, 서로 이율배반적二律背反的인 마음으로 인하여 매사每事에 서로 어긋나고 서로 등을 돌리는 괘상卦象이다. 하늘과 땅의 기운氣運이 상합相合하지 않은 까닭으로 만물萬物이 통하지 않는다는 것이다. 안으로는 곤괘坤卦☷로서 음陰을 이루어 부드러우며, 밖으로는 건괘乾卦☰로서 강한 것을 의미意味한다. 때문에 아래로는 우유부단優柔不斷한 소인小人의 도道가 흥興하고 밖으로만 밀려나는 군자君子의 도道가 쇠衰하는 것이다. 등을 돌린 서로의 상태狀態를 타개打開하기 위해서는 직면直面한 현실現實을 밝게 보고 참답고 착실하게 생각해야만 한다.

서로 등을 돌리고 얼굴 마주대하기를 거부拒否하는 것이니, 한 곳에서 얼굴을 맞대고 살 수는 있겠는가. 사람이 마음 편하게 살아갈 수 있는 곳은 아니다. 서로 귀를 막고 상대방의 말을 듣지 않으면서 나름의 길을 가는 것이니, 목전目前에 둔 어렵고 힘든 상황狀況이나 형편形便을 피하기가 어렵다. 그러나 서로 부정하면서 듣지 않고는 있으나, 자연自然의 이치理致를 생각하면 하늘乾☰과 땅坤☷의 기운氣運이란 개선改善의 여지餘地를 갖추고 있는 것이 아닌가. 진지眞摯한 마음으로 때를 기다리며 준비準備하면 막혔던 것이 열리고 서로 통하여 만물萬物을 생육성장生肉成長시키지 않던가. 다만 그러기에는 오랜 시간이 걸리는 까닭으로 스스로의 삶을 포기抛棄하고 내던지는 시기時期이다. 가장 슬프고 어두우며 암울한 때이지만 스스로를 드러내지 않고 조용하게 알맞은 시기를 기다릴 수밖에 없다는 것이다.

이 천지비괘天地否卦는 유약柔弱하고 아둔한 소인小人의 사사로운 견해見解로 만물萬物을 생육生育하는 군자君子의 상도常道를 막고 있는 것이다. 이는 내괘內卦가 음陰으로서의 곤괘坤卦☷이고 외괘外卦는 양陽으로서의 건괘乾卦이다. 곧 내심內心은 유약柔弱하고 아둔하면서도 밖으로는 강하면서 그럴 듯하게 꾸미는 것이다. 때문에 밝고 올바른 것은 밀려나고 어두우며, 유약柔弱한 것이 전면에 나서면서 스스로의 앞길을 힘들게 만드는 것이다.

象에 이르기를 하늘과 땅이 서로 등을 돌리는 형상形象이니, 군자君子는 이를 보고 혼란스러움을 피하며, 그 어떠한 유혹誘惑이 있더라도 본분本分을 잃지 않고 덕德으로서 자신自身의 자리를 지키는 것이다.

初六은 띠는 볏과의 다년초로 뿌리의 마디마디가 뭉쳐있는 것이니, 무리를 지어 자라는 습성이 있다. 쓸데없는 자존심自尊心을 버리고 주인이 되는 자와 뜻을 합하면 무난無難하고 얻을 것이 많아진다. 또한 위로부터의 가르침에 순응順應하고 또 가르침을 받아들여야 편한 길을 걷는다는 것이다. 곧 뜻을 바르게 세우는 일이 자신에게 있다는 의미이다.

六二는 군자君子란 자신自身의 신념信念을 굽히면서까지 불의不義와 타협妥協하지 않는다. 때문에 천지사방天地四方이 막혀있지만 크게 통할 수 있는 것이다. 곧 모든 것을 끌어안고 이어 받았지만 그 자리를 단단히 하여 흔들리거나 치우치지 않은 까닭으로 크게 통通한다는 것이다.

六三은 모든 것을 끌어안고 몸과 마음을 바친 꼴이니, 분수를 모르고 드러난 겉치레와 위신威信이나 체면體面치레, 부귀영화富貴榮華 따위에 빠져 산다. 이는 처신處身과 처세處世에 어둡고 부끄러움도 모르며, 체면만 사납다는 것이다. 오로지 윗사람의 가르침에 따라 움직이면 큰 잘못이나 허물이 없을 것이다.

九四는 순응順應하고 따르면 막힌 곳이 뚫리고 뜻한 바대로 이룰 것이며, 함께 일을 도모圖謀한 이들과 이득利得을 얻을 것이다. 곧 같은 무리와 하늘로부터의 복을 받은 것이니, 뜻한바 일이 행해진다는 것을 의미한다.

九五는 기운氣運이 막힌 것을 터놓았으니, 대인大人은 길하고 좋을 것이다. 그러나 스스로의 몸과 마음을 옭아매는 삿된 견해見解나 욕심慾心을 늘 경계警戒하고 삼가야 한다는 것이다. 때문에 망한다. 망한다하니 대인이 모든 것을 싸잡아 뽕나무에 매단다는 것이다. 이는 바르고 올곧으면서 어느 한쪽으로 치우치지 않은 자리, 곧 중정中正 오양五陽의 자리가 마땅하기 때문이라는 의미이다.

上九는 막혀있는 상황狀況이나 형편形便이 열리려고 하는 것이다. 바른 이치理致를 들여다보면 막혀있는 상태狀態가 지속持續되는 것은 아니며, 늘 처음에는 힘들고 괴로우나 후에는 즐거움이 찾아오지 않던가.

天地否천지비: ☰ 乾上, ☷ 坤下
風柳千載綠 풍류천재록/ 버드나무가 바람에 하늘거림은 천년千年의 복福이니,
寒松百歲孤 한송백세고/ 한겨울 소나무가 백년세월百年歲月 동안 외롭다네.
可惜春色暮 가석춘색모/ 저물어가는 춘색春色은 가히 소중所重하게 여길 만한 것이니,
却無曉風光 각무효풍광/ 새벽에 부는 시린 바람과 빛을 욕심慾心부린다네.

2. 태괘兌卦 ☱

2-1) 택천쾌澤天夬: ☱ ☰ 兌上 乾下 陽 ⇨ 太陽.
2-2) 태위택兌爲澤: ☱ ☱ 兌上 兌下 陽 ⇨ 少陰.
2-3) 택화혁澤火革: ☱ ☲ 兌上 離下 陽 ⇨ 少陽.
2-4) 택뢰수澤雷隨: ☱ ☳ 兌上 震下 陽 ⇨ 太陰.
2-5) 택풍대과澤風大過: ☱ ☴ 兌上 巽下 陰 ⇨ 太陽.
2-6) 택수곤澤水困: ☱ ☵ 兌上 坎下 陰 ⇨ 少陰.
2-7) 택산함澤山咸: ☱ ☶ 兌上 艮下 陰 ⇨ 少陽.
2-8) 택지췌澤地萃: ☱ ☷ 兌上 坤下 陰 ⇨ 太陰.

2-1) 택천쾌澤天夬: ☱ ☰ 兌上 乾下 陽 ⇨ 太陽.

原文: 夬는 揚于王庭이니 孚號有厲이니라. 告自邑이오 不利卽戎이며 利有 攸往하니라. 象曰夬는 決也이니 剛決柔也이니 健而說하고 決而和하 니라. 揚于王庭은 柔가 乘五剛也이고 孚號有厲는 其危가 乃光也이 고 告自邑不利卽戎은 所尙이 乃窮也이고 利有攸往은 剛長이 乃終也 이리라.

象曰澤上於天이 夬니 君子가 以하여 施祿及下하며 居德하여 則忌하 나니라.

初九는 壯于前趾니 往하여 不勝이면 爲咎이리라. 象曰不勝而往이 咎也이라.

九二는 惕號이니 莫夜에 有戎이라도 勿恤이로다. 象曰有戎勿恤은 得中道也일세라.

九三은 壯于頄하여 有凶하고 獨行遇雨이니 君子는 夬夬라 若濡有 慍이면 无咎이리라. 象曰君子는 夬夬라 終无咎也이니라.

九四는 臀无膚이며 其行次且이니 牽羊하면 悔가 亡하련마는 聞言 하여도 不信하리로다. 象曰其行次且는 位不當也이고 聞言不信은 聰 不明也니라.

九五는 莧陸夬夬면 中行에 无咎이리라. 象曰中行无咎이나 中未光 也니라.

上六은 无號이니 終有凶하니라. 象曰无號之凶은 終不可長也이니라.

直譯: 쾌夬는 조정朝廷에서 널리 떨치는 것이니, 몸과 마음을 다하여 큰 소리로 고하기 때문에 위태로움이 있다. 자신의 고을에 고하니 무 력武力을 바탕으로 하면 이롭지 않으나 갈 곳이 있으면 이로움이 있다. 상象에 이르기를 쾌夬는 결단決斷을 내려 확정 짓은 기운이 니, 강剛한 기운이 부드러운 기운을 결단決斷을 내려 확정確定 짓은 것이다. 때문에 건실健實하고 기뻐하며, 결단決斷을 내려 확정지으니 화평和平하다. 조정에서 널리 떨치는 것이니, 부드러운 기운이 다섯 개의 강한 기운을 타고 있다는 것이고 몸과 마음을 다하여 큰 소리로 고하여 위태로움이 있다는 것은 그 위태로움이 바로 빛난다는 것이다. 자기 고을에 고하니 무력을 바탕으로 하면 이롭지 않다는 것은 숭상崇尙하는 바가 바로 궁窮하다는 것이고 갈 곳이 있으면 이로움이 있다는 것은 강剛한 기운이 자라서 바로 끝낸다는 것이다.

상象에 이르기를 연못의 물이 하늘 위로 가는 것이 쾌夬이니, 군자君子가 이로써 녹을 베풀어 아래까지 미치게 하며, 덕德을 차지하고 있는 것을 꺼리고 싫어한다.

初九는 씩씩하고 굳세게 한발 앞서 앞으로 나가니, 나아가기는 하지만 이기지 못하면 허물을 만든다. 상象에 이르기를 이기지도 못하는데 나아가면 허물이 된다는 것이다.

九二는 두렵고 놀라 울부짖으니 깊은 밤에 전쟁이 있을지라도 근심하지 말라. 상象에 이르기를 전쟁이 있어도 근심하지 말라는 것은 중도中道를 얻었다는 것이다.

九三은 굳세고 씩씩한 기운이 광대뼈까지 올라 흉凶함이 있고 홀로 행하다 비를 만나는 것이니, 군자君子는 결단決斷을 내려 확정짓고 의심을 하지 않는다. 만일 비에 젖었다고 노여워하더라도 허물이 없다. 상象에 이르기를 군자는 결단決斷을 내려 확정짓고 의심을 하지 않는다는 것은 종국終局에는 허물이 없다는 것이다.

九四는 둔부에 살이 없는 것이며 그 가는 모습이 멈칫멈칫 꾸물거리니, 양羊을 끌어당기면 후회가 없으련만 말을 듣고도 믿지 않는다. 상象에 이르기를 그 가는 모습이 멈칫멈칫 꾸물거린다는 것은 자리가 마땅치 않다는 것이고 말을 들어도 믿지 않는다는 것은 총명聰明하지 않다는 것이다.

九五는 언덕의 자리공은 다부지고 강한 식물이니, 중도中道를 행하면 허물이 없다. 상象에 이르기를 중도를 행하면 허물이 없다는 것은 중도가 아직 빛나지 않는다는 것이다.

上六은 큰 소리로 부르짖지 말 것이니, 마침내는 흉凶이 있다. 상象에 이르기를 큰 소리로 부르짖지 말고 흉이 있다는 것은 종내는 오래 갈 수 없다는 것이다.

解題: 택천쾌澤天夬: ☱ ☰ 兌上 乾下는 소인小人이 물러나고 군자君子가 뜻을 펴는 상象으로 아래로는 덕德을 베풀고 제 잇속을 위해 탐내지 않으며, 올바르게 사물事物의 이치理致에 따라 일을 진행進行해야 한다. 위아래를 화목和睦하게 만드는 마음이다.

쾌夬의 의미意味는 딱 잘라 결정決定하거나 단안斷案을 내림, 또는 그 결정決定이나 단안斷案을 이른다. 곧 어떤 일에 대한 생각을 마지막으로 결정決定함, 또는 그 결정된 생각을 말한다. 그리고 결단決斷하여 의심疑心하지 않은 모양을 이른다. 음효陰爻 하나가 양효陽爻 다섯을 거느리고 있는 형상形象이다. 삿된 생각이나 사리사욕私利私慾을 떠나 머뭇거리지 말고 결정決定해야만 한다. 옳지 못한 생각이나 뜻은 버리고 올바르게 나아가야 스스로의 기반基盤을 단단하게 잡을 수 있다. 연못을 상징象徵하는 태괘兌卦 ☱가 하늘을 상징象徵하는 건괘乾卦 ☰ 위에 있다. 때문에 마음만 먹는다면 대지大地를 넉넉하게 적실 수 있다. 그러므로 군자君子는 이 괘상卦象을 보고 숨은 덕행德行을 베풀며, 자신自身의 이익利益과 욕심慾心을 버리기 위해 노력하고 언행言行을 삼간다.

아래의 양효陽爻 다섯이 강한 힘으로 밀고 올라오는 것이니, 결정決定하는 일에 있어서 신중愼重하고 겸손謙遜하게 처리處理해야 한다. 이는 자신自身이 처한 상황狀況이나 형편形便, 능력能力 따위를 생각하지 않고 조급早急하게 일을 처리하려고 하는 옳지 못한 경향傾向이나 해로운 현상現象이 생기기 때문이다. 또한 매사每事에 한쪽으로 치우치기가 쉬우며, 실수를 하거나 실패失敗를 하기가 쉽다. 언제든 넘칠 수가 있는 것이니, 아무리 좋은 운運이라도 위험危險함을 내포內包하고 있다는 것을 밝게 알아 처신處身해야 할 것이다.

다섯 개의 양효陽爻가 위의 음효陰爻 하나를 휘어잡고 흔들려고 하는 것이다. 강건불식剛健不息☰의 마음으로 잘못이나 허물, 헛된 욕심慾心 따위를 바르게 잡아간다면 다 함께 기뻐하고 즐거워 할 것이 아닌가. 다만 스스로의 감정感情에 치우치지 말고 몸과 마음을 다한 성실誠實함으로 따르게 하고 본인本人에게 관계關係되는 일을 남 앞에서 뽐내고 자랑하며 오만傲慢하게 행동行動해서는 안 된다. 이 마음이 드러나면 폭력暴力이나 무력武力으로 인하여 스스로의 위신威信이나 체면體面, 권위權威 등을 실추失墜할 수 있기 때문이다. 바른 마음과 바른 생각으로 결정決定하고 결단決斷해야만 한다.

象에 이르기를 하늘에 있는 연못의 물이니, 마르지 않은 옻 샘물이다. 언제든 어느 때든 마음만 먹는다면 대지를 적실 수 있다는 것이다. 때문에 결단決斷을 내려 확정짓고 의심하지 않는다는 것이다. 또한 덕德을 차지하고 앉아 있기를 꺼린다는 것이다. 군자君子는 이 괘상卦象을 보고 숨은 덕행德行을 베풀며, 자신自身의 이익利益과 욕심慾心을 버리기 위해 노력하고 언행言行을 삼간다.

初九는 승산勝算도 없는 싸움에 나서면 이는 자만自慢이며 오만傲慢이다. 이는 잘못이나 허물이 크고 필히 실패失敗하고 말 것이다. 한발을 내딛는 용기는 가상하지만 잘못된 결정이나 결단은 실패의 지름길이 아닌가.

九二는 스스로의 처지處地나 형편形便을 돌아보고 가까운 이들과 함께 해야 함이니, 예기치 않은 불행不幸한 일이 닥치더라고 크게 염려할 일이 아니다.

九三은 연못의 물을 상징象徵하는 태괘兌卦☱가 강건불식剛健不息을 상징象徵하는 건괘乾卦☰ 위로 올라가는 것이니, 딱 잘라 결정決定하고 의심疑心

하지 말아야 한다. 얼굴에 감정이 드러남은 그리 좋은 점은 아니다. 스스로의 단호한 결단력으로 비에 젖지만 군자는 의심하지 않는다는 것이다. 당당하게 앞으로 나아가 드러내면 잘못이나 허물로 인하여 말은 많겠지만 그리 탈이 날 일은 아니다.

九四는 앞으로 나아가 이기지 못하면 허물이 되겠지만 우유부단優柔不斷함보다는 나은 것이니, 머뭇거리거나 꾸물댈 일이 아니다. 타인의 충고마저도 믿지 못하고 머뭇거리니, 그 우유부단함이 무리를 이끌지 못하고 후회만을 남긴다는 의미이다.

九五는 자리공이 강한 식물이기는 하나, 깊이 뿌리박힌 의심疑心을 뽑아버리듯 뽑아버리고 공평무사公平無私함, 곧 중도中道를 행한다면 잘못이나 허물이 없다는 것이다. 또한 아직은 때가 아니라는 것이다.

象六은 큰 소리로 도움을 청해야 들어주는 이가 없다. 아둔한 마음이나 어눌한 뜻과 생각으로 큰 소리만을 앞세운다면 흉凶이 있고 오래 버틸 수가 없다는 것이다.

澤天夬택천쾌: ☱ 兌上, ☰ 乾下
暗裡衣冠柝 암리의관탁/ 어둠속에서 의관衣冠이 터지고
幽谷日未明 유곡일미명/ 날이 채 밝지 않는 까닭에 깊고 어두운 계곡이라네.
中天回斗牛 중천회두우/ 중천中天에 북두칠성과 견우성이 돌아오듯이
名譽晚年成 명예만년성/ 명예名譽는 늘그막에 이룰 것이라네.

2-2) 태위택兌爲澤: ☱ ☱ 兌上 兌下 陽 ⇨ 少陰.

原文: 兌는 亨하니 利貞하니라. 象曰兌는 說也이니 剛中而柔外하여 說以利貞이라 是以順乎天而應乎人하여 說以先民하면 民忘其勞하고 說以犯難하면 民忘其死하나니 說之大가 民勸矣哉라.
象曰麗澤이 兌이니 君子가 以하여 朋友講習하나니라.
初九는 和兌니 吉하니라. 象曰和兌之吉은 行未疑也일세라.

九二는 孚兌니 吉하고 悔가 亡하니라. 象曰孚兌之吉은 信志也일세라.
六三은 來兌니 凶하니라. 象曰來兌之凶은 位不當也일세라.
九四는 商兌未寧이니 介疾이면 有喜리라. 象曰九四之喜는 有慶也이라.
九五는 孚于剝이면 有厲이리라. 象曰孚于剝은 位正當也일세라.
上六은 引兌라. 象曰上六引兌가 未光也이라.

直譯: 태兌는 못과 못이 만나 형통亨通하는 것이니, 마음을 바르고 올곧게 가지면 이롭다. 상象에 이르기를 태兌는 기쁨이니, 강剛한 기운이 가운데 있고 부드러운 기운이 밖에 있어 기쁨으로써 마음을 바르고 올곧게 지니는 것이 이롭다. 이것이 바로 하늘을 거스르지 않고 따르고 사람에게 응應한다는 것이다. 기쁨으로써 먼저 백성을 대하면 백성이 그 노고를 잊고 기쁨으로써 어려운 일을 범하더라도 백성은 그 죽음을 잊는다는 것이다. 기뻐하는 마음의 큰 것을 백성에게 권장하노라.

상象에 이르기를 못이 짝지어 있는 것이 태兌이니, 군자君子기 이로써 친구들과 배우고 익힌다.

초구初九는 뜻이 맞고 정다우며 기뻐하니 길吉하다. 상象에 이르기를 뜻이 맞고 정다우며 기쁘다는 것은 행하지만 아직 의심하지 않는다는 것이다.

九二는 미쁘고 기뻐하니 길吉하고 후회後悔가 없어진다. 상象에 이르기를 미쁘고 기뻐하니 길하다는 것은 뜻이 믿을 만하다는 것이다.

六三은 와서 기뻐하는 것이니 흉凶하다. 상象에 이르기를 와서 기뻐하니 흉하다는 것은 자리가 마땅치 않다는 것이다.

九四는 서로 헤아려 기뻐하지만 아직 편안하지 않은 것이니, 절의節義있게 시샘하면 기쁨이 있다. 상象에 이르기를 구사九四의 즐거움은 경사慶事가 있다는 것이다.

九五는 미쁨이 벗겨지면 위태로움이 있다. 상象에 이르기를 미쁨이 벗겨진다는 것은 자리가 정당正當하다는 것이다.
上六은 이끌림으로 기뻐한다. 상象에 이르기를 이끌림으로 기뻐한다는 것은 아직 빛나지 않는다는 것이다.

解題: 태위택兌爲澤: ☱ ☱ 兌上 兌下은 올바르게 하면 모든 일이 이루어지는 상象이며, 서로 모여 화목和睦하게 조화造化를 이루는 것이니, 말과 행동行動이 올바르고 즐거운 마음으로 일을 행하는 까닭으로 만사萬事가 순조順調롭게 풀리고 서로가 서로를 인도引導한다는 것이다.

태兌가 상징象徵하는 것은 못으로, 숲이 우거진 산속에서 흐르는 작은 천川이나 연못을 이른다. 태괘兌卦☱ 위에 태괘兌卦☱가 있는 것으로 작은 천川이나 연못이 두 개가 겹친 것이며, 흐르는 물소리가 숲속에서 즐겁게 울리는 모양을 나타낸다. 그러므로 같은 기운氣運이 마주보고 서로 상생相生하는 것을 보여주는 것이다. 만사萬事가 형통亨通하는 괘卦라고는 하나, 마음을 바르고 올곧게 가져야 이로움이 있다. 단 한 번의 잘못이 서로를 불편不便하게 만들고 많은 불화不和를 가져오지 않던가. 인연因緣을 맺고 끊은 인간관계人間關係에 있어서는 서로가 서로에게 신뢰信賴를 주는 마음의 바탕이 필요必要하지 않겠는가. 남의 비위脾胃를 맞추는 달콤한 말과 이로운 조건條件만을 들어 그럴듯하게 꾸미는 말로는 참다운 인간관계人間關係를 만들 수 없는 것이다.

象에 이르기를 두 개의 연못이 붙어있는 것이 태괘兌卦다. 군자君子는 이를 보고 지인知人과 함께 학문學文을 닦고 마음을 다스린다.
初九는 서로 화목하며 즐거워하니 길吉하다고 한 것은, 행하는 일에 있어 서로 의심疑心하지 않는다는 것이다.
九二는 몸과 마음을 다하고 기뻐하니, 길吉하고 후회後悔가 없다고 한 것은, 하고자 하는 뜻이 믿을 만하다는 것이다. 신뢰信賴를 바탕으로 상합相

슴한다는 것이다.

六三은 돌아와서 기뻐하는 것이니, 흉凶하다고 한 것은, 돌아와 머문 자리가 마땅치 않다는 것이다. 이해득실利害得失에 따라 만나고 합하는 경우가 있으니 좋지 않다는 것이다.

九四는 함께하고 기뻐하나 아직 편하지 않고 남을 시샘하면 기쁨이 있다고 한 것은, 경사慶事가 있다는 것이다. 사사로운 마음을 버리고 공평무사한 마음가짐을 지녀야 한다는 것이다. 그래야만 진정 즐거움을 찾을 수 있다는 의미이다.

九五는 성실誠實함이 상처를 받는 것이니, 위태로움이 있다는 것은, 자리가 마땅하기 때문에 그렇다는 것이다. 곧 남에게 진심眞心을 주어도 사심私心으로 대하는 까닭에 상처를 받는다는 것이다. 스스로의 참됨과 믿음성이 깎여나갈지라도 몸과 마음을 다해 대한다는 것이다. 그만한 자리와 성실함이 있다는 것을 의미한다.

上六은 이끌어주는 까닭에 기뻐할 것이라는 것은, 아직은 빛나지 않았다는 것이다. 곧 뜻이 높지 못한 이들이 모여 가볍게 움직이는 것을 이른다. 타인의 감언이설甘言利說에 몸과 마음을 쉽게 움직인다는 것이니, 이는 스스로의 마음가짐이 진득하지 못하고 가볍다는 것을 의미한다.

兌爲澤태위택: ☱兌上, ☱兌下
碧玉滿粕子 벽옥만박자/ 푸른빛이 고운 옥잔玉盞에 술이 가득하고
金庭弄花香 금정롱화향/ 금빛 화려한 뜰에서 꽃향기를 희롱戲弄한다네.
年當少年時 연당소년시/ 때는 당연當然히 소년少年 시절時節이니,
前程可有望 전정가유망/ 길을 나서기 전에 가히 희망希望을 가질 수 있다네.

겉으로 드러난 말이나 행동行動, 모습 따위가 믿음직스럽고 강한 의지意志를 보이면서 지극히 적극적積極的이고 능동적能動的인 사람이다. 또한 마음의 씀씀이나 모양새, 지닌 사고방식思考方式이나 생각 등이 신중愼重하고

깊이가 있는 사람이지만, 모질고 모난 성격性格의 소유자所有者가 아니며, 오히려 겉으로는 몰라도 남을 배려配慮하는 마음이 섬세纖細한 사람이다.

자신自身의 어려운 점이나 곤란困難한 면을 쉽게 드러내는 성격性格이 아니며, 오히려 밝은 모습과 웃음을 보여주고 화목和睦한 분위기雰圍氣를 만들기 위해 몸과 마음을 다하는 사람이다. 말이나 행동行動을 삼가고 신중愼重하게 하면서 서로의 마음을 터놓게 하고 인간관계人間關係를 모나지 않고 부드럽게 만들어가는 성실誠實한 사람이다. 남의 비위를 맞추는 달콤한 말과 이로운 조건條件만 들어 그럴듯하게 꾸미는 말로는 참된 인간관계人間關係를 만들어 갈 수 없듯이 성실誠實한 마음에 그 바탕을 두고 몸과 마음을 다해 힘쓰는 사람이다. 세상사世上事라는 것이 말이나 행동行動이 한번 잘못되면 서로가 서로에게 상처를 주고 다투는 것이 아니던가.

늘 즐거운 마음으로 올바른 길을 추구追求하면서 주변 사람들과 순조로운 관계關係를 이루고 살아가며, 몸과 마음을 아끼지 않고 무리를 이끄는 사람이다. 또한 자신을 위해 몸과 마음을 닦으면서 스스로를 높이고 만족滿足해하는 성격性格이며, 타인他人의 잘됨을 시기猜忌하지 않고 오히려 몸과 마음을 다해 축복祝福을 하면서 즐거워하며, 서로가 서로에게 막힘이나 걸림이 없이 통하게 한다.

서로가 서로를 믿고 의지하는 밝은 마음으로 맺고 합쳐서 즐거워하며, 지난 일에 연연하지 않고 후회後悔하지 않는 성품性品이다. 그러나 때때로 독자적獨自的인 생각이나 신념信念을 버리고 스스로의 생각을 상대방相對方이나 세상世上 풍조風潮에 맞추어 가면서 잠시 외도外道의 길로 빠지기는 하지만 제 위치를 잃지 않은 성품性品이다. 때로는 삶의 가치價値를 물질적物質的인 것에서 취할 것인지, 아니면 정신적精神的인 것에서 취할 것인지 고민苦悶하고 머뭇거리기는 하지만 생각을 신중愼重히 하면서 사사로운 감정感情과 바르지 않은 생각을 버리고 스스로 본연本然의 모습을 찾은 사람이다.

도리道理에 어긋난 못된 마음을 가지고 자신自身을 곤란困難한 지경에 빠지게 하는 사람에게도 진실眞實한 마음을 가지고 대하는 까닭에 위기危機에 처하기는 하지만 대범大汎하게 받아들이는 성격性格이다. 또한 힘이 있고 가진 자에게 빌붙어 아첨阿諂하는 자들을 몹시 싫어하는 사람이며, 본인 스스로 또한 과시誇示하면서 드러내는 성격性格이 아니다.

2-3) 택화혁澤火革: ☱ ☲ 兌上 離下 陽 ⇨ 少陽.

原文: 革은 己日이라야 乃孚하리니 元亨하고 利貞하여 悔가 亡하니라. 象曰革은 水火가 相息하며 二女가 同居하되 其志不相得이 曰革이라. 己日乃孚는 革而信之라 文明以說하여 大亨以正하니 革而當할세 其悔가 乃亡하니라. 天地가 革而四時에 成하며 湯武가 革命하여 順乎天而應乎人하니 革之時가 大矣哉라.
象曰澤中有火가 革이니 君子가 以하여 治歷明時하나니라.
初九는 鞏用黃牛之革이니라. 象曰鞏用黃牛는 不可以有爲也일세라.
六二는 己日이어야 乃革之니 征이면 吉하여 无咎하리라. 象曰己日革之는 行有嘉也니라.
九三은 征이면 凶하니 貞厲하리니 革言이 三就면 有孚이리라. 象曰革言三就이니 又何之矣리오.
九四는 悔亡하니 有孚이면 改命하여 吉하리라. 象曰改命之吉은 信志也일세라.
九五는 大人이 虎變이니 未占에 有孚이니라. 象曰大人虎變은 其文이 炳也니라.
上六은 君子는 豹變이고 小人은 革面이니 征이면 凶하고 居貞이면 吉하리라. 象曰君子豹變은 其文이 蔚也이고 小人革面은 順以從君也니라.

直譯: 혁革은 기일己日이어야 바로 참되고 믿음성이 있으니, 크게 형통亨通

하고 마음을 바르고 올곧게 지녀야 후회後悔가 없어진다. 상象에 이르기를 혁革이란 물과 불이 서로 멈추게 하는 것이며, 두 여자가 함께 있어도 뜻을 서로 얻지 못하는 것을 일러 혁革이라 한다. 기일己日이 바로 참되면서 믿음성이 있다는 것은 새롭게 고쳐서 믿게 만든다는 것이다. 문명文明으로써 풀어 밝히고 크게 형통亨通함으로써 바로잡아 갖추어지는 것이며, 새롭게 고쳐서 마땅하게 이루어지면 그 후회後悔가 없어지는 것이다. 천지天地가 근본적으로 바꾸어 아주 달라지므로 봄, 여름, 가을, 겨울四時이 이루어지고 탕왕湯王과 무왕武王이 이전의 왕조王朝를 뒤집어 하늘의 도道를 따르고 사람에게 응應하는 것이니, 혁괘革卦가 움직이는 때는 참으로 크다.

象에 이르기를 못 가운데 불이 있는 것이 혁革이니, 군자君子가 이로써 봄, 여름, 가을, 겨울을 다스리면서 때를 밝게 밝힌다.

初九는 황소의 가죽을 단단하게 묶은 용도로 사용한다. 상象에 이르기를 황소의 가죽을 단단하게 묶은 용도로 사용한다는 것은 일을 만들어 가기에는 가능하지 않다는 것이다.

六二는 때를 맞춘 기일己日이어야 바로 혁명革命을 일으키는 것이니, 치러 가면 길吉하고 허물이 없다. 상象에 이르기를 때를 맞춘 기일에 혁명을 일으킨다는 것은 행하는 일에 기쁨이 따른다는 것이다.

九三은 치러 가면 흉凶하니, 마음을 바르고 올곧게 지녀도 위태롭다. 새롭게 뒤바꾼다는 말을 쫓아 세 번 나아가면 참되고 믿음성이 있다는 것이다. 상象에 이르기를 새롭게 뒤바꾼다는 말을 쫓아 세 번 나아가면 참되고 믿음성이 있다는 것은 또 다시 어떻게 해 나아가야 하느냐는 것이다.

九四는 후회後悔가 없어지리니, 참되고 믿음성이 있으면 운수運數를 바꿔 길吉하다. 상象에 이르기를 운수를 바꿔 길하다는 것은 나아가고자 하는 의지意志를 믿어야 한다는 것이다.

九五는 대인大人이 호랑이와 같이 변하는 것이니, 아직 점도 치기 전에 참되고 믿음성이 있다. 상象에 이르기를 대인이 범과 같이 변한다는 것은 그 무늬가 밝게 빛난다는 것이다.

象六은 군자君子는 표범과 같이 변하는 것이고 소인小人은 얼굴빛을 고친다는 것이니, 치러 가면 흉凶하고 살면서 마음을 바르고 올곧게 가지면 길吉하다. 상象에 이르기를 군자가 표범과 같이 변한다는 것은 그 무늬가 더욱 아름다워지는 것이고 소인은 얼굴빛을 고친다는 것은 거스르지 않고 군주君主를 따른다는 것이다.

解題: 택화혁澤火革: ☱上 ☲下은 오래 된 옛것을 고치는 상象이며, 물과 불이 싸우는 형상形象이니, 삿된 견해見解나 사리사욕私利私慾을 부리지 말고 적극적積極的인 마음으로 정도에 맞게 움직이고 때를 알아 실천實踐해야 한다는 것이다.

혁革이 상징象徵하는 것은 아직 다루지 않은 가죽을 이르는 것으로 무두질을 해서 쓸 만한 가죽이 되는 것을 말한다. 그러므로 두드려서 바꾸고 새롭게 만들어가는 과정過程이나 현시대現時代의 시류時流에 반하여 새로운 시류時流를 만들어 감을 의미意味한다. 더하여 사리사욕私利私慾에 따른 변혁變革이 아니며, 올바르고 마땅한 방법方法이 따라야 한다. 목적目的을 위하여 수단手段과 방법方法을 가리지 않는다면 이는 스스로를 더럽히고 추하게 만드는 것이다. 낡은 것을 버리고 새로운 것을 받아들인다는 것이며, 일이 되어가는 과정過程이 정도正道를 벗어나지 않으면서 모자란 점을 채우고 잘못된 점을 고쳐가는 것이다. 물론 새로운 것을 받아들이는 일에 있어서 많은 문제問題가 따르기도 하지만 충분히 무르익었을 때를 기다리는 것이 현명賢明하다. 새로운 사람과의 인연因緣이 즐겁기도 하겠지만 그만큼의 적응適應할 수 있는 시간時間이 필요한 것이며, 그러기 위해서는 잦은 다툼이 많은 시기時期이기도 하다. 말과 행동行動을 삼가고 지극히 신중愼重해야 할 것이다. 하루에도 몇 번씩 뒤바뀌는 변화무쌍變化無雙한 시기

時期시기를 이른다.

　이 괘卦에서는 신뢰信賴를 얻기 위해서 충분充分하게 무르익은 다음에 행行해야만 하는 것을 일러준다. 또한 하늘의 이치理致에 따르고 순응順應하며, 서로가 상응相應하여 마음을 합하는 때에 혁華이란 이루어지는 것이 아닌가. 이 시기時機는 시류時流를 타는 것이 중요重要한 것이다.

　象에 이르기를 작은 천川이나 연못을 상징象徵하는 태괘兌卦 ☱ 아래, 불을 상징象徵하는 이괘離卦 ☲가 있는 것으로 물과 불이 서로 상극相剋하고 다투는 것을 이른다. 군자君子는 이 괘상卦象 ☲ ☱을 보고 시류時流에 따라 담금질하여 혁신革新을 꾀하며, 앞을 내다보고 그 때를 확실確實하게 하는 것이다.

　初九는 무두질한 가죽으로 몸과 마음을 동여매야 하는 것이니, 경솔輕率한 말과 행동行動은 일을 시작始作하기도 전에 화를 불러들인다는 것이다.

　六二는 시기時機나 일이 성숙成熟되어 충분充分히 알맞을 때에 이르러 새롭게 고치고 받아들인다. 앞으로 나아감에 즐거움이 따르고 잘못이나 허물이 없이 길吉할 것이다.

　九三은 올바른 일이라 해도 바르게 판단判斷을 내릴 수 없는 상태狀態에서 밀어붙이고 나아가면 좋지 않은 일이 따른다. 때문에 충분充分하게 무르익은 후에 실행實行으로 옮겨야 신뢰信賴를 얻어내고 성공成功할 수 있다는 의미이다.

　九四는 주위로부터 신뢰信賴를 두텁게 쌓았으니, 용기勇氣를 내어 혁신革新을 결단決斷하여 실행實行으로 옮겨야 할 때이다. 후회後悔는 없을 것이며, 길吉하고 더하여 뜻과 생각을 펼칠 수 있다는 것이다.

　九五는 혁신革新은 통하고 대부분의 사람들로부터 신뢰信賴를 얻었다. 또한 혁신革新하기 이전以前의 것까지 바르고 좋은 것은 받아들이고 그대로 유지維持하니, 사람들이 따르고 인정認定하는 분위기雰圍氣다. 지극히 길吉하다는 의미이다.

上六는 이전以前의 사람이라도 내치기보다는 함께 끌어안고 가는 것이 득得되는 것이니, 생각지 않고 바로 바로 내치면 흉凶한 모습을 보이게 되는 것이다. 군자는 변하여 그 아름다움을 더하지 않던가. 곧 훌륭하게 변한다는 것이며, 소인小人 또한 마음을 고치고 군주를 따른다는 것이다.

澤火革택화혁: ☱ 兌上, ☲ 離下
運逢刑厄眞爲凶 운봉형액진위흉/ 형벌과 재앙을 만나는 운명이라 진위眞僞를 떠나 흉하리니,
二十年光若花枝 이십년광약화지/ 20년간의 번영繁榮이 허공에 흩날리는 꽃잎과 같다네.
萬事丁寧運命中 만사정녕운명중/ 온갖 일이 정녕丁寧 운명運命 가운데 있는 것이라면
欲巧反拙憂愁人 욕교반졸우수인/ 욕심을 내어 근심 걱정을 되돌리려는 것은 소용없는 일이 아닌가.

2-4) 택뢰수澤雷隨: ☱ ☳ 兌上 震下 陽 ⇨ 太陰.

原文: 隨는 元亨하니 利貞이라 无咎이리라. 象曰隨는 剛來而下柔하고 動而說이 隨이니 大亨하고 貞하여 无咎하고 而天下가 隨時하나니 隨時之義가 大矣哉라.
象曰澤中有雷가 隨이니 君子가 以하여 嚮晦入宴息하나니라.
初九는 官有渝이니 貞하면 吉하니 出文交이면 有功하리라. 象曰官有渝에 從正이면 吉也이니 出文交有功은 不失也니라.
六二는 係小子이면 失丈夫하리라. 象曰係小子이면 弗兼與也이리라.
六三은 係丈夫하고 失小子하니 隨에 有求를 得하나 利居貞하니라. 象曰係丈夫는 志舍下也니라.
九四는 隨에 有獲이면 貞이라도 凶하니 有孚하고 在道하고 以明이면 何咎이리오. 象曰隨有獲은 其義가 凶也이고 有孚在道는 明功也

니라.

九五는 孚于嘉이니 吉하니라. 象曰孚于嘉吉은 位正中也일세라.

上六은 拘係之고 乃從維之니 王用亨于西山이로다. 象曰拘係之는 上窮也니라.

直譯: 수隨는 크게 형통亨通하는 괘이니, 마음을 바르고 올곧게 지니면 이로우며 허물이 없다. 상象에 이르기를 수隨는 강剛한 기운이 오고 부드러운 기운이 아래로 내려가는 것이며, 이렇듯 움직이는 것을 일러 수隨라고 한다. 크게 형통하고 바르면서 올곧으면 허물이 없는 까닭으로 천하天下가 때를 따라 따른다. 수隨의 때와 의의意義는 크다.

상象에 이르기를 못 가운데 우레가 있는 것이 수隨이니, 군자君子가 어둠속으로 들어가 휴식을 즐긴다.

初九는 벼슬자리가 때에 따라서 달라지니, 마음이 바르고 올곧아야 길吉하고 문을 나서서 사람과 사귀면 공功이 있다. 상象에 이르기를 벼슬자리가 변한다는 것은 올바른 것을 쫓아야 길吉하다는 것이고 문을 나서서 사람과 사귀면 공이 있다는 것은 잃지 않는다는 것이다.

六二는 아이에게 매이면 장부丈夫의 기운을 잃는다. 상象에 이르기를 아이에게 매인다는 것은 두루 아울러 함께 하지 못한다는 것이다.

六三은 장부丈夫에게 매이고 아이를 잃으니, 따르는 일에 있어 구하고자 하는 것을 얻지만 바르고 올곧게 살아야 이롭다. 상象에 이르기를 장부에게 매인다는 것은 뜻이 아래를 버린다는 것이다.

九四는 쫓아서 얻은 것이 있으면 바르고 올곧더라도 흉凶하니, 참되고 믿음성이 있어서 도道가 있고 이를 밝히는데 어찌 허물이 있겠는가. 상象에 이르기를 쫓아서 얻은 것이 있다는 것은 그 의미가 흉凶하다는 것이고 참되고 믿음성이 있어서 도가 있다는 것은 공功

이 분명하다는 것이다.

九五는 참되고 믿음성이 있는 것은 아름답고 훌륭한 것과 같으니 길吉하다. 상象에 이르기를 참되고 믿음성이 있는 것은 아름답고 훌륭한 것과 같아서 길하다고 하는 것은 자리가 올바르다는 것이다.

象六은 둘러싸여 매인 것을 쫓아 다시 밧줄로 묶어 맨 것이니, 왕王은 서산西山에서 제사를 지낸다. 둘러싸여 매인다는 것은 위上가 궁窮하다는 것이다.

解題: 택뢰수澤雷隨: ☱ ☳ 兌上 震下는 물건物件과 물건이 서로 따르는 상象으로 본인本人의 작은 잣대로 세상世上을 보지 말고 좁은 테두리를 벗어나 많은 사람들과 어울린다면 편한 삶을 살아가게 될 것이다.

수隨의 의미意味는 따라가며 수행隨行하다. 뒤를 쫓다. 무엇에 의하여 근거根據를 만들다. 등으로 지위地位가 높은 사람이 아랫사람을 따르는 경우이거나 대인大人이 소인小人을 따르는 격이다. 그러나 스스로의 주체성主體性을 잃고 따르거나 맹목적盲目的으로 따르는 것이 아니다. 스스로의 올바른 판단判斷에 따라 한 발짝 물러서서 신중愼重하게 움직이는 것이니, 기운氣運이 쇠衰할 때를 알아 현명賢明하게 결정決定하고 따르면 발전發展할 것이다.

작은 천川이나 연못을 상징象徵하는 태괘兌卦☱ 아래, 천둥을 상징하는 진괘震卦☳가 있는 것이니, 크게 트인다는 것이며, 올바른 마음을 가지면 이롭고 허물이나 잘못이 없을 것이다. 천둥의 기운氣運이 연못 아래에서 일어나는 것이니, 이는 강剛한 기운氣運이 오고 부드러운 물의 기운이 아래로 흐르는 것이다. 이렇듯 아래로 흐르면서 강유剛柔의 기운이 함께하는 것을 수隨라고 이르는 것이다.

자신自身이 높은 자리나 세력勢力이 있더라도 기운氣運이 쇠衰함을 알면, 이를 제대로 인식認識하고 유효적절有效適切하게 타인他人과 함께 함이 힘이 덜 들뿐더러 매사每事가 두루 원만圓滿할 것이다.

봄, 여름, 가을, 겨울 4계절을 보면 천둥소리는 여름에 맹렬猛烈하지만 가을이면 연못으로 숨어버린다는 것이다. 때문에 본인本人이 힘이나 실력實力을 갖추고 있더라도 처해진 상황狀況이나 형편形便을 타개打開해 나아갈 수 없으므로 따른다는 것이다. 또한 숨어있는 천둥의 기운氣運으로 인하여 문득 문득 그때에 따른 변화變化에 따라 좋은 결과結果도 얻은 것이다. 그러므로 주변으로부터 많은 변화變化가 올 때이니, 주어진 사정事情이나 형편形便에 따라 발 빠르게 적응適應할 때이다. 또한 적응適應을 하면서 적극적積極的인 행위行爲를 통하여 스스로를 변화變化시키기보다는 안으로나 밖으로나 점차 고쳐가는 방법方法이 필요必要하며, 잠시 쉬어가는 것도 필요할 때이다. 때때로 남보다 실력實力이나 경험經驗, 공부 등이 월등越等하더라도 함께 일하지 않으면 안 될 경우도 있을 것이다. 이때를 당하여 반목反目이나 반감反感은 스스로를 좌절挫折시킬 수 있는 것이니, 도움을 주고 도움을 받는다는 유연柔然한 사고방식思考方式이 몸과 마음을 편하게 할 것이다.

象에 이르기를 고요하게 트이는 운運이라고 하지만 적극적積極的이고 능동적能動的으로 찾아오는 것은 아니며, 소극적消極的이면서 수동적受動的으로 만들어가는 운運이다. 군자君子는 이 괘상卦象을 보고 조용하게 휴식休息을 취하면서 앞으로 있을 변화變化에 준비準備를 하는 것이다.

初九는 많은 변화變化가 따르지만 처음에 일으킨 마음을 굽히지 않고 바르게 나아가면 길吉한 운이다. 스스로의 좁은 틀을 벗어나 많은 사람과 인연因緣을 맺고 함께 한다면 어려움을 벗어나 도움을 받고 원만圓滿하게 이룰 것이다. 때를 따라 벼슬자리가 바뀐다는 것이니, 많은 변화變化가 있을 것이라는 의미이다.

六二는 이쪽과 저쪽을 구별區別하면서 잣대를 들이대면 양쪽으로부터 내침을 당할 것이다. 아이한테 매인 것이라 함께 하지 못한다는 것은 결국 대인大人으로부터 버림을 받는다는 것을 의미한다.

六三은 소인小人을 따르지 말고 대인大人을 적극적積極的으로 따르면 마침내는 받아줄 것이다. 그러나 아첨阿諂을 해서는 안 되는 것이니, 신뢰信賴와 위신威信을 실추失墜하기 때문이다. 곧 소인小人을 버리고 대인을 쫓는다는 것이다.

九四는 타인他人을 따르면서 제 분수分數에 넘치도록 권세權勢나 명성名聲 따위를 얻었다. 아무리 바르고 옳은 일을 행했다하더라도 이는 흉凶함이 있는 것이다. 몸과 마음을 다한 정성으로 도리를 지켜서 잘못이 없다면 위태로움이 없다는 것을 의미한다.

九五는 몸과 마음을 다한 성실誠實함으로 도리道理에 맞게 움직이면 잘못이나 허물이 없을 것이다. 또한 선善이 따르고 위아래가 서로 합하니 이 또한 귀하고 길吉할 것이다. 곧 자리가 오양五陽 중정中正의 자리로써 이음二陰의 어리석음을 헤아리고 위아래를 화합하게 만든다는 것을 의미한다.

上六은 스스로의 몸과 마음을 다잡고 말과 행동行動을 삼가며, 덕德을 베풀어 흩어지는 인심人心을 잘 잡아야 한다. 위가 궁窮하다는 것은 군주君主로서의 덕망德望이나 위신威信, 권위權威 따위가 땅에 떨어졌다는 것을 의미한다. 때문에 하늘에 제사를 지내 민심民心을 수습한다는 것이다.

澤雷水택뢰수: ☱ 兌上, ☳ 震下
安身守分吉 안신수분길/ 몸을 편안便安하게 하고 분수分數를 지키면 길吉하니,
快樂別有光 쾌락별유광/ 일시적인 쾌락快樂은 문화文化의 번영繁榮과 다른 것이라네.
輕風災雖至 경풍재수지/ 가벼운 바람과 같은 재앙災殃이 비록 지극至極하더라도
黃牛一毛格 황우일모격/ 누런 소의 털 하나와 같을 뿐이라네.

2-5) 택풍대과澤風大過: ☱ ☴ 兌上 巽下 陰 ⇨ 太陽.

原文: 大過는 棟이 橈이니 利有攸往하여 亨하니라. 象曰大過는 大者가

過也이고 棟橈는 本末이 弱也니라. 剛過而中하고 巽而說行이라 利有攸往하여 乃亨하니 大過之時가 大矣哉라.
象曰澤滅木이 大過이니 君子가 以하여 獨立不懼하며 遯世无悶하나니라.
初六은 藉用白茅이니 无咎하니라. 象曰藉用白茅는 柔在下也니라.
九二는 枯楊이 生梯하며 老夫가 得其女妻이니 无不利하니라. 象曰老夫女妻는 過以相與也니라.
九三은 棟이 橈이니 凶하니라. 象曰棟橈之凶은 不可以有輔也일세라.
九四는 棟隆이니 吉하거니와 有它이면 吝하리라. 象曰棟隆之吉은 不橈乎下也일세라.
九五는 枯楊이 生華하며 老婦가 得其士夫이니 无咎이나 无譽리라. 象曰枯楊生華가 何可久也이며 老婦士夫가 亦可醜也이로다.
上六은 過涉滅頂이라 凶하니 无咎하니라. 象曰過涉之凶은 不可咎也이니라.

直譯: 대과大過는 용마루가 휘어지는 것이니, 갈 곳이 있으면 이롭고 형통亨通한다. 상象에 이르기를 대과大過는 큰 것이 너무 지나치다는 것이고 용마루가 휘어진다는 것은 바탕이 되는 밑둥치와 끝이 약하다는 것이다. 강剛한 기운이 지나치지만 가운데 있고 공손하면서 기쁘게 행하는 것이다. 갈 곳이 있으면 이롭다고 한 것은 바로 형통하다는 것이다. 대과大過의 시의時宜 적절함은 참으로 크다.
상象에 이르기를 못이 나무를 없애는 것이 대과大過이니, 군자君子가 이로써 홀로서는 것을 두려워하지 않으며, 세상으로부터 물러나 있어도 번민煩悶하지 않는다.
初六은 흰 띠를 깔개로 쓰고 있으니 허물이 없다. 상象에 이르기를 흰 띠를 깔개로 쓴다는 것은 부드러운 기운이 아래에 있다는 것이다.
九二는 말라 죽은 버드나무에서 차례를 따라 새싹이 돋아나고 늙은 사내가 젊은 여자를 아내로 얻은 것이니, 이롭지 않음이 없다.
상象에 이르기를 늙은 사내가 젊은 여자를 아내로 얻는다는 것은
지나침으로써 서로 어울린다는 것이다.

九三은 용마루가 휘어지는 것이니, 흉凶하다. 상象에 이르기를 용마
루가 휘어지는 것이 흉하다는 것은 힘이 되거나 도움이 있을 수 없
다는 것이다.

九四는 용마루가 두텁고 높으니, 길吉하지만 다른 마음을 지니면
부끄러움을 당한다.
상象에 이르기를 용마루가 두텁고 높으니 길하다는 것은 밑으로
휘어지지 않는다는 것이다.

九五는 말라 죽은 버드나무가 꽃을 피우고 늙은 여인이 젊은 선비
를 지아비로 얻은 것이니, 허물은 없으나 칭찬도 없다. 상象에 이르
기를 말라 죽은 버드나무에 꽃이 피니 어찌 오래 갈 수 있겠으며,
늙은 여인이 젊은 선비를 지아비로 삼은 것은 이 또한 부끄러운 일
이란 것이다.

上六은 지나치게 깊은 물을 건너다가 머리까지 빠진 것이라 흉凶하
지만 허물은 없다.
상象에 이르기를 지나치게 깊은 물을 건너는 것이 흉하다는 것은
잘못을 들어 꾸짖을 수 없다는 것이다.

解題: 택풍대과澤風大過: ☱ ☴ 兌上 巽下는 서로가 조화造化를 이루지
못하고 일이 과중한 까닭으로 힘들어하는 상象이며, 힘들어도 일
을 놓을 수 없는 것이니, 세상사世上事에 두려워 말고 의연毅然하게
대처對處해야 한다는 것이다.

대과大過의 의미意味는 용마루가 무게를 이기지 못하고 굽어지다. 받치고
지탱하는 것이 약해서 휘어지다. 이며, 일에 치이는 것을 말한다. 상괘上卦

는 작은 천川이나 물을 상징象徵하는 태괘兌卦 ☱이며, 하괘下卦는 바람과 나무를 상징象徵하는 손괘巽卦 ☴다. 힘들고 어렵지만 굳세게 밀고 나아가야 한다. 바람과 나무는 서로 불가분不可分의 관계關係를 맺고 있는 것이니, 나무 가지가 흔들리는 것을 보고 바람이 부는 것을 아는 것과 같다. 또한 거센 물의 흐름에 휩쓸리는 용마루의 의미意味란, 일이든 사랑이든 지극히 한쪽으로 치우친다는 뜻이니, 너무 지나친 까닭으로 인하여 화를 부른다는 것이다. 때문에 용마루가 그 지나침을 이기지 못하고 굽어지거나 휘어진다고 한 것이다.

　대과大過란 지나침으로 인하여 일어나는 현상現象으로 늘 준비準備하고 대비對備해야 할 일이다. 이미 벌어진 일이라면 포기할 것은 미련未練을 두어서는 안 되며, 한꺼번에 밀어닥치는 일로 인하여 공사公私가 복잡複雜하게 돌아가는 것이니, 사적私的인 일은 보류保留하더라도 공적公的인 일을 빨리 해결解決해야만 큰 어려움에서 벗어날 것이다. 무겁거나 묵은 짐은 덜어버리고 스스로가 처한 형편形便이나 사정事情을 직시直視하고 신중愼重해야 할 때이다. 또한 지나간 일에 대해서는 욕심慾心을 부리지 않은 것이 좋은 편이다. 지극히 불편不便하고 어려운 시기時期이니, 능력能力 밖의 일에는 손대지 말기를 바란다.

　용마루가 물에 잠겨 한쪽으로 휩쓸리는 경우이니, 한쪽으로 피할 곳이 있으면 큰 염려는 없다. 과중過重함에 용마루가 휘어지는 것이니, 이는 그 바탕이 되는 밑둥치가 약하기 때문이 아닌가. 말과 행동行動을 더욱 신중愼重하게 삼가면서 공평무사公平無私하다면 지나친 가운데서도 크게 이루고 행복이 있을 것이다.

　象에 이르기를 연못兌卦 ☱의 물이 나무巽卦 ☴를 매몰시켜 죽이는 것이 대과大過의 괘상卦象이다. 군자君子는 이를 보고 스스로 홀로됨을 두려워하지 않고 세상世上을 벗어나 은신隱身을 해도 고민苦悶하지 않는다.

　初六은 흰 띠를 깔개로 쓰듯이 그 마음을 신중愼重하게 하고 매사에 몸과 마음을 다한 정성精誠이라면 허물이나 잘못이 없을 것이라는 의미이다.

九二는 늙은 노인이 젊은 여자를 아내로 얻으니, 나름대로 구색은 갖추는 것이라 남자로서의 구차함을 벗어난다는 의미이다. 부드러운 기운이 아래에 있다는 것은 일음一陰의 부드러운 기운이 밑에서 받쳐주기 때문이며, 이러한 까닭으로 이롭다는 것이다.

九三은 용마루가 휘어져버리려고 한다. 언행言行을 삼가지 않고 경솔輕率하게 움직이면 도와 줄 이가 없어 흉凶하다는 것이다.

九四는 용마루가 물속을 벗어나 솟아오르는 것이니, 자기自己의 중심을 잃지 않고 흔들리지 않으면 길吉할 것이나, 다른 생각이나 뜻을 가지면 주위로부터 비난非難을 받고 큰 어려움에 처한다.

九五는 오래된 버드나무에 꽃이 핀 것이니, 이는 나이든 여자가 젊은 남자를 얻었다는 것이다. 그 꽃이 오래가지 못할 것이니, 허물도 되지 않지만 칭찬 받을 수 있는 일도 아니다. 오히려 부끄러운 일이 아닌가.

上六은 지나치게 깊은 물을 분수없이 건너다가 온 몸이 젖었다는 것은 스스로에게 벅찬 일을 힘겹게 해나가는 것을 의미意味하며, 머리가 잠기는 일이 흉凶하기는 하지만 스스로 노력한 일이기에 잘못이나 허물은 없다는 것이다. 이 또한 굳이 탓할 수만은 없는 일이 아닌가.

澤風大過태풍대과: ☱ 兌上, ☴ 巽下
身坐君旺側 신좌군왕측/ 이 몸이 앉아있는 자리가 왕성旺盛한 군왕의 측근側近이요
日食五味飯 일식오미반/ 매일 오미五味를 갖춘 밥을 먹는다네.
飛遊瞻鳩鳥 비유첨구조/ 즐겁게 놀면서 편안한 마음으로 자유롭게 나는 새를 쳐다보며,
獨立海鷗鳴 독립해구명/ 바닷가에 홀로서서 갈매기 우는 소리를 듣는다네.

2-6) 택수곤澤水困: ☱ ☵ 兌上 坎下 陰 ⇨ 少陰.

原文: 困은 亨하고 貞하니 大人이라 吉하고 无咎하니 有言이면 不信하리라. 象曰困은 剛揜也이니 險以說하여 困而不失其所亨하니 其唯君子乎이라. 貞大人吉은 以剛中也이고 有言不信은 尙口가 乃窮也니라.

象曰澤无水가 困이니 君子가 以하여 致命遂志하나니라.

初六은 臀困于株木이라 入于幽谷하여 三歲라도 不覿이로다. 象曰入于幽谷은 幽不明也니라.

九二는 困于酒食이나 朱紱이 方來하리니 利用亨祀이니 征이면 凶하나 无咎이니라. 象曰困于酒食은 中이라 有慶也이리라.

六三은 困于石하며 據于蒺藜이라 入于其宮이라도 不見其妻이니 凶토다. 象曰據于蒺藜는 乘剛也이고 入于其宮不見其妻는 不祥也니라.

九四는 來徐徐는 困于金車일시니 吝하나 有終이리라. 象曰來徐徐는 志在下也이니 雖不當位나 有與也이니라.

九五는 劓刖이니 困于亦紱하나 乃徐有說하리니 利用祭祀이니라. 象曰劓刖은 志未得也이고 乃徐有說은 以中直也이고 利用祭祀는 受福也이리라.

上六은 困于葛藟와 于臲卼이니 曰動悔라해야 有悔면 征하여 吉하리라. 象曰困于葛藟는 未當也이고 動悔有悔는 吉行也니라.

直譯: 곤困은 형통하고 바르면서 올곧으니 대인大人이라면 길吉하지만 말을 해도 믿어주지 않는다. 상象에 이르기를 곤困은 강剛한 기운이 가려져 있는 것이니, 험하고 위태로움으로써 기뻐하며, 부족하고 통하지 않으면서도 그 형통亨通한 바를 잃지 않은 것은 그것은 오직 군자君子의 행行이기 때문이다. 바르면서 올곧으니 대인大人은 길하다고 한 것은 강한 기운이 중도中道에 있기 때문이다. 말을 해도 믿어주지 않는다는 것은 입으로만 높이어 소중히 여기다가 바로 궁窮해 진다는 것이다.

상象에 이르기를 못에 물이 없는 것이 곤困이니, 군자君子가 이로써 목숨을 다해 뜻 을 이룬다.

初六은 엉덩이가 나무 그루터기에 걸려 곤란困難한 것이고 깊은 골짜기로 들어가서 3년 동안 안 본다. 상象에 이르기를 깊은 골짜기로 들어간다는 것은 너무 깊어서 밝지 못하다는 것이다.

九二는 술과 밥을 먹기에 곤란하나 붉은 인끈을 맨 군문軍門의 대장이 오려고 하니, 제사를 지내는 것이 형통하고 이롭다. 치러 나가면 흉하나 허물은 없다. 상象에 이르기를 술과 밥을 먹기가 곤란하다는 것은 가운데 자리에 경사慶事가 있다는 것이다.

六三은 돌에 막혀 곤란한 것이니, 가시 돋은 납가세 풀蒺藜에 의지한다. 그 궁에 들어가더라도 아내를 볼 수 없으니 흉凶하다. 상象에 이르기를 가시 돋은 납가세 풀에 의지한다는 것은 강한 기운을 탔다는 것이다. 그 궁에 들어가도 아내를 보지 못한다는 것은 상서롭지 못하다는 것이다. (蒺藜: 납가세 풀 바닷가나 모래땅에 나는 풀로서 세모 또는 네모로 억센 가시가 있다. 이 열매 모양을 본 따서 무기를 만든 것이 마름쇠로 무기의 일종이며, 적의 진로를 막는데 쓴다.)

九四는 천천히 오는 것은 쇠수레로 인하여 곤란함을 당하는 것이니, 부끄러우나 끝이 있다. 상象에 이르기를 천천히 온다는 것은 뜻이 아래에 있다는 것이니, 비록 마땅한 자리는 아니지만 함께 할 사람이 있다는 것이다.

九五는 코와 발꿈치를 잘려서 붉은 인끈을 맨 군문軍門의 대장에게 곤란을 받은 것이나, 바로 서서히 다가오는 기쁨이 있을 것이니 제사를 지내면 이롭다. 상象에 이르기를 코와 발꿈치를 잘렸다는 것은 뜻을 아직 얻지 못했다는 것이고 서서히 다가오는 기쁨이 있다는 것은 중도中道를 곧게 한다는 것이고 제사를 지내면 이롭다고 한 것은 복福을 받는다는 것이다.

上六은 칡덩굴과 등나무덩굴로 곤란하고 또 위태롭고 위험하니, 이르기를 움직이면 후회後悔를 하고 후회가 있으면 치고 나아가 길吉하리라. 상象에 이르기를 칡덩굴과 등나무덩굴로 곤란함을 당한다는 것은 아직 마땅하지가 않다는 것이며, 움직이면 후회하고 또 후회할 일이 있다는 것은 움직여 행하면 길하다는 것이다.

解題: 택수곤澤水困: ☱☵ 兌上 坎下은 힘들고 어려운 때를 맞아 고군분투孤軍奮鬪하는 상象으로 사방을 둘러친 울타리 안口에 나무木가 있는 모양이다. 오래된 집에는 고목나무가 있게 마련이니, 묵고 낡은 집을 새롭게 바꾸어야 할 어려운 처지處地다. 때문에 어렵고 힘든 상황狀況에서 줏대를 잡고 나가야 하지 않겠는가.

곤困이라는 의미意味는 통하지 아니하다. 막다른 골목에 이르다. 매우 척박하고 메마르다. 곤하고 지치다. 위태롭고 위험하다. 등이며, 곤困은 곤궁困窮하기는 하나, 마음을 바르고 곧게 가지면 모든 것이 무난無難하게 통한다는 것이다. 때문에 대인大人은 길吉하고 허물이 없다. 힘들고 어려울 때는 말을 해도 믿어주지 않은 것이 세상사世上事가 아니던가. 연못을 상징象徵하는 태괘兌卦☱가 위에 있고 흐르는 물과 비를 상징象徵하는 감괘坎卦☵가 아래에 있으면서 양효陽爻 3개가 음효陰爻에 갇혀 움직이지 못하는 것을 보인다. 물론 힘들고 어려울 것이며, 진실眞實을 말해도 알아주지 않을 것이고 진퇴양난進退兩難에 빠질 것이다. 이럴 때일수록 스스로의 가치價値를 구현具現해야 하는 것이니, 고통苦痛을 통한 발전發展을 위하여 거리낌 없이 받아들이고 줏대를 잃지 않은 것이 곧 군자君子의 길이다.

곤困은 지극히 곤란困難하고 힘든 때이다. 사방四方이 막혀있고 하늘의 뜻마저도 읽을 수가 없으니, 순응順應하며 따를 수 있는 의지依支할 바가 없다는 것이다. 때문에 군자君子는 이러한 때를 당하면 스스로의 마음을 더욱 굳건하게 다잡고 올바른 행동行動을 하며, 말 한마디에 신중愼重을 더하는 것이다. 아무리 조심하고 삼간다하더라도 뜻하지 않은 일로 인하여 방해妨害를 받거나 막히는 일이 많다. 때문에 소인小人은 감언이설甘言利說에 속아 스스로의 위신威信이나 명예名譽를 실추失墜시키기가 쉽고 대인大人은 전의戰意를 다지면서 희망希望을 가지고 움직이는 것이다.

곤困이라는 것은 강剛한 기운氣運이 구름에 가려져 있는 것과 같다. 어렵고 힘들더라도 기운氣運의 형통亨通함을 잃지 않은 것은 인내忍耐하는 군자君子이기 때문이다. 몸과 마음을 바르고 곧게 가져야 하는 것이니, 강剛한 기운氣運이 중도中道를 지키고 있기 때문이며, 말을 해도 믿지 않는다는 것은 받들고 이바지하다가 바로 궁색窮塞해지기 때문이다.

상象에 이르기를 연못에 물이 말라 버린 것이 이 곤괘困卦이다. 군자君子는 이 때문에 목숨을 걸고 뜻을 이루려고 하는 것이다.

初六은 깊은 골짜기에서 엉덩이가 나무 그루터기에 걸려 3년 동안 곤란困難함을 겪는다. 이는 사물事物의 바른 이치理致에 어둡다는 것을 의미意味한다.

九二는 술과 밥을 먹기 어렵다고는 하지만 이는 스스로 앉은 자리에 기쁜 일이 있다는 것이다. 몸과 마음을 다잡고 지조志操를 잃지 않으면 흉하지 않다.

六三은 발길이 돌에 채이고 가시 돋은 납가세 풀을 의지依支하면서 돌고 돌아온 이곳에서 아내를 보지 못하는 것이니, 흉凶할 것이다. 곧 도망을 갔다는 것이다. 분수를 지키지 못하고 나아간 까닭으로 가시가 돋친 덤불에 갇혀 고생을 한다는 것이다.

九四는 비록 스스로의 자리가 마땅치 않으나 함께 일할 사람이 있다는 것이니, 뜻을 함께 함이 좋다. 쇠수레로 방해를 받지만 그 끝이 있다는 것이니, 곤경에 처해 있더라도 만날 사람은 만난다는 것이다.

九五는 코를 베이고 발꿈치를 잘린다. 뜻을 이루지 못하고 서로의 마음과 뜻을 알기에는 시간時間이 걸리는 것이니, 서서히 다가오는 즐거움을 곧고 바르게 지키면서 언행言行을 삼가고 늘 겸손謙遜해야 한다는 것이다.

上六은 위태로운 곳에서 칡넝쿨에 곤란困難을 겪는다는 것은 아직은 때가 아닌 것을 이르고 아직은 시기상조時機尙早이기에 움직이면 후회後悔할 일이 있다는 것이다. 이 후회後悔하는 일이 있다는 것은 곧, 스스로를 반성反省하고 지난 일을 뉘우친다는 것이다. 그러면 길吉하다는 것이다.

澤水困택수곤: ☱ 兌上, ☵ 坎下
有木逢鐵鉞 유목봉철월/ 한그루의 나무가 때 아닌 쇠도끼를 만났으니
枝葉盡布枯 지엽진포고/ 가지와 잎이 마르고 말라 생生을 다한다네.
少年困苦象 소년곤고상/ 소년少年시절은 어렵고 고생苦生하는 상象이라
終當不成器 종당불성기/ 끝끝내 제 그릇을 완전하게 이루지 못한다네.

2-7) 택산함澤山咸: ☱ ☶ 兌上 艮下 陰 ⇨ 少陽.

原文: 咸은 亨하니 利貞하니 取女이면 吉하리라. 象曰咸은 感也이니 柔上而剛下하여 二氣가 感應以相與하여 止而說하고 男下女이라 是以亨利貞取女吉也이니라. 天地가 感而萬物이 化生하고 聖人이 感人心而天下가 和平하나니라.
象曰山上有澤이 咸이니 君子가 以하여 虛로 受人하나니라.
初六은 咸其拇니라. 象曰咸其拇이라 志在外也니라.
六二는 咸其腓凶하니 居하면 吉하리라. 象曰雖凶居吉은 順하면 不害也니라.
九三은 咸其股이라 執其隨이니 往하면 吝하리라. 象曰咸其股는 亦不處也이니 志在隨人하니 所執이 下也니라.
九四는 貞이면 吉하여 悔이 亡하리니 憧憧往來면 朋從爾思이리라. 象曰貞吉悔亡은 未感害也이고 憧憧往來는 未光大也니라.
九五는 咸其脢니 无悔리라. 象曰咸其脢는 志末也일세라.
上六는 咸其輔頰舌이라. 象曰咸其輔頰舌은 滕口說也니라.

直譯: 함咸은 형통하니 바르고 올곧으면 이로우며, 여자를 취하면 길吉하다. 상象에 이르기를 함咸은 느끼어 마음을 움직이는 것이니, 부드러운 기운이 위로 가고 강한 기운이 아래로 내려와 이 두 기운이 감응感應하여 서로 돕고 자세히 본다. 머물러 기뻐하고 남자가 여자에게 내려오는 것이다. 이것이 형통하는 것이니 마음을 바르고 올곧게 지니면 이로우며 여자를 취하면 길하다는 것이다. 하늘과 땅이 감응하여 만물萬物이 화생化生하므로 성인聖人이 사람의 마음을 감응感應시켜 천하天下를 화평和平하게 만든다. 그 감응하는 바를 자세히 들여다보면 천지만물天地萬物이 나누는 정情을 가히 볼 수 있다.

상象에 이르기를 산 위에 못이 있는 것이 함괘咸卦이니, 군자君子가 이로써 욕심이 없이 받아들인다.

初六은 엄지손가락으로 느끼어 마음이 움직인다. 상象에 이르기를 엄지손가락이 느끼어 마음이 움직인다는 것은 뜻이 밖에 있다는 것이다.

六二는 장딴지로 느끼어 마음이 움직이면 흉凶하니 그대로 있으면 길하다. 상象에 이르기를 비록 흉하지만 그대로 있으면 길하다고 한 것은 순하게 쫓으면 해롭지 않다는 것이다.

九三은 넓적다리로 느끼어 마음이 움직이는 것이라 잡히는 데로 따라가는 것이니, 가면은 부끄러움이 있다. 상象에 이르기를 넓적다리로 느끼어 마음이 움직인다는 것은 역시 처할 바가 아니라는 것이다. 뜻이 사람을 따르는데 있다고 하니 잡히는 바가 아래라는 것이다.

九四는 마음을 바르고 올곧게 지니면 길하고 후회後悔가 없어진다. 그리움에 분주하게 왔다 갔다 하면 친구가 너의 생각을 쫓는다. 상象에 이르기를 마음을 바르고 올곧게 지니면 길하고 후회가 없어진다는 것은 아직 감정을 훼방하지 않았다는 것이고 그리움에 분주하게 왔다 갔다 한다는 것은 아직 빛이 크지 못하다는 것이다.

九五는 느끼어 마음이 움직이는 것이 등살이니 후회後悔가 없다. 상象에 이르기를 느끼어 마음이 움직이는 것이 등살이라는 것은 본심의 끝이라는 것이다.

上六은 뺨과 혀로 느끼어 마음이 움직인다. 상象에 이르기를 뺨과 혀로 느끼어 마음이 움직인다는 것은 입을 열어 말하기를 좋아한다는 것이다.

解題: 택산함澤山咸: ☱ ☶ 兌上 艮下은 음양陰陽이 교감交感하는 상象으로 하늘과 땅이 교감交感하여 만물萬物을 생성生成하고 사람의 마음을 감화感化시켜 세상世上을 편하게 한다는 것이다.

함咸의 의미意味는 마음이 화합和合하다. 두루 미치어 머금다. 라는 뜻으로 서로 마음으로 느끼어 반응反應한다는 것이다. 부드러운 기운氣運이 위로 올라가고 강剛한 기운氣運이 아래로 내려와 이 두 기운이 서로 느끼어 반응하고 화합和合하는 것을 이른다. 남자男子가 여자女子에게 내려오는 기운氣運으로 마음을 올곧게 가지면 형통亨通하고 이로운 것이다. 때문에 여자女子를 얻으면 이롭다고 이른다. 하늘과 땅의 두 기운氣運이 감응感應하여 만물萬物이 태어나 이루어지는 것이니, 성인聖人이 사람의 마음과 하나로 느끼어 세상世上은 화평和平하게 되는 것이다.

두 기운이 움직이는 것을 깊이 들여다보면 천지만물天地萬物이 서로 정을 주고 받고 감흥感興이 일으키는 느낌을 볼 수 있을 것이다. 상괘上卦는 소녀少女를 상징象徵하는 태괘兌卦 ☱이며, 하괘下卦는 소남少男을 상징象徵하는 간괘艮卦 ☶이다. 젊은 남자가 젊은 여자의 사랑을 구하는 형상形象이며, 서로가 서로에게 마음으로 느끼어 응하는 것이다.

함咸이란 마음이나 사물事物 따위에 지극히 민감敏感하게 반응反應하는 것을 이르며, 매사에 긍정적肯定的으로 받아들이고 행동行動해도 좋다는 것이며, 괘상卦象의 의미意味로 보면 인간관계人間關係에 있어서 물질적物質的인 면을 바탕에 두지 말고 정신적精神的인 면에 바탕을 두면서 인연因緣을 맺어간다면 모든 일이 순탄順坦할 것이다.

象에 이르기를 연못을 의미意味하는 태괘兌卦 ☱가 상괘上卦이며, 산山을 의미하는 간괘艮卦 ☶가 하괘下卦이다. 연못의 물이 위에서부터 산을 촉촉이 적셔주고 있는 것이니, 이로써 군자君子는 이 괘상卦象을 보고 사사私事로운 마음을 버리고 바라는 바 없이 참된 마음으로 사람을 받아들인다.

初六은 엄지손가락으로 느끼어 마음이 움직인다는 것은 서로 원하고는 있지만 마음의 움직임이 미약하며 아직 때가 이르다는 것을 말한다.

六二는 종아리에서 느끼어 마음이 움직인다는 것은 급하게 서둘러 앞서가면 좋지 않다는 것이며, 가만히 기다리면 길吉하다는 것은 이치理致를 따라 순응順應하면 좋다는 것이다.

九三은 애정愛情이 넓적다리에서 느끼어 마음이 움직인다는 것 역시 처할 바가 아니라는 것이니, 넓적다리가 움직이면 이미 출발한 것과 마찬가지이니, 스스로의 줏대를 잃는 것이다. 일이 돌아가는 상황狀況이나 형편形便 따위를 모르고 함부로 나서면 보기에 흉凶하다는 것이다.

九四는 스스로의 마음을 올바르게 가지면 좋고 후회後悔는 없겠으나, 몸과 마음만 분주奔走하게 놀리면 함께하는 친한 이도 그러할 것이니, 그리 큰 도움이 되지 못할 것이다. 크게 그리워하고는 있으나 아직은 서로가 깊이 알지 못한다는 것이다.

九五는 등살을 통하여 느끼어 마음이 움직인다는 것은 몸과 마음이 맞닿아 아는 것으로 크게 후회後悔할 일이 없다는 것이다.

上六은 뺨과 혀끝으로 느끼어 마음이 움직인다는 것은 입에 올려 가볍게 말하기를 좋아하는 것일 뿐, 언행言行에 신중愼重하지 못하다는 것을 이른다. 또한 진정성이 없다는 의미이다.

澤山咸택산함: ☱ 兌上, ☶ 艮下

枯木逢春色 고목봉춘색/ 말라 죽은 나무가 봄기운을 만나니,
事事順順昌 사사순순창/ 하는 일마다 순순順順하게 번창繁昌한다네.
一朝當霜雨 일조당상우/ 하루아침에 서리와 비 맞은 일을 당하니,
風前落花格 풍전락화격/ 바람 앞에 꽃잎이 떨어지는 꼴이라네.

2-8) 택지췌澤地萃: ☱ ☷ 兌上 坤下 陰 ⇨ 太陰.

原文: 萃는 亨王假有廟이니 利見大人하니 亨하니 利貞하니라. 用大牲이 吉하니 利有攸往하니라. 象曰萃는 聚也니 順以說하고 剛中而應이라 故로 聚也이니라. 王假有廟는 致孝亨也이고 利見大人亨은 聚以正也일시고 用大牲吉利有攸往은 順天命也이니 觀其所聚而天地萬物之情을 可見矣리라.
象曰澤上於地가 萃니 君子기 以하여 除戎器하여 戒不虞하나니라.
初六은 有孚이나 不終이면 乃亂乃萃할시 若號하면 一握爲笑하리니 勿恤하고 往하면 无咎이리라. 象曰乃亂乃萃는 其志亂也일세라.
六二는 引하면 吉하여 咎无하리니 孚乃利用禴이리라. 象曰引吉无咎는 中하여 未變也일세라.
六三은 萃如嗟如이라 无攸利하니 往하면 无咎어니와 小吝하니라. 象曰往无咎는 上이 巽也일세라.
九四는 大吉이라야 无咎이리라. 象曰大吉无咎는 位不當也일세라.
九五는 萃有位하고 无咎하나 匪孚이어든 元永貞이면 悔가 亡하리라. 象曰萃有位는 志未光也일세라.
上六은 齎咨涕洟니 无咎이니라. 象曰齎咨涕洟는 未安上也니라.

直譯: 췌萃는 형통亨通하고 왕이 신神에게 비는 사당을 가지고 있으니, 대인大人을 보는 것이 이로우며, 매사에 형통하고 바르면서 올곧은 마음을 지녀야 이롭다. 크게 희생犧牲하여 쓰는 것이 길吉하니, 갈 곳

이 있으면 이롭다. 象상에 이르기를 萃췌는 모여드는 것이니, 순하게 따르면서 기뻐하고 강한 기운이 가운데 있고 치우치지 않은 자리에서 응應하는 것이라 때문에 모여든다는 것이다. 왕이 신에게 비는 사당이 있다는 것은 효성孝誠으로 빈다는 것이고 크게 희생하여 쓰는 것이 길하고 갈 곳이 있으면 이롭다고 한 것은 하늘의 명을 거스르지 않는다는 것이다. 그 모여드는 바를 들여다보면 천지만물天地萬物의 정情을 가히 볼 수 있다.

象상에 이르기를 땅 위의 못이 萃췌이니, 군자君子가 이로써 무기를 깨끗하게 손질하여 뜻밖의 일을 경계警戒한다.

初六초육은 참되고 믿음성은 있으나 금방 혼란스럽다가 금방 모여든다. 만일 크게 부르짖으면 손을 한 번 움켜잡고 웃는다. 걱정하지 말고 가면은 허물이 없다. 象상에 이르기를 금방 혼란스럽다가 금방 모여든다는 것은 그 뜻이 어지럽다는 것이다.

六二육이는 끌어당기면 길吉하고 허물이 없으니, 참되고 믿음성이 있으면 바로 종묘에 제사를 받드는 것이 이롭다. 象상에 이르기를 끌어당기면 길하고 허물이 없다는 것은 치우치지 않고 행하는 일이 아직 변하지 않았다는 것이다.

六三육삼은 모여드는 듯 하고 탄식하는 듯하니, 이로울 것이 없다. 가면은 허물이 없으려니와 조금은 부끄러움이 있다. 象상에 이르기를 가면 허물이 없다는 것은 위上가 유순柔順하고 공손恭遜하다는 것이다.

九四구사는 크게 길吉하고 허물이 없다. 象상에 이르기를 크게 길하고 허물이 없다는 것은 자리가 마땅하지 않다는 것이다.

九五구오는 모여드는 자리가 있고 허물은 없다. 참되고 믿음성이 아니면 오래도록 마음을 바르고 올곧게 지녀야 후회後悔가 없어진다. 象상에 이르기를 모여드는 자리가 있다는 것은 뜻이 아직 빛나지 않았다는 것이다.

象六은 탄식하며 눈물과 콧물이 흐르니 허물이 없다. 상象에 이르 기를 탄식하며 눈물과 콧물이 흐른다는 것은 아직 윗자리에서 편안하지 못하다는 것이다.

解題: 택지췌澤地萃: ☱ ☷ 兌上 坤下는 만물萬物이 모여드는 상象이고 땅 위에 연못이니, 초목草木이 무성茂盛하고 사람이 모이며, 원하는 것이 제때에 이루어진다. 그럴수록 절제하며 나서지 말고 말과 행동行動을 삼가면서 겸허謙虛한 마음을 지녀야 하며, 성실誠實해야 한다.

췌萃의 뜻은 풀이 무성茂盛하게 모여 있는 모양으로 번성蕃盛하고 만물萬物이 모이는 형상形象을 이른다. 연못이나 작은 천川을 상징象徵하는 태괘兌卦☱가 위에 있고 땅을 상징象徵하는 곤괘坤卦☷가 아래에 있다. 때문에 땅 위에 물이 풍부豊富한 까닭으로 초목草木이 무성茂盛하고 많은 사람이 모여들며, 번영繁榮을 이루는 것이다. 그러나 스스로의 권세權勢나 명예名譽, 위신威信 따위를 드러내어 자랑하지 말아야 하는 것이니, 늘 하늘과 대지大地에 대한 고마운 마음을 잊지 말고 겸손謙遜해야 한다는 것이다. 자연적自然的으로 갖추어진 대지大地인지라 크나큰 자연재해自然災害를 당하더라도 크게 해害가 될 것이 없으니, 매사每事에 행복한 일이 가득할 것이다.

췌萃란 자연적自然的으로 주어진 여건與件에 따라 큰 복을 받은 까닭에 무성茂盛하게 모인다는 것이니, 진심眞心으로 고마워하고 몸과 마음을 다해서 사람들의 마음을 얻어야 한다. 운세運勢가 지극히 강剛할 때이니, 늘 이익利益이 따르고 사람이 따르면서 스스로의 위치位置가 귀貴하고 높아질 것이다. 이득利得이 따르고 사람이 많이 모이면서 좋은 일이 많아지겠지만, 각별各別히 명심銘心해야 할 것은 그 이면에 경쟁競爭과 질투嫉妬, 시기猜忌, 다툼이 따른다는 것이다. 때문에 언행言行을 삼가고 겸손謙遜함을 잃지 않으면서 주변 사람들과 두루 원만圓滿한 관계關係를 이루고 상생相生의 길을 가야할 때이다.

땅坤의 부드럽고 순한 덕德으로 인하여 즐거워하는 태兌의 두 기운氣運이 서로를 불러들이고 자연自然스럽게 응應한다. 따라서 만물萬物이 모여들고 크게 번영繁榮을 이루는 것이다. 더하여 서로 상생相生의 마음을 깊이 하여 정도正道의 길로 나아가면서 췌萃의 의미意味를 지극히 하면 더욱 발전發展할 것이다. 이에 더하여 아는 체하거나 잘난 체하지 않고 겸손謙遜하며 삼가는 태도態度로 굳게 지키면 더욱 성대盛大하게 일어날 것이다. 일을 해나감에 있어서 과단성果斷性이 있고 용감勇敢하게 나아가야 하는 것이니, 큰 희생犧牲이 따르더라도 이는 잘못이나 허물이 없이 천리天理에 순응順應하는 것이다.

象에 이르기를 땅위에 연못의 물이 풍부豊富한 까닭으로 사람이 많이 모이고 또 모이면서 뜻밖의 분쟁紛爭이나 좋지 않은 일이 생긴다. 때문에 군자君子는 이 괘상卦象을 보고 미리 준비準備하고 경계警戒를 게을리 하지 않는다는 것이다.

初六은 몸과 마음을 다하지만 일의 끝이 없다. 주위周圍 사람들이 어수선해지지만 서로 손을 움켜잡고 웃으니 걱정할 일이 아니다. 하던 일을 밀어부쳐도 허물이 없다는 것이다.

六二는 사람들을 이끌고 나아가면 좋으면서 허물이 없다. 이는 스스로가 몸과 마음을 다하면서 중도中道로 이끌기 때문이다. 어느 한쪽으로 치우치지 않고 행함이 변함없다는 것을 의미한다.

六三은 따르는 사람들이 탄식歎息을 하고 모일 듯 말 듯 어수선하다. 그래도 이끌고 나가면 허물이 없을 것이니, 이는 윗사람이 부드럽고 착하기 때문이라는 것이다. 조금의 곤란함에 빠지기도 할 것이다.

九四는 그다지 마땅치 않은 자리라 하더라도 언행言行을 삼가고 매사每事에 신중愼重하면 크게 좋을 것이다.

九五는 사람의 마음을 얻어 마땅한 자리를 지킨다. 몸과 마음을 다한 성실誠實함으로 올바르게 나아간다면 후회後悔할 일은 없을 것이다.

上六은 때때로 무리로부터 밀려나 외롭기도 하겠지만 스스로를 돌이켜 반성反省하고 겸손謙遜하게 처신處身한다면 무난無難할 것이다.

澤地萃택지췌: ☱ 兌上, ☰ 乾下
唇反又言納 진반우언납/ 놀란 마음을 되돌리다 또 다시 한번 놀라운 말 言을 받아들이니,
右滕必有湲 우등필유건/ 오른쪽에서 물이 솟아올라 반드시 허물어질 것이라네.
四十歲未滿 사십세미만/ 40세를 다 채우기도 전에
魂招猛席前 혼초맹석전/ 혼魂이 엄한 자리 앞으로 불러 질 것이라네.

3. 이괘離卦 ☲

3-1) 화천대유火天大有:☲ ☰ 離上.乾下 陽 ⇨ 太陽.
3-2) 화택규火澤睽:☲ ☱ 離上.兌下 陽 ⇨ 少陰.
3-3) 이위화離爲火:☲ ☲ 離上.離下 陽 ⇨ 少陽.
3-4) 화뢰서합火雷噬嗑:☲ ☳ 離上.震下 陽 ⇨ 太陰.
3-5) 화풍정火風鼎:☲ ☴ 離上.巽下 陰 ⇨ 太陽.
3-6) 화수미제火水未濟:☲ ☵ 離上.坎下 陰 ⇨ 少陰.
3-7) 화산여火山旅:☲ ☶ 離上.艮下 陰 ⇨ 少陽.
3-8) 화지진火地晉:☲ ☷ 離上.坤下 陰 ⇨ 太陰.

3-1) 화천대유火天大有: ☲ ☰ 離上 乾下 陽 ⇨ 太陽.

原文: 大有는 元亨하니라. 象曰大有는 柔가 得尊位하고 大中而上下가 應之할새 曰大有이니 其德이 剛健而文明하고 應乎天而時行이라 是以 元亨하니라.
象曰火在天上이 大有이니 君子가 以하여 遏惡揚善하여 順天休命하나니라.

初九는 无交害이니 匪咎이나 艱則无咎이리라. 象曰大有初九는 无交害也니라.

九二는 大車以載이니 有攸往하여 无咎이리라. 象曰大車以載는 積中不敗也니라.

九三은 公用亨于天子이니 小人은 弗克이니라. 象曰公用亨于天子는 小人은 害也이리라.

九四는 匪其彭이면 无咎이리라. 象曰匪其彭无咎는 明辨晳也니라.

六五는 厥孚가 交如이니 威如이면 吉하리라. 象曰厥孚交如는 信以發志也이고 威如之吉은 易而无備也일세라.

上九는 自天祐之라 吉无不利로다. 象曰大有上吉은 自天祐也니라.

直譯: 대유大有는 크고 형통亨通하다. 상象에 이르기를 대유大有는 부드러운 기운이 높은 자리를 얻은 것이고 치우치지 않은 큰 도道가 위와 아래에 응應하는 것을 대유大有라 한다. 그 덕德이 강하고 건실하여 문명文明이 있으므로 하늘에 응하면서 봄, 여름, 가을, 겨울을 따라 운행한다. 때문에 크고 형통하다는 것이다.

상象에 이르기를 불이 하늘 위에 있는 것이 대유大有이니, 군자君子가 이로써 악惡을 막고 선善을 널리 펴서 하늘의 명을 거스르지 않고 따른다.

초구初九는 서로 주고받으며 사귀어도 해害됨이 없는 것이니, 잘못이나 허물은 아니나 어렵더라도 허물은 없다. 상象에 이르기를 대유괘大有卦의 초구初九는 주고받으며 사귀어도 해가 되는 일이 없다는 것이다.

구이九二는 큰 수레에 짐을 실어서 운반運搬하는 것이니, 갈 곳이 있으면 허물이 없다. 상象에 이르기를 큰 수레에 짐을 실어 운반한다는 것은 어느 한쪽으로 치우치지 않게 실으니, 손상損傷시키지 않는다는 것이다.

九三은 벼슬아치가 천자天子에게 조공朝貢을 올리니, 소인小人은 싸워도 이기지 못한다. 상象에 이르기를 벼슬아치가 천자에게 조공을 올린다는 것은 소인小人에게 있어서는 해害가 된다는 것이다.

九四는 잘난 체하여 뽐내지 않으면 허물이 없다. 상象에 이르기를 잘난 체하여 뽐내지 않으면 허물이 없다는 것은 밝게 분별分別하는 지혜라는 것이다.

六五는 그 참됨과 믿음성을 바탕으로 주고받으며 사귈 듯하니, 위엄威嚴을 보이면 길吉하다. 상象에 이르기를 그 참됨과 믿음성을 바탕으로 주고받으며 사귈 듯이 한다는 것은 믿음으로써 뜻을 일으킨 것이다. 위엄을 보이면 길하다는 것은 바뀌는 일에 있어 갖추어진 것이 없이 허술하다는 것이다.

상구上九는 하늘이 스스로 도와주는 것이니, 길吉하고 이롭지 않음이 없다. 상象에 이르기를 대유大有가 더할 나위 없이 길吉하다는 것은 자연스럽게 하늘에서 도움을 준다는 것이다.

解題: 화천대유火天大有: ☲ ☰ 離上 乾下는 선善과 악惡을 가려내어 악惡을 누르는 상象이며, 대유大有란 크게 가진다는 뜻이니, 포용包容하는 기운氣運이 왕성旺盛하다는 것이다.

대유大有의 뜻은 성대盛大하고 풍요豊饒함을 상징象徵한다. 불(火, 日, 電)을 상징하는 이괘離卦☲가 하늘을 상징象徵하는 건괘乾卦☰ 위에 있다. 불이 천상天上 위에 있어서 비추는 데가 광범廣範하므로 성대盛大하고 풍요豊饒함을 상징象徵한다. 비추는 모든 것을 포용包容하고 크고 성盛한 기운氣運을 간직한다는 뜻이다.

상괘上卦인 이괘離卦☲에서 음효陰爻 하나가 어느 한쪽으로 치우치지 않은 큰 중정中正의 도道로써 위와 아래에 응하고 있다. 그 타고난 음덕陰德이 강剛할 뿐만 아니라 건전健全하고 착실하며, 지혜智慧가 밝은 까닭으로 하늘에 응하고 때에 따라서 운행運行한다는 것이다. 그러므로 크게 형통亨通하다고 이르는 것이다. 상괘上卦의 음효陰爻 하나가 위아래의 양효陽爻를 이끌고 나아가는 괘상卦象이다. 적극적積極的이고 능동적能動的인 행동行動으로 실천實踐할 때이다. 막힘이나 걸림이 없이 경쾌輕快하게 풀려나가는 운세運勢이지만, 늘 신중愼重하고 언행言行을 삼가여 마음의 긴장緊張을 늦춰서는 안 된다.

대유大有란 온전하게 잘 지키거나 지니어 간다는 뜻이다. 또한 천상天上에서 빛을 발하는 태양이 만물萬物을 성대盛大하게 키우고 모든 면에서 풍부豊富해지고 정신적精神的으로도 에너지가 넘치는 때이다. 또한 운수運數가 매우 강성强盛할 때이니, 부지런히 움직여야 한다. 그러나 언제까지나 태양이 떠있기를 바랄 수 있겠는가. 해가 지는 것은 당연지사當然之事가 아니던가. 늘 시간의 흐름을 염두念頭에 두고 미리 앞서서 스스로의 자리를 온전하게 지켜야 하지 않겠는가. 주변周邊을 경계警戒하는 일에 있어서 게을리 하지 말고 항상 신중愼重하게 처신處身하면서 시류時流의 변화變化에 앞서가야 한다.

象에 이르기를 태양離卦☲이 하늘乾卦☰ 위에 높이 솟아 있는 것이 대유大有의 괘상卦象이다. 군자君子는 이 괘상卦象을 보고 선악善惡을 가름하여 악惡을 눌러 막고 선善을 널리 펴서 하늘의 뜻을 따르는 것이다.

初九는 서로 사귀어도 해害됨이 없고 위아래를 가림 없이 비추어 준다 해서 허물이 아니다. 손해損害를 보지 않는다.

九二는 무거운 책임감責任感을 가지고 길을 떠나지만 그 책임을 다 할 수 있기에 허물이 없다. 짐을 실을 때 치우침이 없다는 것은 충분히 견디어 나갈 수 있다는 것이다. 곧 다치거나 손해를 보지 않는다는 의미이다.

九三은 책임을 지고 가는 일에 있어서 도道를 넘어선 대우待遇나 배려配慮는 해가 되는 것이니, 물리침이 맞다. 벼슬아치가 천자에게 조공을 받친다 하니, 소인小人은 이 자리에 함께할 수 없을뿐더러 소인을 배려한다면 이는 소인에게 해만 될 뿐이라는 것이다.

九四는 남보다 힘이 있고 가진 것이 많다고 자랑하여 내세우면 큰 허물이 되리니, 스스로 자제自制하면서 밝은 지혜로 분별分別해야 한다는 것이다.

六五는 어떠한 자리에 있든 몸과 마음을 다하여 사람을 대하고 또 스스로 타인이 범하지 못할 위엄威嚴을 갖추면 좋은 일이 있다는 것이다. 또한 참됨과 믿음성을 바탕으로 뜻을 일으키고 사귀어야 길하다는 것이다.

上九는 대유大有란 하늘이 사람을 도와주는 까닭으로 매우 길吉하고 모든 일이 걸림이나 막힘이 없이 통한다는 것이다.

火天大有화천대유: ☰ 離上, ☰ 乾下
日更月變事漸離 일경월변사점리/ 해가 바뀌어 달로 변해 가 듯이 일에서 점차 떠났다가
千里他鄕還得間 천리타향환득간/ 천리타향千里他鄕에서 잠시 시간을 얻어 돌아온다네.
堅心自守更守節 견심자수경수절/ 마음을 단단히 하여 자신을 지키고 또 법도를 지키면서
修道綿綿祿自還 수도면면녹자환/ 쉼 없이 도道를 닦으면 스스로에게 복이 돌아온다네.

3-2) 화택규火澤睽: ☲ ☱ 離上 兌下 陽 ⇨ 少陰.

原文: 睽는 小事는 吉하리라. 象曰睽는 火動而上하고 澤動而下하며 二女가 同居하나 其志가 不同行하니라. 說而麗乎明하고 柔가 進而上行하여 得中而應乎剛이라 是以小事吉이니라. 天地가 睽而其事가 同也이며 男女가 睽而其志가 通也이며 萬物이 睽而其事가 類也이니 睽之時用이 大矣哉라.

象曰上火下澤이 睽이니 君子가 以하여 同而異하나니라.

初九는 悔가 亡하니 喪馬하고 勿逐하여도 自復이니 見惡人하면 无

咎이리라. 象曰見惡人은 以辟咎也니라.
九二는 遇主于巷하면 无咎이리라. 象曰遇主于巷이 未失道也니라.
六三은 見輿曳고 其牛가 掣이며 天且劓니 无初하고 有終이리라. 象曰見輿曳는 位不當也이고 无初有終은 遇剛也일세라.
九四는 睽孤하여 遇元夫하여 交孚이니 厲하나 无咎이리라. 象曰交孚无咎는 志行也이리라.
六五는 悔亡하니 厥宗이 噬膚이면 往에 何咎이리오. 象曰厥宗噬膚는 往有慶也이리라.
上九는 睽孤하여 見豕負塗와 載鬼一車니라 先張之弧이라가 後說之弧하여 匪寇이라 婚媾이니 往遇雨하면 則吉하리라. 象曰遇雨之吉은 群疑가 亡也니라.

直譯: 규睽는 작은 일에 길吉하다. 상象에 이르기를 규睽는 불이 움직여 위로 가고 못은 움직여 아래로 가며, 두 여자가 함께 하기는 하나 그 뜻을 함께 행하지는 않는다. 기쁨으로 밝은 것과 짝을 짓고 부드럽게 나아가서 위로 행하며, 어느 한쪽으로 치우치지 않은 자리를 얻어 강剛한 것에 응應한다. 이를 두고 작은 일에 길하다는 것이다. 하늘과 땅은 등지고 있어도 그 일은 같으며, 남자와 여자는 달라고 그 뜻은 서로 통通하고 만물萬物은 모두 달라도 그 일의 종류는 같으니, 규괘睽卦의 때와 쓰임이는 크다.

상象에 이르기를 위로는 불이고 아래로는 못인 것이 규睽이니, 군자君子가 이로써 함께 하면서도 달리하는 것이다.

초구初九는 후회後悔가 없어지리니, 말을 잃어도 쫓아가지 말라. 스스로 돌아올 것이니 악惡한 사람을 보면 허물이 없다. 상象에 이르기를 악한 사람을 보는 일로써 잘못이나 허물을 피한다는 것이다.

九二는 주인을 좁은 골목길에서 만나면 잘못이나 허물이 없다. 상象에 이르기를 주인을 좁은 골목길에서 만났다는 것은 아직 도道

를 잃지 않았다는 것이다.

六三은 수레가 끌리는 것을 보고 그 소를 붙들어 세운다. 그 사람의 천성天性과 코가 베이니, 처음은 없고 끝은 있다. 상象에 이르기를 수레가 끌리는 것을 본다는 것은 자리가 마땅하지 않은 것이고 처음은 없고 끝은 있다고 한 것은 강剛한 기운을 만난다는 것이다.

九四는 서로 뜻이 달라서 외롭다. 아름다운 사내를 만나 참됨과 믿음성을 바탕으로 서로 사귀니, 위태로우나 허물은 없다. 상象에 이르기를 서로 참됨과 믿음성을 바탕으로 사귀니 허물이 없다는 것은 뜻한 대로 행한다는 것이다.

六五는 후회는 없어지리니 그 우두머리가 살을 서로 부비 듯 가까이 한다면 가는 일에 어찌 허물이 있겠는가. 상象에 이르기를 그 우두머리가 살을 부비 듯 가까이 한다는 것은 가면은 경사慶事가 있다는 것이다.

上九는 서로 뜻이 달라서 외로운 것이니, 돼지가 진흙을 짊어진 것과 귀신鬼神을 한 수레에 실은 것을 본다. 처음에는 활을 당기다가 후에는 활을 놓는다. 도둑이 아니라 혼인을 청하는 것이니, 가다가 비를 만나면 바로 길吉하다. 상象에 이르기를 비를 만나면 길하다고 한 것은 많은 의심이 사라진다는 것이다.

解題: 화택규火澤睽: ☲ ☱ 離上 兌下는 작은 일에 유리有利한 상象으로 서로가 등을 돌리는 격格이니, 작은 일부터 처리處理해 나가면서 서로의 마음을 풀어야 한다는 것이다.

규睽의 뜻은 서로 노려보다. 서로 등지다. 서로 배반背反하고 반목反目하다. 라는 등의 의미意味를 지녔으며, 상괘上卦는 이괘離卦☲로 불과 태양, 뇌전雷電을 상징象徵하고 하괘下卦는 태괘兌卦☱로 작은 천川이나 연못을 상징象徵한다. 곧 불은 위로만 향하는 기운이며, 물은 아래로 향하는 기운氣運

이라 서로 등을 돌리고 반목反目하는 기질氣質이라는 것이다. 서로에 대한 드러나지 않은 음성적陰性的인 모순矛盾된 감정感情이며, 생각이나 보고자 하는 것, 행동行動 따위가 지극히 적대적敵對的인 것을 이른다. 때문에 대두擡頭되는 큰일이나 문제問題로 분쟁紛爭을 일으키지 말아야 한다. 오히려 작은 일부터 하나씩 풀어가려는 마음가짐이 필요必要할 때이며, 하늘과 땅은 달라도 그 하고자 하는 일이 서로 같음을 인지認知하고 애정愛情으로서 몸과 마음을 다해 서로 위해야 한다.

규睽란 작은 일에 좋은 것이다. 불離卦☲은 움직여서 위로 향하고 연못兌卦☱은 움직여서 아래로 향한다. 그 뜻이나 생각, 행동行動 따위가 서로 같지 않다. 그러나 그 뜻이 서로 통하며, 만물萬物은 서로 같지 않아도 그 일의 종류種類는 같기 때문에 이 괘卦의 효용성效用性이나 그 작용作用에 있어서는 지극히 큰 것이다.

象에 이르기를 위에는 불離卦☲이고 아래는 연못兌卦☱인 것이 규괘睽卦다. 군자君子는 이 괘상卦象을 보고 같으면서도 서로 다름을 인식認識한다.

初九는 잃은 말을 쫓지 않아도 후회後悔할 일은 없다. 이는 저절로 돌아오기 때문이며, 악인惡人을 보면 허물이 없는 것은 그 악인惡人을 통하여 스스로의 잘못이나 허물을 알고 피할 수 있기 때문이다.

九二는 막다른 좁은 골목에서 주인을 만나도 허물이 없는 것은 아직은 참다운 도道를 잃지 않았기 때문이며, 나가야 할 길을 잃지 않았다는 것이다.

六三은 수레를 끌던 소를 붙들어 세운다. 시작한 처음은 없으나 끝은 있다는 것이니, 마땅치 않은 자리에 있던 나를 이끌어줄 조력자助力者를 만난다는 것이다.

九四는 서로의 뜻이나 생각 등이 엇갈리는 까닭으로 외로우나, 착한 사람을 만나 서로에게 몸과 마음을 다해 위하는 것이니, 위태롭지만 큰 허물이 없을 것이다. 곧 참됨과 믿음성을 바탕으로 사귀면 처음에는 외롭지만 후에는 마음이 통한다는 것이다.

六五는 서로가 서로에게 성실誠實한 까닭으로 허물이 없는 것이며, 뜻이나 생각 등이 실행實行된다는 것이다. 그렇다면 크게 후회後悔할 일이 없다. 그 까닭은 서로가 서로의 살을 부비고 서로 합하여 친하게 지내면서 나아가기 때문이다. 그 무슨 허물이 있겠는가. 上九는 서로의 뜻이나 생각 등이 엇갈리는 까닭으로 홀로 외롭고 흙투성이의 돼지나 수레에 탄 귀신鬼神을 본다는 것이다. 활줄을 당겨 잡으려하다가 활을 놓아버리는 것이니, 이는 상대방相對方이 나를 치려는 것이 아니라 서로 손잡고 함께 가기를 바란다는 것이다. 또한 이를 통하여 오해誤解가 풀리고 모든 의심疑心을 비를 만나 씻어 내리듯 씻어낸다는 의미이다.

火澤睽화택규: ☲離上, ☱兌下
水火相剋本無緣 수화상극본무연/ 물과 불은 상극相剋이라 본래 인연이 없는 것이니,
若逢三劫位倚通 약봉삼겁위의통/ 만일 서로 만난다면 오랜 세월동안 한 쪽으로 치우쳐 통할 것이라네
千秋怨恨永不絶 천추원한영불절/ 오래된 긴 세월의 원한怨恨이 영원히 끊이지 않고
血梁沙場白骨魂 혈량사장백골혼/ 들보에 피를 뿌리고 모래밭에 백골과 혼魂뿐이라네.

3-3) 이위화離爲火: ☲ ☲離上 離下 陽 ⇨ 少陽.
原文: 離는 利貞하니 亨하니 畜牝牛하면 吉하리라. 象曰離는 麗也이니 日月이 麗乎天하며 百穀草木이 麗乎土하니 重明으로 以麗乎正하여 乃化成天下하나니라. 柔가 麗乎中正故로 亨하고 是以畜牝牛吉也니라.
象曰明兩이 作離하니 大人이 以하여 繼明하여 照于四方하나니라.
初九는 履가 錯然하니 敬之면 无咎이리라. 象曰履錯之敬은 以辟咎也니라.

六二는 黃離니 元吉하니라. 象曰黃離元吉은 得中道也니라.

九三은 日昃之離니 不鼓缶而歌이면 則大耋之嗟라 凶하리라. 象曰 日昃之離사 何可久也이리오.

九四는 突如其來如이라 焚如이니 死如이며 棄如이니라. 象曰突如其來如는 无所容也이니라.

六五는 出涕沱若하며 戚嗟若이니 吉하리라. 象曰六五之吉은 離王公也일세라.

上九는 王用出征이면 有嘉이니 折首하고 獲匪其醜면 无咎이리라. 象曰王用出征은 以正邦也니라.

直譯: 이離는 마음을 바르고 올곧게 지녀야 이롭고 형통亨通하니, 암소를 길러야 길吉하다. 상象에 이르기를 이離는 짝을 짓은 것이니, 해와 달이 하늘에서 짝을 짓고 온갖 곡식穀食과 초목草木이 땅하고 짝을 짓는다. 거듭된 밝음으로써 올바르게 짝을 지으면 바로 천하天下를 이루게 된다. 부드러운 기운이 치우침이 없는 마땅한 자리中正에 짝하는 까닭으로 형통하는 것이니, 이를 두고 암소를 키우면 길하다고 한 것이다.

상象에 이르기를 밝은 것이 짝하는 것을 이離라고 하니, 대인大人이 이로써 밝음을 이어받아 사방을 비춘다.

初九는 신발이 뒤섞여 있으나 공경하면 허물이 없다. 상象에 이르기를 신발이 뒤섞여 있으나 공경해야 한다는 것은 이로써 잘못이나 허물을 피한다는 것이다.

六二는 황금빛으로 환하게 빛나니 크게 길吉하다. 상象에 이르기를 황금빛으로 환하게 빛나니 크게 길하다는 것은 어느 한쪽으로도 치우치지 않은 중도中道를 얻었다는 것이다.

九三는 해가 서산으로 기울 때의 황금빛이다. 북은 치지 않고 노래만을 부르며 늙은이가 크게 탄식을 하니 흉凶하다, 상象에 이르기를 해질녘의 황금빛이라는 것은 어찌 오래 갈 수 있겠느냐는 것이다.

九四는 갑자기 오는 듯하고 불사르는 듯하며, 죽을 듯하고 버릴 듯하다. 상象에 이르기를 갑자기 오는 듯이 하다는 것은 받아들일 바가 없다는 것이다.

六五는 눈물이 비가 내리는 듯하며 슬퍼하고 탄식하는 듯이 하니 길吉하다. 상象에 이르기를 육오六五가 길하다는 것은 왕공이 해질녘 황금빛으로 빛난다는 것이다.

上九는 왕이 나아가 치러 가면 좋은 일이 있으니 우두머리를 베고 손에 넣은 것이 추한 물건이 아니라면 허물이 없다. 상象에 이르기를 왕이 나아가 치러 간다는 것은 이것으로써 나라를 바로잡는다는 것이다.

解題: 이위화離爲火: ☲ ☲ 離上 離下는 차례次例를 지키면 모든 일이 이루어지는 상象이며, 해와 달이 밝게 빛나고 사람은 밝은 지혜智慧로 바른 길을 걸으며, 천하天下를 밝힌다. 그러나 말과 행동行動을 삼가고 경솔輕率하게 움직이면 안 된다는 의미이다.

리離의 의미意味는 려麗이다. 곧 화려華麗하고 눈부시게 빛나다. 함께 짝 지어 간다는 뜻으로 서로 붙어있는 괘상卦象이다. 불과 해와 달을 상징象徵하는 이괘離卦☲가 위아래로 중첩重疊하는 것이며, 이는 해와 달이 하늘에 함께 짝을 지어 있고 온갖 곡식과 초목草木은 땅과 함께 짝을 지어 있다는 것이다. 중첩重疊된 밝은 빛으로 올바르게 이루어지면 곧 바로 천하天下를 이룬다. 유柔한 기운氣運이, 곧 음효陰爻(二陰과 五陰)가 어느 쪽에도 치우침이 없이 곧고 바르거나 또는 지나치거나 모자람이 없이 알맞은 중정中正에 자리에 있다. 그러므로 경솔輕率하게 움직이거나 언행言行에 신중愼重을 기해야 하는 것이며, 암소를 기르면 좋다고 한 것은, 곧 암소와 같이 부드럽고 순하다면 길吉하다는 것이다. 더하여 스스로의 밝은 지혜智慧를 가지고 올바른 길을 유순柔順하게 따르면서 발전發展하고 번영繁榮한다는 것이다.

象에 이르기를 해와 달의 밝음이 하늘과 짝을 지어 함께 한다. 이것이 이괘離卦☲의 형상形象이다. 때문에 대인大人은 이 괘상卦象을 보고 밝은 지혜智慧로 천하天下를 비추는 것이다.

初九는 신발이 뒤섞여있으나 공경恭敬하면 허물이 없다는 것은, 공경하는 일로서 허물을 피한다는 것이다. 곧 뒤섞인 신발 속에서 내 것을 찾듯이 매사每事에 신중愼重하라는 것이다. 해가 뜨기 전이니 신중하라는 것이다.

六二는 태양이 중앙에 걸린 것이니, 크게 길吉하다고 한 것은, 중도中道를 얻었다는 것이다. 곧 초양初陽과 삼양三陽을 부드러운 기운, 곧 이음二陰의 부드러운 기운氣運이 어느 한쪽으로 치우치지 않은 중정中正의 마땅한 자리를 얻었다는 것이다.

九三은 해가 서쪽으로 기울어가는 때 장구를 치지 않고 노래를 부르니, 곧 늙은이가 탄식을 한다. 흉凶하다고 한 것은, 먹고 노는 일이 얼마나 오래 갈 수 있겠냐는 것이다. 곧 해가 기울 듯, 사람의 삶도 그러하다는 것이다.

九四는 돌발적으로 오는 것과 같은 것이니, 불사르는 듯하며, 죽은 듯하며, 버리는 듯이 하다는 것은, 받아들일 바가 없다는 것이다. 곧 당면한 문제에 대처對處하지 못한다는 것이고 좋아지기보다는 좋지 않은 쪽으로 흐르는 기운이다.

六五는 눈물을 비가 오듯 흘리면서 걱정하고 슬퍼하는 듯이 하지만 길吉하다고 한 것은, 왕에게 가까이 다가간다는 것이다. 곧 오음五陰 중정中正의 마땅한 자리에서 슬프면 슬퍼하고 기쁘면 기뻐하라는 것이다. 부드러운 기운으로 위아래의 양 기운을 이끌어야 한다는 의미이다.

上九는 왕이 출정出征하여 우두머리를 베는 좋은 일이 있다. 손에 잡아 쥔 것이 추잡스러운 것이 아니면 허물이 없다는 것은, 이러한 일로서 나라를 바로잡는다는 것이다.

겉으로 드러나는 말이나 행동行動, 모양새 등이 지극히 쾌활快活하고 밝으면서 모든 지적知的작용에 관한 능력能力을 갖추고 있다. 그러나 사물을 생각하고 판단하는 능력이란, 스스로의 의지意志가 튼튼한 바탕에 뿌리를 단단하게 박고 있어야 최대한의 능력을 발휘發揮할 수 있는 것이 아닌가.

불같이 세차게 일어나는 감정感情에 몸을 맡기고 말과 행동에 있어 조심성이 없으면서 가벼운 움직임을 보이는 사람이다. 밖으로 드러내 보이려는 경향傾向으로 인하여 스스로를 한쪽으로 몰아붙이는 성격性格 때문에 유순柔順한 마음을 아울러 지니는 것이 꼭 필요必要한 사람이다. 즉 자신의 말이나 행동을 표현表現하는 일에 있어서 그 바탕이 되는 뿌리를 단단하게 하고 자신의 뜻이나 생각만을 앞세우는 일이 없이 온순溫順하게 순리順理를 따라야 큰 허물이 없다. 때문에 늘 말과 행동을 삼가고 지혜智慧를 닦아서 밝은 마음으로 세상을 바라보아야 한다.

스스로가 사물의 이치理致에 어둡고 자신의 아둔함을 알아, 말이나 행동 등을 신중愼重하게 하면 뜻밖에 일어나는 궂는 일을 피해 갈 수 있다. 또한 겉으로 드러난 화려함이나 높은 이름을 쫓지 말고 늘 제 자리와 분수分數를 지키면 얻은 것이 많다.

해는 서산에 걸리고 붉은 노을이 아름답다. 배를 두들기며 삶을 즐겁게 즐긴다지만 주위에서 탄식을 하며 걱정이 많다. 타인他人의 충고忠告나 지적 따위를 우습게 넘기지 말고 신중愼重하게 받아들이면서 삼가고 삼가야 한다. 인지認知할 수 없는 적이 사방에서 밀려들어오는 것이니, 단 한 번의 잘못이 파멸破滅로 이끄는 것이 삶이 아니던가. 그래도 힘 있고 가진 것이 있을 때 불행不幸한 이들을 보면 눈물을 흘리면서 슬퍼해주고 바른 도리道理에 어긋나면 마음 아파한다. 때문에 주변으로부터 많은 도움이 있을 것이니, 못난 자존심自尊心을 버리고 상생相生의 길로 나서야 한다.

자신에게 상처傷處를 주거나 험담을 하거나 손해損害를 끼치더라도 넓은 아량으로 용서하고 모든 사람을 대함에 있어 관대寬大하게 대해야 큰 허물이 없다. 또한 모든 일을 행함에 있어서 주도면밀周到綿密하게 이끌어야 할 것이니, 그렇지 않다면 늘 위험危險에 노출된다.

　극단적極端的인 마음의 변화가 따르더라도 솔직하게 대해야 할 것이니, 스스로의 힘만을 믿고 말하거나 행동行動한다면 이룰 수 있는 일이 없다. 때때로 주변의 환경環境이 변하는 까닭에 마음을 안정安定시키지 못하고 일에 집중하지 못하는 일이 벌어지니, 늘 일이 돌아가는 앞과 뒤를 생각하고 늘 삼가고 신중愼重해야 한다.

離爲火이위화: ☲ 離上, ☲ 離下
群陰靑山外 군음청산외/ 무리지어 낮게 깔린 구름은 푸른 산 밖에서 피어오르고
山河振不動 산하진부동/ 대자연大自然이 진동震動을 해도 움직이지 않는다네
身靜爲安樂 신정위안락/ 몸을 삼가면서 편안便安하고 즐겁게 해야 하는 것이니,
妄動犯刑厄 망동범형액/ 망령된 행동行動은 형벌과 재앙災殃을 범犯한다네.

3-4) 화뢰서합火雷噬嗑: ☲ ☳ 離上 震下 陽 ⇨ 太陰.

原文: 噬嗑은 亨하니 利用獄하니라. 彖曰頤中有物이 曰噬嗑이니 噬嗑하여 而亨하니라. 剛柔가 分하고 動而明하고 雷電이 合而章하고 柔得中而上行하니 雖不當位나 利用獄也이니라.
　象曰雷電이 噬嗑이니 先王이 以하여 用罰勅法하니라.
　初九는 履校하여 滅趾니 无咎하니라. 象曰履校滅趾는 不行也니라.
　六二는 噬膚하니 滅鼻니 无咎하니라. 象曰噬膚滅鼻는 乘剛也일세라.
　六三은 噬腊肉하다가 遇毒이니 小吝이나 无咎이리라. 象曰遇毒은 位不當也일세라.
　九四는 噬乾胏하야 得金失이나 利艱貞하니 吉하리라. 象曰利艱貞吉은 未光也니라.
　六五는 噬乾肉하여 得黃金이니 貞厲이면 无咎이리라. 象曰貞厲无咎

는 得當也일세라.

上九는 何校하여 滅耳니 凶토다. 象曰何校滅耳는 聰不明也일세라.

直譯: 서합噬嗑은 형통亨通하는 괘이니, 옥獄을 사용하는 것이 이롭다. 상象에 이르기를 위턱과 아래턱 사이에 물건이 있는 것을 서합噬嗑이라고 한다. 위턱과 아래턱으로 물건을 씹으면 형통하다. 강한 기운과 부드러운 기운이 나누어지고 움직임이 밝고 천둥과 번개가 합하여 장관을 이루고 부드러운 기운이 마땅한 자리에서 위로 오르니 비록 자리는 마땅치 않으나 옥獄을 사용하는 것이 이롭다는 것이다.

상象에 이르기를 천둥과 번개가 서로 위아래서 능동적으로 부딪히는 것이니. 선왕先王이 이로써 죄를 밝히고 법을 문서로써 정한다.

初九는 발목에 차꼬를 채워 발등을 제거除去하니 허물이 없다. 상象에 이르기를 발목에 차꼬를 채워 발등이 제거되었다는 것은 행하여지지 않았다는 것이다.

六二는 살을 씹고 코를 제거除去하니 허물이 없다. 상象에 이르기를 살을 씹고 코를 제거한다는 것은 강剛한 기운을 올라탄다는 것이다.

六三은 마른 고기를 씹다가 독毒을 우연히 만나지만 조금 부끄러울 뿐 허물은 없다. 상象에 이르기를 우연히 독을 만난다는 것은 자리가 마땅치 않다는 것이다.

九四는 뼈에 붙은 마른 고기를 씹다가 쇠로된 화살을 얻는다. 어렵고 힘들더라도 마음을 바르고 올곧게 지니면 이로우며 길吉하다. 상象에 이르기를 어렵고 힘들더라도 마음을 바르고 올곧게 지니면 이로우며 길하다는 것은 아직 빛나지 않는다는 것이다.

六五는 뼈에 붙은 마른 고기를 씹다가 황금黃金을 얻었다. 마음을 바르고 올곧게 지니면 위태로우나 허물은 없다. 상象에 이르기를 마음을 바르고 올곧게 지니면 위태로우나 허물이 없다는 것은 정당正當함을 얻었다는 것이다.

上九는 목에다 칼을 씌우고 귀를 제거除去하는 것이니 흉凶하다. 목에다 칼을 씌우고 귀를 제거한다는 것은 총명聰明하지 않다는 것이다.

解題: 화뢰서합火雷噬嗑: ☲ ☳ 離上 震下은 음식을 주어 남을 구제救濟할 상象으로 좋지 않은 물건物件이 이빨 사이에 끼인 것을 씹어서 깨트리고 위아래가 서로 통하도록 한다는 것이다.

서합噬嗑의 의미意味는 이頤다. 곧 이頤는 턱을 말하며, 아래턱과 위턱을 총칭總稱한다. 그러므로 서합噬嗑은 턱 가운데 물건物件이 있고 이를 씹는 형상形象이다. 상괘上卦는 불과 해와 달, 번갯불을 상징象徵하는 이괘離卦☲이며, 하괘下卦는 천둥雷을 상징象徵하는 진괘震卦☳다. 위에서는 해와 달, 번갯불의 형상形象으로 밝은 지혜智慧를 뜻하고 아래로는 천둥으로서 적극적積極的이고 능동적能動的인 움직임을 뜻한다. 뜻이나 생각, 그리고 실천實踐이 따르는 것이니, 번갯불과 천둥소리가 함께하는 것이다. 때문에 일이 이루어진 다음에는 어려움이 따른다는 것이니, 두려워하거나 물러서지 말고 마지막까지 몸과 마음을 다한 성실誠實함으로 나아가야 할 것이다. 또한 사사로운 마음을 버리고 의욕적意慾的으로 세상사世上事를 풀어가야 한다.

象에 이르기를 번갯불과 우레가 서로 합하여 빛나고 때로는 다투기도 한다. 만사萬事가 형통亨通하는 괘卦이다. 때문에 선왕先王은 이 괘상卦象을 보고 밝은 지혜智慧로서 공평무사公平無私하게 형벌刑罰을 바르게 밝히고 법法을 정한다.

初九는 발목에 차꼬를 채운 까닭으로 발등이 제거된다는 것은 경솔輕率하게 행行하면 안 되는 것이니, 매사每事에 신중愼重하면 잘못이나 허물이 없다는 것이다. 발목에 차꼬가 채워진다는 것은 옥獄에 갇힌다는 것이다.

六二는 살을 물어뜯고 코를 제거해버린다는 것은 강剛한 것과 마주치는 것이니, 신중愼重하게 대처對處하면 허물이 없다는 것이다. 강한 상대와 마주쳐도 탈이 없다는 것이다. 六三은 마른 고기를 씹다가 우연히 독을 만난다는 것은 곤란困難한 처지處地에 놓인 것을 말하며, 처한 상황狀況이나 형편形便 등이 마땅치 않으나 허물은 없다는 것이다.

九四는 뼈에 붙은 마른 고기를 씹다가 쇠로 만든 화살을 얻었다는 것은 아직은 밝은 지혜智慧에 어둡고 빛나지 않는다는 것이니, 힘이 들고 어렵더라도 마음을 곧게 가지고 사사로움을 버리면 길할 것이라는 의미이다.

六五는 마른 고기를 씹다가 황금黃金을 얻었다는 것이니, 마음을 올바르게 가지고 곧게 하면 위태롭기는 하나, 스스로의 마땅한 자리를 얻고 공평타당公平妥當한 진실眞實을 얻어 큰 허물은 없을 것이다. 곧 정당성正當性을 얻었다는 것이다.

上九는 목에 큰 칼을 씌워 귀를 가린다는 것이니, 이는 총명聰明하지 못하고 사물事物의 이치理致에 어둡다는 것이다. 곧 밝은 지혜智慧의 소리를 막고 받아들이지 않은 까닭으로 크게 흉凶하다는 것을 의미한다. 타인의 충고나 질책을 받아들이지 않는 까닭으로 옥에 갇히는 신세가 된다는 것이다.

火雷噬嗑화뢰서합: ☲ 離上, ☳ 震下
少草和春生 소초화춘생/ 어린 싹들이 봄을 만나 화합和合하고
蓮花逢秋開 연화봉추개/ 연꽃이 가을에 만개滿開하는 운運을 만난다네.
富貴當此如 부귀당차여/ 부富와 귀貴함은 이와 같이 맞이하는 것이니,
何有訟事災 하유송사재/ 어찌 송사訟事와 같은 재앙災殃이 있겠는가.

3-5) 화풍정火風鼎: ☲ ☴ 離上 巽下 陰 ⇨ 太陽.

原文: 鼎은 元吉亨하니라. 象曰鼎은 象也이니 以木巽火가 亨飪也이니 聖人이 亨하여 以享上 帝하고 以大亨하여 以養聖賢하니라. 巽而耳目이 聰明하며 柔進而上行하고 得中而應乎剛이라 是以元亨하니라.

象曰木上有火가 鼎이니 君子가 以하여 正位하여 凝命하나니라.
初六은 鼎이 顚趾나 利出否하니 得妾하면 以其子无咎이리라. 象曰鼎顚趾나 未悖也이고 利出否는 以從貴也니라.
九二는 鼎有實이나 我仇가 有疾하니 不我能이면 卽吉하리라. 象曰鼎有實이나 愼所之也니 我仇有疾은 終无尤也이리라.
九三은 鼎耳가 革하여 其行이 塞하여 雉膏를 不食하나 方雨하여 虧悔가 終吉이리라. 象曰鼎耳革은 失其義也일세라.
九四는 鼎이 折足하여 覆公餗하니 其形이 渥이라 凶토다. 象曰覆公餗하니 信如何也오.
六五는 鼎黃耳金鉉이니 利貞하나라. 象曰鼎黃耳는 中以爲實也니라.
上九는 鼎玉鉉이니 大吉하여 无不利니라. 象曰玉鉉在上은 剛柔가 節也일세라.

直譯: 정鼎은 크게 길吉하고 만사萬事가 형통하는 괘이다. 상象에 이르기를 정鼎은 솥을 본뜬 형상이니, 나무를 태워 물건을 삶고 익혀서 제사를 올린다는 것이다. 성인聖人이 제사를 드리며 상제上帝에게 향을 올리고 큰 물건을 삶고 익혀서 성현聖賢을 양육養育한다. 유순하고 공손한 까닭으로 눈과 귀가 총명聰明하며, 부드러운 기운이 나아가 위로 향하고 치우치지 않은 마땅한 자리를 얻어 강剛한 기운에 응應한다. 이것이 바로 크게 형통亨通한다는 것이다.
상象에 이르기를 나무 위에 불이 있는 것이 정鼎이니, 군자君子가 이로써 주어진 위치를 바로잡고 명命을 단단하게 한다.
初六은 솥의 발이 뒤집어지나 나가지 않으면 이롭고 첩을 얻어 그 자식에게 이르나 허물은 없다. 상象에 이르기를 솥의 발이 뒤집어진다는 것은 아직 도리道理에서 벗어나지 않았다는 것이고 나가지 않으면 이롭다는 것은 이로써 귀貴한 것을 쫓는다는 것이다.
九二는 솥이 실속이 있고 나의 원수는 질병疾病이 있으니, 그를 가

깝게 하지 않으면 곧 길吉함이 있다. 상象에 이르기를 솥이 실속이 있다는 것은 가야할 바를 삼가야 한다는 것이고 나의 원수가 질병이 있다는 것은 종내 멀리 떨어지지 않는다는 것이다.

九三은 솥의 귀가 새롭게 바뀌고 그 행하는 것은 막힌다. 꿩고기는 먹지 못하고 사방으로 비는 내리지만 덕택으로 후회는 없을 것이며 마침내는 길吉하다. 상象에 이르기를 솥의 귀가 새롭게 바뀐다는 것은 그 의義를 잃었다는 것이다.

九四는 솥의 발이 부러져 주인이 먹을 좋은 음식이 엎질러지니, 그 형상이 흐려지고 탁한 것이라 흉凶하다. 주인이 먹을 좋은 음식을 엎지른다는 것은 믿음이 두텁다는 것이냐, 아니면 믿음이 없다는 것이냐 이다.

六五는 솥에 누런 귀와 쇠로 만든 귀고리가 있으니 마음을 바르고 올곧게 지니면 이롭다. 상象에 이르기를 솥의 누런 귀라고 한 것은 어느 한쪽으로 치우치지 않은 가운데 자리를 실實로 삼는다는 것이다.

上九는 솥의 귀고리가 옥으로 만든 것이니 크게 길吉하고 이롭지 않음이 없다. 상象에 이르기를 옥으로 만든 귀가 위에 있다는 것은 강함과 부드러움이 서로 들어맞는다는 것이다.

解題: 화풍정火風鼎: ☲ ☴ 離上 巽下은 올바른 지위地位에 처處할 상象이며, 나무에 불이 타오르는 형상形象이니, 서로 협력協力하고 서로가 안정安定을 꾀하는 일이다. 막힘이나 걸림이 없이 원만圓滿하게 풀릴 것이니, 서로가 서로를 위하는 진실眞實한 마음을 잃지 말아야 한다는 것이다.

정鼎의 형상形象은 발이 셋 달리고 귀가 둘 달린 음식飮食을 익히는 데 쓰는 무쇠 솥을 말한다. 곧 정鼎이란 그 모양이 솥을 본뜬 형상形象이며,

하괘下卦인 나무巽卦☴를 상괘上卦인 불離卦☲속에 넣어서 물건을 삶고 익힌다는 것이다. 하괘下卦인 손괘巽卦는 나무를 상징하고 바람을 상징한다. 이는 나뭇가지가 움직이니 바람이 부는 것을 알 수 있는 것이기 때문이다. 때문에 바람과 불이 합작合作하는 까닭으로 크게 좋고 만사萬事가 형통亨通할 것이다. 올바른 지위地位에 앉아 매사每事에 순조順調로움을 나타내며, 앞으로 나아가는 일에 있어서 서로가 서로에게 협조協助하고 모든 일을 두루 원만圓滿하게 이끌어간다는 것이다.

정鼎이란 발이 셋 달린 무쇠 솥으로 어떠한 일이든 혼자의 힘으로는 힘들다는 것이며, 타인他人의 힘에 기대어 서로가 상생相生해야 한다는 것이다. 사사로운 감정感情에 한쪽으로 치우치거나 이기적利己的인 마음으로는 이루기가 어렵다는 것이다. 곧 서로가 협력協力하여 안정감安定感을 꾀하는 모양이다.

象에 나무에 불이 붙어 타오르는 형상形象이니, 이것이 정괘鼎卦다. 그러므로 군자君子는 이러한 괘상卦象을 보고 스스로의 올바른 위치位置를 잡고 천명天命을 소중所重하게 여긴다.

初六은 무쇠 솥을 뒤집어 더러워진 것을 버린다는 것이니, 이는 거슬리는 일이 아니라는 것이다. 곧 첩을 두어도 귀한 아들을 얻기 위해 따르는 일이니, 이롭다고 하는 것이다.

九二는 솥에 실속이 있고 나의 원수에게 질병疾病이 있다는 것은, 의식衣食은 풍족豊足하지만 매사每事에 신중愼重해야 한다는 것이며, 나아가는 일에 있어 몸과 마음을 다해 삼가야 한다는 것이다. 마침내는 허물이 없다는 것을 의미한다.

九三은 솥의 두 귀고리가 바뀌어 행行할 바가 막힌다는 것은 꿩고기를 맛있게 끓여놓고도 먹을 수가 없는 처지處地라는 것이며, 또한 그 의의意義를 잃었다는 것이고 비를 맞은 일로 인하여 음식이 식기는 했어도, 곧 후회後悔는 있어도 마지막에는 길吉하다는 것이다.

九四는 솥의 다리가 부러지면서 주인의 좋은 반찬飯饌을 엎지르고 그 형상이 탁한 것이라 흉凶하다는 것은 큰 실수失手로 인하여 믿음이 깨졌다는 것이다. 때문에 길吉보다는 흉凶이 있다는 것이다.

　六五는 무쇠 솥에 황금黃金으로 만든 두 귀와 고리가 있으니, 마음을 바르고 곧게 가지면 이롭다 한 것은 오음五陰의 자리, 곧 어느 쪽에도 치우침이 없이 곧고 바른 자리中正, 이를 실속으로 삼는다는 것이다. 이는 또한 상구上九 上陽를 따르면서 겸손謙遜한 마음으로 들어주는 태도態度를 지니는 것이 이롭다는 것이다.

　上九는 솥에 옥으로 만든 귀와 고리가 있으며, 크게 길吉하고 이롭지 않음이 없다고 하는 것은 강剛과 유柔가 서로 맞는다는 것이니, 매사每事에 순조順調롭다는 것이다.

火風鼎화풍정: ☲ 離上, ☴ 巽下
聰明方智多 총명방지다/ 영리하고 재주가 있으며, 지혜智慧가 많으면서
文章達于王 문장달우왕/ 문장文章이 우왕于王에게까지 이르렀다네.
一擧風雪路 일거풍설로/ 한 번의 행동行動에 눈보라가 몰아치는 길로 나서고
天顏別有光 천안별유광/ 천안天顏이 빛나는 일은 크게 다름이 있다네.

3-6) 화수미제火水未濟: ☲ ☵ 離上 坎下 陰 ⇨ 少陰.
原文: 未濟는 亨하니 小狐가 汔濟하여 濡其尾니 无攸利하니라. 象曰未濟 亨은 柔得中也이고 小狐汔濟는 未出中也이고 濡其尾无攸利는 不續終也니라. 雖不當位나 剛柔가 應也이니라.
象曰火在水上이 未濟이니 君子가 以하여 愼辨物하여 居方하나니라.
初六은 濡其尾니 吝하니라. 象曰濡其尾는 亦不知가 極也니라.
九二는 曳其輪이면 貞하여 吉하리라. 象曰九二貞吉은 中以行正也일세라.
六三은 未濟에 征이면 凶하나 利涉大川하니라. 象曰未濟征凶은 位

不當也일세라.

九四는 貞이면 吉하여 悔이 亡하리니 震用伐鬼方하여 三年에야 有賞于大國이로다. 象曰貞吉悔亡은 志行也니라.

六五는 貞이라 吉하여 无悔니 君子之光이 有孚이라 吉하니라. 象曰君子之光은 其暉가 吉也니라.

上九는 有孚于飮酒이면 无咎이어니와 濡其首이면 有孚에 失是하리라. 象曰飮酒濡首가 亦不知節也니라.

直譯: 미제未濟는 형통亨通하는 괘이다. 작은 여우가 냇물을 건너려다가 꼬리를 적시는 것이니 이로울 바가 없다. 상象에 이르기를 미제未濟의 형통함은 부드러운 기운이 어느 한쪽으로 치우치지 않은 가운데 자리를 얻었다는 것이다. 작은 여우가 냇물을 건넌다는 것은 아직 가운데 자리에서 나오지 못한 것이고 그 꼬리를 적시니 이로울 바가 없다는 것은 비록 자리는 마땅치 않으나 강함과 부드러움이 서로 응應한다는 것이다.

상象에 이르기를 불이 물 위에 있는 것이 미제未濟이니, 군자君子가 이로써 삼가 하여 사물을 분별分別하고 제자리를 차지하게 한다.

初六은 그 꼬리가 물에 젖으니 부끄러움이 있다. 상象에 이르기를 그 꼬리가 젖는다는 것은 역시 극極을 알지 못한다는 것이다.

九二는 수레를 끄는 것이니 마음을 바르고 올곧게 지녀야 길吉하다. 상象에 이르기를 구이九二의 마음을 바르고 올곧게 지녀야 길하다고 한 것은 어느 한쪽으로 치우치지 않은 중도中道로써 올바름을 행한다는 것이다.

六三은 미제未濟에 처러 가면 흉凶하나 큰 냇물을 건너면 이롭다. 상象에 이르기를 미제未濟에 처러 가면 흉하다는 것은 자리가 마땅치 않다는 것이다.

九四는 마음을 바르고 올곧게 지니면 길吉하여 후회後悔가 없어진다. 위세를 떨치며 북쪽을 치러 가서 3년에야 큰 나라로부터 상을 받는다. 상象에 이르기를 마음을 바르고 올곧게 지니면 길하고 후회가 없어진다는 것은 뜻이 행해진다는 것이다.

六五는 마음을 바르고 올곧게 지녀야 길吉하고 후회後悔가 없으니, 군자君子의 빛남이 참되고 믿음성이 있어서 길吉하다. 상象에 이르기를 군자君子가 빛난다는 것은 그 광채光彩가 길하다는 것이다.

上九는 술을 마시는데 있어 참되고 믿음성이 있으면 허물이 없으려니와 그 머리를 적시면 참되고 믿음성이 있다 하더라도 실수를 하는 것이다. 상象에 이르기를 술을 마시고 머리를 적신다는 것은 이 또한 절제節制를 알지 못한다는 것이다.

解題: 화수미제火水未濟: ☲ ☵ 離上 坎下는 신중慎重하게 판단判斷하는 상象으로서 불이 물 위에 있는 것이니, 힘들고 어려우며 고통苦痛이 많이 따르면서 거친 일들이 계속 닥친다. 이 일을 두고 급하게 몰아치지 말아야 하니, 일이 돌아가는 사정事情이나 형편形便을 신중慎重하게 판단判斷하여 차분하게 풀어가야 한다. 함께 협력協力하여 어려움을 이겨내는 것이 중요重要하다는 것이다.

미제未濟란 일이 아직 이루어지지 않은 상象, 처리處理하려는 일이 아직 끝나지 않았음을 의미意味한다. 또한 연이어서 멈추지 않고 앞으로 나아가는 것을 뜻한다. 불, 태양과 달, 차가운 빛을 상징象徵하는 이괘離卦☲가 상괘上卦로서 오음五陰의 유순柔順한 기운氣運이 중정中正의 자리를 지키고 물을 상징象徵하는 감괘坎卦☵인 하괘下卦에 구이九二의 강강한 기운氣運이 자리한다.

물水 위에 불火이 있는 괘상卦象인 까닭으로 비록 그 자리가 정당正當하지는 않지만, 부드러운 기운氣運이 가운데 자리를 잡고 하괘下卦의 강剛한 기운과 응하기 때문에 형통亨通하다고 이른다. 그러나 일을 순조롭게 풀어가기 위해서는 위험하고 어려운 일들이 연이어 닥친다는 것이니, 조급早急하게 대응對應하지 말고 늘 신중愼重하게 대처對處하면서 나아가야만 한다는 것이다.

　미제未濟란 스스로의 노력努力 여하如何에 따라 크게 이룰 수가 있다는 뜻이다. 매사每事에 신중愼重해야 할 것이며, 어렵고 위험危險한 일에 꺾이지 않도록 몸과 마음을 다한 성실誠實함이 꼭 필요必要할 때이다. 늘 불리不利한 위치位置에 서기는 하나, 스스로의 노력努力 여하如何에 따라 밝은 문이 열리는 것이니, 자신自身의 잘못이나 허물을 바로잡고 바탕을 탄탄하게 만들어야 한다.

　象에 이르기를 물坎卦 ☵ 이 불離卦 ☲ 아래에 있는 까닭으로 바르고 마땅한 자리를 얻지 못했다. 때문에 군자君子는 이 괘상卦象을 보고 매우 조심스럽게 마주대하여 드러난 사물事物을 구별區別한다. 또한 드러난 사물을 바르고 마땅한 제자리에 두고자 몸과 마음을 다한 성의誠意를 다한다.

　初六은 꼬리를 적신다는 것은 앞을 보지 않고 조급早急하게 처신處身한 까닭으로 몸과 마음을 다한 지극함을 다하지 못했다는 것이다. 곧 곤란困難한 지경에 처한다는 것이다.

　九二는 수레를 끌면서 마음을 바르고 곧게 가지면 길吉하리라는 것은 구이九二의 효爻가 중도中道로서 올바르게 행한다는 것이다. 때문에 어느 한쪽으로 치우치거나 휩쓸리지 않고 나아가면 좋다는 것이다.

　六三은 미제未濟는 고집스럽게 치고 나아가면 흉凶하고 큰 냇물을 건너면 이롭다 이른 것은 그 자리가 마땅하지 않다는 것이며, 매사에 신중愼重하게 준비準備하고 나아가야 함을 이르는 것이다.

　九四는 마음을 바르고 곧게 가지면 길하고 후회後悔할 일이 없으며, 위세를 떨치면서 북쪽나라를 쳐러간다. 또한 3년 만에 큰 상을 받는다고 한 것은 마음을 곧고 바르게 가져야 길吉하고 후회後悔할 일이 없으며, 스스로의 의지意志대로 행해진다는 것이다.

六五는 마음을 바르게 가져야 길하고 후회後悔가 없으며, 군자君子의 덕德이 빛나고 성실誠實함이 있다는 것은 그 빛이 길吉한 것이니, 이는 중정中正의 자리로 어느 쪽에도 치우침이 없이 곧고 바르며, 또는 지나치거나 모자람이 없이 알맞게 행하기 때문에 그 빛이 길吉하다는 것이다.

上九는 술을 마시는 데 참되고 믿음성이 있으니 허물이 없고 머리를 적신다면 성실誠實함이 있더라도 실수失手가 있다는 것은, 서로가 서로에게 몸과 마음을 다한 정성精誠을 들이면 허물이 없고 몸과 마음을 다한 정성이라도 정도正道를 잃고 헤매면 그 밝은 뜻을 잃는다는 것이다.

火水未濟화수미제: ☲ 離上, ☵ 坎下
火在水上相戰未 화재수상상전미/ 불이 물 위에 있는 것이라 아직 서로 다투기 전이며,
萬事不成災殃至 만사불성재앙지/ 온갖 일은 재앙災殃이 심한 까닭으로 이루지 못한다네.
十年長期寒下症 십년장기한하증/ 10년이란 오랜 기간 동안 몸을 떠는 중세症勢가 따르고
終身困苦不得痊 종신곤고부득전/ 살아있는 동안 어렵고 고생스러우며, 나아짐을 얻지 못한다네.

3-7 화산여火山旅: ☲ ☶ 離上 艮下 陰 ⇨ 少陽.

原文: 旅는 小亨하고 旅貞하여 吉하니라. 象曰旅小亨은 柔가 得中乎外而 順乎剛하고 止而麗乎明이라 是以小亨旅貞吉也니라. 旅之時義가 大矣哉라.
象曰山上有火가 旅이니 君子가 以하여 明愼用刑하며 而不留獄하나니라.
初六은 旅瑣瑣니 斯其所取災니라. 象曰旅瑣瑣는 志窮하여 災也니라.
六二는 旅卽次하여 懷其資하고 得童僕貞이로다. 象曰得童僕貞은 終

无尤也이리라.

九三은 旅焚其次하고 喪其童僕貞이니 厲하니라. 象曰旅焚其次하니 亦以傷矣이고 以旅與下하니 其義가 喪也니라.

九四는 旅于處하고 得其資斧하나 我心은 不快로다. 象曰旅于處는 未得位也이니 得其資斧하나 心未快也니라.

六五는 射雉一失亡이라 終以譽命이리라. 象曰終以譽命은 上逮也일세라.

上九는 鳥焚其巢이니 旅人이 先笑後號咷이라 喪牛于易이니 凶하니라. 象曰以旅在上하니 其義焚也이고 喪牛于易하니 終莫之聞也이로다.

直譯: 여旅는 조금씩 트이는 괘이고 마음을 바르면서 올곧게 지니고 여행하면 길吉하다. 상象에 이르기를 여旅는 매사에 조금씩 트이는 괘라고 한 것은 부드러운 기운이 밖에서 치우치지 않은 자리를 얻어, 강剛한 기운에 거스르지 않고 따르고 머물러 밝음과 짝한다는 것이다. 이것이 바로 매사에 조금씩 트이는 괘이며, 마음을 바르면서 올곧게 지니고 여행을 하면 길하다고 하는 것이다. 여괘旅卦의 때와 의의는 크다.

상象에 이르기를 산 위에 불이 있는 것이 여旅이니, 군자君子가 이로써 형벌을 쓰는 일에 있어 밝게 하고 삼가며, 옥獄에 머물지 않게 한다.

初六은 여행을 할 때 자질구래한 일로 번거로운 것이니, 이 자질구래한 일이 재앙災殃을 가지고 올 바가 된다. 상象에 이르기를 여행을 할 때 자질구래한 일로 번거롭다는 것은 뜻이 궁窮하여 재앙이 된다는 것이다.

六二는 여행을 하다가 여비를 가지고 여관에 들어가서 마음이 곧으며 바른 아이종을 얻는다. 상象에 이르기를 마음이 곧으며 바른 아이종을 얻었다는 것은 마침내 허물이 없다는 것이다.

九三은 여행을 하다가 들어간 여관이 불타버리니 아이종이 곧고 바른 마음을 잃어버려 위태롭다. 상象에 이르기를 여행을 하다가 들어간 여관이 불타버렸다는 것은 또한 상처를 받는다는 것이고 여행을 할 때 아랫사람과 함께 한다는 것이니 그 의의意義를 잃어버렸다는 것이다.

九四는 여행을 하다가 어느 한 곳에 처處하고 그 여비와 도끼를 얻었으나 나의 마음은 기쁘지가 않다. 상象에 이르기를 여행을 하다가 어느 한 곳에 처했다는 것은 아직 마땅한 자리를 얻지 못했다는 것이니, 그 여비와 도끼를 얻었다고는 하나 아직은 마음이 기쁘지 않다는 것이다.

六五는 꿩을 쏘다가 화살 하나를 잃어버리는 것이라 마침내는 기림비와 작위를 받는다. 상象에 이르기를 마침내는 기림비와 작위를 받는다는 것은 위에까지 미친다는 것이다.

上九는 새가 보금자리를 불태우니, 여행하는 사람이 먼저 웃고 뒤에 크게 울부짖는다. 소를 소홀히 하다가 잃어버리니 흉凶하다. 상象에 이르기를 이 여괘旅卦에서 위에 있으니 그 의의가 불태워진다는 것이고 소를 소홀히 하다가 잃어버린다는 것은 마지막까지 듣지 못한다는 것이다.

解題: 화산여火山旅: ☲ ☶ 離上 艮下는 머물던 곳을 멀리 떠나서 있지 아니한 상象으로 세상世上을 떠돌면서 스스로의 몸과 마음을 경계警戒하여 늘 삼가고 신중愼重해야 할 것이니, 불안정不安定한 나그네 생활生活은 몸과 마음을 피폐疲弊하게 만들기 때문이다.

여旅라는 의미意味는 나그네가 되어 떠돌아다니는 것을 말하며, 객지客地에서 홀로 느끼는 호젓함, 또는 지극히 쓸쓸함을 말한다. 생활生活이 불안정不安定하고 심리心理 상태狀態가 들떠있는 것이다. 이러한 때를 당하여 함부로 달려들지 말고 처한 상황狀況이나 형편形便에 맞춰 처신處身과 처세處

世를 해야 하는 것이다.

불火을 상징象徵하는 이괘離卦 ☲ 가 산山을 상징象徵하는 간괘艮卦 ☶ 위에 있는 형상形象이다. 산山 위에 불火이 타오르고 있는 것이니, 멀리 내다보는 밝은 지혜智慧를 잃지 말아야 한다. 잠시 멈추고 시류時流에 따라 휩쓸리지 않으면서 마음을 곧고 바르게 가져야 한다. 또한 스스로의 목적지目的地를 잃지 말고 인생길을 튼튼하게 해야 한다.

여旅란 문자 그대로 여행길을 나선 나그네이다. 때문에 낯선 곳에서의 두려움이나 어려움을 이르는 것이고 늘 홀로 길을 나서야 하는 쓸쓸함을 말한다. 불안不安한 모습을 보이면서 기운氣運이 약한 때를 이르고 모든 일이 마음대로 이루어지지 않을 시기時期이다. 그러나 부드러운 기운氣運, 곧 오음五陰의 기운氣運이 중정中正의 자리에 앉아 강剛한 기운氣運을 따르기 때문에 운이 조금씩 트인다는 것이다. 때문에 마음을 곧고 바르게 가지면 좋다고 하는 것이며, 여괘旅卦의 때와 그 의의意義는 매우 크다는 것이다.

象에 이르기를 산艮卦 ☶ 위에 불離卦 ☲ 이 있다. 군자君子는 이 괘卦를 보고 밝은 덕德이나 지혜智慧를 신중愼重히 하여 형벌刑罰을 내릴 때 사용使用하며, 사람들이 억울하게 감옥에 갇히지 않게 한다. 곧 공평무사公平無私하게 일을 처리處理한다는 것이다.

初六은 여행旅行할 때 사소些少한 일로 인하여 거리끼거나 얽매이면, 이 거리끼거나 얽매이는 일로 인하여 재앙災殃을 부른다는 것은 마음에 지닌 뜻이 작고 궁하다는 것이다. 곧, 아량이 없고 지혜智慧가 없이 잔머리를 쓰기 때문에 좋지 않다는 것이다.

六二는 여행旅行을 하다가 여관에 들어간다는 것은 여비旅費를 가지고 있는 것이며, 마음이 곧고 올바른 아이종을 얻는다는 것은, 마침내는 허물이 없다는 것을 이른다.

九三은 묵고 있는 여관이 불에 탄다는 것은 큰 피해被害를 당한다는 것이며, 아이종이 곧고 올바른 마음을 잃었다는 것은 아랫사람과 여행하는 그 중요성重要性이나 가치價値를 잃었다는 것이다. 곧 하인으로부터 배신背信을 당한다는 것이며, 지극히 위태로운 상황狀況에 처한다는 것이다.

九四는 여행을 하다가 한곳에 머물 곳을 구하고 여비旅費와 도끼를 얻었으나 마음이 불쾌不快하다는 것은 자신自身이 마땅히 머물 자리가 아니라는 것이며, 가고자 하는 길이 늦춰지는 까닭으로 마음이 불편不便하다는 것이다.

六五는 활로 꿩을 쏘다가 화살 한 개를 잃어버렸으나 기림비를 받고 작위를 얻는다는 것은, 곧 노력努力한 것을 인정認定받아 윗사람으로부터 명예名譽를 얻는다는 것이다.

上九는 새가 보금자리를 불태우고 여행하는 사람이 웃은 후 크게 부르짖는다는 것은 맨 윗자리에 있는 까닭으로 여행旅行의 의미意味가 불에 타서 없어지는 것이다. 곧 자신自身이 머물 마땅한 자리가 아님에도 불구하고 교만驕慢해진 것을 이른다. 또한 타향他鄕에서 소까지 잃었다는 것은 끝내 고향故鄕 소식을 듣지 못한다는 것이다.

火山旅화산여: ☲ 離上, ☶ 艮下
二十年前事 이십년전사/ 20년二十年 전의 일이니
名菱揚京華 명릉양경화/ 이름이 구릉을 넘어 서울에서 빛나고 떨쳐다네.
一朝風雲起 일조풍운기/ 하루아침에 바람과 구름이 일어나면
因人被大害 인인피대해/ 사람으로 인하여 큰 재해災害를 입는다네.

3-8) 화지진火地晋: ☲ ☷ 離上 坤下 陰 ⇨ 太陰.

原文: 晉은 康侯를 用錫馬蕃庶하고 晝日三接이로다. 象曰晉은 進也이니 明出地上하여 順而麗乎大明하고 柔進而上行이라 是以康侯用錫馬蕃庶晝日三接也니라.

象曰明出地上이 晉이니君子가 以하여 自昭明德하나니라.

初六은 晉如摧如에 貞이면 吉하고 罔孚이라도 裕이면 无咎이리라.

象曰晉如摧如는 獨行正也이고 裕无咎는 未受命也일세라.

六二는 晉如가 愁如이나 貞이면 吉하리니 受玆介福于其王母이리라. 象曰玆介福은 以中正也니라.

六三은 衆允이라 悔가 亡하나라. 象曰衆允之志는 上行也니라.

九四는 晉如가 鼫鼠이니 貞이면 厲하리라. 象曰鼫鼠貞厲는 位不當也일세라.

六五는 悔가 亡하되 失得을 勿恤이니 往에 吉하여 无不利이라. 象曰失得勿恤은 往有慶也이리라.

上九는 晉其角이니 維用伐邑이면 厲하나 吉하고 无咎이어니와 貞에는 吝하니라. 象曰維用伐邑은 道未光也일세라

直譯: 진晉은 온화溫和한 제후가 말을 여러 번 하사하면서 낮에도 세 번씩 만남의 기회를 만든다. 상象에 이르기를 진晉은 나아간다는 것이다. 밝은 빛이 땅위로 나와 큰 빛과 짝지어 쫓고 부드러운 기운이 나아가 위로 올라간다. 이것이 바로 온화한 제후가 말을 여러 번 하사하면서 낮에도 세 번 씩 만남의 기회를 만든다는 것이다.

상象에 이르기를 밝은 빛이 땅 위로 나오는 것이 진晉이니, 군자君子가 이로써 스스로의 밝은 덕德을 밝힌다.

초육初六은 나아갈 듯하고 꺾어질 듯하니, 마음을 바르고 올곧게 지녀야 길吉하고 참됨과 믿음성이 없더라도 넉넉하면 허물이 없다. 상象에 이르기를 나아갈 듯하고 꺾어질 듯이 한다는 것은 홀로 올바른 것을 행한다는 것이고 넉넉하면 허물이 없다는 것은 아직 명命을 받지 못했다는 것이다.

육이六二는 나아가는 듯 하는 것이 시름에 잠긴 듯이 하나 마음이 바르고 올곧으면 길吉하니, 이에 왕모王母에게 큰 복福을 받는다. 상象에 이르기를 이에 큰 복을 받는다는 것은 어느 한쪽으로 치우침이 없는 중정中正의 자리이기 때문이다.

六三은 무리가 진실하니 후회後悔가 없어진다. 상象에 이르기를 무리들이 진실하다는 것은 뜻이 위에서 행해진다는 것이다.

九四는 나아가는 것이 날다람쥐와 같으니, 마음을 바르고 올곧게 지녀도 위태로움이 있다. 상象에 이르기를 날다람쥐와 같으니 마음을 바르고 올곧게 지녀도 위태롭다는 것은 자리가 마땅치 않다는 것이다.

六五는 후회는 없어질 것이니 잃고 얻음을 걱정하지 말라. 가면 길吉하고 이롭지 않음이 없다. 상象에 이르기를 잃고 얻음을 걱정하지 말라는 것은 가면은 경사가 있다는 것이다.

上九는 그 뿔까지 나아가는 것이니, 고을만 징벌하면 위태로우나 길吉하고 허물이 없다. 그러나 마음을 바르고 올곧게 지녀도 부끄러움이 있다. 상象에 이르기를 고을만 징벌한다는 것은 도道가 아직 빛나지 않는다는 것이다.

解題: 화지진火地晉: ☲ ☷ 離上 坤下은 지상地上에 광명光明이 나타나는 상象으로 어려운 일도 쉽게 풀릴 때이니, 무슨 일을 하던 사람들로부터 인정認定을 받고 노력努力한만큼의 대가代價를 얻을 것이다.

진晉이란 태양이 오르면 지상地上은 따뜻하게 되고, 그래서 만물萬物이 자라 나아간다는 의미意味이다. 상괘上卦는 불을 상징象徵하는 이괘離卦☲이며, 하괘下卦는 대지大地를 상징象徵하는 곤괘坤卦☷이다. 땅위에 태양이 비추는 것이니, 모든 일이 어렵지 않게 풀리고 크게 희망希望을 가지는 때이다.

밝은 빛이 땅 위에 비추어 크게 밝아지고 부드러우면서 순하게 위로 나아가 오르는 괘卦이다. 또한 온유한 제후가 말을 여러 번 하사하면서 하루에 세 번씩의 만남을 만드는 괘卦로 스스로의 덕德을 밝힌다는 것이다.

운세運勢는 점차로 강해지는 것이며, 몸과 마음을 다한 노력努力만큼 얻을 것이고 큰 어려움을 벗어나 풍족豊足한 생활生活을 얻을 것이다. 그러나 마땅한 기회機會가 찾아오더라도 경거망동輕擧妄動하지 말고 매사每事에 신중愼重해야 하며, 마음을 곧고 바르게 가져야 한다.

象에 이르기를 밝은 빛이 땅위에서 비추는 것이 진괘晉卦이다. 군자君子는 이 괘상卦象을 보고 스스로의 밝은 덕德을 밝게 하고 또한 노력努力하는 것이다.

初六은 앞으로 나아가는 듯, 멈추는 듯이 한다는 것은 홀로 올바른 것을 행한다는 뜻이며, 마음을 곧고 바르게 가지면 길하다는 것이다. 참됨과 믿음성이 없더라도 넉넉하면 허물이 없다는 것은 큰 어려움이 있더라도 마음의 여유餘裕를 가지고 기다리면 탈이 없다는 것이다.

六二는 앞으로 나아가 취하는 듯도 하고 수심愁心에 잠긴 듯도 하다는 것은 앞으로 나아가지 못하는 까닭으로 마음이 불편不便하다는 것이며, 마음을 곧게 가지면 길하면서 이에 큰 복을 왕모王母에 받는다는 것은 이 음二陰이 중정中正의 자리에 앉았기 때문이다.

六三은 무리들이 진실眞實하니 후회後悔할 일이 없다는 것은 본인本人의 뜻이 마땅히 이루어지고 행해진다는 것을 말한다.

九四는 앞으로 나아가 취하는 일이 날다람쥐와 같으니 마음을 곧고 바르게 가지더라도 위태롭다는 것은 마음을 곧게 가진다하더라도 그 자리가 마땅하지 않은 것을 이른다. 곧 자신自身에게 분에 넘치는 자리라는 것이다.

六五는 후회後悔는 없으며, 잃고 얻은 것을 걱정하지 말고 앞으로 나아가면 길吉하면서 이롭지 않음이 없다는 것은 매우 즐겁고 기쁜 일이 있다는 것이다.

上九는 그 뿔끝까지 나아가 취하고 마을을 치면 위험하기는 하나 길吉함이 있어 허물이 없다는 것은 자신自身의 것을 취하는 일이 잘못이 아니라는 것이며, 마음을 곧고 바르게 가져도 부끄럽다는 것은 군자君子의 도道가 아직 빛나지 않고 그 덕德이 밝지 못하다는 것이다. 때문에 비난받고 신뢰를 잃게 된다는 의미이다.

火地晉화지진: ☲ 離上, ☷ 坤下

攀龍頭挿一枝花 반용두삽일지화/ 용머리를 타고 올라 한 송이 꽃을 꽂은 것이니

磊上金榜第一人 뢰상금방제일인/ 돌이 쌓인 맨 위 금金이라 제일인으로 과거에 급제한다네.

紅紫綃袍映日月 홍자초포영일월/ 붉은 비단실로 만든 도포에 해와 달이 비치고

後孫餘慶百歲吉 후손여경백세길/ 후손이 넉넉하며 오랜 세월 길한 경사慶事가 있다네.

4. 진괘震卦 ☳

4-1) 뇌천대장雷天大壯: ☳ ☰ 震上 乾下 陽 ⇨ 太陽.
4-2) 뇌택귀매雷澤歸妹: ☳ ☱ 震上 兌下 陽 ⇨ 少陰.
4-3) 뇌화풍雷火豐: ☳ ☲ 震上 離下 陽 ⇨ 少陽.
4-4) 진위뢰震爲雷: ☳ ☳ 震上 震下 陽 ⇨ 太陰.
4-5) 뇌풍항雷風恒: ☳ ☴ 震上 巽下 陰 ⇨ 太陽.
4-6) 뇌수해雷水解: ☳ ☵ 震上 坎下 陰 ⇨ 少陰.
4-7) 뇌산소과雷山小過: ☳ ☶ 震上 艮下 陰 ⇨ 少陽.
4-8) 뇌지예雷地豫: ☳ ☷ 震上 坤下 陰 ⇨ 太陰.

4-1) 뇌천대장雷天大壯: ☳ ☰ 震上 乾下 陽 ⇨ 太陽.

原文: 大壯은 利貞하니라. 象曰大壯은 大者가 壯也이니 剛以動故로 壯하니 大壯利貞은 大者가 正也이니 正大而天地之情을 可見矣 리라.
　　　象曰雷在天上이 大壯이니 君子가 以하여 非禮弗履하나니라.

初九는 壯于趾니 征하면 凶이 有孚이리라. 象曰壯于趾하니 其孚窮也이로다.

九二는 貞하여 吉하니라. 象曰九二貞吉은 以中也니라.

九三은 小人은 用壯이고 君子는 用罔이니 貞이면 厲하니 羝羊이 觸藩하여 羸其角이로다. 象曰小人은 用壯이고 君子는 罔也니라.

九四는 貞하면 吉하여 悔가 亡하리니 藩決不羸하며 壯于大輿之輹이로다. 象曰藩決不羸는 尙往也일세라.

六五는 喪羊于易이면 无悔리라. 象曰喪羊于易은 位不當也일세라.

上六은 羝羊이 觸藩하여 不能退하며 不能遂하여 无攸利니 艱則吉하리라. 象曰不能退不能遂는 不詳也이고 艱則吉은 咎不長也이릴세라.

直譯: 대장大壯은 마음을 바르고 올곧게 지녀야 이롭다. 상象에 이르기를 대장大壯은 큰 것이 굳세고 성하다는 것이니, 강剛한 기세로 움직이는 까닭에 성하고 기상이 굳세다는 것이다. 대장大壯은 마음을 바르고 올곧게 지녀야 이롭다고 한 것은 큰 것이 바른 것이니, 크게 바른 것으로 하늘과 땅의 정情을 가히 볼 수 있을 것이다.

상象에 이르기를 우레가 하늘 위에 있는 것이 대장大壯이니, 군자君子기 이로써 예가 아니면 행하지 않는다.

초구九는 성지城地에서 장성長成해 가는 것이니, 처러 가면 흉凶하지만 참되고 믿음성이 있다. 상象에 이르기를 성지城地에서 장성해 간다는 것은 참되고 믿음성은 있으나 곤궁困窮하다는 것이다.

九二는 마음을 바르고 올곧게 지녀야 길吉하다. 상象에 이르기를 구이九二는 마음을 바르고 올곧게 지녀야 길하다고 한 것은 강한 기운으로써 치우치지 않은 가운데 자리에 있기 때문이다.

九三은 소인小人은 장성한 기세氣勢를 쓰지만 군자君子는 이 기세를 쓰는 일이 없으니, 마음을 바르고 올곧게 지녀도 위태롭다. 숫양이 바자 울타리를 들이 받아 그 뿔이 여윌 것이다. 상象에 이르기를 소인은 장성한 기세를 쓰지만 군자는 그렇지 않다는 것이다.

九四는 마음이 바르고 올곧으면 길吉하니 후회後悔가 없어진다. 바자 울타리가 터지니 양의 뿔이 여위지 않으며, 큰 수레의 바퀴살이 튼튼하다. 상象에 이르기를 바자 울타리가 터지니 양의 뿔이 여위지 않는다는 것은 앞으로 나아가는 것을 높인다는 것이다.

六五는 양을 울타리 경계에서 잃었지만 후회는 없다. 상象에 이르기를 양을 바자 울타리 경계에서 잃었다는 것은 자리가 마땅치 않다는 것이다.

上六은 숫양이 울타리를 들이받고서는 물러서지도 못하고 나아가지도 못하니 이로울 것이 없다. 이 어려움을 견디면 길吉하다. 상象에 이르기를 물러서지도 못하고 나아 가지도 못한다는 것은 좋다 나쁘다할 수도 없는 것이고 어려움을 견디면 길하다는 것은 잘못이나 허물이 오래 가지 않는다는 것이다.

解題: 뇌천대장雷天大壯: ☳ ☰ 震上 乾下은 바른 이치理致에 맞지 않은 일은 행하지 않은 상象이고 겉보기와는 다르게 실속이 없으며, 번개와 천둥은 치는데 비는 오지 않는다. 일이 돌아가는 사정事情이나 형편形便을 한 번 더 되돌아볼 필요必要가 있다는 의미이다.

대장大壯이라는 것은 크고 씩씩한 것으로 양陽이 성盛한 상象이며, 군자君子의 도道가 승勝한 상象을 이른다. 하늘을 상징象徵하는 건괘乾卦☰가 위로 올라가는 것이며, 천둥을 상징象徵하는 진괘震卦☳가 그 위에 있다. 그러나 천둥은 치는데도 비는 내리지 않는다. 스스로를 돌이켜보아야 할 것이 아닌가. 대장大壯은 큰 것이 장성長成한다는 것이니, 강剛한 기세로 움직이고 움직이기 때문에 장성長成한다는 것이다. 크게 장성長成하는 일에 있어서 마음을 곧고 바르게 가져야 하는 것이니, 큰 것이 바른 것이며 바르게 커서 하늘과 땅의 정情을 볼 수 있을 것이다. 곧 올바르고 참된 큰 사람이야 말로 하늘과 땅의 참된 것을 깨달아 얻는다는 것이다.

　운運이 매우 좋고 활발活潑할 때이다. 그럴수록 지나치게 앞서 나아가는 것보다 자신自身이 처한 상황狀況이나 형편形便을 제대로 파악把握하고 매사每事에 신중慎重함을 잃으면 안 되는 것이니, 스스로의 바탕을 튼튼하게 만들고 나아가야 실수失手가 없다. 자신自身이 가지고 있는 세력勢力이나 힘만을 믿어서는 안 되며, 스스로의 잣대를 버리고 타인他人의 의견意見에 귀를 기울일 때이다. 또한 천둥이 치는 것이니, 주변이 매우 시끄러울 때이다. 급하게 나서지 말고 행함에 있어서 신중慎重해야 할 때이다. 그렇지 않으면 크게 실패失敗할 일이 많다는 것이다.

　象에 이르기를 우레震卦☳가 하늘乾卦☰위에 있는 것이 대장괘大壯卦이다. 그러므로 군자君子는 예禮가 아니면 행하지 않는다는 것이다.

　初九는 마음 내키는 대로 함부로 나아가면 흉凶하고 성실誠實함이 있다는 것은 신중慎重하지 못하고 경솔輕率하게 나서는 것을 이르며, 가난하고 구차함에 처한다는 것이다. 아무리 몸과 마음을 다한 정성이라도 끝내는 빈곤하다는 것을 이른다.

　九二는 마음을 곧고 바르게 가져야 이롭다는 것은 구이九二의 마음을 바르고 곧게 가져야 한다는 것이니, 그 자리가 중정中正의 자리, 곧 어느 쪽에도 치우침이 없이 곧고 바른 자리에 있기 때문이며, 지나치거나 모자람이 없이 알맞기 때문이다. 또한 음陰이 마땅한 자리에 양陽의 강한 기운이 자리한 것이니 더욱 마음을 다잡아야 한다는 것을 이른다. 그리고 스스로의 의지意志를 꺾지 않고 나아가면 이롭다는 것이다.

　九三은 소인小人은 크게 성盛한 세력勢力을 이용하고 군자君子는 그렇지 않다. 때문에 소인小人은 마음을 곧고 바르게 가져도 위태롭다는 것이다. 숫양이 울타리를 받아 뿔이 여원다는 것은 무식하게 앞으로만 나아가려는 일 때문에 곤란困難을 겪는다는 것이고 군자의 겸손함이 위태로움을 벗어나는 하나의 길이라는 것이다.

九四는 마음을 곧고 바르게 가지면 길吉하고 후회後悔가 없으며, 울타리가 무너지니 양의 뿔이 휘지 않고 큰 수레의 바퀴살이 튼튼하면서 힘이 있다는 것은 기필코 나아가 의지意志대로 행한다는 것이다. 곧 초지일관初志一貫하는 모습을 보이는 것이다. 울타리가 터졌다는 것은 잃을 것이 있지만 마음을 바르고 올곧게 지니면 후회할 일이 없다는 것이다.

六五는 키우던 양을 자신自身의 울타리 경계에서 잃었으나 후회後悔가 없다는 것은 무리無理를 하면서까지 찾으러 나서지 않은 것을 이르며, 또한 움직이려고 하는 그 자리가 마땅하지 않다는 것이다. 신중慎重하게 움직이기 때문에 후회後悔할 일이 없다는 것이다.

上六은 숫양이 울타리를 들이받고서 물러서지도 못하고 나아가지도 못한다는 것은 이러지도 저러지도 못하는 것이니, 이로울 것이 있겠냐는 것이다. 곧 나아가고자 하는 일에 있어서 좋지 않고 나쁘지도 않으니, 어려움을 참으면 길吉하고 끝내 잘못이나 허물이 오래가지 않는다는 것을 이르는 것이다.

雷天大壯뇌천대장: ☳ 震上, ☰ 乾下
枯木纏風霜 고목전풍상/ 마른 나무가 모진 고난이나 고통에 얽히는 것이니,
春後更有光 춘후경유광/ 봄이 지난 후에 다시 빛이 있을 것이라네.
和陽回春節 화양회춘절/ 양기운陽氣運과 화합하는 봄철이 돌아올 것이니,
方爲中風光 방위중풍광/ 대지大地 위에 경치景致가 아름답다네.

4-2) 뇌택귀매雷澤歸妹: ☳ ☱ 震上 兌下 陽 ⇨ 少陰.
原文: 歸妹는 征하면 凶하니 无攸利하니라. 象曰歸妹는 天地之大義也이니 天地不交而萬物이 不興 하나니 歸妹는 人之終始也니라. 說以動하여 所歸가 妹也이니 征凶은 位不當也이고 无攸利는 柔乘剛也일세라. 象曰澤上有雷가 歸妹이니 君子가 以하여 永終하여 知敝하나니라. 初九는 歸妹以娣니 跛能履라 征이면 吉하리라. 象曰歸妹以娣나 以

恒也이고 跛能履吉은 相承也일세라.
九二는 眇能視니 利幽人之貞하니라. 象曰利幽人之貞은 未變常也니라.
六三은 歸妹以須이니 反歸以娣니라. 象曰歸妹以須는 未當也일세라.
九四는 歸妹愆期니 遲歸가 有時니라. 象曰愆期之志는 有待而行也니라.
六五는 帝乙歸妹니 其君之袂가 不如其娣之袂이 良하니 月幾望이면 吉하리라. 象曰帝乙歸妹不如其娣之袂良也는 其位在中하여 以貴行也니라.
上六은 女가 承筐无實이라 士가 刲羊无血이니 无攸利하니라. 象曰上六无實은 承虛筐也니라.

直譯: 귀매歸妹는 치러 나아가면 흉凶하니 이로울 것이 없다. 상象에 이르기를 귀매는 하늘과 땅의 대의大義이다. 하늘과 땅이 서로 사귀어 합하지 않으면 만물萬物이 흥하지 않고 여자가 시집을 가는 것은 사람의 마지막이자 처음이다. 기쁜 마음으로 움직여 여자가 시집을 가는 것이다. 치러 나아가면 흉凶하다는 것은 자리가 마땅치 않는 것이고 이로움이 없다는 것은 부드러운 기운이 강剛한 기운을 탔다는 것이다.

상象에 이르기를 연못 위에 우레가 있는 것이 귀매歸妹이니 군자君子가 이로써 마침의 이치를 영원히 간직하고 피폐해짐을 안다.

初六은 누이동생을 시집보내면서 여자 종과 함께 하니 절뚝발이가 능히 걸을 수 있다. 치러 나아가면 길吉하다. 상象에 이르기를 누이동생을 시집보내면서 여자 종과 함께 라는 것은 언제나 변하지 않는다는 것이고 절뚝발이가 능히 걷기 때문에 길하다는 것은 서로의 뜻을 이어받는다는 것이다.

九二는 애꾸눈이 능히 볼 수 있다는 것이니 세상을 피하여 숨어사는 사람은 마음을 올곧고 바르게 지녀야 이롭다. 상象에 이르기를 세상을 피하여 숨어사는 사람은 마음을 올곧고 바르게 지녀야 이롭다는 것은 아직은 항상 한 그 마음이 변하지 않았다는 것이다.

六三은 누이동생을 시집보내기 위해 기다리고 있는 것이니, 되돌아와 여자 종과 함께 보낸다. 상象에 이르기를 누이동생을 시집보내기 위해 기다린다는 것은 아직 시집보내기에 마땅치 않다는 것이다.

九四는 누이동생 시집보내는 기일을 어기는 것이니, 시집을 늦게 보내려는 것은 때가 있기 때문이다. 상象에 이르기를 기일을 어기는 뜻은 행할 일이 있어 기다린다는 것이다.

六五는 군주君主 제을帝乙이 누이동생을 시집보내는데, 그 누이의 옷소매가 여자 종의 옷소매보다 좋지 않다. 달이 만월에 가까우면 길吉하다. 상象에 이르기를 군주 제을이 누이동생을 시집보내는데, 그 누이의 옷소매가 여자 종의 옷소매보다 좋지 않다는 것은 그 자리나 위치가 어느 한쪽으로 치우치지 않은 중정中正의 부드러운 자리이기에 귀하게 행해진다는 것이다.

上六은 여자는 실實이 없는 광주리를 이어받았고 선비는 피가 없는 양을 취했으니 이로움이 없다. 상象에 이르기를 상육上六의 실속이 없다는 것은 텅 빈 광주리를 이어받았다는 것이다.

解題: 뇌택귀매雷澤歸妹: ☳ ☱ 震上 兌下는 일시적一時的으로 드러나는 형상을 버리고 영속적永續的인 형상形象에 마음을 두려는 상象이다. 겉으로 드러난 일시적一時的인 형상形象은 그 결합結合이 오래가지 않은 것이니, 선택選擇, 결정決定하는 일에 있어서 신중愼重해야 하며, 줏대를 확실確實하게 세워야 한다는 것이다.

귀매歸妹가 의미意味하는 것은 소녀少女를 시집보내는 상象으로 육체적肉體的인 쾌락快樂만으로 흘러서 금슬지락琴瑟之樂을 얻지 못하고 사랑이 결핍缺乏되는 것을 경계警戒한 것이다. 소녀少女를 상징象徵하는 태괘兌卦☱ 위에 성인남자成人男子를 상징象徵하는 진괘震卦☳가 있다. 오음五陰의 음효陰爻가 이양二陽의 양효陽爻를 짓누르고 있는 형상形象이다. 어린 여자女子가

꼼짝 못하고 이끌려가는 상象이라 불길不吉한 운명運命의 그림자를 드리우고 있는 것이다. 매사每事에 강압적强壓的으로 이끌려하지 말고 서로가 서로를 받쳐주는 관계關係를 형성形成하기 위해 노력努力해야 한다.

귀매歸妹란 어린 여자女子가 시집가는 것을 이른다. 본처本妻가 아닌 첩妾으로 가는 것이니, 제 분수를 지키는 것이 이로울 것이다. 남녀男女가 서로 만나 가정家庭을 이루는 것은 자연自然스러운 일이나, 어린 여자女子가 지극히 능동적能動的이고 적극적積極的으로 움직인다. 때문에 언행言行을 삼가지 못하고 경솔輕率하게 행하면 불행不幸한 결과를 부른다는 것이다. 또한 매사每事에 강압적强壓的인 방법方法으로는 뒷감당을 못하는 처지處地에 빠지고 만다. 늘 여유餘裕있는 마음으로 때를 기다리는 것이 좋다.

귀매歸妹가 천지天地의 대의大義임은 맞다. 하늘과 땅이 사귀지 않으면 만물萬物이 일어나지 않는다. 여자가 시집가는 것은 사람으로서 마지막이자 처음으로 있는 일이 아닌가. 강압적强壓的이면 흉凶하지 않겠는가. 자리가 마땅치 않다는 것이니, 이로울 바가 있겠는가. 이는 부드러운 기운氣運이 강剛한 기운을 누르고 있기 때문이다.

象에 이르기를 연못兌卦 ☱ 위에서 천둥震卦 ☳이 친다. 군자君子는 이 괘상卦象을 보고 끝남의 이치理致를 밝게 알아 지속持續되는 영원永遠함에 마음을 두는 것이다. 일시적인 것의 피폐함을 경계한다는 것이다.

初九는 누이동생을 시집보내면서 시비侍婢를 딸려 보내고 절름발이가 걸을 수 있으며 정복征服하면 길吉하다는 것은 자신自身에게 주어진 운명運命에 순응順應하고 몸과 마음을 다하여 가족家族을 섬긴다는 것이며, 서로가 서로의 뜻을 받아서 함께 한다는 것이다.

九二는 애꾸눈으로 볼 수 있고 세상을 피하여 숨어사는 사람은 마음이 바르고 곧아야 이롭다고 한 것은 운명運命을 받아들여 첩妾이 되었으나 상도常道를 벗어나지 않고 남의 눈에 뜨이지 않으면서 과부寡婦처럼 살지만 그 마음이 변하지 않는다는 것이다.

六三은 누이동생 시집보내기 위해 기다리다가 되돌아와서 시비侍婢와 함께 시집을 보낸다는 것은 지극히 신중愼重하게 결정決定하는 모습을 보인 것이다. 곧 스스로의 처지處地를 돌아보고 아직 합당合當치 않기에 제 분수分數에 맞게 행行한다는 것이다.

九四는 누이동생 시집보내는 기일을 어기는 것이니, 시집을 늦게 보내려는 것은 때가 있기 때문이라고 한 것은 좋은 인연因緣을 맺기 위하여 서두르지 않고 조급早急하게 굴지 않는다는 것이다.

六五는 군주君主 제을帝乙이 누이동생을 시집보내는 일에 있어서 누이동생의 옷소매가 여자 종의 옷소매보다 못하고 달이 만월에 가까우니 길吉함이 있다는 것은 겉치레나 허례허식虛禮虛飾이 아닌 마땅한 자리에 합당合當하게 행해지는 것이며, 귀하게 받들어지는 것을 이르는 것이다. 겉치레보다는 마음에 담은 그릇이 크다는 것이고 이를 평소에 귀하게 여긴다는 것이다. 일상적인 삶의 도리를 지킨다는 의미이다.

上六은 아내는 실이 없는 광주리를 이어받고 남편은 피가 없는 양羊을 받아서 이로울 것이 없다는 것은 모든 것이 실속은 없이 겉으로만 번지르르한 것으로는 좋은 결과結果를 맺지 못한다는 것이다.

雷澤歸妹뇌택귀매: ☳ 震上, ☱ 兌下
作史排風路 작사배풍로/ 글을 지음에 있어서 바람 길을 밀어내듯 시원하니
一所事王公 일소사왕공/ 초시初試에서의 일이 왕공王公과 같다네.
木鼠春秋日 목서춘추일/ 오랜 세월을 날마다 근심과 걱정으로 가득하니,
穿塚脫衣紅 천봉탈의홍/ 헤지고 낡은 붉은 관복官服을 벗을 것이라네.

4-3) 뇌화풍雷火豊: ☳ ☲ 震上 離下 陽 ⇨ 少陽.
原文: 豊은 亨하니 王이 假之하나니 勿憂하면 宜日中이니라. 象曰豊은 大也이니 明以動이라 故로 豊이니 王假之는 尙大也이고 勿憂宜日中은 宜照天下也니라. 日中則昃하며 月盈則食하니 天地盈虛도 與時消息

인데 而況於人乎이며 況於鬼神乎여.

象曰雷電皆至가 豊이니 君子가 以하여 折獄致刑하나니라.

初九는 遇其配主하되 雖旬이나 无咎하니 往하면 有尙이리라. 象曰雖旬无咎이니 過旬이면 災也이리라.

六二는 豊其蔀이라 日中見斗이니 往하면 得疑疾하리니 有孚發若하면 吉하리라. 象曰有孚發若은 信以發志也니라.

九三은 豊其沛라 日中見沫이고 折其右肱이니 无咎이니라. 象曰豊其沛라 不可大事也이고 折其右肱이라 終不可用也니라.

九四는 豊其蔀이라 日中見斗이니 遇其夷主하면 吉하리라. 象曰豊其蔀는 位不當也이고 日中見斗는 幽不明也이고 遇其夷主는 吉行也니라.

六五는 來章이면 有慶譽하여 吉하리라. 象曰六五之吉은 有慶也니라.

上六은 豊其屋하고 蔀其家이라 闚其戶하니 闃其无人하여 三歲라도 不覿이러니 凶하니라. 象曰豊其屋은 天際翔也이고 闚其戶闃其无人은 自藏也니라.

直譯: 豊은 매사에 형통亨通하는 괘卦이며, 왕王이 넉넉히 간다. 근심하지 말라. 마땅히 해는 중천中天에 떠야만 한다. 상象에 이르기를 풍豊은 크게 성성盛한 것이니 밝은 것으로써 움직이는 까닭으로 크게 성하다는 것이다. 왕이 넉넉히 간다는 것은 높이어 소중히 여기는 것이 크다는 것이고 근심하지 말라, 마땅히 해는 중천에 떠야만 한다는 것은 해는 마땅히 천하를 비춘다는 것이다. 해가 하늘 가운데 있으면 곧 서산으로 기울고 달도 차면 곧 비워져 가니 천지天地의 도道 또한 차고 비는 것은 때를 따라 사라지고 자라는 것이다. 더구나 사람뿐이겠으며, 하물며 귀신뿐이겠는가.

상象에 이르기를 우레와 번개가 함께 하는 것이 풍豊이니, 군자君子가 이로써 옥사獄事를 분명히 하고 형벌을 준다.

初九는 그에 걸맞은 주인을 만나되 비록 두루 균일할지라도 허물이 없으며, 가면은 높이어 소중하게 여기는 일이 있다. 상象에 이르기를 비록 두루 균일할지라도 잘못이나 허물이 없다는 것은 두루 균일한 것도 지나치면 재앙이 될 수 있다는 것이다.

六二는 그 덧문이 커진다. 해가 중천에 떠있는데 북두칠성을 보니 가면 의심과 괴롭힘을 받는다. 만일 참됨과 믿음성이 있어서 일어나는 듯이 하면 길吉하다. 상象에 이르기를 만일 참됨과 믿음성이 있어서 일어나는 듯이 한다는 것은 믿음으로써 뜻을 일으키게 한다는 것이다.

九三은 비가 많이 온다. 해가 중천에 떠있는데 물방울 튀는 것을 보고 그 오른쪽 팔뚝이 꺾이나 허물이 없다. 상象에 이르기를 비가 많이 온다는 것은 큰일을 벌리는데 있어서 불가능하다는 것이고 그 오른쪽 팔뚝이 꺾인다는 것은 결국 사용할 수가 없다는 것이다.

九四는 그 덧문이 더욱 커진다. 해가 중천에 떠있는데 북두칠성을 보고 그 오랑캐의 주인을 만나면 길吉하다. 상象에 이르기를 그 덧문이 더욱 커진다는 것은 자리가 마땅치 않다는 것이다. 해가 중천에 떠있는데 북두칠성을 본다는 것은 어두워서 밝지 않다는 것이다. 그 오랑캐 주인을 만나면 길하다는 것은 행하는 것이 있다는 것이다.

六五는 밝은 빛이 오면 경사와 칭송이 있어 길吉하다. 상象에 이르기를 육오六五의 길吉함은 경사慶事가 있다는 것이다.

上六은 그 집을 풍부하게 하고 빈지문으로 그 집을 둘러싼다. 그 문틈으로 엿보니 고요하고 사람이 없다. 3년이 되어도 보이지 않으니 흉凶하다. 상象에 이르기를 그 집을 풍부하게 한다는 것은 하늘 가로 높이 날아오른다는 것이고 그 문틈으로 엿보니 고요하고 사람이 없다는 것은 스스로가 감춘다는 것이다.

解題: 뇌화풍雷火豊: ☳ ☲ 震上 離下 성대광충盛大光充, 곧 크게 성성盛하고 빛이 충만充滿한 상象으로 넉넉하고 가득하다는 것이니, 밝은 지혜智慧로 말과 행동行動에 신중愼重함을 기해야 할 것이며, 잡생각을 버리고 쓸데없는 근심 걱정은 할 필요必要가 없다는 것이다.

풍豊이란 크게 성盛하고 빛이 충만充滿하다는 것이니, 모든 일에 있어서 풍부豊富한 것을 이른다. 상괘上卦는 천둥을 상징象徵하는 진괘震卦 ☳이며, 하괘下卦는 불, 태양, 전電을 상징象徵하는 이괘離卦 ☲가 자리한다. 천둥소리와 번개가 드디어 만난 것이니, 성대盛大하게 이루어질 상象을 이른다. 그러나 세상사라는 것은 성盛하면 쇠衰하는 법이 아니던가. 하늘과 땅은 봄, 여름, 가을, 겨울에 따라 성盛하고 쇠衰하지 않던가. 사람 또한 이를 떠나지 못하는 것이니, 밝은 지혜智慧로 앞날을 생각하면서 움직이는 것이 현명賢明하다. 따라서 격格에 맞은 일이니, 합당合當하게 움직이고 마땅한 자리에 처하면 된다. 그렇게 걱정할 일이 아니다.

운運이 다함을 경고警告하고 경계警戒할 것을 이르는 것이다. 순간순간 밝게 빛나는 것이니, 번뜩이는 지혜智慧로 묵은 일을 빠르게 처리處理하고 머뭇거리지 말라는 것이다. 또한 밝음과 어둠은 공조共助하는 것이니, 순간순간 밝게 보이는 일로 인하여 넓고 크게 보지 못하고 가까운 것만을 인지認知하는 것을 이른다. 때문에 자연自然의 성쇠盛衰함을 깊이 알아 몸과 마음을 다한 노력努力이 필요하다는 것이다.

풍豊은 성대盛大한 것이니, 밝음으로서 움직이고 또한 이것으로 성대盛大하다고 이른다. 해는 서쪽으로 기울고 달도 차면 곧 이지러진다. 천지天地의 도道가 차고 비우는 것은 때를 따라 자라고 사라지는 것이 아니던가.

象에 이르기를 천둥소리震卦 ☳와 번갯불離卦 ☲이 함께 일어난다. 이것이 풍괘豊卦이며, 군자君子는 이 괘상卦象을 보고 밝은 지혜智慧로 공평무사公平無私하게 옥사獄事를 판단判斷하고 형벌刑罰을 준다.

初九는 서로 짝하여 나아갈 군주君主를 만났다는 것은 서로 뜻이 맞는다는 것이며, 비록 두루 균일할지라도 허물이 없고 높이어 소중하게 여기는 일이 있다는 것은 착한 것도 지나치게 착하면 이 또한 재앙災殃을 부른다는 것이다.

六二는 눈을 가리는 장애물障碍物, 곧 덧문이 커지고 해가 떠있는 상태狀態에서 북두칠성北斗七星을 본다는 것은 나아가면 의심疑心과 괴로움을 받는다는 것이다. 참됨과 믿음성 때문에 일어날 듯하고 길吉하다는 것은 앞을 내다볼 수가 없다는 것이며, 알지 못하고 함부로 나아가면 의심疑心이나 미움을 받는다는 것이고 몸과 마음을 다한 정성精誠을 드리면 좋다는 뜻이다.

九三은 소나기가 쏟아지고 해가 중천에 떠있는데 물방울 튀는 것을 보며, 그 오른팔이 꺾이면 허물이 없다는 것은 큰일을 하는데 있어서 불가능不可能하다는 것을 말하고 스스로의 능력能力을 감추면 허물이 없다는 것이다.

九四는 덧문이 더욱 커지는 까닭으로 눈이 가려지지만 그 속에서 북두칠성을 보고 오랑캐의 임금을 만나면 길吉하다는 것은 자리가 불편不便하고 마땅치 않지만 동반자同伴者를 얻으면 행行하여 나아갈 수 있다는 것이다.

六五는 글을 아는 자가 오면 경사慶事가 따르고 칭찬이 있으며 길吉하다 한 것은 육오六五 오음五陰의 음효陰爻가 오양五陽의 자리에 앉아 부드러운 기운으로 이끄는 까닭에 경사慶事가 있으며 이름을 얻는다는 것이다.

上六은 그 집을 풍족豊足하게 하고 그 집을 빈지문으로 둘러싼다. 문틈으로 보니 사람이 없고 고요하며, 3년이 지나도 보이지 않으니 흉凶하다는 것은 원 없이 풍족豊足하게 지낸 세월은 지나가고 집은 장애물로 가려진 상태狀態로 인적人跡마저도 끊긴지 3년이라는 것이다. 어딘가에 숨어사는 것이니, 흉凶한 일이 있지 않겠는가.

雷火豊뇌화풍: ☳ 震上, ☲ 離下
月下多舊香 월하다구향/ 밝은 달빛 아래 옛 친구의 향기香氣가 가득하고
床頭合塵煙 상두합진연/ 평상에 모여 머리를 맞대고 연기를 내뿜는다네.
一任金華道 일임금화도/ 금과 같이 환하게 빛나金華는 도道를 맡기는 것이니,

雷起直上天 뇌기직상천/ 우레의 기운氣運이 하늘 위로 곧게 치고 오른다네.

4-4) 진위뢰震爲雷: ☳ ☳ 震上 震下 陽 ⇨ 太陰.

原文: 震은 亨하니 震來에 虩虩이면 笑言이 啞啞이니라. 震驚百里에 不喪 匕鬯하나니라. 象曰震은 亨하니 震來虩虩은 恐致福也이고 笑言啞 啞은 後有則也니라. 震驚百里는 驚遠而懼邇也이니 出可以守宗廟社 稷하여 以爲祭主也이리라.

象曰洊雷가 震이니 君子가 以하여 恐懼脩省하나니라.

初九는 震來虩虩이라야 後에 笑言啞啞이니 吉하니라. 象曰震來 虩虩은 恐致福也이고 笑言啞啞는 後有則也니라.

六二는 震來厲이라 億喪貝하여 躋于九陵이니 勿逐면 七日得하리 라. 象曰震來厲는 乘剛也일세라.

六三은 震蘇蘇이니 震行하면 无眚하리라. 象曰震蘇蘇는 位不當也일 세라.

九四는 震이 遂泥라. 象曰震遂泥는 未光也이로다.

六五는 震이 往來가 厲하니 億하여 无喪有事이니라. 象曰震往來厲 는 危行也이고 其事가 在中하니 大无喪也이니라.

上六은 震이 索索하여 視가 矍矍이니 征이면 凶하니 震不于其躬이 오 于其隣이면 无咎이리니 婚媾는 有言이리라. 象曰震索索은 中未 得也이고 雖凶无咎는 畏鄰戒也일세라.

直譯: 진震은 매사에 형통亨通하는 괘卦이며, 우레가 위세를 떨치며 오니 매우 두려워한다. 웃음소리가 끊이질 않으니 100리 안을 우레가 크게 떨쳐도 숟가락과 울금주는 잃지 않는다. 상象에 이르기를 진 震은 형통하는 괘이다. 우레가 위세를 떨치며 오니 매우 두려워한 다는 것은 두려움 때문에 복福을 돌려받는다는 것이고 웃음소리 가 끊이지 않는다는 것은 이러한 후에 본받을 만한 법칙이 있다는 것이다. 100리 안을 우레가 크게 떨친다는 것은 멀리 있는 사람이 놀라고 가까이 있는 사람은 두려워한다는 것이니, 종묘사직을 지키게 될 것이며 이로써 제주祭主가 된다는 것이다.

상象에 이르기를 거듭하여 천둥소리가 위세를 떨치는 것이 진震이니, 이로써 군자君子가 두려워하면서 스스로를 살피고 수행修行한다.

初九는 위세를 떨치는 천둥소리에 크게 두려워하고 다음에는 웃음소리가 끊이지 않으니 길吉하다. 상象에 이르기를 위세를 떨치는 천둥소리에 크게 두려워한다는 것은 두려워하는 마음이 있기에 복福이 있다는 것이고 웃음소리가 끊이지 않는다는 것은 이러한 후에 본받을 만한 법칙이 있다는 것이다.

六二는 우레가 큰 위세를 떨치며 허공을 뒤흔드니 염려스럽다. 재물을 잃을까 헤아리고 제일 높은 언덕에 올라 살펴본다. 쫓지 말라. 7일 만에 얻는다. 상象에 이르기를 우레가 큰 위세를 떨치며 허공을 뒤흔드니 염려스럽다는 것은 강剛한 기운을 올라탔다는 것이다.

六三은 우레가 큰 위세를 떨치며 허공을 뒤흔드니 두려워 안절부절 못한다. 상象에 이르기를 우레가 뒤흔들어도 행行하면 잘못이나 허물이 없다.

九四는 허공을 뒤흔드는 우레 소리가 진창에 빠진다. 상象에 이르기를 허공을 뒤흔드는 우레 소리가 진창에 빠진다는 것은 아직 빛나지 않는다는 것이다.

六五는 허공을 뒤흔드는 우레 소리가 왕래하니 염려스러우나 깊이 헤아려 움직이면 하고 있는 일을 잃지 않는다. 상象에 이르기를 허공을 뒤흔드는 우레 소리가 왕래하니 염려스럽다는 것은 행하는 일이 위험하다는 것이고 그 어느 한쪽으로 치우치지 않은 가운데 있으므로 크게 잃어버리는 일이 없다는 것이다.

上六은 허공을 뒤흔드는 우레 소리가 끊이지 않으니 눈을 두리번거리며 본다. 처려 가면 흉凶하니 우레 소리를 몸으로 느끼지 말고 그 이웃에서 난다고 여기면 허물이 없으며, 혼인에 대한 말이 있다. 象상에 이르기를 허공을 뒤흔드는 우레 소리가 끊이지 않는다는 것은 치우치지 않은 가운데 자리를 아직 얻지 못했다는 것이고 비록 흉하나 잘못이나 허물이 없다는 것은 이웃의 경계를 두려워한다는 것이다.

解題해제: 진위뢰震爲雷: ☳ ☳ 震震上 震震下는 만물萬物이 발동發動하는 상象으로 천둥소리가 겹치는 것이니, 두려워하는 마음이 있으나 그리 해가 되는 일이 없다. 그렇더라도 말과 행동行動을 삼가고 신중愼重해야 하며, 스스로의 잘못이나 허물을 두려워하고 반성反省하면서 심신心身 수양修養에 힘써야 한다.

진震이란 큰소리의 형용으로 우레, 천둥을 의미意味하며, 인군人君의 상象, 제후諸侯의 상象, 장자長子의 상象을 말한다. 상괘上卦와 하괘下卦가 모두 진괘震卦로서 하늘과 땅 사이를 뒤흔드니, 하늘이 무너지고 땅이 꺼질 듯이 하는 천둥소리를 상징象徵한다. 해害가 되는 일은 없으나 사람이 놀라고 두려워한다. 그럴수록 침착하고 다부진 마음을 지녀야 하는 것이니, 매사每事에 신중愼重하게 처신處身해야 한다는 것이다. 위아래가 진동震動하여 막혔던 일이 트인다는 것이며, 놀라거나 두려워할지라도 숟가락과 울금주는 잃지 않는다는 것이다.

象상에 이르기를 중첩重疊하여 우레 소리가 나는 것이 진괘震卦☳이다. 군자君子는 이를 보고 두려워하며 스스로를 반성反省하고 수양修養을 게을리하지 않는다.

初九초구는 우레 소리가 울릴 때 놀라 두려워하다 웃음소리가 연이어 터지니, 길吉할 것이라고 한 것은, 두려움은 있으나 복福이 있다는 것이고 이런 후에야 법칙法則이 있다는 것이다. 곧 삼가고 신중愼重하기 때문에 운運이 따른다는 것이다.

　六二는 천둥소리가 울리니 염려스럽다. 재물財物을 잃을까 하는 앞선 생각에 높은 언덕에 올라가 본다. 쫓지 말아야 할 것이니, 7일 안에 얻겠다고 한 것은, 강강剛한 뇌雷의 기운氣運을 올라탔다는 것이다. 곧 지극히 위험危險한 상태狀態에 직면할 수 있으니, 미련을 두지 말라는 것이다.

　六三은 천둥소리가 울리는 까닭에 정신精神없이 헤매고 있다. 천둥소리가 허공을 뒤흔들더라도 있는 그대로 나아가면 재앙災殃이 없다고 한 것은, 자리가 마땅치 않다는 것이다. 곧 위험危險은 사라지고 다시 오지 않는다는 것이다.

　九四는 울리던 천둥소리가 진창에 빠졌다는 것은, 아직 빛나지 않았다는 것이다. 곧 천둥소리가 이제는 그 힘을 잃었다는 것이다.

　六五는 천둥소리가 왕래往來하는 까닭으로 지극히 염려스러우니 생각을 바로하고 나아가면 하고 있는 일을 잃지 않는다는 것은, 나아가 행行하는 일이 염려스러우나 오음五陰 중정中正의 부드러운 기운으로 행하는 까닭에 잃어버리는 일이 없다는 것이다.

　上六은 천둥소리가 끊이지 않는 까닭에 눈을 두리번거리며 본다. 정벌하면 흉凶하다. 천둥소리를 몸으로 느끼지 말고 이웃에서 난다고 생각하면 허물이 없다. 혼인婚姻은 말이 있을 것이라고 한 것은, 아직 마땅한 자리를 얻지 못했다는 것이며, 흉凶함은 있으나 잘못이나 허물이 없다는 것은 이웃의 경계警戒를 두려워한다는 것이다. 주어진 상황이 두려우며 아직 자신에게 벌어지지 않은 일이라면 이웃이 아니겠는가. 남의 재앙을 보고 스스로 경계해야함을 이르는 것이고 제 분수를 지키라는 의미이다.

　震爲雷진위뢰: ☳ 震上, ☳ 震下
　有才兼有藝 유재겸유예/ 재주와 더불어 예술적藝術的인 면도 갖추었으니,
　工業必有巧 공업필유교/ 공업工業을 하는데 있어 반드시 기교技巧가 필요하다네.

六害從前起 육해종전기/ 6가지의 재해災害가 일을 일으키기 전에 따르는 까닭으로
終得不成器 종득불성기/ 마침내 얻기는 얻되 제 그릇을 일구지 못한다네.

겉으로 드러나는 말이나 행동行動, 모양새 따위가 제법 당당하고 외향적外向的인 성격性格을 보이기는 하지만, 지극히 말수가 적고 침착한 모습을 보이는 사람이다. 그러나 사물事物의 바른 이치理致에 매우 어두운 까닭으로 분수分數에 맞지 않은 일을 덜컥 벌이고는 이를 문제로 삼지 않고 가외加外의 것으로 보아 넘기는 무책임無責任한 성격을 지녔다. 때문에 주변 사람들을 놀라게 하고 허세虛勢나 허설虛說, 허풍虛風 따위를 떨면서 자신의 본모습을 숨기며, 항상 뒤가 무른 성격性格으로 인하여 재물財物에 대한 손해損害가 많고 정신적精神的으로도 아둔함을 크게 벗어나지를 못한다. 그리고 가지거나 지닌 것이 많아도 이를 지키지 못하고 헛되게 잃어버리는 사람이며, 말과 행위行爲 등이 요란搖亂할 뿐, 실속을 챙기지 못하는 사람이다.

세상사에 대하여, 삶에 대하여 두려워하지 않은 성격性格이나, 지극至極히 대책對策이 없는 삶을 살아가며, 무계획적無計劃的으로 일을 벌이는 통에 늘 일에 쫓기며 살아가지만 크게 얻을 것 없이 몸과 마음만 바쁠 뿐이다. 스스로가 경험經驗을 통해 얻은 것만을 신봉信奉하고 타인他人의 진심眞心어린 충고忠告나 의견意見을 받아들이지 않으면서 눈과 귀를 닫아버리는 어두운 사람이다. 때문에 침착하고 냉정冷靜한 태도를 지니면서 매사每事에 진중鎭重히 처신處身해야 할 것이다.

지극히 빠른 변화變化에 적응適應하지 못하고 대처對處하지 못하는 성격性格으로 그르침이 많은 인물이며, 목표目標를 눈앞에 두고도 이를 실행實行으로 옮기기가 힘든 사람이다. 때문에 언행言行을 삼가고 조심하며 스스로가 처한 상황을 제대로 인지認知하면서 이 상황을 두려워해야 한다. 또한 반성反省뿐만 아니라 몸과 마음의 수양修養에 힘을 써야만 한다.

삶에 대한 두려움이나 어려움 따위란 시간이 지나고 나면 늘 평상시平常

時와 다를 바가 없지 않던가. 또한 좋은 기운氣運이란 언행言行을 삼가고 조심하면서 스스로의 잘못이나 허물에 대하여 두려하면 찾아오는 것이 아니던가. 어두운 일과 밝은 일이 맞닥뜨리면 위기危機는 찾아오는 것이니, 냉정冷靜하게 판단判斷하고 사소한 미련 하나라도 남겨서는 안 된다. 어느 정도 시간이 지나고 나면 되찾을 수 있는 것이며, 말과 행동을 삼가고 조심하면 다시는 뜻밖의 불행한 일이 찾아오지 않는다.

　허세虛勢와 허설虛說, 허풍虛風 따위는 그 힘이 오래가지 않고 쉽게 잃은 것이니, 이를 이용해서 앞으로 나아가기는 매우 힘든 일이다. 그렇다고 물러서거나 달아나서는 안 되며, 겁에 질리거나 당황唐慌한 태도를 보인다면 흉한 꼴을 면하지 못하니, 늘 스스로 경계警戒하는 마음을 잃지 말아야 한다. 내용이 없이 헛된 기세氣勢만 요란할 뿐이니, 늘 눈과 귀, 아니 온 몸이 깨어있어야 한다.

4-5) 뇌풍항雷風恒: ☷ ☴ 震上 巽下 陰 ⇨ 太陽.

原文: 恒은 亨하여 无咎하니 利貞하고 利有攸往하나라. 象曰恒은 久也이니 剛上而柔下하고 雷風이 相與하고 巽而動하고 剛柔가 皆應이 恒이니 恒亨无咎利貞은 久於其道也이고 天地之道가 恒久而不已也이니라. 利有攸往은 終則有始也이니라. 日月이 得天而能久照하며 四時가 變化而能久成하며 聖人이 久於其道而天下가 化成하나니 觀其所恒而天地萬物之情을 可見矣리라.

象曰雷風이 恒이니 君子가 以하여 立不易方하나니라.

初六은 浚恒이라 貞하여 凶하니 无攸利하니라. 象曰浚恒之凶은 始에 求深也일세라.

九二는 悔는 亡하리라. 象曰九二悔亡은 能久中也니라.

九三은 不恒其德이라 或承之羞이니 貞이면 吝하리라. 象曰不恒其德하니 无所容也이로다.

九四는 田无禽이라. 象曰久非其位이니 安得禽也이리오.

六五는 恒其德이면 貞하니 婦人은 吉하고 夫子는 凶하니라. 象日婦人은 貞吉하니 從一而終也하고 夫子는 制義거늘 從婦하면 凶也니라.
上六은 振恒이니 凶하니라. 象日振恒在上하니 大无功也이로다.

直譯: 항恒은 매사에 형통亨通하는 괘이니 잘못이나 허물이 없다. 마음을 바르고 올곧게 지녀야 이로우며 가야할 곳이 있으면 이롭다. 상象에 이르기를 항恒은 변함이 없이 오래도록 지속한다는 것이니, 강한 기운은 위로 올라가고 부드러운 기운은 아래로 내려가면서 우레와 바람이 서로 따르며 유순柔順하게 움직이다. 강한 기운과 부드러운 기운이 모두 응應하는 것이 항괘恒卦이다. 항은 매사에 형통하는 괘이니 잘못이나 허물이 없으며 마음을 바르고 올곧게 지니면 이롭다고 한 것은 그 도道가 변함이 없이 오래도록 지속되기 때문이다. 천지天地의 도道는 항구恒久하여 끝이 없다. 가야할 곳이 있으면 이롭다고 한 것은 끝남이 있으면 곧 시작이 있다는 것이다. 해와 달이 하늘을 얻었기에 변함이 없이 오래도록 비출 수가 있고 사시四時가 변화變化하면서 오래도록 변함없이 이루어갈 수 있으며, 성인聖人이 그 도道를 오래도록 참구參究하면 천하天下가 조화롭게 이루어진다. 변함이 없이 오래도록 지속하는 항구성恒久性을 자세히 들여다보면 천지만물天地萬物의 정情을 가히 볼 수 있다.

상象에 이르기를 우레와 바람이 항恒이니, 군자君子가 이로써 덕德으로 다스리는 법을 세우고 그 의지를 바꾸지 않는다.

초구初九는 변함이 없이 오래도록 지속되는 깊은 도道다. 마음을 바르고 올곧게 지녀도 흉凶하니 이로울 것이 없다. 상象에 이르기를 변함없이 오래도록 지속되는 깊은 도가 흉하다는 것은 처음부터 너무 심원深遠한 도를 구한다는 것이다.

구이九二는 후회後悔가 없어진다. 상象에 이르기를 구이九二의 후회가 없어진다는 것은 능히 어느 한쪽으로 치우치지 않은 중정中正의 마땅한 자리에서 변함없이 오래도록 지속할 수 있다는 것이다.

九三은 그 덕德을 변함없이 오래도록 지속시키지 못해서 혹 모욕을 당할지도 모른다. 마음을 바르고 올곧게 지닌다 해도 허물이 있다. 상象에 이르기를 그 덕을 변함없이 오래도록 지속시키지 못하니 받아들이거나 마땅하게 여길 바가 없다는 것이다.

九四는 봄 사냥을 나가도 잡을 짐승이 없다. 상象에 이르기를 오래도록 그 자리에 있지 않아서 편안하게 짐승을 얻을 수 없다는 것이다.

六五는 변함없이 오래도록 그 덕德을 바르고 올곧게 지키면 부인은 길吉하고 남자는 흉凶하다. 상象에 이르기를 부인은 마음을 바르고 올곧게 지니면 길하다는 것은 하나를 쫓아 마친다는 것이니, 곧 오직 한 남편만을 섬긴다는 것이고 남자는 의로움으로 스스로를 억눌러야 하는데 여자를 쫓으면 흉凶하다는 것이다.

上六은 늘 변함없이 들고 일어서는 일이라 흉凶하다. 상象에 이르기를 늘 변함없이 들고 일어서는 마음이 위에 있으니 크게 공이 없다는 것이다.

解題: 뇌풍항雷風恒: ☳ ☴ 震上 巽下은 항구불변恒久不變의 상象으로 서로 호응呼應하는 것이 편안便安한 모습을 보여주고 서로가 서로에게 순환循環하면서 매사每事에 변함이 없는 안정安定된 흐름을 보여준다.

항恒이란 항상, 늘 언제나 변하지 않는 항구불변恒久不變의 상象을 이른다. 상괘上卦는 진괘震卦 ☳로서 성인成人이 된 장남長男이며, 하괘下卦는 손괘巽卦 ☴로서 성인이 된 장녀長女를 이르는 것이니, 서로 합하여 남자男子가 위에 서는 것이고 여자女子는 아래에 있으면서 순응順應하고 따르는 것이다. 또한 위로는 천둥소리震卦 ☳와 아래로는 바람巽卦 ☴이 서로 합하여 응하는 것이며, 만사萬事가 형통亨通하고 순조로운 것을 말한다. 그러면서 만물萬物을 생육生育하고 발전發展시키는 것이다. 때문에 일상적日常的인 생활生活패턴을 바꾸지 않고 그대로 유지維持한다는 것이며, 이를 지속持續시킴으로 인하여 생활生活의 안정安定을 얻게 됨을 이르는 것이다. 지금까지 이룩한 것을 튼튼하게 지킬 때이다. 사사로운 생각으로 망령妄靈된 꿈을 꾸지 말아야 할 것이며, 밖으로부터의 유혹誘惑을 조심해야 할 시기時期이다.

항恒은 장구長久하다는 말이다. 곧 변함없이 오래도록 지속된다는 것이다. 강강剛한 기운氣運이 위로 올라가고 유柔한 기운은 아래로 내려온다. 뇌성雷聲과 바람이 서로 응應하면서 순하게 움직이는 형상形象이다. 그러므로 항괘恒卦는 모든 일에 형통亨通하면서 마음을 곧고 바르게 가지면 허물이 없으며 이롭고 오래도록 그 도道에 머문다는 것이다. 천지天地의 도道는 항구恒久하여 끝남이 없으며, 해와 달이 하늘을 얻어 오래 비출 수 있고 사계절四季節이 변화變化하면서 오래도록 만물萬物을 생육生育하는 것이다. 때문에 성인聖人이 그 도道에 오래 머물면서 천하天下를 경영經營하는 것이다. 이 항구성恒久性을 깊이 들여다보면 천지만물天地萬物이 서로 화하여 이루어가는 정감情感을 볼 수 있다는 것이다.

象에 이르기를 우레震卦☳와 바람巽卦☴으로 된 것이 항괘恒卦다. 군자君子는 덕德을 세우고 스스로 세운 방침方針을 바꾸지 않는다. 곧 시대의 흐름이 도道를 행하여도 받아들여지는 시기라는 것이다.

初九는 깊고 변하지 않은 도道이니, 마음을 바르게 가져도 흉凶하고 이로움이 없다는 것은 너무 깊은 것을 구하기 때문에 흉하고 이롭지 않다는 것이다. 곧 처음부터 너무 일찍 알려고 드는 조급早急한 마음으로 인하여 오해誤解만 만든다는 것이다.

九二는 후회後悔가 없다는 것은 구이九二의 자리가 마땅한 중정中正의 자리이기 때문이다. 곧 이양二陽의 자리로 어느 한쪽으로 치우치지 않으면서 마땅히 지켜야 할 자리를 지키고 행할 바를 한다는 것이다.

九三은 그 지닌 덕德을 변함없이 오래토록 지키지 못하면 부끄러운 일을 당하고 마음을 바르게 가져도 허물이 있다는 것은 그 덕을 항구恒久히 지키지 못하면 더는 너그러운 마음으로 받아들일 수 없다는 것이다. 모욕을 당한 것이니, 변명이나 이유가 통하지 않는다는 것을 의미한다.

九四는 사냥을 나갔으나 짐승이 없다고 하는 것은 마땅히 머물 자리가 아닌 것이니, 오래 집착執着할 일이겠는가. 곧 제 고집대로 끌어온 일이라 미련을 두고 있다는 것이다.

六五는 항구恒久히 그 덕德을 지키지만 여자女子는 길吉하고 남자男子는 흉凶하다고 말한 것은 여자는 오직 한 남자만을 섬기기에 이롭고 남자는 대의명분大義名分을 따라야 하는데도 불구하고 여자의 뒤만을 좇기 때문에 흉凶하다는 것이다.

上六은 늘 변함없이 들고 일어선다는 것은 말만 앞세우면서 일을 만든다는 것이다. 곧 불안不安한 상태狀態에서 흔들리는 변함없는 도道이기 때문에 흉凶하다는 것이며, 더구나 윗자리가 그러하다는 것이다. 때문에 크게 공이 될 것이 없고 마무리가 되지 않은 일이 누적되어 몸과 마음만 고달플 수 있다는 것이다. 그 끝이 흉凶하지 않겠는가.

雷風恒뇌풍항: ☳ 震上, ☴ 巽下
和春陽起回 화춘양기회/ 봄과 화합和合하는 것은 양기陽氣가 돌아와 일어나는 것이니,
從亨自安樂 종형자안락/ 형통亨通함이 따르며 스스로 편안하고 즐겁다네.
轉爲富貴豊 전위부귀풍/ 한 바퀴를 돌아 부귀富貴가 풍족豊足하게 되고
優遊自樂人 우유자락인/ 한가롭게 잘 지내면서 스스로 즐거운 사람이라네.

4-6) 뇌수해雷水解: ☳ ☵ 震上 坎下 陰 ⇨ 少陰.
원문: 解는 利西南하니 无所往이라 其來復이 吉하니 有攸往이어든 夙하면 吉하리라. 象曰解는 險以動이니 動而免乎險이 解라. 解利西南은

往得衆也이고 其來復吉은 乃得中也이고 有攸往夙吉은 往有功也니
라. 天地가 解而雷雨를 作하며 雷雨가 作而百果草木을 皆甲坼하나
니 解之時가 大矣哉라.
象曰雷雨作이 解이니 君子가 以하여 赦過宥罪하나니라.
初六은 无咎하니라. 象曰剛柔之際라 義无咎也이니라.
九二는 田獲三狐하여 得黃矢니 貞하여 吉하다. 象曰九二貞吉은 得中
道也일세라.
六三은 負且乘이라 致寇至니 貞이라도 吝이리라. 象曰負且乘이 亦
可醜也이며 自我致戎이어니 又誰咎也이리오.
九四는 解而拇이면 朋至하여 斯孚이리라. 象曰解而拇는 未當位也일
세라.
六五는 君子가 維有解이면 吉하니 有孚于小人이리라. 象曰君子有解
는 小人의 退也니라.
上六은 公用射隼于高墉之上하여 獲之니 无不利로다. 象曰公用射隼
은 以解悖也니라.

直譯: 해解는 서남쪽이 이로운 괘이며, 갈 바가 없으면 되돌아오는 것이 길吉하고 갈 곳이 있으면 일찍 가는 것이 길하다. 상象에 이르기를 해解는 험한 것으로써 움직이는 것이고 스스로 움직여서 험한 곳으로부터 벗어나는 것을 해解라고 한다. 해解가 서남쪽이 이롭다고 한 것은 가면 함께 할 무리를 얻는다는 것이고 되돌아오면 길하다는 것은 이로써 어느 한쪽으로 치우치지 않은 가운데 자리를 얻는다는 것이다. 갈 곳이 있으면 일찍 가는 것이 길하다는 것은 가면 공덕功德이 있다는 것이다. 하늘과 땅이 풀리면 우레와 비가 만들어지며, 우레와 비가 만들어지면 온갖 과실과 초목이 이루어지고 싹을 틔우는 기운이 두루 미친다. 해解의 기운이 움직이는 때야말로 크다.

상象에 이르기를 우레와 비가 일어나 만들어가는 것이 해解이니, 군자君子가 이로써 지나친 잘못이나 허물을 용서하고 지은 죄마저도 용서한다.

初六은 잘못이나 허물이 없다. 상象에 이르기를 강한 기운과 부드러운 기운이 서로 만나는 것이라 당연히 허물이 없다는 것이다.

九二는 봄 사냥을 나가 여우 세 마리를 잡고 황금 화살을 얻었으니, 마음을 바르고 올곧게 지녀야 길吉하다. 상象에 이르기를 구이九二의 마음을 바르고 올곧게 지녀야 길하다는 것은 어느 한쪽으로 치우치지 않고 막힘이나 걸림이 없이 두루 원만한 중도中道를 얻었다는 것이다.

六三은 짐을 지고 수레에 탄 것이라 도둑이 찾아온다. 마음을 바르고 올곧게 지닌다 해도 부끄러운 일이다. 상象에 이르기를 짐을 지고 수레를 탔다는 것은 역시 추하다는 것이며, 본인 스스로 도둑이 찾아오게 만들었으니 또 누구의 잘못이나 허물이겠는가.

九四는 엄지발가락을 풀어놓으면 친구가 찾아오고 참됨과 믿음성이 있다. 상象에 이르기를 엄지발가락을 풀어놓는다는 것은 아직 자리가 마땅치 않다는 것이다.

六五는 오직 군자君子만이 어려움에서 풀리니 길吉하다. 소인小人은 참됨과 믿음성이 있어야 한다. 상象에 이르기를 오직 군자만이 어려움에서 풀린다는 것은 소인이 물러난다는 것이다.

上六은 공직에 있는 사람이 높은 담장 위에서 새매를 쏜다. 잡아들였으니 이롭지 않음이 없다. 상象에 이르기를 공직에 있는 사람이 새매를 쏜다는 것은 어그러진 폐를 풀었다는 것이다.

解題: 뇌수해雷水解: ☳ ☵ 震上 坎下는 어려움이 풀릴 상象으로 난제難題를 풀고 나면 물러서는 것이 좋으며, 눈이 녹고 만물萬物이 싹을 틔울 시기時機이니, 가장 중요重要할 때이다.

해解가 의미意味하는 것은 맨 것이나 얽힌 것을 풀다. 어려운 일을 처리處理하다. 번뇌煩惱에서 벗어나다. 라는 뜻으로 난제難題가 풀리고 해결解決된다는 것이다. 우레를 상징象徵하는 진괘震卦☳가 상괘上卦이며, 흐르는 물과 비를 상징象徵하는 감괘坎卦☵가 하괘下卦로 있다. 곧 천둥소리를 따라서 비가 내리는 형상形象으로 어렵고 힘든 시기時期가 끝나고 새롭게 출발出發할 수 있는 좋은 기회機會가 찾아온다는 것이다. 천둥소리를 따라 비가 내리는 것이니, 봄비를 이르는 것이다. 때를 놓치지 말고 몸과 마음을 삼가면서 신중愼重해야 할 때이다. 물론 새로운 희망希望과 함께 새로운 기회機會가 찾아오는 것이나, 게으른 몸과 마음으로는 잡을 수 없는 것이니, 늘 몸과 마음을 다해 노력努力하는 자세가 꼭 필요必要할 때이다. 그렇지 않으면 애써 찾아든 행운을 놓치고 허송세월虛送歲月한다는 것이다.

해解는 어렵고 힘든 것을 짊어지고 움직이는 것이며, 스스로의 힘으로 움직여 험난險難한 곳에서 벗어나는 것을 이른다. 서남西南쪽으로 움직이면 길하다고 한 것은 나와 함께 할 수 있는 무리를 얻는다는 것이다. 갈 곳이 없으면 돌아오는 것이 길하다는 것은 곧 중정中正의 자리를 얻는다는 것이다. 갈 곳이 있으면 빨리 가야 길하다고 한 것은 가면 스스로에게 공功이 있다는 것이다. 하늘과 땅의 어려움이 풀리면 우레와 비가 일어나고 천둥소리를 따라 비가 내리면 온갖 초목草木들의 껍질이 터지고 새싹이 움튼다. 이 해괘解卦의 시기時期야 말로 매우 중요重要하다는 것이다.

象에 이르기를 우레震卦☳와 비坎卦☵가 일어나는 것이 해괘解卦다. 군자君子는 이를 보고 과실過失을 없애주고 죄를 용서한다는 것이다.
初六의 허물이 없다는 것은 강剛한 것과 유柔한 것이 서로 응應하여 합하니 허물이 없다는 것이다. 곧 위아래가 서로 합하고 응하면서 받아들인다는 것을 이른다.
九二는 사냥을 나섰다가 세 마리의 여우를 잡고 황금 화살을 얻었다. 때문에 마음을 곧고 바르게 가지면 길하다는 것은 구이九二의 자리가 중도中道를 얻었다는 것이다. 곧 중도中道의 자리라는 것은 어느 한쪽으로 치우치지 않으며 막힘이나 걸림이 없이 두루 원만한 자리라는 것이다. 때문에 사사로운 사건이나 삿된 것을 처낸다는 것이다.

六三은 짐을 지고 수레를 타니 도둑이 찾아오게 된다. 마음을 곧고 바르게 가져도 부끄러운 일을 당한다고 한 것은 등에 짐을 지고 수레까지 탔으니 추해보이는 것이며, 스스로 있는 것을 내보이며 도둑을 불렀으니 누구를 탓할 수 있겠느냐는 것이다. 스스로가 불러들인 결과이며 이는 어리석은 자가 높은 자리에 앉아 위세를 부린다는 것이다.

九四는 엄지발가락을 풀어놓으면 친구가 따라오고 참됨과 믿음성이 있다는 것은 아직 자리가 마땅치는 않으나 몸과 마음을 다한 정성精誠이면 친구를 얻을 수 있다는 것이다.

六五는 군자君子만이 오직 어려움에서 풀리고 길하다. 소인小人은 몸과 마음을 다한 성실誠實함이 있어야 한다는 것은 군자君子의 용서와 사랑을 말하는 것으로 원만圓滿하게 하면 길하고 소인小人은 몸과 마음을 다한 성실誠實함만이 살길이라는 것이다.

上六은 벼슬자리에 있는 사람이 새매를 쏴서 잡으니 이롭지 않음이 없다는 것은 마음에 거슬리거나 어려운 면을 시원하게 풀었다는 것이다.

雷水解뇌수해: ☳ 震上, ☵ 坎下
衿袍金鱗閣 영포금린각/ 화려한 두루마기를 걸치고 금린각金鱗閣에 오르니,
粉粉訟話多 분분송화다/ 송사訟事가 분분粉粉하고 이야기가 많다네.
能快千人訟 능쾌천인송/ 많은 사람의 송사訟事를 시원하게 풀어주는 일에 능能하니,
人聲騰愈加 인성등유가/ 사람들 사이의 소문이 더욱 오르면 올랐지 못하지 않다고 한다네.

4-7) 뇌산소과雷山小過: ☳ ☶ 震上 艮下 陰 ⇨ 少陽.

原文: 小過는 亨하고 利貞하니 可小事이고 不可大事이니 飛鳥遺之音에 不宜上이고 宜下이면 大吉하리라. 象曰小過는 小者가 過而亨也이니 過以利貞은 與時行也니라. 柔得中이라 是以小事가 吉也이고 剛失位 而不中이라 是以不可大事也이니라. 有飛鳥之象焉하니라. 飛鳥遺之音 不宜上宜下大吉은 上逆而下順也일세라.

象曰山上有雷가 小過이니 君子가 以하여 行過乎恭하며 喪過乎哀하 며 用過乎儉하나니라.

初六은 飛鳥이라 以凶이니라. 象曰飛鳥以凶은 不可如何也니라.

六二는 過其祖하야 過其妣니 不及其君이오 過其臣이면 无咎이리라. 象曰不及其君은 臣不可過也니라.

九三은 弗過防之면 從或戕之면 凶하리라. 象曰從或戕之가 凶如何 也오.

九四는 无咎하니 弗過하여 遇之니 往이면 厲이라 必戒며 勿用永貞이 니라. 象曰弗過遇之는 位不當也이고 往厲必戒는 終不可長也일세라.

六五는 密雲不雨는 自我西郊이니 公이 弋取彼在穴이로다. 象曰密雲 不雨는 已上也일세라.

上六은 弗遇하여 過之니 飛鳥가 離之라 凶하니 是謂災眚이라. 象曰 不遇過之는 已亢也니라.

直譯: 소과小過는 형통亨通하는 괘이니, 마음을 바르고 올곧게 지녀야 이롭다. 작은 일은 할 수 있지만 큰일은 할 수 없다. 날아오르는 새 가 소리를 남기는 것이니, 위로 오르는 것은 마땅하지가 않고 아래 로 내려가는 것은 마땅하므로 크게 길吉하다. 상象에 이르기를 소 과小過는 작은 것이 지나침으로 인하여 형통하다는 것이다. 지나침 으로써 마음을 바르고 올곧게 지녀야 이롭다는 것은 때와 더불어 행한다는 것이다. 부드러운 기운이 치우치지 않은 자리를 얻은 것, 이 일을 두고 작은 일은 길하다는 것이고 강한 기운이 자리를 잃어서 치우치지 않은 가운데 자리를 갖지 못한 것, 이것이 바로 큰 일을 할 수 없다는 것이다. 날아오르는 새의 형상이 있다. 날아오르는 새가 소리를 남기고 위로 오르는 것은 마땅치 않고 아래로 내려가는 것은 마땅하니 크게 길吉하다는 것은 거슬러 오르거나 내려가는 것은 도리를 따른다는 것이다.

상象에 이르기를 산 위에 우레가 있는 것이 소과小過이니, 군자君子가 이로써 행하는 것이 지나치게 공손하며, 잃어버리는 일에 대하여 지나치게 슬퍼하고 씀씀이에 검소함이 지나치다.

초육初六은 새가 날아오르는 까닭으로 흉凶하다. 상象에 이르기를 새가 날아오르는 까닭으로 흉하다는 것은 어떻게 할 수 없다는 것이다.

육이六二는 그 할아버지를 지나쳐 그 할머니를 만난다. 그 군주에게는 미치지 못하고 그 신하를 만나니 잘못이나 허물이 없다. 상象에 이르기를 그 군주에게 미치지 않는다는 것은 신하를 지나칠 수 없다는 것이다.

구삼九三은 지나치지 않고 막으면 이를 쫓아 혹 해害를 입을지도 모르니 흉凶하다. 상象에 이르기를 이를 쫓아 혹 해를 입을지도 모른다는 것은 어느 정도, 어떻게 흉凶할까 하는 것이다.

구사九四는 잘못이나 허물이 없으니 지나치지 않아도 만나고 가면 위태로우니 반드시 경계해야 한다. 쓰지 말라. 영원토록 마음을 바르고 올곧게 지녀야 한다. 상象에 이르기를 지나치지 않아도 만난다는 것은 자리가 마땅치 않다는 것이고 가면 위태로우니 반드시 경계해야 한다는 것은 결국 오래 갈 수 없다는 것이다.

육오六五는 구름은 잔뜩 끼었는데 비가 오지 않는다. 스스로 나는 서쪽 성 밖에 있다. 공직에 있는 이가 오늬에 줄을 매어 쏘는 화살로 굴속에 있는 그 사람을 취한다. 상象에 이르기를 구름은 잔뜩 끼었는데 비가 오지 않는다는 것은 이미 위에 올라가 있다는 것이다.

상육上六은 만나지 않고 그냥 지나치니 새가 날아서 떠나는 것이라 흉

凶하다. 이를 재앙이나 잘못, 허물이라고 이른다. 상象에 이르기를 만나지 않고 그냥 지나친다는 것은 이미 높아질 대로 높아졌다는 것이다.

解題: 뇌산소과雷山小過: ☳ ☶ 震上 艮下는 일어나는 일마다 겸허謙虛한 자세로 임하며, 스스로의 몸과 마음을 낮추는 상象이다. 산 위에서 천둥이 치는 것이니, 무리하게 일을 처리處理하려고 하면 문제問題가 일어날 것이다. 지금은 힘이 없을 때이니, 일에 따라 순응順應하는 것이 좋으며, 몸과 마음을 삼가고 말과 행동行動을 자제自制하면서 겸손謙遜해야 할 때라는 것이다.

소과小過는 작다고 여기다. 가볍게 여기다. 그 무엇에 미치지 못하다. 또는 지나친 면이 없지 않다 등의 뜻으로 천둥소리를 상징象徵하는 진괘震卦 ☳ 아래에 산山을 상징象徵하는 간괘艮卦 ☶가 있는 형상形象이다. 하늘의 천둥소리에 초목草木이 놀라고 움츠러드는 것이며, 그 기세氣勢에 거역拒逆하지 않고 순하게 따르는 것을 말한다. 또한 상괘上卦와 하괘下卦가 서로 등을 대고 있는 형상形象이며, 상괘上卦나 하괘下卦가 마땅치 못한 자리에 앉아 지극히 겸양謙讓의 자세를 취하고 있다. 때문에 적극적積極的으로 밀어붙이는 것보다는 소극적消極的인 자세로 매사每事에 조심을 기하면 크게 이롭다는 것이다. 무슨 일이든 도에 지나치지 않도록 경고警告한 것이다.

양효陽爻 삼·사양三·四陽은 그 자리가 마땅치 않다. 서로가 반목反目을 하는 격格이라 큰일을 치르기에는 요원遼遠한 일이며, 또한 일을 강행强行할 의기義氣도 부족不足하다. 때문에 무리無理하게 일을 진행進行하기보다는 마주대하여 드러난 상황狀況이나 형편形便에 따라 자연自然스럽게 순응順應하는 것이다.

작은 것이 지나쳐서 형통亨通하다는 것은 지극히 겸손謙遜하기 때문이라는 것이다. 이 지나침으로써 마음을 곧고 바르게 가지면 이롭다고 한 것은 삼·사양三·四陽이 때와 함께 행한다는 것이다. 유柔한 기운氣運이 가운데 자리를 얻어 작은 일에 길하다고 한 것은 이음二陰과 오음五陰을 이르는 것이며, 큰일을 할 수 없다는 것은 마땅치 않은 삼·사양三·四陽의 자리이기 때문이다. 이 형상形象이 하늘을 나는 새의 상象을 가지고 있는 것이며, 새가 날며 소리를 남기고 올라가는 것은 마땅치 않고, 내려가는 것은 마땅한 것이니 크게 길吉하다고 말한 것은, 올라가는 것은 거스르는 일이고 내려가는 것은 까다롭지가 않다는 것이다.

象에 이르기를 산 위에서 천둥소리가 울리는 것이 소과괘小過卦이다. 군자君子는 이를 따라 그 언행言行을 지나치게 낮추고 공손하며, 상喪일에 지나치게 슬퍼하고 돈을 아끼는 일에 있어서 지나칠 정도로 절약節約한다.

初六은 새가 날아오르니 흉하다고 한 것은 매사每事에 도에 지나치면 별 도리 없이 흉하다는 것이다. 곧 지나친 욕심으로 인하여 화를 불러들인다는 의미이다.

六二는 할아버지를 지나쳐 할머니를 만나고 군주를 만나기에 앞서 신하를 만나면 허물이 없다고 한 것은 그 차례次例를 따랐기 때문이다. 또한 몸과 마음을 겸손하게 가져야 한다는 것을 이른다.

九三은 지나치지 않고 막으면 이를 쫓아 뒤를 따르는 까닭으로 혹 해害를 입을지 모르니 흉하다고 한 것은 언제 위험危險이 닥칠지 모른다는 것이다. 마음만 앞서는 것을 경계하라는 것이다.

九四는 허물이 없을 것이니 과過하지 않아도 만날 것이며, 따라가면 위태로우니 경계警戒하면서 쓰지 말고 오래도록 마음을 곧고 바르게 가져야 한다고 말한 것은, 머물 자리가 마땅치 않다는 것이며 언행言行을 삼가고 신중愼重해야 한다는 것이다.

六五는 먹구름이 잔뜩 끼어 있어도 비가 내리지 않고 스스로 서쪽 성 밖에 있는데 공직에 있는 사람이 오늬에 줄을 매어 쏘는 화살로 굴속에 있는 그를 취한다고 한 것은, 이미 설 자리에 올라 선 것이며 인재人材를 구하기 위해 노력努力한다는 것이다.

　上六은 만나지 않고 지나쳐버린다. 새가 날아서 떠나니 흉하고 이를 재앙災殃이라고 말한 것은, 이미 지나치게 날아서 가버린 것이며 하늘 높이 날아 오른 새는 눈앞에서 보이지 않는다는 것이다. 돌아올 것이 무엇이겠는가. 재앙이나 잘못, 허물이라는 것은 천재天災와 인재人災를 이른 것으로 늘 함께 한다는 것이다.

雷山小過뇌산소과: ☳ 震上, ☶ 艮下
五鬼透林木 오귀투림목/ 오귀五鬼를 통해 나무숲을 환하게 보고
風月未易分 풍월미역분/ 자연의 아름다움을 알지만 아직 만상萬象의 변화를 분간分揀하지 못하는 것이라네.
茅屋荊山下 모옥형산하/ 띳집은 자연自然을 닮은 모양模樣인 것을
何人弔孤墳 하인조고분/ 어찌 사람이 외로운 무덤 앞에서 영혼靈魂을 위로하고 있는가.

4-8) 뇌지예雷地豫: ☳ ☷ 震上 坤下 陰 ⇨ 太陰.
原文: 豫는 利建侯行師하니라. 象日豫는 剛應而志行하고 順以動이 豫라. 豫順以動故로 天地도 如之인데 而況建侯行師乎여. 天地가 以順動이라 故로 日月이 不過而四時에 不忒하고 聖人이 以順動이라 則刑罰이 淸而民이 服하나니 豫之時義가 大矣哉라.
象日雷出地奮이 豫이니 先王이 以하여 作樂崇德하여 殷薦之上帝하여 以配祖考하니라.
初六은 鳴豫이니 凶하니라. 象日初六鳴豫는 志窮하여 凶也니라.
六二는 介于石이라 不終日이니 貞하고 吉하니라. 象日不終日貞吉은 以中正也니라.
六三은 肝豫라 悔며 遲하여도 有悔리라. 象日肝豫有悔는 位不當也일세라.

九四는 由豫라 大有得이니 勿疑면 朋이 盍簪하리라. 象曰由豫大有
得은 志大行也니라.
六五는 貞하되 疾하나 恒不死이로다. 象曰六五貞疾은 乘剛也이고
恒不死는 中未亡也니라.
上六은 冥豫니 成하나 有渝이면 无咎이리라. 象曰冥豫在上이어니
何可長也이리오.

直譯: 예豫는 제후諸侯를 세우고 군사를 일으키는 것이 이롭다. 상象에 이르기를 예豫는 강剛한 기운에 응應하여 뜻이 행해지고 도리道理에 따라 움직이는 것이 예이다. 예豫가 도리에 따라 움직이는 까닭으로 천지天地도 또한 이러하다. 하물며 제후를 세우고 군사를 움직이는 일에 있어서야 어떠하겠는가. 천지가 도리道理에 따라 움직인다. 이러한 까닭으로 해와 달이 도리를 어기지 않으며 사계절이 어긋나지 않고 성인聖人이 도리를 따라 움직이면서 형벌刑罰을 맑게 하여 백성이 따르는 것이다. 예豫의 때와 뜻은 크다.

상象에 이르기를 우레가 땅에서 나와 크게 떨치는 것이 예이니, 선왕先王이 이로써 음악을 만들어 덕德을 높이어 섬기니, 은나라에서는 음악을 상제上帝에게 올리고 이것으로써 조상에게 제사를 지낸다.

初六은 예豫가 울려 퍼지는 것이니 흉凶하다. 상象에 이르기를 초육初六의 예가 울려 퍼진다는 것은 뜻이 궁하여 흉하다는 것이다.

六二는 돌과 같이 단단한 것이니 하루도 안 되어 끝날 것이다. 마음을 바르고 올곧게 지녀야 길吉하다. 상象에 이르기를 하루도 안 되어 끝나지만 마음을 바르고 올곧게 지니면 길하다고 한 것은 어느 한쪽으로 치우치지 않고 막힘이나 걸림이 없이 두루 원만한 중정中正의 마땅한 자리이기 때문이다.

六三은 눈을 부릅뜬 예豫이니 후회後悔가 있으며 더디더라도 후회가 있다. 상象에 이르기를 눈을 부릅뜬 예이니 후회가 있다는 것

은 자리가 마땅치 않다는 것이다.

九四는 예豫로 말미암아 크게 얻는 것이 있으니, 의심하지 말라. 모든 친구가 신속하게 모인다. 상象에 이르기를 예로 말미암아 크게 얻는 것이 있다는 것은 뜻이 크게 행해진다는 것이다.

六五는 마음을 바르고 올곧게 지녀도 병이 있지만 오래도록 죽지 않는다. 상象에 이르기를 육오六五의 마음을 바르고 올곧게 지녀도 병이 있다는 것은 강한 기운을 탔다는 것이고 오래도록 죽지 않는다는 것은 한쪽으로 치우치지 않은 중정中正의 도道를 잃지 않는다는 것이다.

上六은 어둡고 아득한 예豫이니, 이루어지는 일이 변함이 없으면 잘못이나 허물이 없다. 상象에 이르기를 어둡고 아득한 예가 위에 있으니 어찌 오래 갈 수 있겠는가.

解題: 뇌지예雷地豫: ☳ ☷ 震上 坤下는 인심人心이 화락和樂할 상象으로 예豫란 사물事物의 바른 이치理致에 순응順應하면서 어긋나거나 변화變化가 없는 것을 이른다.

예豫라는 것은 어떤 일이 생기거나 벌어지기 전에 먼저, 마음이 평화平和롭고 즐거움, 행동行動이 느리고 일하기 싫어하는 성미性味와 버릇이 있다는 등의 뜻이 있다. 우레雷를 상징象徵하는 진괘震卦 ☳가 대지大地를 상징象徵하는 곤괘坤卦 ☷ 위에서 만물萬物이 움트려고 힘을 모으며 기운氣運을 즐겁게 일으키는 때이다. 예豫는 만물萬物을 생육성장生育成長시키는 대지大地의 도리道理에 순응順應하면서 움직이는 것震을 이른다. 이를 따라 하늘과 땅도 그 움직임을 같이 하면서 순조롭게 일이 되어가는 것이다. 하물며 인간人間의 일에 있어서야 어떠하겠는가. 해와 달의 움직임이 잘못되지 않으며, 4계절이 어김없이 돌아가고 성인聖人이 도리道理를 따라 움직이면서 모든 일이 올바르게 행해지며, 백성은 복종服從을 하는 것이다. 때문에 예豫

가 지닌 뜻 이란 참으로 무겁고 큰 것이다.

　힘들고 어려운 겨울이라는 시기時期를 벗어나 만물萬物이 태동胎動하는 봄의 기운이 응축凝縮되었다가 일어나는 것을 이른다. 때문에 일이 일어나기 전에 준비準備되어진 기운氣運의 발현發現이다. 그러므로 새로운 희망希望이 보이고 즐거움이 충만充滿한 때이며, 어려움을 벗어나 모든 것이 새로운 방향方向으로 나아가는 때이다. 그럴수록 매사每事에 신중愼重하고 몸과 마음을 다해 삼가야 하는 것이다. 경거망동輕擧妄動은 일을 그르치는 처음이 되는 것이니, 자만自慢하지 말고 충분充分한 준비準備가 필요必要한 것이다.

　象에 이르기를 우레震卦☷가 땅坤卦☷에서 나와 크게 떨치는 것이 예괘豫卦이다. 이를 보고 선왕先王은 음악音樂을 만들어 덕德을 높이고 위로는 하늘에 바치면서 이것으로 조상祖上을 위한다는 것이다.
　初六은 예豫가 울려 퍼지니 흉凶하다라고 한 것은 초육初六의 뜻이 곤궁困窮하여 흉凶하다는 것이다. 곧 준비準備되지 않은 상태狀態에서의 자만심自慢心을 경계警戒한 것이다.
　六二는 돌과 같이 단단한 까닭으로 하루도 안 되어 끝날 것이니, 마음이 바르고 올곧아야 길吉하다고 말한 것은 어느 한쪽으로 치우치지 않은 중정中正의 마땅한 자리에 앉아있는 부드러운 기운二陰이기 때문이다.
　六三은 눈을 부릅뜬 예豫이니 후회後悔가 있을 것이며, 더디더라도 후회後悔가 있다고 한 것은 그 자리가 정당正當하지 못하다는 것이다. 곧 눈을 떴다고 한 것은 세속世俗의 권력權力이나 위신威信, 명예名譽 따위에 빌붙는다는 것이다. 일찍 알아 대비를 하거나 더디게 움직이더라도 타인에게 의지하면 후회할 일이 있다는 것이다.
　九四는 이 예豫로 말미암아 크게 얻는 것이 있으니, 의심疑心하지 말라. 친구親舊가 모인다고 말한 것은 4양四陽의 기운氣運이 크게 이끌면서 크게 행行하고 받아들인다는 것이다. 곧 즐거움을 밖으로 드러내는 것이며, 의지意志대로 이끌면서 원하는 바를 얻는다는 것이다.

六五는 마음이 올곧고 바르면 병에 걸리더라도 오래도록 죽지 않는다고 한 것은 오음五陰의 기운氣運이 4양四陽의 강강剛한 기운氣運을 탄다는 것이며, 오음五陰이 치우치지 않은 부드러운 중정中正의 도道, 그 자리를 잃지 않는다는 것이다.

上六은 어둡고 아득한 예豫이니 이루어지는 일에 변함이 없으면 허물이 없다고 한 것은 어둡고 아득한 예豫가 위에 있으니 이 일이 어찌 오래 갈 수 있겠냐는 것이다. 곧 아둔함으로 인하여 제자리를 잃고 후회할 일이 있지만 스스로의 잘못을 뉘우치면 크게 허물은 없다는 것이다. 스스로의 어둡고 아득한 마음이 제자리를 잃게 만든다는 것을 의미한다.

雷地豫뇌지예: ☳ 震上, ☷ 坤下
美如蓮花貌 미여연화모/ 아름다움이 물오른 연꽃과 같으며,
才超壽王倫 재초수왕륜/ 재주가 수왕壽王의 도리道理를 뛰어넘는다네.
一朝君王側 일조군왕측/ 하루아침에 군왕君王의 측근側近이 되어
富貴榮華人 부귀영화인/ 부귀영화富貴榮華를 누리는 사람이라네.

5. 손괘巽卦 ☴

5-1) 풍천소축風天小畜: ☴ ☰ 巽上 乾下 陽 ⇨ 太陽.
5-2) 풍택중부風澤中孚: ☴ ☱ 巽上 兌下 陽 ⇨ 少陰.
5-3) 풍화가인風火家人: ☴ ☲ 巽上 離下 陽 ⇨ 少陽.
5-4) 풍뢰익風雷益: ☴ ☳ 巽上 震下 陽 ⇨ 太陰.
5-5) 손위풍巽爲風: ☴ ☴ 巽上 巽下 陰 ⇨ 太陽.
5-6) 풍수환風水渙: ☴ ☵ 巽上 坎下 陰 ⇨ 少陰.
5-7) 풍산점風山漸: ☴ ☶ 巽上 艮下 陰 ⇨ 少陽.
5-8) 풍지관風地觀: ☴ ☷ 巽上 坤下 陰 ⇨ 太陰.

5-1) 풍천소축風天小畜: ☴ ☰ 巽上 乾下 陽 ⇨ 太陽.

原文: 小畜은 亨하니 密雲不雨는 自我西郊이니라. 象曰小畜은 柔이 得位而上下를 應之할세 曰小畜이라 健而巽하며 剛中而志行하여 乃亨하니라. 密雲不雨는 尙往也이고 自我西郊는 施未行也니라.

象曰風行天上이 小畜이니 君子가 以하여 懿文德하나니라.

初九는 復이 自道이어니 何其咎이리오 吉하니라. 象曰復自道는 其義吉也니라.

九二는 牽復이니 吉하니라. 象曰牽復은 在中이라 亦不自失也니라.

九三은 輿說輻이며 夫妻反目이로다. 象曰夫妻反目은 不能正室也니라.

六四는 有孚이면 血去하고 惕出하여 无咎이리라. 象曰有孚惕出은 上合志也니라.

九五는 有孚이라 攣如하여 富以其隣이로다. 象曰有孚攣如는 不獨富也니라.

上九는 旣雨旣處에 尙德하여 載니 婦가 貞이면 厲하리라. 象曰旣雨旣處는 德이 積載也이고 君子征凶은 有所疑也이니라.

直譯: 소축小畜은 형통亨通하는 괘이다. 먹구름은 잔뜩 끼었지만 비는 내리지 않고 본인 스스로는 서쪽 성 밖에 있다. 상象에 이르기를 소축小畜은 부드러운 기운이 자리를 얻고 위아래가 서로 응應하는 것을 일러 소축小畜이라 한다. 굳세면서 유순하며 강剛한 기운이 어느 한쪽으로 치우치지 않고 뜻을 행하여 이에 형통한다. 먹구름은 잔뜩 끼었는데 비가 오지 않는다는 것은 오히려 가고 있다는 것이고 본인 스스로가 서쪽 성 밖에 있다는 것은 베푸는 일이 아직 행해지지 않는다는 것이다.

상象에 이르기를 바람이 하늘 위에서 부는 것을 소축小畜이라 하니, 군자君子가 이로써 문文과 덕德을 아름답게 한다.

초구는 되돌아오는 것이 스스로의 도道이니 그 어찌 잘못이나 허물이 있겠는가. 길吉하다. 상象에 이르기를 되돌아오는 것이 스스로의 도라는 것은 그 의의意義가 길하다는 것이다.

九二는 끌어당겨서 되돌아오는 것이니 길吉하다. 상象에 이르기를 끌어당겨서 되돌아온다는 것은 어느 한쪽으로 치우치지 않은 중도中道가 있다는 것이라 이 또한 스스로를 잃지 않는다는 것이다.

九三은 수레의 바퀴살이 제자리를 벗어나니 지아비와 아내가 서로 맞서서 미워한다. 상象에 이르기를 지아비와 아내가 서로 맞서서 미워한다는 것은 집안을 바르게 잡을 수 없다는 것이다.

六四는 참됨과 믿음성이 있기에 상처가 없어지고 근심 걱정에서 벗어나 허물이 없다. 상象에 이르기를 참됨과 믿음성이 있기에 근심 걱정에서 벗어났다는 것은 윗사람과의 뜻과 합한다는 것이다.

九五는 참됨과 믿음성이 있어 사람들과 이어진 듯이 하니 그 이웃과 풍족할 것이다. 상象에 이르기를 참됨과 믿음성이 있어 사람들과 이어진 듯이 하다는 것은 혼자서는 부자 행세를 못한다는 것이다.

上九는 이미 비가 내려서 자리를 차지하고 머물러 있다. 덕德을 높이어 섬김이 항상 하니, 부인이 바르고 올곧아도 위태롭다. 달이 보름에 가까우니 군자君子가 치러 가면 흉凶하다. 상象에 이르기를 이미 비가 내려서 자리를 차지하고 머물러 있다는 것은 덕德이 쌓여 있다는 것이고 군자가 치러 가면 흉하다는 것은 의심할 바가 있다는 것이다.

解題: 풍천소축風天小畜: ☴ ☰ 巽上 乾下은 작은 힘으로 큰 것을 누르는 상象이라 조급早急하게 굴면 다치는 일 뿐이니, 언행言行을 삼가고 신중愼重해야 한다는 것이다.

소축小畜이란 바람, 나무를 상징象徵하는 손괘巽卦☴가 하늘을 상징象徵하는 건괘乾卦☰ 위에 있으면서 작게 머물고 작게 모으면서 잠시 멈추어

있는 형상形象이다. 사음四陰의 부드러운 기운氣運이 위아래의 기운氣運을 잡고 있는 것이니, 음陰의 힘이 아직은 약한 때이다. 바람 따라 구름이 움직여 잔뜩 드리워져 있으나 비는 내리지 않은 상황狀況이다. 마음을 조급早急하게 먹지 말고 작게 머물고 힘을 모으면서 때를 준비準備해야 한다는 것이다. 그러면 크게 형통亨通할 수 있다는 것이니, 위아래의 양효陽爻가 음효陰爻 하나에 서로 호응呼應할 수 있기 때문이다. 작은 힘으로 큰 것을 움직이기 위해서는 나름 방법方法이 있는 것이니, 너무 조급早急해 하지 말고 노력努力하면서 준비準備를 해야 한다는 것이다. 매사每事에 신중愼重해야만 한다.

구름이 잔뜩 낀 하늘이다. 비가 내리기에는 잠시의 시간時間이 필요必要한 것이니, 몸과 마음을 삼가고 신중愼重해야 한다. 비라도 한바탕 내려 시원해질 것도 같지만 영 시답지 않은 것이다. 마음대로 되지 않으니 조급하게 굴지 말고 스스로를 준비準備시켜야 한다.

象에 이르기를 바람巽卦 ☴ 이 하늘乾卦 ☰ 위로 부는 형상形象이다. 이를 보고 군자君子는 몸과 마음을 삼가고 문文과 덕德을 아름답게 한다. 곧 스스로 닦고 노력하면서 때를 기다린다는 것이다.

初九는 제자리로 다시 돌아오는 것이 나의 도道이니 어찌 허물이 있겠으며, 오히려 길하다고 말한 것은 그 뜻이 곧고 바르다는 것이다. 앞서간 마음이나 행위를 추슬러서 스스로의분수를 알아 제자리로 돌아와 준비한다는 것이다.

九二는 끌어당겨서 되돌아오는 것이니 길吉하다고 말한 것은 마땅한 자리를 잃지 않고 중도中道의 길을 간다는 것이다. 이음二陰 부드러운 기운의 자리에 강한 기운이 들어서서 이끈다는 것이다. 때문에 어느 한쪽으로 치우치지 않은 중도의 길을 간다는 것이다.

九三은 수레의 바퀴살이 제자리를 벗어나니 지아비와 아내가 서로 맞서서 미워한다는 것은 무리수無理數를 둔 까닭에 수레가 부서지고 서로 등을 돌린다는 것이다. 삼양三陽과 사음四陰이 서로 융합融合하지 못하는 것을 이른다.

六四는 참됨과 믿음성이 있기에 상처가 없어지고 근심 걱정에서 벗어나니 허물이 없을 것이라고 한 것은, 윗사람과 뜻이 맞는다는 것이다. 곧 몸과 마음을 다한 성의誠意로 어려움에서 벗어남을 이르는 것이다.

九五는 참됨과 믿음성이 있어 사람들과 이어진 듯이 하니 그 이웃과 함께 풍족하게 될 것이라 말한 것은 혼자하기보다는 함께 나누고 서로를 위하는 것이 더욱 크다는 의미이다.

上九는 이미 비가 내려서 자리를 차지하고 머물러 있다. 덕을 높이어 섬김이 항상 하니, 부인婦人이 올곧고 바르더라도 위태롭다. 달이 보름에 가까우니 군자君子가 싸움을 하러 나가면 흉凶하다고 한 것은, 덕德은 이미 쌓여있고 머물 자리에 이미 머물러 있으며, 부인이 지나치게 앞으로 나아가면 도에 어긋나는 것이고 옳지 않다는 것이다. 달이 만월滿月이면 지는 일 밖에 더 있겠는가. 군자는 머문 자리에서 더 나아가면 안 되고 자중自重해야 한다는 것이다. 비가 내려 머물 자리에 처한 것은 이미 얻을 것은 다 얻었다는 것이 아닌가.

風天小畜풍천소축: ☴ 巽上, ☰ 乾下
折唇折齒 절진절치/ 놀란 마음을 가라앉히고 나이를 굽어보면서
千念未伸 천념미신/ 1800개의 염주 알을 꿰지 못하였다네.
諸事多魔 제사다마/ 모든 일에 마魔가 많이 따를 것이니,
一生不安 일생불안/ 한평생이 불안不安할 것이라네.

5-2) 풍택중부風澤中孚: ☴ ☱ 巽上 兌下 陽 ⇨ 少陰.
原文: 中孚는 豚魚이면 吉하니 利涉大川하고 利貞하니라. 象曰中孚는 柔在內而剛得中하니 說而巽할세 孚가 乃化邦也이니라. 豚魚吉은 信及豚魚也이고 利涉大川은 乘木이며 舟虛也이고 中孚하고 以利貞이면

乃應乎天也이리라.

象曰澤上有風이 中孚이니 君子가 以하여 議獄하며 緩死하나니라.

初九는 虞하면 吉하니 有他이면 不燕하리라. 象曰初九虞吉은 志未變也일세라.

九二는 鳴鶴이 在陰이거늘 其子가 和之로다. 我有好爵하여 吾與爾靡之하노라. 象曰其子和之는 中心願也니라.

六三은 得敵하여 或鼓或罷或泣或歌이로다. 象曰或鼓或罷는 位不當也일세라.

六四는 月幾望이니 馬匹이 亡하면 无咎이리라. 象曰馬匹亡은 絶類하여 上也니라.

九五는 有孚가 攣如이면 无咎이리라. 象曰有孚攣如는 位正當也일세라.

上九는 翰音이 登于天이니 貞하여 凶토다. 象曰翰音登于天이니 何可長也이리오.

直譯: 중부中孚는 돼지와 물고기면 길吉하니, 큰 냇물을 건너는 것이 이로우며 마음을 바르고 올곧게 지녀야 이롭다. 상象에 이르기를 중부는 부드러운 기운이 안에 있고 강한 기운이 치우치지 않은 가운데 자리를 얻은 것이다. 기뻐하면서 유순하게 또 참됨과 믿음성으로 이 나라를 따른다. 돼지와 물고기가 길하다는 것은 믿음이 돼지와 물고기까지 미쳤다는 것이고 큰 냇물을 건너면 이롭다는 것은 나무는 올라타고 배는 텅 비어 있다는 것이다. 중부가 마음을 바르고 올곧게 지녀야 이롭다는 것은 바로 하늘의 뜻에 응해야 한다는 것이다.

상象에 이르기를 연못 위에 바람이 부는 것이 중부中孚이니, 군자君子가 이로써 옥사獄事에 대하여 의논議論하고 죽이는 일을 늦춘다.

초구는 돼지와 물고기를 헤아리면 길吉하니, 다른 것이 있으면 편안하지가 않다. 상象에 이르기를 초구初九의 돼지와 물고기를 헤아리면 길하다는 것은 뜻이 아직 변하지 않았다는 것이다.

九二는 그늘진 곳에서 학이 울고 있으니 그 새끼가 응한다. 내가 좋아하는 벼슬이 있으니, 나는 너와 함께 할 것이다. 상象에 이르기를 그 새끼가 응한다는 것은 어느 한쪽으로 치우치지 않으며 막힘이나 걸림이 없이 두루 원만한 마음으로 바란다는 것이다.

六三은 적을 만나니 혹 북을 치기도 하고 그만두기도 하며, 혹은 울기도 하고 혹은 노래를 부르기도 한다. 상象에 이르기를 혹 북을 치기도 하고 그만두기도 한다는 것은 자리가 마땅치 않다는 것이다.

六四는 달이 만월에 가까우니, 짝이 되는 말이 없어졌으나 잘못이나 허물은 없다. 상象에 이르기를 짝이 되는 말이 없어졌다는 것은 같은 무리와 인연을 끊고 위로 올라갔다는 것이다.

九五는 참됨과 믿음성이 있어서 사람들과 연관되어진 듯이 하나 허물이 없다. 상象에 이르기를 참됨과 믿음성이 있어서 사람들과 연관되어진 듯이 한다는 것은 자리가 바르고 마땅하다는 것이다.

上九는 닭이 홰를 치는 소리가 하늘까지 오르니, 마음을 바르고 올곧게 지녀도 흉凶하다. 상象에 이르기를 닭이 홰를 치는 소리가 하늘까지 오른다는 것은 어찌 오래 갈 수 있겠느냐는 것이다.

解題: 풍택중부風澤中孚: ☴ ☱ 巽上 兌下는 움직임이 없는 것을 따스한 정으로 감화感化시키는 상象이며, 연못 위에 바람이 불어 움직이게 하는 것이니, 몸과 마음을 다한 성의誠意는 사람의 마음을 감동感動시키는 것이다. 서로가 서로에게 호응呼應하면서 화답和答하는 것이니, 진실眞實과 성실誠實함은 서로를 함께 하게 만든다는 것이다.

부孚란 과瓜와 자子를 합친 글자로 새는 알을 품었을 때, 발톱瓜으로 그 알을 굴려서 부화孵化시켜 새끼子를 깐다는 것이다. 때문에 그 뜻이 참되고 믿음성이 있다는 것이며, 이러한 마음의 바탕이 있는 까닭으로 사람들이 감동

感動하고 즐겁게 믿고 따른다는 것이다. 곧 새로운 생명生命을 일깨우는 형상形象이다. 연못을 상징象徵하는 이괘離卦☱ 위에 바람을 상징象徵하는 손괘巽卦☴가 있는 것이다. 곧 위에 있는 바람이 불어 연못의 물을 움직이는 형상形象이다. 삼음三陰과 사음四陰이 유柔한 기운氣運을 맞대고 있는 상象으로 위아래가 상응相應하게 하면서 참되게 합슴하는 것을 보인다.

　중부中孚는 부드러운 기운氣運, 곧 삼음三陰과 사음四陰이 안에 있고 강한 기운氣運이 가운데 자리, 곧 이양二陽과 오양五陽이 가운데 자리를 얻은 것이다. 때문에 돼지와 물고기에 길吉하다고 한 것이며, 냇물을 건너면 이롭다고 한 것은 나무를 파서 배를 만들었다는 것이고 몸과 마음을 다한 성실誠實함으로 하늘의 뜻에 순응順應한다는 것이다.

　象에 이르기를 연못 위에 바람이 불어 서로를 일깨우는 것이 중부괘中孚卦이다. 군자君子는 이를 보고 옥사獄事를 바르게 논의論議하여 따뜻한 정情으로서 사형死刑을 늦춘다는 것이다.

　初九는 돼지와 물고기를 헤아리면 길吉하고 다른 것이 있으면 불편不便하다고 한 것은 현재現在에 만족滿足하고 있으면 좋고 지나친 욕심慾心을 부리면 안 된다는 것이다.

　九二는 그늘진 곳에서 학이 울고 있으니 그 새끼와 응하고 내가 벼슬이 있으니 너와 함께 하겠다고 한 것은, 서로가 서로를 부르면서 응應하고 먹고 자고하는 일을 함께 한다는 것이다. 곧 어느 한쪽으로 치우치지 않은 중정中正의 마음으로 대한다는 것이다.

　六三은 적을 만나니 혹 북을 치기도 하고 그만두기도 하며, 혹은 울기도 하고 노래를 부르기도 한다는 것은, 적을 향해 나아가기도 하고 도망가기도 하면서 울고 웃은 사람이 있다는 것이니, 자리가 마땅치 않다는 것이다. 곧 지리멸렬支離滅裂한다는 뜻이다. 마음을 바로잡지 못하고 헤맨다는 것이다.

　六四는 달은 차오르고 함께 할 말馬은 없어졌으나 허물은 없다고 한 것은, 함께 할 사람과 인연因緣을 끊고 위로 올라간다는 것이니, 오양五陽과 손을 잡으면 탈이 없다는 것이다.

九五는 참됨과 믿음성이 있어 사람들과 연관되어진 듯이 하나 허물이 없다는 것은 오양五陽 중정中正의 자리로서 그 위치位置가 마땅하다는 것이다. 곧 어느 한쪽으로 치우치지 않고 막힘이나 걸림이 없는 바르고 마땅한 자리라는 것이다.

上九는 닭이 홰치며 우는 소리가 하늘에 까지 미치니, 마음을 곧고 바르게 가져도 흉하다고 한 것은 도에 지나침을 경계警戒한 것으로 아무리 좋은 일도 어찌 오래 갈 수 있겠느냐는 것이다.

風澤中孚풍택중부: ☴ 巽上, ☱ 兌下
太行山下水滔滔 태행산하수도도/ 크게 움직이는 산하山下의 물이 막힘없이 흐르고
三月 留未得福 삼월 류미득복 / 3월에 머무는 까닭으로 아직 복福을 얻지 못했다네.
木道取材爲舟楫 목도취재위주즙/ 나무를 재료로 취해 노를 만들어 건너고
遍得天下盡歡迎 편득천하진환영/ 천하를 두루 얻어 기쁘게 맞이하는 일에 극진하다네.

5-3) 풍화가인風火家人: ☴ ☲ 巽上 離下 陽 ⇨ 少陽.

原文: 家人은 利女貞하니라. 象曰家人은 女가 正位乎內하고 男이 正位乎外하니 男女正이 天地之大義也니라. 家人이 有嚴君焉하니 父母之謂也니라. 父父子子兄兄弟弟夫夫婦婦而家道가 正하리니 正家而天下가 定矣리라.
象曰風自火出이 家人이니 君子가 以하여 言有物而行有恒하나니라.
初九는 閑有家이면 悔이 亡하리라. 象曰閑有家는 志未變也니라.
六二는 无攸遂이고 在中饋이면 貞吉하리라. 象曰六二之吉은 順以巽

也일세라.

九三은 家人이 嗃嗃하니 悔厲이나 吉하니 婦子가 嘻嘻하면 終吝하리라. 象曰家人嗃嗃은 未失也이고 婦子嘻嘻는 失家節也니라.

六四는 富家이니 大吉하니라. 象曰富家大吉은 順在位也일세라.

九五는 王假有家이니 勿恤하여 吉하리라. 象曰王假有家는 交相愛也니라.

上九는 有孚하고 威如이면 終吉하리라. 象曰威如之吉은 反身之謂也니라.

直譯: 가인家人은 여자가 마음이 바르고 올곧아야 이롭다. 상象에 이르기를 가인家人은 여자가 안에서 위치를 바로 잡고 남자는 밖에서 자리를 바로 잡고 있는 것이다. 남녀의 자리가 바른 것은 하늘과 땅의 큰 뜻이다. 가인家人의 괘卦에 엄한 군주가 있다는 것은 부모父母를 이른다. 아비는 아비답고 자식은 자식답고 형은 형답고 아우는 아우답고 남편은 남편답고 아내는 아내다워서 집안 도道가 바르게 되니, 집안을 바르게 다스리면 천하天下가 안정된다.

상象에 이르기를 바람이 스스로 불에서 나오는 것이 가인家人이니, 군자君子가 이로써 말을 하는데 물건이 있고 행하는 일이 오래도록 변하지 않는다.

초구初九는 집안의 어려움을 막으면 후회後悔가 없어진다. 상象에 이르기를 집안의 어려움을 막는다는 것은 뜻이 아직 변하지 않았다는 것이다.

六二는 일을 성취成就하는 것이 없고 안에서 밥을 먹인다. 마음을 바르고 올곧게 지니면 길吉하다. 상象에 이르기를 육이六二의 길함은 순하게 따름으로써 공손하다는 것이다.

九三은 집안에서 사람이 부르짖으니 후회와 위태로움이 있으나 길吉하다. 아녀자가 히히거리며 웃으면 마침내 부끄러움이 있다. 상象에 이르기를 집안에서 사람이 부르짖는다는 것은 아직 잃지 않았다는 것이고 아녀자가 히히거리며 웃은 것은 가정의 예절을 잃었다는 것이다.

六四는 가정을 풍요롭게 하니 크게 길吉하다. 상象에 이르기를 가정을 풍요롭게 하니 크게 길하다는 것은 도리道理를 따름으로 그 자리에 있다는 것이다.

九五는 왕이 가정家庭을 가지게 되니, 근심하지 말라. 길吉하다. 상象에 이르기를 왕이 가정을 가지게 된다는 것은 서로 사귀어 사랑한다는 것이다.

上九는 참됨과 믿음성이 있으니, 위엄이 있는 듯이 하면 마침내는 길吉하다. 상象에 이르기를 위엄이 있는 듯이 하면 길하다는 것은 이 몸을 돌이켜 살펴보는 것을 이르는 것이다.

解題: 풍화가인風火家人: ☴ ☲ 巽上 離下은 가내외중정家內外中正의 상象으로 작지만 좋은 일이 복福을 불러들이는 것이니, 말과 행동行動을 삼가고 일을 벌이는 데 있어서 올바르게 이끌고 다스려야 한다는 것이다.

가인家人이란 집안의 사람, 처자권속妻子眷屬을 말한다. 가족家族 중심中心으로서의 여인女人이 해야 할 바른 덕목德目을 이른다. 가정家庭내에서의 일이든 밖에서의 일이든 중정中正의 자리를 지킨다는 것이다. 곧 중정中正이란 어느 쪽에도 치우침이 없이 올곧고 바른 것이며, 덧붙이면 지나치거나 모자람이 없이 알맞은 것을 뜻한다. 위로는 남편을 위하고 아래로는 자식을 위하면서 가정家庭을 원만圓滿하게 이끌어가는 것을 말한다.

불을 상징象徵하는 이괘離卦 ☲ 위에 바람을 상징象徵하는 손괘巽卦 ☴가 있다. 불은 위로 오르는 성질性質이니 바람을 따른다. 아내가 안에서 자리를 잡고, 곧 이음二陰의 마땅한 자리에 자리를 잡고 남편은 밖에서 자리를 바로 잡고 있는 것이다. 곧 오양五陽의 마땅한 자리를 말한다. 남편과 아내의 자리가 올바르다는 것은 천지天地의 큰 뜻이 아니던가. 엄한 어른이 있다는 것은 부모父母를 이르는 것이며, 아비는 아비답고 어머니는 어머니답고 아들은 아들답고 아우는 아우다우면서 집안의 도道가 바르게 잡히는 것이 아니던가. 가정家庭을 바르게 다스리면 천하天下가 안정安定된다는 것이다.

불 위에서 바람이 분다. 작은 불씨가 바람의 힘을 따라 크게 형통亨通할 상象이다.

象에 이르기를 불離卦☲이 타올라서 바람巽卦☴이 일어난다. 군자君子는 언행言行을 삼가고 결과물結果物을 들어 말하며, 행行하는 일에 있어 그 바탕을 단단히 하고 먼 앞을 내다본다. 작지만 좋은 일이 큰일을 달고 들어오는 것이니, 처음 마음먹은 일에 뜻을 두고 변함없이 행한다는 것이다.

初九는 집안의 어려움을 막으면 후회後悔할 일이 없다고 한 것은, 처음에 가진 뜻을 아직 잃지 않았다는 것이다.

六二는 이루는 일이 하나 없어도 밥을 먹이면서 마음을 바르고 올곧게 지니면 길吉하다고 한 것은 이음二陰의 길吉함을 뜻하는 것으로 순종順從하면서 현모양처賢母良妻를 취한다는 것이다.

九三은 사람들이 집안에서 소리를 질렀지만 이를 후회後悔하고 있으면 위태로우나 길吉할 것이며, 부녀자婦女子가 히히거리며 웃으면 마침내 부끄러운 일이 있다고 한 것은, 남자가 스스로의 잘못을 알고 뉘우치면 좋다는 것이고 부녀자가 쓸데없이 히히거리며 예禮를 잃으면 질책叱責을 받는다는 것이다.

六四는 가정家庭을 풍요롭게 하니 크게 길吉하다는 것, 부드러움으로 가정家庭을 이끌고 순하게 따르는 일로서 마땅한 자리에 있다는 것이다.

九五는 왕이 가정家庭을 이루었으나 걱정할 일이 아니니 길吉할 것이라고 한 것은, 왕이 가정家庭을 화목和睦하게 다스리고 서로 사랑하면서 합한다는 것이다.

上九는 몸과 마음을 다한 성실誠實함과 위엄威嚴을 갖추었으니, 마침내 길할 것이라고 한 것은, 몸과 마음을 다해 스스로의 잘잘못을 돌아보고 반성反省하면서 스스로의 위신威信이나 체면體面 따위를 갖춘다는 것이다. 어찌 길吉하지 않겠는가.

風火家人풍화가인: ☴ 巽上, ☲ 離下
琴聲淸音本無私 금성청음본무사/ 거문고 소리의 맑은 음音은 본래 사사롭지 않고
春風滿洋自轉明 춘풍만양자전명/ 봄바람이 넘치도록 가득하니 스스로가 밝아지네.
一家一門自春色 일가일문자춘색/ 한집안 대문마다 봄기운이 자연스럽고
未聞高閣訟事聲 미문고각송사성/ 높은 누각집에서 송사訟事가 있다는 소리를 아직 듣지 못했다네.

5-4) 풍뢰익風雷益: ☴ ☳ 巽上 震下 陽 ⇨ 太陰.

原文: 益은 利有攸往하며 利涉大川하니라. 象曰益은 損上益下하니 民說无疆이고 自上下下하니 其道가 大光이라. 利有攸往은 中正하여 有慶이고 利涉大川은 木道가 乃行이라 益은 動而巽하여 日進无疆하며 天施地生하여 其益이 无方하니 凡益之道가 與時偕行하나니라.
象曰風雷가 益이니 君子가 以하여 見善則遷하고 有過則改하나니라.
初九는 利用爲大作이니 元吉이라야 无咎이리라. 象曰元吉无咎는 下가 不厚事也일세라.
六二는 或益之면 十朋之라 龜도 弗克違나 永貞이면 吉하니 王用享于帝라도 吉하리라. 象曰或益之는 自外來也니라.
六三은 益之用凶事에는 无咎이어니와 有孚中行이어야 告公用圭리라. 象曰益用凶事는 固有之也일세라.
六四는 中行이면 告公從하리니 利用爲依며 遷國이니라. 象曰告公從은 以益志也니라.
九五는 有孚惠心이라 勿問하여도 元吉하니 有孚하여 惠我德하리

라. 象曰有孚惠心이라 勿問之矣며 惠我德이 大得志也니라.

上九는 莫益之라 或擊之리니 立心勿恒이라 凶하니라. 象曰莫益之는 偏辭也이고 或擊之는 自外來也니라.

直譯: 익益은 갈 곳이 있어야 이로우며 큰 냇물을 건너야 이롭다. 상象에 이르기를 위의 것을 덜어서 아래를 더해주는 것이니, 백성의 기쁨은 그 끝이 없다. 스스로 위에서 아래로 내려오는 것이니, 그 도道가 크게 빛이 난다. 갈 곳이 있어야 이롭다는 것은 어느 한쪽으로 치우침이 없는 중정中正의 자리에 경사慶事가 있다는 것이고 큰 냇물을 건너야 이롭다는 것은 나무의 올바른 쓰임새를 행하라는 것이다. 익益은 움직임이 매우 유순하고 날마다 전진하는 일에 있어서 한이 없으며, 하늘이 베풀고 땅이 낳으니, 그 이익이 되는 일이 장소와 때가 없다. 무릇 더해주는 도道란 때와 함께 더불어 행해져야 한다.

상象에 이르기를 바람과 우레로 이루어진 것이 익益이니, 군자君子가 이로써 선善을 보면 곧 바로 실천하고 잘못이나 허물이 지나치면 즉시 고쳐나간다.

初九는 큰일을 만들어 쏨쏨이로 활용하는 것이 이로우니, 크게 길吉하고 잘못이나 허물이 없다. 상象에 이르기를 크게 길하고 허물이 없다는 것은 아랫사람의 일이 마음 쓰일 정도로 대단치 않다는 것이다.

六二는 혹여 귀중한 재화財貨로서의 이익利益이면 거북점이라도 어긋나지 않으니, 오래도록 마음을 바르고 올곧게 지니면 길吉하다. 왕이 제사를 지내더라도 길吉하다. 상象에 이르기를 혹여 이익이 있다는 것은 스스로 밖에서 온다는 것이다.

六三은 흉凶한 일을 사용하여 이익이 있어도 잘못이나 허물이 없다. 참됨과 믿음성으로 어느 한쪽으로 치우치지 않은 중도中道를 행하고 공후公侯에게 고하면서 하사받은 홀玉佩을 사용한다. 상象에 이르기를 흉한 일을 사용하여 이익이 있게 한다는 것은 본래부터 있었다는 것이다.

六四는 치우침이 없는 중도中道를 행하면서 공후公侯에게 고하고 따르게 한다. 남을 의지해야 이롭다. 나라를 옮긴다. 상象에 이르기를 공후에게 고하고 따르게 한다는 것은 이로써 뜻을 이익이 되게 한다는 것이다.

九五는 참됨과 믿음성이 있고 은혜로운 마음을 지닌 것이니, 묻지 않아도 크게 길吉하고 참됨과 믿음성이 있어서 나의 덕을 고맙게 여긴다. 상象에 이르기를 참됨과 믿음성이 있고 은혜로운 마음을 지닌 것이니 묻지 않아도 크게 길하며, 참됨과 믿음성이 있어서 나의 덕을 고맙게 여긴다는 것은 큰 뜻을 얻는다는 것이다.

上九는 이익이 되는 것이 없다. 혹여 쳐야 할지도 모르니, 항상 한 마음을 갖지 말라. 흉凶하다. 상象에 이르기를 이익이 되는 것이 없다는 것은 한쪽으로 치우치기 때문에 마음을 갖지 말라는 것이고 혹여 쳐야 할지도 모른다는 것은 스스로 밖에서 온다는 것이다.

解題: 풍뢰익風雷益: ☴ ☳ 巽上 震下은 위를 덜어서 아래를 더하는 상象으로 아래가 움직이니 위가 호응呼應하고 도움을 주는 것이며, 때문에 좋은 것을 보면 즉시 배우고 잘못이나 허물은 즉시 고치면서 매사每事에 적극적積極的으로 나서는 것이 좋다.

익益은 물水과 그릇皿을 합하여 그릇에 물을 더한다는 뜻이다. 따라서 넘친다는 뜻을 나타낸다. 위를 덜어서 아래를 채운다는 것이니, 바람을 상징象徵하는 손괘巽卦☴가 우레를 상징象徵하는 진괘震卦☳를 따르는 것이다. 하괘下卦인 우레가 움직이면 상괘上卦인 바람이 따라 움직이면서 돕는다는 것이다. 곧 익괘益卦는 위를 덜고 아래를 더하는 상象이다. 아랫사람은 그 은덕恩德을 기쁘게 받아들이고 군주君主의 도道 또한 빛을 내는 것이다. 위아래가 서로 힘을 합하여 적극적積極的으로 움직인다면 다 함께 기쁨을 얻을 것이다. 이음二 陰과 오양五陽이 중정中正의 마땅한 자리에서 서로가 호응呼應하고 있다. 때문에 큰 냇물을 건너도 이로울 것이며, 이는 목도木道,배로서의 의무를 바로 행행行하라는 뜻이다. 익괘益卦는 그 움직임이 지극히 유순柔順하고 늘 앞으로 나아가면서 매우 활동적活動的이다. 늘 바람과 같이 움직이면서 하늘은 베풀고 땅은 생육生育하는 것이니, 그 이익利益이 되는 일이 삼라만상森羅萬象에 가득하다. 무릇 위를 덜어 아래를 더해주는 도道는 적절適切한 때와 더불어 행해져야만 한다.

익益은 매사에 이롭고 도움이 되는 일이 있는 뜻으로 적극적積極的이면서 능동적能動的으로 움직일 때를 이른다. 아래의 커다란 뒷받침으로 크게 이루게 될 때이며, 위아래가 서로 호응呼應하면서 화합和合하고 서로가 서로를 이끌어줄 때이다.

象에 이르기를 우레震卦 ☳가 움직이면 바람巽卦 ☴이 따르면서 돕는 것이다. 군자君子는 이 괘卦를 보고 선善한 것을 보면 그대로 실행實行에 옮기고 잘못과 허물이 있으면 바로 고쳐나간다는 것이다.

初九는 큰일을 벌이는 것이 이롭고 이는 크게 길吉하면서 허물이 없다고 한 것은, 아랫사람이 하는 일은 그리 대단하지 않다는 뜻으로 이들에게 큰일은 맡기지 않는다는 것이다.

六二는 혹여 이익利益이 있을 수도 있으나, 큰 거북점의 징조徵兆라도 어긋날 수 있는 것이니, 마음을 곧고 바르게 가지면 길吉하며, 왕이 하늘에 제사를 지내면 길吉하다고 한 것은, 오양五陽의 도움이 있을 수 있다는 것이고 좋지 않은 징조徵兆가 보이더라도 흉하지 않을 것이며, 마음을 바르게 가지면 좋은 일이 있으면서 왕이 제사를 지내니, 이는 때에 맞은 것이라 길吉하다는 것이다.

六三은 흉凶한 일을 사용하여 이를 이익利益되게 하나 허물이 없으며, 몸과 마음을 다한 성실誠實함으로 중도中道를 행하고 공후公侯에게 고한 후

옥패玉佩를 사용한다고 한 것은, 스스로의 노력으로 벗어난 것을 이르며, 성실誠實함으로 치우치지 않은 중도中道를 행하면 위로부터 신뢰信賴를 얻는다는 것이다.

六四는 치우침이 없는 중도中道를 행하면서 공후公侯에게 고하고 따르게 한다. 남을 의지依支해야 이롭고 나라를 옮긴다는 것은, 중도中道를 지켜 행하면 윗사람이 믿고 따른다는 것이며, 이 신뢰信賴, 곧 오양五陽의 신뢰信賴를 바탕으로 도읍都邑을 옮기는 큰일도 순조롭게 이룰 수 있다는 것이다.

九五는 참됨과 믿음성이 있고 은혜恩惠로운 마음을 지니니 묻지 않아도 크게 길吉하고 참됨과 믿음성이 있어서 나의 은혜를 고맙게 여긴다는 것은, 말 그대로 윗사람은 자애自愛롭고 신뢰信賴를 얻으며, 아랫사람은 감사하게 여기면서 믿고 따른다는 것이다. 곧 오양五陽의 마땅한 자리이다.

上九는 이익 되는 것이 없다. 혹 쳐야 할지도 모른다. 항상 같은 마음을 지니지 못하면 흉凶하다고 한 것은, 제 잇속만을 챙기는 것은 한쪽으로 치우친 것이라 밖으로부터 위태로움이 온다는 것이며, 이는 스스로 불러들이는 것이고 몸과 마음을 다한 항상 한 마음이 아니면 흉凶하다는 것이다.

風雷益풍뢰익: ☴ 巽上, ☳ 震下
間寂靑山裡 간적청산리/ 평온平溫한 가운데 초목이 우거진 푸른 산 안에
蛟龍上樹繞 교룡상수요/ 교룡蛟龍이 나무 위에 몸을 감고 있다네.
自主平生節 자주평생절/ 본인 스스로가 평생平生 절개를 지키고
刑徒更留門 형도경류문/ 죄수罪囚가 다시 배움의 터에 들어 굳게 지키면서 머문다네.

5-5) 손위풍巽爲風: ☴ ☴ 巽上 巽下 陰 ⇨ 太陽.
原文: 巽은 小亨하니 利有攸往하며 利見大人하니라. 象曰重巽으로 以申命하나니 剛이 巽乎中正而志行하며 柔가 皆順乎剛이라 是以小亨하니 利有攸往하며 利見大人하니라.

象曰隨風이 巽이니 君子가 以하여 申命行事하나니라.

初六은 進退니 利武人之貞이니라. 상왈進退는 志疑也이고 利武人之貞은 志治也니라.

九二는 巽在牀下이니 用史巫紛若하면 吉하고 无咎리라. 象曰紛若之吉은 得中也일세라.

九三은 頻巽이니 吝하니라. 象曰頻巽之吝은 志窮也니라.

六四는 悔가 亡하니 田獲三品이로다. 象曰田獲三品은 有功也니라.

九五는 貞이면 吉하여 悔가 亡하여 无不利이니 无初有終이라 先庚三日하며 後庚三日이면 吉하리라. 象曰九五之吉은 位正中也일세라.

上九는 巽在牀下하여 喪其資斧이니 貞에 凶하니라. 象曰巽在牀下는 上窮也이고 喪其資斧는 正乎라 凶也니라.

直譯: 손巽은 작게 형통亨通하니 갈 곳이 있으면 이로우며 대인大人을 보면 이롭다. 상象에 이르기를 반복된 바람으로 명령을 되풀이하는 괘卦이다. 강剛한 기운이 어느 한쪽으로 치우침이 없는 중정中正의 마땅한 자리에서 뜻을 얻어 행해지며, 부드러운 기운이 모두 다 유순하게 강한 것을 쫓는다. 이것이 바로 작게 형통한다는 것이며, 갈 곳이 있으면 이롭고 대인을 보면 이롭다는 것이다.

상象에 이르기를 바람을 따르는 것이 손巽이니, 군자君子가 이로써 명령을 거듭 되풀이하여 일을 행한다.

初六은 나아가고 물러나는 것이니, 무인武人의 마음이 바르고 올곧아야 이롭다. 상象에 이르기를 나아가고 물러나는 것은 뜻을 의심한다는 것이고 무인이 마음을 바르고 올곧아야 이롭다는 것은 뜻을 다스려야 한다는 것이다.

九二는 공손하게 평상 아래에 앉아 있는 것이니, 만일 사관史官과 무속을 많이 쓰면 길吉하고 잘못이나 허물이 없다. 상象에 이르기를 만일 많이 쓰면 길하다는 것은 어느 한쪽으로 치우침이 없는 중도中道의 자리를 얻었다는 것이다.

九三은 자주 스스로를 낮추면 부끄럽다. 상象에 이르기를 자주 스스로를 낮추면 부끄럽다는 것은 뜻이 궁하다는 것이다.

六四는 후회後悔가 없어지는 것이니, 사냥을 해서 세 가지 물건을 얻는다. 상象에 이르기를 사냥을 해서 세 가지 물건을 얻는다는 것은 공功이 있다는 것이다.

九五는 마음을 바르고 올곧게 지니면 길吉하고 후회後悔가 없어지며, 이롭지 않음이 없다. 처음은 없고 끝은 있다. 경일庚日보다 앞선 3일이며, 경일庚日보다 뒤인 3일이다. 길吉하다. 상象에 이르기를 구오九五의 길吉함은 자리가 올바르고 어느 한쪽으로 치우치지 않으며 막힘이나 걸림이 없이 두루 원만한 자리에 있다는 것이다.

上九는 공손하게 평상 아래에 앉아 있다가 그 재물과 도끼를 잃는다. 마음을 바르고 올곧게 지니더라도 흉凶하다. 상象에 이르기를 공손하게 평상 아래에 앉아 있다는 것은 위가 궁하다는 것이고 재물과 도끼를 잃어버렸다는 것은 바로 잡아도 흉하다는 것이다.

解題: 손위풍巽爲風: ☴ ☴ 巽上 巽下은 사양辭讓하고 물러나는 유순柔順의 상象이다. 바람이란 사물事物을 만나면 부드럽게 스쳐지나가는 성질性質이니, 어찌 보면 우유부단優柔不斷한 면을 보이기 쉽다. 인정人情에 치우치는 면이 있으니, 지혜智慧있는 이의 도움이 필요必要하다.

바람을 상징象徵하는 손괘巽卦☴는 사물事物을 받아들여 감싸는 덕德을 나타내는 상象이다. 두 개의 손괘巽卦가 겹치는 형상形象으로 사양辭讓하고 스스로 물러나면서 부드럽게 따르는 것을 이른다. 이러한 유연柔軟한 사고방식思考方式으로 무슨 일에든 자연自然스럽게 적응適應을 하고 따라갈 수가 있는 것이다. 다만 이러한 면이 원칙原則을 버리고 언행言行을 삼가지 못하면서 가볍게 갈 수도 있으며, 우유부단優柔不斷해 보일 수도 있다. 때문에 앞으로 나아가지도 물러서지도 못하는 일에 빠져, 올바른 판단判斷을 할 수 없는 일로 인하여 실수失手가 많다는 것이다. 그러므로 지혜智慧로운 이의 도움이 필요必要하다는 것이다.

　이 괘卦는 위아래가 바람이니, 크게는 통하지 못해도 조금은 통하는 괘卦이다. 곧 거듭 겹치는 바람으로 같은 뜻이 중복重複되는 상象이다. 강강剛한 기운氣運, 곧 이양二陽과 오양五陽의 기운氣運이 어느 한쪽으로 치우치지 않은 중정中正의 마땅한 자리에 앉아 뜻을 세우고 행行하며, 부드러운 기운氣運은 유순柔順하게 강剛한 것을 따른다. 이것이 바로 조금은 통한다는 것이며, 나아가면 이로운 일이 있고 대인大人, 곧 지혜智慧로운 이를 만나면 모든 일이 순조롭다는 것이다.

　象에 이르기를 스스로를 낮추고 따르는 바람의 기운氣運이 풍괘風卦이다. 이를 보고 군자君子는 매사每事에 겸허謙虛한 마음으로 거듭하여 일을 행行한다는 것이다.
　初六은 나아가고 물러서는 일에 있어서 무인武人은 마음이 바르고 곧아야 이롭다고 한 것은, 진퇴進退에 있어서 확고確固한 믿음이 필요必要하며, 스스로의 마음을 올바르게 다스려야 한다는 것이다.
　九二는 공손하게 평상 아래 앉아 있으면서 사관史官과 무속을 많이 쓰면 길하고 허물이 없다고 한 것은, 스스로를 낮추고 사관史官의 도움을 받으며 신神의 도움을 받는다면 이양二陽의 강剛한 중도中道를 얻는다는 것이다.
　九三은 자주 스스로를 낮추어 평상 아래에 앉아 있으면 부끄러울 것이라고 한 것은, 겸손謙遜하게 따르면서도 이를 도에 지나치게 보인다는 것은 진실보다는 필요에 따른 모습이라 비굴卑屈해 보인다는 것이다.
　六四는 후회後悔가 없어지는 것이니, 사냥을 나가서 세 가지 물건을 얻었다는 것은, 공功을 세웠다는 것이다.
　九五는 마음을 바르고 올곧게 지니면 길吉하면서 후회後悔가 없어지고 불리不利한 것이 없다. 처음은 없고 끝은 있으니, 경일庚日보다 앞선 3일이며, 경일庚日보다 뒤인 3일이라 길吉하다고 한 것은. 오양五陽의 강剛한 기운氣運이 마땅한 자리에 앉아 바르게 행行한다는 것이다. 다만 행하기에 앞서 전삼일前三日, 후삼일後三日로 심사숙고深思熟考해야 한다는 것이다.

上九는 공손하게 평상 아래에 앉아 있다가 돈과 도끼를 잃었으니, 마음을 바르고 올곧게 지니더라도 흉凶하다고 한 것은, 도에 지나친 겸손함, 곧 순종적順從的인 모습은 위신威信이나 체면體面, 권위權威 따위를 잃게 만들지 않던가. 때문에 이러한 모습을 보인다면 아무리 올바른 일이라도 흉凶해 보일 것이 아닌가.

巽爲風손위풍: ☴ 巽上, ☴ 巽下
有順逢順事事順 유순봉순사사순/ 순順함이 있고 또 순함을 만나며 일마다 순조롭다네.
居榮多榮頻頻榮 거영다영빈빈영/ 영화롭게 살고 또 영화로운 일이 많을 것이며, 매우 잦을 것이라네.
南薰殿上淸烟鎖 남훈전상청연쇄/ 남쪽의 온화한 향내는 건물 위까지 연기를 피워 올리니,
光物與隆京華張 광물여륭경화장/ 빛나는 물건과 더불어 꽃으로 휘장을 치고 매우 풍성豊盛하다네.

겉으로 드러나는 모양새나 언행言行 등이 거칠거나 딱딱하지 않고 무르고 매끈하다. 또한 사람 됨됨이나 마음씨가 곱고 순하며 붙임성이 있고 일의 돌아가는 형편形便이나 행위行爲 등이 뻑뻑하지 않은 성격性格이다. 흠이나 거친 데가 없이 부드럽고 반들하며, 생김새가 보기에 날렵하고 말쑥하지만, 의지意志가 곧고 단호斷乎한 일면을 지닌 성품性品이며, 힘들고 어려운 세상사에 대하여 지극히 유연悠然한 적응력適應力을 보이는 인물人物이다.

혼란混亂하게 뒤섞인 논쟁論爭 속에 소리 없이 부드럽게 파고들어 제 위치位置나 의지意志를 바르게 세우고 설득시키는 무언의 힘을 가진 성격性格이며, 때때로 비난非難이나 질책叱責, 이유 없는 견제牽制를 받더라도 쉽게 물

러서지 않은 강한 사람이기도 하다. 그러나 매사每事에 남을 높이면서 스스로를 낮추고 아는 체하거나 잘난 체하지 않으면서 말과 행동 따위를 삼가는 태도態度를 보인다. 때문에 때때로 나아가고 물러감에 있어서 우유부단優柔不斷한 면을 보이기는 하지만, 그 속내는 밝게 알고 있는 까닭으로 세상사에 현명賢明하게 대처對處하는 인물人物이다.

더하지도 덜하지도 않으면서 자신을 낮추고 타인他人의 의견을 존중尊重하고 나아가고 물러서는 일에 있어 무리수를 두지 않는다. 때문에 문이 열리면 나아가 일을 행하면서 순조롭게 이끌고 항상 스스로의 언행言行에 대해서 삼가고 신중愼重함을 기한다. 그러나 겸손謙遜함이 과하면 마음에 진실성眞實性이 없어 보이고 본인의 뜻이나 생각과는 다르게 비난非難을 받거나 어려움에 처할 수도 있는 것이니, 심사숙고深思熟考하여 도에 지나치지 않도록 처신處身의 경계境界를 두어야 할 것이다.

매사每事에 스스로를 주체主體로 삼아 행위行爲를 해야 하는 것이 올바른 길이며, 자신의 위치를 탄탄하게 만드는 것이지만, 때때로 타인他人의 힘을 빌려서 남을 앞세우고 스스로의 능력能力을 키우는 일도 필요하다. 호사다마好事多魔라고 좋은 일에는 많은 나쁜 일들이 따라오는 것이니, 잠시 쉬어감도 옳은 일이며, 나아가는 일과 물러서는 일에 있어서 침착하게 판단하고 현명賢明하게 결정決定해야 만이 큰 허물이나 잘못에서 벗어날 것이다.

매사에 자신감自信感이 있더라도 삼가고 신중愼重해야 할 것이니, 그 까닭은 초목草木이 흔들리는 것을 보고난 후에야 바람이 부는 것을 알 수 있듯이, 한번 바람에 움직이면 걷잡을 수 없기 때문이다. 세상사世上事란 겉가량으로 대강 어림잡을 수 없기 때문에 아무리 사소한 일이라도 신중에 신중愼重을 기해야 한다.

5-6) 풍수환風水渙: ☴☴ ☵☵ 巽上 坎下 陰 ⇨ 少陰.

原文: 渙은 亨하니 王假有廟이며 利涉大川하니 利貞하니라. 象曰渙亨은 剛이 來而不窮하고 柔가 得位乎外而上同이라 王假有廟는 王乃在中

也이고 利涉大川은 乘木하여 有功也니라.
象曰風行水上이 渙이니 先王이 以하여 享于帝하며 立廟하니라.
初六은 用拯하되 馬가 壯하니 吉하니라. 象曰初六之吉은 順也일세라.
九二는 渙에 奔其机면 悔이 亡하리라. 象曰渙奔其机는 得願也니라.
六三은 渙에 其躬이 无悔니라. 象曰渙其躬은 志在外也일세라.
六四는 渙에 其群이라 元吉이니 渙에 有丘가 匪夷所思이리라. 象曰渙其群元吉은 光大也니라.
九五는 渙에 汗其大號이면 渙에 王居이니 无咎이리라. 象曰王居无咎는 正位也니라.
上九는 渙에 其血이 去하면 逖에 出하며 无咎이리라. 象曰渙其血은 遠害也니라.

直譯: 환渙은 매사에 형통하는 괘이니, 왕이 사당에 있게 된다. 큰 냇물을 건너는 것이 이로우며, 마음을 바르고 올곧게 지니면 이롭다. 상象象에 이르기를 환渙이 매사에 형통한다는 것은 강剛한 기운이 와서 궁窮하지 않다는 것이고 부드러운 기운이 밖에서 자리를 얻어 위上와 같기 때문이라는 것이다. 왕이 사당에 있게 된다는 것은 왕이 바로 어느 한쪽으로 치우치지 않은 가운데 자리에 있다는 것이고 큰 냇물을 건너면 이롭다고 한 것은 나무를 올라타므로 공功이 있다는 것이다.
상象象에 이르기를 바람이 움직여 물 위에 있는 것이 환渙이니, 선왕先王이 이로써 천제天帝께 제사를 올리고 사당을 세운다.
初六은 사람을 구조하는데 말이 굳세니 길吉하다. 상象象에 이르기를 초육이 길한 것은 도리를 따르고 거스르지 않는다는 것이다.
九二는 그 책상으로 달려가 몸을 기대면 후회後悔가 없어진다. 상象象에 이르기를 그 책상으로 달려가 몸을 기댄다는 것은 원하는 것을 얻었다는 것이다.

六三은 그 몸을 흩트리지만 후회後悔는 없다. 상象에 이르기를 그 몸을 흩트린다는 것은 뜻이 밖에 있다는 것이다.

六四는 그 무리를 흩어지게 만드니 크게 길吉하다. 흩어지게 하는 것이 언덕에 있으니 편안한 마음으로서는 생각할 바가 아니다. 상象에 이르기를 그 무리를 흩어지게 만드니 크게 길하다는 것은 빛이 크다는 것이다.

九五는 땀이 나도록 크게 부르짖는다. 왕이 지닌 것을 흩뿌리니 잘못이나 허물이 없다. 상象에 이르기를 왕이 지닌 것을 흩뿌리니 잘못이나 허물이 없다는 것은 바른 자리를 차지하고 있다는 것이다.

上九는 피가 흩뿌려지는 것이니, 근심이 가고 나면 잘못이나 허물이 없다. 상象에 이르기를 피가 흩뿌려진다는 것은 해로움을 멀리한다는 것이다.

解題: 풍수환風水渙: ☴ ☵ 巽上 坎下은 물건이 흩어지는 상象이며, 뿔뿔이 헤어진다는 것이니, 무슨 일을 하기에 앞서 조언助言을 구하고 신중愼重하게 결정決定해야만 한다는 것이다.

환渙이란 갈라져 흩어진다는 의미意味이며, 형상形象은 물坎卦☵ 위로 바람巽卦☴이 불면서 파랑을 일으키는 것이다. 또한 물坎卦☵ 위의 바람巽卦☴이라는 것은 목木, 곧 나무로 만든 배를 의미意味하는 것이니, 배가 물 위를 가는 것이다. 환渙이란 크게 발전發展하면서 형통亨通하는 괘卦이다. 환渙이 형통亨通하다는 것은 강强한 기운氣運, 곧 이양二陽의 기운氣運이 자리 잡고 있어서 곤궁困窮하지 않다는 것이며, 또한 부드러운 기운氣運, 곧 초음初陰과 삼음三陰의 기운氣運이 밖에서 자리를 잡고 있기 때문이다. 또한 이양二陽, 곧 왕이 가운데 자리에 있게 된 것이다. 큰 냇물을 건너는 것이 이로운 것은 배를 타고 나아가는 일에 있어 그 공功이 크지 않겠는가. 그러나 흩어진다는 의미意味를 지닌 이상, 앞으로 나아가기에 앞서 신중愼

重해야 하는 한다는 것이다. 그러면 다가올 위험危險이나 어려움을 이기고 바라고자 하는 뜻을 이룰 수 있다는 것이다. 순풍順風에 돛을 달고 앞으로 나가기는 하지만 준비準備하지 않으면 목적지目的地를 잃고 헤맨다는 것이니, 늘 철저徹底한 대비對備가 필요必要하다.

象에 이르기를 바람이 물 위에서 부는 것이 환괘渙卦이다. 선왕先王은 이를 보고 천제天祭를 지내고 종묘宗廟를 세워서 민심民心의 흐트러짐을 막는다.

初六은 사람을 구조하는데 말馬이 굳세니 길吉하다는 것은, 위험危險으로부터 구함을 받은 것이며, 순응順應하면 지극히 좋다는 것이다. 곧 이양二陽의 기운을 따르면 좋다는 것이다.

九二는 책상으로 달려가 몸을 기대면 후회後悔가 없을 것이라고 한 것은, 흩어질 상황狀況에 서둘러 의지처依支處를 찾아 원한 바를 이루었다는 것이다.

六三은 몸을 흩트리지만 후회後悔는 없을 것이라고 한 것은, 뜻을 밖에 두고 행하여 움직이는 것을 말한다. 때문에 후회後悔할 일이 없다는 것이다.

六四는 그 무리를 흩어지게 만드니 크게 길吉할 것이며, 흩어지는 곳에 언덕이 있으니 편안한 마음으로서는 생각하지도 못한다고 한 것은, 삿된 견해見解로 이합집산離合集散하는 이들을 쳐낸 것이라 길하고 그 곳이 언덕이라는 것은 높은 곳이니 무리가 모이는 자리를 말하는 것이다. 곧 빛이 있다는 뜻이다. 이룰 것을 이룬다는 것을 의미한다.

九五는 땀이 날 정도로 크게 부르짖는다. 왕이 지닌 것을 흩뿌리니 잘못이나 허물이 없다는 것은, 오양五陽의 기운氣運이 치우침이 없는 마땅한 자리에 앉아 안정安定된 것을 이른다.

上九는 피가 흩뿌려지는 것이니 근심이 가고 나면 아무 허물이 없을 것이라는 것은, 조심스럽게 위험危險하거나 해害가 됨을 멀리 해야 한다는 것이다.

風水渙풍수환: ☴ 巽上, ☵ 坎下
花開知歲月 화개지세월/ 꽃이 활짝 피어오르니 세월歲月이 감을 알겠고
花落本無香 화락본무향/ 떨어지는 꽃은 본래 향기香氣가 없다네.
不意靑山下 불의청산하/ 뜻밖에 초목이 우거진 푸른 산 밭아래 있으니,
狂風便是來 광풍편시래/ 휘몰아치는 거센 바람이 불어온다고 바로 알린다네.

5-7 풍산점風山漸: ☴ ☶ 巽上 艮下 陰 ⇨ 少陽.

原文: 漸은 女歸라 吉하니 利貞이니라. 象曰漸之進也는 女歸라 吉也니라.
進得位하니 往有功也이고 進以正하니 可以正邦也이니 其位는 剛得中也니라. 止而巽할세 動不窮이니라. 象曰山上有木이 漸이니 君子가 以하여 居賢德하고 善俗하나니라.
初六은 鴻漸于干이니 小子가 厲하여 有言이나 无咎이니라. 象曰小子之厲이나 義无咎也니라.
六二는 鴻漸于磐이라 飮食이 衎衎하니 吉하니라. 象曰飮食衎衎은 不素飽也니라.
九三은 鴻漸于陸이니 夫征이면 不復하고 婦孕이라도 不育하여 凶하니 利禦寇하니라.
象曰夫征不復은 離群하여 醜也이고 婦孕不育은 失其道也이고 利用禦寇는 順相保也니라.
六四는 鴻漸于木이니 或得其桷이면 无咎이리라. 象曰或得其桷은 順以巽也일세라.
九五는 鴻漸于陵이니 婦가 三歲를 不孕하나 終莫之勝이라 吉하리라. 象曰終莫之勝吉은 得所願也니라.
上九는 鴻漸于陸이니 其羽가 可用爲儀니 吉하니라. 象曰其羽可用爲儀吉은 不可亂也일세라.

直譯: 점漸은 여자가 시집을 가면 길吉하니, 마음을 바르고 올곧게 지녀

야 이롭다. 상象에 이르기를 점漸은 차례를 쫓아 나아가는 것이니, 여자가 시집을 가면 길하다는 것이다. 나아가서 자리를 얻으니 가면 공功이 있다는 것이고 나아감으로써 바르게 되는 것이니, 가히 나라를 바로 잡을 수 있다는 것이다. 그 자리는 강剛한 기운이 어느 한쪽으로 치우침이 없는 가운데 자리를 얻은 것이다. 멈추고 유순하게 따름으로서 움직임이 궁하지 않다.

상象에 이르기를 산 위에 나무가 있는 것이 점괘漸卦이니, 군자君子가 이로써 어질고 후덕한 자리에 머물면서 풍속을 선하게 한다.

初六은 큰 기러기가 차례를 쫓아 계곡으로 날아가니, 어린아이가 위태롭다. 말은 있으나 잘못이나 허물은 없다. 상象에 이르기를 어린아이가 위태롭다는 것은 의로운 일이라 잘못이나 허물이 없다는 것이다.

六二는 큰 기러기가 차례를 쫓아 너럭바위로 날아가 마시고 먹은 모습이 즐기면서 기뻐하는 모양이라 길吉하다. 상象에 이르기를 마시고 먹은 모습이 즐기면서 기뻐한다는 것은 실컷 배만 채우지는 않는다는 것이다.

九三은 큰 기러기가 차례를 쫓아 육지로 날아가 버린다. 지아비는 처러 가서 돌아오지 않고 아내는 아이를 갔더라고 키우지 않으니 흉凶하다. 도둑을 막은 것이 이롭다. 상象에 이르기를 남편이 처러 가서 돌아오지 않는다는 것은 무리를 떠나 사는 것은 추하다는 것이고 아이는 가졌지만 키우지 않는다는 것은 그 도道를 잃었다는 것이다. 도둑을 막은 것이 이롭다는 것은 유순함으로 서로 도와준다는 것이다.

六四는 큰 기러기가 차례를 쫓아 나무로 날아가는 것이니, 혹 나뭇가지를 얻을지도 모른다. 허물은 없다. 상象에 이르기를 혹 나뭇가지를 얻을지도 모른다는 것은 유순 하면서도 공손하다는 것이다.

九五는 큰 기러기가 차례를 쫓아 언덕으로 날아가는 것이니, 아내가 3년이 지나도록 아이를 갖지 못한다. 마침내 이기지 못할 것이라 길吉하다. 상象에 이르기를 마침내 이기지 못할 것이라 길하다는 것은 원하는 바를 얻는다는 것이다.

上九는 큰 기러기가 차례를 쫓아 산의 꼭대기로 날아가는 것이니, 그 깃을 의식에 사용할 수 있다. 길吉하다. 상象에 이르기를 그 깃을 의식에 사용할 수 있어 길하다는 것은 어지럽힐 수 없다는 것이다.

解題: 풍산점風山漸: ☴ ☶ 巽上 艮下은 차례次例를 쫓아 나아가는 상象으로 때에 맞추어 나아가고 사물事物의 이치理致에 맞게 올바르게 잡아가면서 착실着實하게 행하여야 한다. 또한 어질고 밝은 덕德을 굳게 지키면서 차례次例에 따라 점차로 이끌어야 한다는 것이다.

점漸이 의미意味하는 것은 차츰 나아가다. 천천히 움직여 배워나가다. 이끌어 통通하게 하다는 등의 뜻이 있으며, 눈앞에 쉽게 드러나지 않으나 점차적漸次的으로 나아짐을 말한다. 산山을 상징象徵하는 간괘艮卦 ☶ 위로 바람巽卦 ☴ 이 부는 형상形象이다. 나뭇가지가 움직이는 까닭으로 바람이 부는 것을 인지認知할 수가 있지 않는가. 때문에 손괘巽卦 ☴ 는 바람을 뜻하기도 하지만 나무木를 뜻하기도 한다. 곧 산艮卦 ☶ 에 나무巽卦 ☴ 가 잘 자라고 있다는 뜻을 내포內包하고 있는 것이다. 또한 각 효爻를 설명說明하는 일에 있어서 기러기를 들어 비유比喩하는 것이니, 숲속에 머물다 날아오르는 모습이 차례次例가 있고 흩어지지 않은 모습을 보인다. 하괘下卦의 이음二陰이 마땅히 머물 자리에 자리를 잡고 있으며, 상괘上卦의 오양五陽이 강강剛한 기운氣運으로 어느 한쪽으로 치우침이 없는 중정中正의 자리에 앉아 있다. 유柔한 기운氣運이 곧고 바른 강강剛한 기운과 상응相應하는 까닭으로 움직임이 두루 원만圓滿한 것이다.

점漸이란 차례次例를 따라 쫓아 나아가는 상象이다. 유한 기운氣運, 곧 이음二陰의 기운이 차례次例에 따라 원하는 것을 이룬다는 것이다. 또한 바탕을 튼튼하게 한 후에야 나아갈 수 있다는 것이니, 조급早急하게 서두르면 일을 이루기에 앞서 큰 곤란困難을 겪는다는 것이다.

象에 이르기를 산山 위에 나무가 자라는 것이 점괘漸卦이다. 군자君子는 이를 보고 덕德을 베푸는 일에 있어서 어질게 베풀며, 또한 현명하게 이끌어가고 치우침이 없는 마땅한 자리에 머물면서 풍속風俗을 선善하게 한다.

初六은 큰 기러기가 차례次例를 쫓아 계곡으로 날아가니 어린아이가 위태롭고 말은 있으나 허물이 없다고 한 것은, 어린 것이 급하게 날아오르려고 하니 위태롭다고 한 것이며, 행하는 바가 의義로운 일이라 허물이 없다는 것이다.

六二는 큰 기러기가 차례를 쫓아 너럭바위로 날아가 먹고 마시는 일이 즐겁고 기뻐 보인다. 때문에 길吉하다고 한 것은, 이음二陰의 부드러운 기운이 어느 한쪽으로 치우침 없이 안정安定된 마땅한 자리에 앉아 기운氣運을 비축備蓄하면서 때를 기다린다는 것이다. 때문에 좋다는 것이다.

九三은 큰 기러기가 차례를 쫓아 육지陸地로 날아가 버린다. 남편이 치러 나가서 돌아오지 않고 아내가 아이를 가지더라도 키울 생각이 없으니 흉凶할 것이며, 도둑을 막은 것이 이롭다고 한 것은, 남편이 정벌을 나가서 무리를 떠나 돌아오지 않고 아내가 씨 없는 아이를 가지니 좋지 않다는 것이며, 차라리 뒤로 물러나 유순柔順함으로 서로를 보호保護하는 것이 이롭다는 것이다.

六四는 큰 기러기가 차례를 쫓아 나무 위로 날아가서 때로는 나뭇가지를 얻을지도 모르는 것이니, 허물이 없을 것이라고 한 것은, 부드럽게 차례를 쫓으며 지극히 겸손謙遜한 태도態度를 보인다는 것이다. 때문에 안정安定된 가지를 얻어서 허물을 면한다는 것이다.

九五는 큰 기러기가 차례를 쫓아 언덕 위로 날아갔다. 아내가 3년이 지나도 아이를 갖지 못하니, 마침내는 이것을 이기지 못하기 때문에 길吉하다는 것은, 걸림이 없이 스스로 원하는 바를 얻고 밖에서 가외家外 자식을 갖지 않았으니 길吉하다는 것이다.

　上九는 큰 기러기가 차례를 쫓아 산꼭대기로 날아간다. 그 깃을 의식儀式을 치룰 때 쓸 수가 있는 것이니 길吉하다고 한 것은, 차례大例를 쫓아 흐트러지지 않고 날아가는 모습은 좋아 보이지 않던가. 곧 혼란混亂스럽지 않다는 것이다.

　風山漸풍산점: ☴ 巽上, ☶ 艮下
右脚必有拆 우각필유탁/ 오른쪽 다리가 반드시 부러질 것이며,
左目必有盲 좌목필유맹/ 왼쪽 눈이 반드시 멀 것이라네.
進退別無跡 진퇴별무적/ 나아가고 물러나는 일에 별다른 흔적이 없을 것이니
推時暮春聲 추시모춘성/ 저물어가는 봄의 소리에 귀 기울여 때를 헤아려야 한다네.

　5-8) 풍지관風地觀: ☴ ☷ 巽上 坤下 陰 ⇨ 太陰.
原文: 觀은 盥而不薦이면 有孚하여 顒若하리라. 象曰大觀으로 在上하여 順而巽하고 中正으로 以觀天下이니 觀盥而不薦有孚顒若은 下가 觀而化也니라. 觀天之神道而四時가 不忒하니 聖人이 以神道設教而天下가 服矣니라.
　象曰風行地上이 觀이니 先王이 以하여 省方觀民하여 設教하니라.
　初六은 童觀이니 小人은 无咎이고 君子는 吝이리라. 象曰初六童觀은 小人道也니라.
　六二는 闚觀이니 利女貞하니라. 象曰闚觀女貞이 亦可醜也이니라.
　六三은 觀我生하여 進退로다. 象曰觀我生進退하니 未失道也니라.
　六四는 觀國之光이니 利用賓于王하니라. 象曰觀國之光은 尙賓也니라.
　九五는 觀我生하되 君子이면 无咎이리라. 象曰觀我生은 觀民也니라.
　上九는 觀其生하되 君子이면 无咎이리라. 象曰觀其生은 志未平也니라.

直譯: 관觀은 손을 씻고 제사를 올리지 않는다. 참됨과 믿음성이 있어 우러러보는 듯하다. 상象에 이르기를 크게 살펴본다는 것은, 위에서는 유순함과 공손함을 지니고 어느 한쪽으로 치우치지 않으며 막힘이나 걸림 없이 두루 원만한 중정中正의 마음으로 천하를 살펴본다는 것이다. 손을 씻고 제사를 올리지 않았으나 참됨과 믿음성이 있어서 우러러 보는 듯이 하다는 것은 아랫사람이 감응하여 우러러 본다는 것이다. 관觀이란 하늘의 불가사의한 도道로서 봄, 여름, 가을, 겨울의 변화가 조금도 어긋나지 않으며, 성인聖人이 이 불가사의한 도道로 천하를 다스리니 천하가 엎드려 따른다.

상象에 이르기를 바람이 땅 위에서 부는 것이 관觀이니, 선왕先王이 이로써 사방을 살피고 백성을 자세히 살펴서 가르침을 세운다.

初六은 어린아이처럼 살펴본다는 것이니, 소인小人은 잘못이나 허물이 없고 군자君子는 부끄럽다. 상象에 이르기를 초육의 어린아이처럼 살펴본다는 것은 소인의 도라는 것이다.

六二는 엿보듯 살펴보는 것이니, 여자는 마음을 바르고 올곧게 지녀야 이롭다. 상象에 이르기를 엿보듯 살펴보는 것이니, 여자가 마음을 바르고 올곧게 지녀야 한다는 것은 그렇다 해도 역시 추하다는 것이다.

六三은 나의 삶을 살펴보고 나아가고 물러난다. 상象에 이르기를 나의 삶을 살펴서 나아가고 물러난다는 것은 아직 도道를 잃지 않았다는 것이다.

六四는 나라의 빛남을 살펴보는 것이니, 왕의 손님으로 있는 것이 이롭다. 상象에 이르기를 나라의 빛남을 살펴본다는 것은 오히려 손님을 높이 받든다는 것이다.

九五는 나의 삶을 살펴보되 군자君子이면 잘못이나 허물이 없다. 상象에 이르기를 나의 삶을 살펴본다는 것은 백성을 살핀다는 것이다.

上九는 그 삶을 살펴보되 군자이면 잘못이나 허물이 없다. 상象에 이르기를 그 삶을 살펴본다는 것은 뜻이 아직 편안하지 않다는 것이다.

解題: 풍지관風地觀: ☴ ☷ 巽上 坤下은 내순외손內順外遜의 상象으로 곧 안으로는 자세히 살펴서 순응順應하고 밖으로는 겸손謙遜함을 보여 사람들을 감화感化시킨다는 것이다.

관觀은 본다는 것이니, 마주대하여 드러난 대상對象의 깊은 곳을 들여다 보는 것을 의미意味한다. 대관大觀은 유순柔順하고 겸손謙遜한 태도態度로 중정中正, 곧 이음二陰과 오양五陽의 지혜智慧로운 눈을 뜨고 천하天下를 깊이 있게 본다는 것이다. 몸과 마음을 다한 성실誠實함으로 아랫사람들이 감화感化하고 우러러보는 것이 아니던가. 하늘의 도道는 사계절四季節의 변화變化가 조금도 어긋나지 않은 것이다. 성인聖人이 이러한 도道로서 천하를 다스리니 온 천하天下가 엎드려 따르는 것이다. 위에서 아래를 내려다보는 것이니, 이는 아랫사람이 존경尊敬하는 마음으로 바라보는 것을 말한다. 위에서 강요强要하는 것이 아닌, 진심眞心에서 우러난 것을 이른다.

관괘觀卦의 형상形象은 땅坤卦☷ 위에서 부는 바람巽卦☴이 거칠고 매 마른 것을 이른다. 참다운 도道가 쇠락衰落하고 혼란混亂한 시기時期이니, 매사每事에 신중愼重해야 할 것이며, 늘 몸과 마음을 삼가고 행하는 일에 있어서 경거망동輕擧妄動하면 안 된다는 것이다.

象에 이르기를 바람巽卦☴이 땅坤卦☷ 위에서 부는 것이 관괘觀卦이다. 선왕先王은 이 괘를 보면서 천하天下의 안위安危를 살피고 백성百姓을 살펴보면서 때에 알맞게 가르침을 준다.

초육은 어린아이처럼 살펴본다는 것이니, 소인小人은 별 잘못이나 허물이 없겠지만 군자君子는 부끄러운 일이다. 소인小人이 벌이는 못난 짓이며, 군자君子는 비난非難받을 일이라는 것이다.

六二는 엿보듯 살펴보는 것이니, 여자는 마음을 바르고 올곧게 지녀야 이롭다고 한 것은, 엿보는 일이란 여자에게 허물이 되지 않지만 군자君子에게 있어서는 지극히 창피한 일이 아닌가라는 것이다.

　六三은 나의 삶을 자세히 살펴보고 나아가고 물러설 것이라 한 것은, 스스로의 언행言行을 반성反省하고 나아갈 것인지 아니면 물러설 것인지 결정決定한다는 것이다. 곧 아직 참된 도道를 잃지 않았다는 것이다.

　六四는 나라의 빛남을 자세히 살펴보는 것이니, 나아가 왕의 손님으로 있는 것이 이롭다고 한 것은, 오양五陽을 자세히 살펴 사음四陰의 기운氣運으로 손님 대접을 크게 받는 것이다.

　九五는 나의 온 삶을 살피는 것이니 군자君子라면 허물이 없다고 한 것은, 나의 삶을 살핀다는 것은 백성百姓을 살핀다는 것이다. 군자君子의 도道를 펴는 것이라 허물이 없다는 것이다.

　上九는 그 삶을 자세히 살펴보는 것이니 군자君子라면 허물이 없을 것이라고 한 것은, 민생民生을 살핀다는 것이며, 아직은 마음이 편하지 않은 까닭으로 마음을 놓지 못한다는 것이다. 곧 군자君子의 도리道理를 따르면 허물이 없다는 것이다.

風地觀풍지관: ☴ 巽上, ☷ 坤下
成枝三千里 성지삼천리/ 초목의 가지가 우거져 삼천리三千里이며,
仁聲遍四閣 인성편사각/ 어진 가르침이 사방 누각에 막힘이 없이 두루두루 하다네.
道明千載下 도명천재하/ 도道의 밝음이 오랜 세월동안 낮은 곳에 있으니,
桂越逼天顏 계월핍천안/ 음력 8월에 바로 얼굴天顏 앞으로 닥칠 것이라네.

6. 감괘坎卦 ☵

6-1) 수천수水天需: ☵ ☰ 坎上 乾下 陽 ⇨ 太陽.
6-2) 수택절水澤節: ☵ ☱ 坎上 兌下 陽 ⇨ 少陰.

6-3) 수화기제水火旣濟: ☵ ☲ 坎上 離下 陽 ⇨ 少陽.

6-4) 수뢰둔水雷屯: ☵ ☳ 坎上 震下 陽 ⇨ 太陰.

6-5) 수풍정水風井: ☵ ☴ 坎上 巽下 陰 ⇨ 太陽.

6-6) 감위수坎爲水: ☵ ☵ 坎上 坎下 陰 ⇨ 少陰.

6-7) 수산건水山蹇: ☵ ☶ 坎上 艮下 陰 ⇨ 少陽.

6-8) 수지비水地比: ☵ ☷ 坎上 坤下 陰 ⇨ 太陰.

6-1) 수천수水天需: ☵ ☰ 坎上 乾下 陽 ⇨ 太陽.

原文: 需는 有孚하여 光亨하고 貞吉하니 利涉大川하니라. 象曰需는 須也이니 險이 在前也라 剛健而不陷하니 其義가 不困窮矣라. 需有孚光亨貞吉은 位乎天位하여 以正中也이고 利涉大川은 往有功也니라.

象曰雲上於天이 需이니 君子가 以하여 飮食宴樂하나니라.

初九는 需于郊이라 利用恒이니 无咎이리라. 象曰需于郊는 不犯難行也이고 利用恒无咎는 未失常也니라.

九二는 需于沙이라 小有言하나 終吉하리라. 象曰需于沙는 衍으로 在中也이니 雖小有言하나 以吉로 終也이리라.

九三은 需于泥니 致寇至리라. 象曰需于泥는 災在外也이라 自我致寇하니 敬愼이면 不敗也이리라.

六四는 需于血이니 出自穴이로다. 象曰需于血은 順以聽也니라.

九五는 需于酒食이나 貞하고 吉하니라. 象曰酒食貞吉은 以中正也니라.

上六은 入于穴이니 有不速之客三人이 來하리니 敬之면 終吉이리라. 象曰不速之客來敬之終吉은 雖不當位나 未大失也니라.

直譯: 수需는 몸과 마음을 다하는 참됨과 믿음성이 있어서 빛이 나게 형통亨通하는 괘卦이다. 마음을 바르고 올곧게 지녀야 길吉하니, 큰 냇물을 건너는 것이 이롭다. 상象에 이르기를 수需는 마땅히 기다린다는 것이니, 이는 위태롭고 험한 것이 앞에 있기 때문이며, 강剛

하고 튼튼하여 궁지에 빠지지 않은 것은 그 의의意義가 곤궁困窮하지 않기 때문이다. 수는 몸과 마음을 다한 참됨과 믿음성이 있어서 빛이 나게 형통하는 괘이며, 마음을 바르고 올곧게 지녀야 길하다는 것은 하늘 같이 높은 자리에 위치하고 더하여 바르면서 어느 한쪽으로 치우침이 없는 마땅한 자리를 차지하고 있기 때문이다. 큰 냇물을 건너야 이롭다는 것은 가면 공功이 있다는 것이다.

상象에 이르기를 구름이 하늘 위로 올라가는 것이 수需이니, 군자君子가 이로써 먹고 마시면서 잔치를 즐긴다.

初九는 성 밖에서 때를 기다리는 것이라 늘 변하지 않은 마음의 씀씀이가 이로운 것이니, 잘못이나 허물이 없다. 상象에 이르기를 성 밖에서 때를 기다린다는 것은 어려움을 범하거나 행하지 않는다는 것이고 늘 변하지 않은 마음의 씀씀이가 이롭다는 것은 아직 사람으로 행하여야 할 도道를 잃지 않았다는 것이다.

九二는 모래밭에서 때를 기다리는 것이니, 조금의 언쟁은 있으나 마침내는 길吉하다. 상象에 이르기를 모래밭에서 때를 기다린다는 것은 넉넉한 마음으로 가운데 있다는 것이니, 비록 작은 언쟁이 있으나 길吉한 일로 끝을 맺는다는 것이다.

九三은 진흙 밭에서 때를 기다리는 것이니, 원수를 불러들인다. 상象에 이르기를 진흙 밭에서 때를 기다린다는 것은 재앙이 밖에 있다는 것이고 스스로 내가 원수를 불러들였으니 늘 삼가고 잡도리하면 패하지 않는다는 것이다.

六四는 뻘건 피밭에서 때를 기다린다는 것이니, 스스로 구덩이에서 나온다. 상象에 이르기를 뻘건 피밭에서 때를 기다린다는 것은 거스르지 않고 듣는다는 것이다.

九五는 술과 음식을 가지고 때를 기다린다는 것이니, 마음을 바르고 올곧게 지니면 길吉하다. 상象에 이르기를 술과 음식을 가지고 기다리는 것이니 마음을 바르고 올곧게 지녀야 길하다는 것은 바르면서 어느 한족으로 치우치지 않아야 하기 때문이다.

上六은 구덩이 속으로 들어간다. 초대하지 않은 3명의 손님이 올 것이니, 공경하면 마침내 길吉하다. 상象에 이르기를 초대하지 않은 손님이 오고 그를 공경하면 마침내 길하다는 것은 비록 자리가 마땅치는 않으나 아직은 크게 잃지 않는다는 것이다.

解題: 수천수水天需: ☵ ☰ 坎上 乾下는 때를 기다리면 이루어질 상象으로 몸과 마음을 키우면서 시기時機를 기다리며, 참아야 하고 언행言行을 삼가야 한다.

수需는 비가 그치기를 기다린다는 뜻이다. 상괘上卦는 물을 상징象徵하는 감괘坎卦☵이며, 하괘下卦는 하늘을 상징象徵하는 건괘乾卦☰이다. 험난險難한 것이 앞에 놓여있기 때문에 참고 기다린다는 것이다. 하괘下卦는 강건불식剛健不息을 뜻하는 건괘乾卦☰로 경거망동輕擧妄動하지 않고 몸과 마음을 신중愼重하게 하면서 힘을 기르고 때를 기다린다는 것이다. 때문에 앞으로 크게 발전發展한다는 것이며, 무리수를 두지만 않는다면 위험危險을 범하더라도 순조롭게 나아간다는 것이다. 이는 오양五陽이 마땅한 자리에 앉아 어느 쪽으로도 치우침이 없이 곧고 바르기 때문이며, 또한 지나치거나 모자람이 없이 알맞기 때문이다.

수需는 넉넉한 마음을 가지고 기다리는 것이니, 그 어떠한 어려움이 닥치더라도 여유餘裕를 가질 수 있을 만큼 기운氣運이 충만充滿할 때이다. 또한 몸과 마음을 다하는 성실誠實함이 있고 형통亨通하는 괘卦다.

象에 이르기를 구름이 하늘로 올라가 가득하지만 아직은 비가 내리지 않는다. 군자君子는 이를 보고 때를 기다리면서 몸과 마음을 키우는 것이다.

初九는 성 밖에서 때를 기다리고 변함이 없는 마음의 씀씀이를 지니는 것이 이로우며, 허물이 없다고 한 것은, 일부로 나서서 어려운 일을 범하지 않고 행하지 않는다는 것이다. 변함없는 의지意志를 굳건히 하면 이롭고 허물이 없다는 것이다.

　九二는 모래밭에서 때를 기다린다. 작은 언쟁은 있으나 마침내 길吉하다고 한 것은, 험난險難한 강 옆이라 위험危險하지만 만용蠻勇을 부리지 않는다는 것이고 작은 언쟁, 곧 이양二陽과 오양五陽의 말다툼은 있으나 서로가 중정中正의 마땅한 자리인지라 무리수를 두지 않고 길吉함으로서 끝을 맺는다는 것이다.

　九三은 진흙 밭에서 때를 기다린다. 이는 원수怨讐를 불러들이는 것과 같다고 한 것은, 바로 눈앞에 진흙 밭이라는 것이다. 곧 재앙災殃일 수 있으니 스스로 나아가는 것을 멈추지 않으면 위험危險을 자초自招하는 것이다. 삼가고 조심해야 패하지 않는다는 것이다. 六四는 피가 흥건한 밭에서 기다리다 스스로 구덩이에서 나온다는 것은, 스스로의 힘이 약한 것四陰을 깨닫고 주변周邊의 가르침을 따르면서 귀를 기울인다는 것이다. 그러면 곤란困難한 지경에서 벗어날 수 있다는 것이다.

　九五는 술과 음식을 가지고 때를 기다리는 것이니, 마음을 바르고 올곧게 지니면 길吉하다고 한 것은, 여유餘裕롭게 몸과 마음을 키우면서 때를 기다린다는 것이며, 오양五陽의 마땅한 자리로 어느 쪽으로도 치우침이 없이 곧고 바르게 해야 한다는 것이다.

　上六은 구덩이 속으로 들어간다. 청하지 않은 세 사람의 손님이 올 것이니, 그를 공경恭敬하면 길吉하다고 한 것은, 상음上陰의 자리가 정당正當하지 못한 자리이나 아직은 크게 잃지 않았다는 것이니, 세 사람初陽.二陽.三陽의 뜻하지 않은 도움이 있다는 것이다. 따라서 몸과 마음을 삼가고 신중愼重하게 행行한다면 마땅한 자리가 아니더라도 큰 허물은 없을 것이며, 마침내 길吉하다는 것이다.

　水天需수천수: ☵ 坎上, ☰ 乾下
　枯木得逢春 고목득봉춘/ 마른 나무가 봄을 만나 얻은 것이 있으니,

枝幹自有榮 지간자유영/ 팔다리와 몸의 영화榮華가 얽매이거나 구속받지 않는다네.
桃花江湖上 도화강호상/ 복숭아꽃이 세상世上에 만발滿發하니,
千里別有光 천리별유광/ 천리千里에 걸쳐 그 빛이 지극히 밝다네.

6-2) 수택절水澤節: ☵ ☱ 坎上 兌下 陽 ⇨ 少陰.

原文: 節은 亨하니 苦節은 不可貞이니라. 象曰節亨은 剛柔가 分而剛得中하고 苦節不可貞은 其道가 窮也일세라. 說以行險하고 當位以節하고 中正以通하나니라. 天地節而四時成 하나니 節以制度하여 不傷財하며 不害民하나니라.

象曰澤上有水가 節이니 君子가 以하여 制數度하며 議德行하나니라.
初九는 不出戶庭이면 无咎이리라. 象曰不出戶庭이나 知通塞也니라.
九二는 不出門庭이라 凶하니라. 象曰不出門庭凶은 失時가 極也일세라.
六三은 不節若이면 則嗟若하리니 无咎이니라. 象曰不節之嗟를 又誰咎也이리오.
六四는 安節이니 亨하니라. 象曰安節之亨은 承上道也니라.
九五는 甘節이라 吉하니 往하면 有尙하리라. 象曰甘節之吉은 居位中也일세라.
上六은 苦節이니 貞이면 凶하고 悔면 亡하리라. 象曰苦節貞凶은 其道가 窮也일세라.

直譯: 절節은 매사에 형통亨通하는 괘卦이지만 고통이 따르는 절제節制는 마음을 바르고 올곧게 지닐 수가 없다. 상象에 이르기를 절節이 매사에 형통하다는 것은 강剛한 기운과 부드러운 기운이 나뉘어 강剛한 기운이 어느 한쪽으로 치우치지 않은 가운데 자리를 얻는다는 것이다. 고통苦痛이 따르는 절제는 마음을 바르고 올곧게 지닐 수 없다는 것은 그 도道가 궁窮하다는 것이다. 기쁜 마음으로 험한

일을 행하고 마땅한 자리에 있음으로써 절제하며, 어느 한쪽으로 치우치지 않으면서 막힘이나 걸림이 없이 두루 원만한 중정中正의 마땅한 자리로써 통한다는 것이다. 하늘과 땅은 절기가 있어 사시四時가 이루어지고 절제함으로써 정해지거나 마련된 법규나 법도로 재물을 상하지 않게 하며, 백성에게 해를 주지 않는 것이다.

상象에 이르기를 연못 위에 물이 있는 것이 절節이니, 군자君子가 이로써 도수度數를 만들고 덕행을 의논한다.

初九는 방문 밖의 앞뜰로 나가지 않으면 허물이 없다. 상象에 이르기를 방문 밖의 앞뜰로 나가지 않는다는 것은 통하는 것과 막히는 것을 안다는 것이다.

九二는 대문 밖으로 나가지 않은 것이라 흉凶하다. 상象에 이르기를 대문 밖으로 나가지 않은 것이라 흉하다는 것은 지나칠 정도로 때를 잃었다는 것이다.

六三은 만일 절제하지 않으면 가련해지지만 허물은 없다. 상象에 이르기를 절제하지 않아서 가련해 진다는 것은 또 누구를 책잡을 일이 있겠냐는 것이다.

六四는 절제하여 편안해지는 것이니, 매사에 형통하다. 상象에 이르기를 절제하여 편안해진다는 것은 상도上道를 이어받는다는 것이다.

九五는 절제하는 것을 즐겁게 여기니, 길吉하고 가면 더 보태는 일이 있다. 상象에 이르기를 절제하는 것을 즐겁게 여기니 길하다는 것은 거주하는 자리가 어느 한쪽으로 치우침이 없는 가운데 있다는 것이다.

上六은 절제하는 일을 고통스럽게 여기는 것이니, 마음을 바르고 올곧게 지녀도 흉凶하고 후회後悔는 없어진다. 상象에 이르기를 절제하는 일을 고통스럽게 여기는 것이니 마음을 바르고 올곧게 지녀도 흉하다는 것은 그 도道가 궁窮하다는 것이다.

解題: 수택절水澤節: ☵ ☱ 坎上 兌下은 막혀서 멈추고 그치는 상象이지만 마음을 잡도리하여 도에 넘치지 않게 행하면 길吉한 상象이다. 대나무의 마디와 같이 세상사世上事를 대함에 있어서 너무 틀에 박힌 사고방식思考方式은 큰 문제問題가 되는 것이니, 맺고 끊은 일에 있어서 어느 한쪽으로 치우치지 말고 중용中庸의 도道를 잃어서는 안 된다. 무리無理하게 원칙原則만을 고집固執하면 그 한계限界가 있다는 것이다.

절節이란 마디를 의미意味하는 것으로 절개, 곧 지조志操와 기개氣槪이며, 절계節季, 곧 사계절四季節의 끝이며, 절도節度, 곧 규칙規則이나 법도法度를 이르며, 절례節禮, 곧 알맞은 예의를 말하며, 절제節制, 곧 잡도리하여 도를 넘지 않도록 하면서 조심스럽게 행하는 것을 이른다.

하괘下卦인 연못兌卦 ☱이 상괘上卦의 물과 비, 곧 유동성流動性을 지닌 물 坎卦 ☵을 담고 있는 형상形象이다. 마르거나 넘치지 않게 하기 위해서는 절제節制, 곧 잡도리하여 도를 넘지 않도록 하면서 신중愼重하게 행行해야 한다는 것이다. 이 일이 괴롭다는 것이며, 마음을 곧고 바르게 지니는 것이 어렵다는 것을 이른다. 모자람도 안 되고 넘쳐서도 안 되는 일이기에 밖으로부터의 유혹誘惑에 쉽게 넘어갈 수 있다는 것이다. 그러나 절제節制하는 마음, 곧 마음을 잡도리하여 도를 넘지 않도록 하면 절節은 모든 일이 형통亨通하는 괘卦다. 이는 이양二陽과 오양五陽이 중정中正의 마땅한 자리에 앉아 스스로의 마음을 잡도리하고 신중愼重하게 움직인다. 그러나 원칙原則만을 고집固執하면서 나아간다면, 이 또한 자신自身을 제자리에 멈추게 만든다는 말이다. 곧 그 도道가 궁窮하다는 것이다. 기쁜 마음으로 일을 행行하고 정당正當한 자리에 있으면서 절제節制하는 것이 중정中正의 도道로서 통하는 것이다. 천지天地란 절기節氣가 있고 사시四時가 있어 이루어지는 것이니, 절제節制를 바탕으로 제도制度하고 재물財物을 상하지 않게 하면서 백성에게 해害를 주지 않은 것이다.

象에 이르기를 연못兌卦☱ 위에 물坎卦☵이 있는 것이 절괘節卦다. 군자君子는 이를 보고 사람이 지켜야 할 사회규범社會規範을 만들고 덕행德行을 논의論議한다.

初九는 방문 밖의 안뜰을 벗어나지 않으니 허물이 없다고 한 것은, 통한 것과 막힌 것을 안다는 것이다. 곧 매사每事에 신중愼重해야 한다는 것이다.

九二는 대문 밖으로 나가지 않으니 흉凶하다고 한 것은, 지나친 절제節制로 인하여 기회機會를 잃었다는 것이다. 도에 지나치면 흉하다는 것이며, 지극히 폐쇄적인 모습을 이르는 것이다.

六三은 절제節制하지 못하면 가엾은 신세가 되나 허물이 없다고 한 것은, 스스로의 잘못인 것을, 누구를 탓하겠느냐는 것이다.

六四는 절제節制하여 편하게 되니 매사에 형통亨通하다는 것은, 마음을 잡도리하여 도에 지나치지 않게 하고 신중愼重하게 행하는 윗사람의 뜻을 따랐다는 것이다.

九五는 잡도리하여 도를 넘지 않도록 하면서 신중愼重하게 행하는 것을 즐겁게 여기니 길吉할 것이며, 보태는 일이 있다는 것은, 몸과 마음을 삼가고 그 자리를 바르고 올곧게 한다는 것이다.

上六은 절제節制하는 일을 고통스럽게 여기니 마음을 바르고 올곧게 지녀도 흉凶하나, 후회後悔가 없어진다는 것은, 몸과 마음을 잡도리하여 도에 지나치지 않도록 하면서 신중愼重하게 행하기는 하나 한쪽으로 너무 치우친 까닭으로 괴롭다는 것이고 또한 그 행하는 일이 막힌다는 것이며, 그렇더라도 후회後悔는 없다는 것이다. 더하여 행할 바가 아니라는 것이다.

水澤節수택절: ☵ 坎上, ☱ 兌下
自南薰風吹棘薪 자남훈풍취극신/ 훈훈한 남쪽 바람이 자연스럽게 불어 초목을 흔드니,
一門和氣蕩深春 일문화기탕심춘/ 일문一門과 화합한 기운이 짙은 봄바람에 흐른다네.

和樂之象 화락지상 / 늘 즐거움이 따르는 상象이라네.

6-3) 수화기제水火旣濟: ☵ ☲ 坎上 離下 陽 ⇨ 少陽.

原文: 旣濟는 亨이 小이고 利貞하니 初吉하고 終亂하니라. 象曰旣濟亨은 小者가 亨也이니 利貞은 剛柔가 正而位當也일세라. 初吉은 柔得中也이고 終止則亂은 其道가 窮也니라.

象曰水在火上이 旣濟니 君子가 以하여 思患而豫防之하나니라.

初九는 曳其輪하며 濡其尾면 无咎이리라. 象曰曳其輪은 義无咎也이니라.

六二는 婦喪其茀이니 勿逐하면 七日에 得하리라. 象曰七日得은 以中道也니라.

九三은 高宗이 伐鬼方하여 三年克之니 小人勿用이니라. 象曰三年克之는 憊니라.

六四는 繻에 有衣袽이고 終日戒니라. 象曰終日戒는 有所疑也니라.

九五는 東隣殺牛가 不如西隣之禴祭는 實受其福이니라. 象曰東隣殺牛가 不如西隣之時也이니 實受其福은 吉大來也니라.

上六은 濡其首이라 厲하니라. 象曰濡其首厲가 何可久也이리오.

直譯: 기제旣濟는 형통하는 것이 작으니, 마음을 바르고 올곧게 지녀야 이롭다. 처음에는 길吉하지만 끝내는 혼란스럽다. 상象에 이르기를 기제旣濟가 형통하다는 것은 작은 것이 형통하다는 것이다. 마음을 바르고 올곧게 지녀야 이롭다는 것은 강한 기운과 부드러운 기운이 바로잡고 있기 때문에 위치가 정당하다는 것이다. 처음에 길하다는 것은 부드러운 기운이 어느 한쪽으로 치우침이 없는 가운데 자리를 얻었다는 것이고 끝내 멈추면 혼란스럽다는 것은 그 도道가 궁하다는 것이다.

상象에 이르기를 물이 불 위에 있는 것이 기제旣濟이니, 군자君子가 이로써 고통이나 재난을 생각하여 미리 예방豫防한다.

初九는 그 수레를 끌며 그 꼬리가 물에 젖지만 잘못이나 허물이 없다. 상象에 이르기를 그 수레를 끈다는 것은 의義롭기 때문에 잘못이나 허물이 없다는 것이다.

六二는 부인이 머리를 치장하는 장식물을 잃었다. 찾지 마라. 7일 안에 얻는다. 상象에 이르기를 7일 안에 얻는다는 것은 어느 한쪽으로 치우치지 않은 중도中道로써 얻는다는 것이다.

九三은 고종이 북쪽 오랑캐를 치러 간지 3년 만에 평정하니, 소인小人은 쓰지 마라. 상象에 이르기를 3년 만에 평정한다는 것은 지극히 고달프다는 것이다.

六四는 고운 명주 위에 헤어진 옷을 입고 하루 종일 경계한다. 상象에 이르기를 하루 종일 경계한다는 것은 의심할 바가 있다는 것이다.

九五는 동쪽 이웃에서 소를 잡은 것은 서쪽 이웃에서 제사를 지내는 일만 못하다. 실로 그 복을 받는다. 상象에 이르기를 동쪽 이웃에서 소를 잡은 것은 서쪽 이웃의 때時를 맞추는 일만도 못하고 실로 그 복을 받는다는 것은 길吉한 일이 크게 온다는 것이다.

上六은 그 머리가 물에 젖은 것이니, 위태롭다. 상象에 이르기를 그 머리가 젖으니 위태롭다는 것은 어찌 오래 갈 수 있겠느냐는 것이다.

解題: 수화기제水火旣濟: ☵ ☲ 坎上 離下는 만사萬事가 이미 이루어져있는 상象이지만 물이 불을 끄려고 하는 것이니, 분열分裂과 다툼이 벌어지는 것이다. 몸과 마음을 삼가고 말과 행동行動에 신중愼重을 기해 앞으로 다가올 어렵고 힘든 시기時期를 밝은 지혜智慧로 미리 대비對備하고 준비準備해야 한다는 것이다.

기제旣濟는 어려움이나 힘든 상태狀態를 벗어나 모든 것을 이루고 취한 안정적安定的인 시기時期를 이른다. 그렇다고 마음 편하게 여유餘裕를 부릴 수 없는 때이니, 물坎卦☵은 위에 있고 불離卦☲이 아래에 있는 형상形象이다. 곧 물은 본래 아래로 내려가는 성질性質이며, 불은 위로 올라가려는 성질性質이 아니던가. 때문에 안정적安定的인 시기時期라고 이르기는 하지만 기제旣濟는 형통亨通하는 것이 작은 괘卦라는 것이다. 마음을 바르고 올곧게 지녀야 이롭다는 것이니, 이는 강한 기운氣運과 부드러운 기운氣運, 곧 오양五陽과 이음二陰이 어느 한쪽으로 치우치지 않은 중정中正의 마땅한 자리를 얻었다는 것이다. 그러나 안정적安定的인 시기時期가 항상 한 것은 아니니, 그 행하는 도道가 곤궁困窮해 진다는 것이다. 물이 위에 있고 불이 아래에 있는 것으로 늘 끊임없이 순환循環하는 까닭에 현재現在의 호기好期를 유지維持할 수 없다는 것이다.

　象에 이르기를 물坎卦이 불離卦 위에 있는 것이 기제괘旣濟卦이다. 군자君子는 이를 보고 앞으로 다가올 근심과 재앙災殃을 깊이 들여다보고 대비對備에 만전萬全을 기한다.
　初九는 수레를 끌고 꼬리를 적시지만 잘못이나 허물이 없다는 것은, 그 도道를 행함에 있어서 의義를 잃지 않고 행한다는 것이다. 몸과 마음을 삼가 한다는 것이다.
　六二는 부인이 머리를 치장하는 장식물裝飾物을 잃어버렸지만 찾지 않아도 7일 만에 얻는다고 한 것은. 이음二陰의 부드러운 기운氣運이 어느 한쪽으로 치우치지 않으면서 막힘이나 걸림이 없이 두루 원만한 중도中道로써 그 행하는 바가 마땅하기 때문에 얻는다는 것이다.
　九三은 고종이 북쪽나라를 치러 간지 3년 만에 평정平定하였으니 소인小人은 쓰지 말라고 한 것은, 난리亂離 평정平定에 몸과 마음이 힘들고 어려울 때이다. 소인小人을 가까이 해야 피곤疲困하다는 것이다.
　六四는 고운 명주 위에 헤어진 옷을 입고서 하루 종일 경계警戒한다는 것은, 의심疑心할 바가 있는 것이니 몸과 마음을 삼가고 신중愼重하라는 것이다. 매사每事에 마음을 다잡지 않고 놓아버리는 일은 금물禁物이 아니던가.

九五는 동쪽 이웃에서 소를 잡는 것은 서쪽 이웃에서 제사를 지내는 일만 못한 것이니 실로 그 복福을 받는다고 한 것은, 동쪽 이웃은 소를 잡아 제를 지내지만 서쪽은 형편形便이나 처한 상황狀況에 맞게 제를 지내니 복을 받고 길吉함이 크게 온다는 것이다.

上六은 그 머리를 적시는 까닭으로 위태危殆롭다고 한 것은, 도에 지나치게 나아가 온 몸을 빠트린 것과 같다는 것이며, 이러한 상황狀況이 얼마나 지속持續되겠느냐는 것이다. 온 몸이 빠져서 지극히 위태롭다는 것이며, 좋은 시절을 얼마나 오래 누릴 수 있겠느냐는 것이다.

水火旣濟수화기제: ☵ 坎上, ☲ 離下
白雲山霧合未開 백운산무합미개/ 흰 구름에 덮인 산은 안개가 뭉쳐 열리지 않은 것이니,
珠玉金塔路不通 주옥금탑노불통/ 구슬과 옥, 황금으로 만든 탑을 거쳐 가는 길은 통하지 않는다네.
朝廷得祿又有慶 저정득록우유경/ 조정朝廷에 나아가 녹을 얻고 또 경사慶事가 있으니,
舟楫大川建柱棟 주즙대천건주동/ 배와 노를 가지고 큰 강을 건너 기둥과 용마루를 세워야 한다네.

6-4) 수뢰둔水雷屯: ☵ ☳ 坎上 震下 陽 ⇨ 太陰.
原文: 屯은 元亨하고 利貞하니 勿用有攸往이고 利建侯하니라. 象曰屯은 剛柔가 始交而難生하며 動乎險中하니 大亨貞은 雷雨之動이 滿盈일세라. 天造草昧에는 宜建侯이고 而不寧이니라.
象曰雲雷가 屯이니 君子가 以하여 經綸하나니라.
初九는 磐桓이니 利居貞하며 利建侯하니라. 象曰雖磐桓하나 志行正也이며 以貴下賤하니 大得民也이로다.
六二는 屯如邅如하며 乘馬班如하니 匪寇이면 婚媾이리니 女子가

貞하여 不字이다가 十年에 乃字이로다. 象曰六二之難은 乘剛也이고 十年乃字는 反常也니라.

六三은 則鹿无虞이라 惟入于林中이니 君子가 幾하여 不如舍이니 往하면 吝하리라.

象曰卽鹿无虞는 以從禽也이고 君子가 舍之는 往하면 吝窮也니라.

六四는 乘馬班如이니 求婚媾하여 往하면 吉하여 无不利하리라. 象曰求而往은 明也니라.

九五는 屯其膏이니 小貞이면 吉하고 大貞이면 凶하리라. 象曰屯其膏는 施가 未光也니라.

上六은 乘馬班如하여 泣血漣如이로다. 象曰泣血漣如이어니 何可長也이리오.

直譯: 둔屯은 크게 형통亨通하는 것이니, 마음을 바르고 올곧게 지녀야 이롭다. 가야 할 곳이 있어도 가지 말아야 하며, 제후를 세우는 것이 이롭다. 상象에 이르기를 둔屯은 강한 기운과 부드러운 기운이 처음 사귀면서 어려운 일이 생기는 것이며, 험한 가운데로 움직인다. 크게 형통하니 마음을 바르고 올곧게 지녀야 한다는 것은 우레와 비가 움직여 가득 차서 넘친다는 것이다. 하늘이 어두운 백성을 다스리는 일에 있어서 마땅히 제후를 세워야 하겠지만 편안하지가 않다.

상象에 이르기를 구름과 우레가 둔屯이니, 군자君子가 이로써 포부를 가지고 일을 조직적으로 계획하고 방책을 세운다.

초九는 머뭇거리는 모습을 보이는 것이니, 마음을 바르고 올곧게 지니고 살아야 이로우며, 제후를 세우는 것이 이롭다. 상象에 이르기를 비록 머뭇거리는 모습을 보이는 것이나 뜻을 행하는데 있어서 바르고 귀貴함으로써 미천한 사람을 대하는 것이니, 백성을 크게 얻는다.

六二는 험난할 듯이 하다가 돌아서 갈 듯 하더니, 말 위에 올라타고 떠날 듯하다. 도둑이 아니고 혼인을 청하는 것이다. 여자는 정조를 지키려고 혼인을 허락하지 않다가 10년 후에 아이를 잉태한다. 상象에 이르기를 六二의 어려움은 강한 기운을 올라탔다는 것이고 10년 후에 잉태한다는 것은 일상적인 정情이 아니라는 것이다.

六三은 사슴을 잡으러 갔으나 산을 지키는 벼슬아치가 없어서 혼자 숲 가운데로 들어간다. 군자君子가 기회를 보지만 버리는 것이 여의치 않으니, 가면 부끄러운 일이 있다. 상象에 이르기를 사슴을 잡으러 갔으나 산을 지키는 벼슬아치가 없다는 것은 짐승만 쫓는다는 것이고 군자가 이를 버린다는 것은 그대로 가면 부끄러워지고 곤궁해진다는 것이다.

六四는 말을 올라타고서는 머뭇거리는 것이니, 구혼求婚하러 가면 길吉하고 이롭지 않음이 없다. 상象에 이르기를 구하러 간다는 것은 밝다는 것이다.

九五는 은혜를 베풀기는 어려운 것이니, 작고 곧으면 길吉하고 크고 곧으면 흉凶하다. 상象에 이르기를 은혜를 베풀기가 어렵다는 것은 베푸는 일이 빛나지 않는다는 것이다.

上六은 말을 올라타고서는 망설인다. 눈물과 피를 흘린다. 상象에 이르기를 눈물과 피를 흘리고 있는데 어찌 오래 갈 수 있겠느냐는 것이다.

解題: 수뢰둔水雷屯: ☵ ☳ 坎上 震下은 험난險難하여 나아가기 힘든 상象이니, 대지大地를 뚫고 싹이 움터 나오려고 애쓰는 모양으로 지극히 힘들고 어려움을 의미하는 것이다.

둔屯이란 맨 처음, 시초始初의 어렵고 힘든 것을 말하는 것이며, 강한 뜻이나 생각이 있어도 앞으로 나아가지 못해 괴로워하는 것을 이른다. 상괘

上卦는 물坎卦 ☵로서 아래로 흐르려는 기운氣運이며, 하괘下卦는 천둥소리震卦 ☳로 크게 움직이려는 형상形象이다. 물의 기운氣運, 곧 가득한 비구름이 천둥소리를 토해내고 있는 것이다. 지금은 힘들지만 바로 새로운 생명이 움트려는 때이므로 혼란混亂스럽고 어두울 때이다. 그러나 곧 비구름과 천둥소리의 큰 힘이 서로 합하여 대지大地를 흠뻑 적실 것이다. 때문에 조급早急하게 나서지 말 것이며, 늘 몸과 마음을 삼가고 매사每事에 신중愼重해야 할 것이다. 또한 둔屯은 크게 형통亨通한다는 괘卦이니, 마음을 바르고 올곧게 지녀야 하며, 갈 곳이 있어도 가지 말아야 할 것이니, 뜻을 높게 세워야 이롭다. 곧 둔屯이란 강한 기운氣運과 부드러운 기운氣運이 처음 만나 어려움이 생기는 것이며, 더하여 험난險難한 가운데로 움직이는 것이다. 비구름과 천둥소리가 하늘과 땅 사이에 가득 차야만이 크게 통하고 그 뜻이 바르게 서는 것이다. 하늘이 무지몽매無知蒙昧함을 다스리기 위해 후왕侯王을 세워야 하겠지만 그리 편안하지는 않을 것이다. 잠시 때를 기다리고 뜻을 높게 세우면서 동반자同伴者를 구할 때라는 것이다.

象에 이르기를 짙은 비구름과 천둥소리만이 요란스럽게 울리고 있다. 이는 힘들고 어려움에 처했다는 것이며, 이를 보고 군자君子는 앞으로의 일을 조직적組織的으로 계획計劃하고 방책方策을 세운다.

初九는 머뭇거리는 모습을 보이니 마음을 바르고 올곧게 지녀야 이롭고 제후를 세워야 이롭다고 한 것은, 머뭇거리는 모습을 보이지 말고 처음에 세운 뜻과 생각을 바르게 가져야 한다는 것이며, 주변으로부터 신뢰信賴를 얻고 함께 할 수 있는 이들을 얻어야 한다는 것이다.

六二는 험난할 듯이 하다가 돌아서 갈 듯 하더니 말 위에 올라타고 떠날 듯하다. 도둑이 아니고 구혼求婚하려는 사람이며, 여자女子는 정조貞操를 지키려고 혼인婚姻을 허락許諾하지 않다가 10년 후에 잉태孕胎한다고 한 것은, 이음二陰의 어려움은 초양初陽의 강강한 것을 올라탔다는 것이며, 망설이고 머뭇거린다는 것이다. 10년 후에 잉태孕胎한다는 것은 누구나 가지고 있는 보통의 인정人情을 위반違反한 것이나, 오래토록 이음二陰의 중정中正, 곧 오랜 시간 마땅한 자리에 앉아 어느 쪽으로도 치우침이 없이 곧고 바르게 행한다는 것이다.

六三은 사슴을 잡으러 갔으나 산을 지키는 벼슬아치가 없어서 혼자 숲속으로 들어간다. 군자君子가 기회機會를 보지만 버리는 것이 여의치 않으니, 만일 그대로 가면 부끄러운 일이 있다는 것은, 욕심慾心이 앞서는 까닭으로 안내인案內人없이 나아가 어두운 숲속에서 헤매는 일이 생긴다는 것이니, 멈추어야 한다는 것이며, 멈추지 않으면 그 행하는 바가 곤궁困窮해 지기 때문이라는 것이다.

六四는 말을 올라타고서는 머뭇거리는 것이니, 구혼求婚하러 가는 길이면 길吉한 일이라 이롭지 않음이 없을 것이라고 한 것은, 망설이거나 머뭇거리지 말고 구혼求婚하면 길吉하다는 것이고 또한 그 행하는 바가 밝다는 것을 이른다.

九五는 은혜를 베푸는 일이 어렵기는 하나 작고 곧으면 길吉하고 크고 곧으면 흉凶하다고 한 것은, 베푸는 일이 어렵다는 것으로 베푸는 일에 있어서 도에 넘치지 않고 알맞으면 길吉하고 도에 넘치면 흉凶하다는 것이다.

上六은 말을 올라타고는 망설이고 눈물과 피를 흘린다고 한 것은, 나아가긴 했으나 갈 곳이 없는 것을 이르며, 끝내는 그 행할 바가 가난하고 구차해 진다는 것이다.

水雷屯수뢰둔: ☵ 坎上, ☳ 震下
係巷制下字二文 계항제하자이문/ 마을이 서로 관계된 까닭으로 글자와 글월로 억누르는 것이니,
可惜春苔點有浪 가석춘태점유랑/ 가히 봄 이끼를 소중하게 여기듯 매사에 삼가는 점이 있다네.
若能三寶多積力 약능삼보다퇴력/ 만일 삼보三寶를 더 늘리는 재량이라면 그 힘이 쇠하게 되는 것이니,

顔魂驚劫劍刀丸 안혼경겁검도환/ 몸과 마음으로 놀라고 두려워하는 것은 오로지 검과 도로 으르고 위협하는 일이라네.

6-5) 수풍정水風井: ☵ ☴ 坎上 巽下 陰 ⇒ 太陽.

原文: 井은 改邑하되 不改井이니 无喪无得하며 往來가 井井하나니 井이라 无喪无得하여 汔至가 亦未繘井이니 羸其甁이면 凶하니라. 象曰巽乎水而上水가 井이니 井은 養而不窮也하니라. 改邑不改井은 乃以剛中也이고 汔至亦未繘井은 未有功也이고 羸其甁이라 是以凶也니라.

象曰木上有水가 井이니 君子가 以하여 勞民勸相하나니라.

初六은 井泥不食이라 舊井에 无禽이로다. 象曰井泥不食은 下也이고 舊井无禽은 時舍也니라.

九二는 井谷이라 射鮒이고 甕敝漏이로다. 象曰井谷射鮒는 无與也일세라.

九三은 井渫不食하여 爲我心惻하여 可用汲이니 王明하면 並受其福하리라. 象曰井渫不食은 行을 惻也이고 求王明은 受福也니라.

六四는 井甃이면 无咎이리라. 象曰井甃无咎는 脩井也일세라.

九五는 井洌寒泉食이로다. 象曰寒泉之食은 中正也일세라.

上六은 井收勿幕고 有孚이라 元吉이니라. 象曰元吉在上이 大成也니라.

直譯: 정井은 마을을 고치지만 우물은 고치지 않은 것이니, 잃을 것도 없고 얻을 것도 없으며 오가면서 우물은 우물로 쓴다. 동아줄이 우물 바닥까지 거의 이르더라도 또한 물을 길지 못하니, 그 두레박이 약하면 흉凶하다. 상象에 이르기를 두레박으로 물을 퍼 올리는 것이 정괘井卦이니, 우물은 물을 길러도 마르지 않는다. 마을은 고치지만 우물은 고치지 않는다는 것은 강剛한 기운이 가운데 자리에 있기 때문이다. 동아줄이 우물 바닥까지 거의 이르더라도 물을 길지 못한다는 것은 아직 공功이 없다는 것이고 그 두레박이 약하다는 것은 바로 이 약한 두레박이 흉凶하다는 것이다.

상象에 이르기를 나무 위에 물이 있는 것이 정井이니, 군자君子가 이로써 백성을 위로하고 서로 돕는 것을 권장한다.

初六은 우물이 더렵혀지고 썩어서 먹지 못하는 것이라 오래 된 우물에는 날짐승과 짐승이 없다. 상象에 이르기를 우물이 더렵혀지고 썩어서 먹지 못한다는 것은 아래에 있기 때문이고 오래 된 우물에는 날짐승과 짐승이 없다는 것은 때를 놓쳐다는 것이다.

九二는 우물이 붕어에게 물을 대주고 두레박이 깨져서 물이 샌다. 상象에 이르기를 우물이 붕어에게 물을 대준다는 것은 함께 할 사람이 없다는 것이다.

九三은 우물이 매우 깊어서 먹을 수 없으니 나의 마음이 슬프다. 가히 물을 길을 만하니, 왕이 밝으면 그 복을 함께 받을 것이다. 상象에 이르기를 우물이 매우 깊어서 먹을 수가 없다는 것은 행하는 것을 측은하게 여긴다는 것이고 왕이 밝은 것을 구한다는 것은 복을 받는다는 것이다.

六四는 우물에 돌 벽을 쌓아올리면 잘못이나 허물이 없다. 상象에 이르기를 우물에 돌 벽을 쌓아올리면 잘못이나 허물이 없다는 것은 우물을 고친다는 것이다.

九五는 우물물이 차고 맑다. 차가운 샘물을 먹는다. 상象에 이르기를 차가운 샘물을 먹는다는 것은 어느 한쪽으로 치우치지 않으면서 막힘이나 걸림이 없이 두루 원만한 중정中正의 도道라는 것이다.

上六은 물을 길러낸 후 뚜껑을 덮지 말라. 참됨과 믿음성이 있다면 크게 길吉하다. 상象에 이르기를 크게 길하다는 것은 위에 있기 때문에 크게 이룬다는 것이다.

解題: 수풍정水風井: ☵ ☴ 坎上 巽下은 견고堅固하여 변함이 없는 상象이며, 자신自身의 자리를 지키고 제 분수分數를 지키면서 정情을 베푸는 것이다. 마르거나 넘치지 않은 우물이지만 고인 물은 썩게 마련이니, 많이 베풀고 덕德을 높여야 한다는 것이다.

정井이란 우물을 이른 것이며, 움직이지 않은 것이다. 마을은 고치고 옮겨도 우물은 고치거나 옮기지 않는다는 것이다. 때문에 잃는 것도 없고 얻을 것도 없다. 오고 가면서 우물은 우물 그대로의 쓰임새로 쓰인다. 우물물이 끊임이 없는 것이니, 마르지 않는다는 것이다. 그러나 두레박이 약하면 이용利用할 수 없고 보기에 흉凶하지 않겠는가. 나무巽卦☴ 위에 물坎卦☵이 있는 것이 정괘井卦다. 곧 두레박을 물속에 넣어서 물을 퍼 올리는 것이 정괘井卦라는 것이다. 이 우물은 아무리 길어내도 궁窮하지 않다. 또한 마을은 고쳐도 우물은 고치지 않는다는 것은 이양二陽과 오양五陽의 강한 기운氣運이 중정中正의 자리, 곧 어느 한쪽으로 치우치지 않은 마땅한 자리에 앉아있기 때문이다. 그래서 움직이지 않는다는 것이다.

象에 이르기를 나무巽卦☴ 위에 물坎卦☵있는 것이 정괘井卦다. 군자君子는 이를 보고 백성을 위로慰勞하고 상생相生하면서 서로 돕기를 권하는 것이다.
初六은 우물이 더럽혀지고 썩어서 마시지 못하고 오래 된 우물에는 날짐승과 짐승이 없다는 것은, 물이 더러워 마시지 못한다는 것이며 오래 된 낡은 우물이고 때가 지난 것을 말한다. 세상으로부터 버림을 받았다는 것이다.
九二는 우물이 붕어에게 물을 대주고 두레박이 깨져 물이 샌다는 것은, 붕어가 살아갈 만큼만 우물물이 있고 이 어려움을 함께 할 사람이 없다는 것이니, 나를 알아주고 뜻에 응應하는 사람이 없다는 뜻이다.
九三은 우물이 매우 깊어서 먹을 수가 없으며, 스스로의 마음이 슬프다. 가히 물을 길을만하다. 왕이 밝다면 그 복을 함께 받을 것이라고 한 것은, 우물이 깊어서 마셔주는 사람이 없으며, 때문에 스스로의 형편形便이 딱하고 가엾다는 것이다. 왕이 현명하다면 이 사람과 함께 한다는 것이다.
六四는 우물에 돌 벽을 쌓아올리면 잘못이나 허물이 없다고 한 것은,

우물을 수리修理하여 깨끗하게 한다는 것이며, 또 허물이 없다는 것이다.

九五는 우물물이 맑고 차다. 차가운 샘물을 마신다고 한 것은, 오양五陽의 강한 중정中正의 도道를 행한다는 것이며, 매사每事에 신중愼重하다는 것이고 지극히 이성적理性的이라는 것이다.

上六은 물을 길러낸 후 뚜껑을 덮지 말라. 참됨과 믿음성이 있어서 크게 길吉하다고 한 것은, 깨끗해진 우물을 혼자서 차지하지 말고 모든 사람이 마시게 해야 한다는 것이며, 몸과 마음을 다한 정성精誠이라면 크게 길吉하다는 것이다.

水風井수풍정: ☵ 坎上, ☴ 巽下
此生初成月 차생초성월/ 이 생生에 처음으로 성인成人이 되었으니,
淸枰一院花 청평일원화/ 도가道家에서 말하는 이상적인 세계, 도원경桃源境이라네.
安身調保處 안신조보처/ 편안한 몸으로 고르게 하여 머물러 살 곳을 보전保全하니,
風波不侵來 풍파불침래/ 풍파風波가 침범하거나 오지 않는다네.

6-6) 감위수坎爲水: ☵ ☵ 坎上 坎下 陰 ⇨ 少陰.
原文: 習坎은 有孚하여 維心亨이니 行하면 有尙이리라. 象曰習坎은 重險也이니 水가 流而不盈하며 行險而不失其信이니 維心亨은 乃以剛中也이고 行有尙은 往有功也니라. 天險은 不可升也이고 地險은 山川丘陵也이니 王公이 設險하여 以守其國하나니 險之時用이 大矣哉라. 象曰水가 洊至이 習坎이니 君子가 以하여 常德行하며 習敎事하나니라. 初六은 習坎에 入于坎窞이니 凶하니라. 象曰習坎入坎은 失道이라 凶也니라.
九二는 坎에 有險하나 求를 小得하리라. 象曰求小得은 未出中也일세라.

六三은 來之에 坎坎하며 險에 且枕하여 入于坎窞이니 勿用이니라. 象曰來之坎坎은 終无功也이리라.

六四는 樽酒와 簋貳用缶하고 納約自牖이면 終无咎하리라. 象曰樽酒簋貳는 剛柔際也일세라.

九五는 坎不盈이니 祗旣平하면 无咎이리라. 象曰坎不盈은 中이 未大也니라.

上六은 係用徽纆하여 寘于叢棘하여 三歲라도 不得이니 凶하니라. 象曰上六失道는 凶三歲也이리라.

直譯: 습감習坎은 미쁨이 있어서 마음이 서로 통하는 것이니, 행하면 칭찬이 있다. 상象에 이르기를 습감은 겹겹이 무겁게 쌓인 험한 곳이니, 물이 흘러도 채우지 못하고 험한 일을 행하여도 그 믿음을 잃지 않는다. 마음이 서로 통한다는 것은 곧 바로 강한 기운이 가운데 자리에 있다는 것이고 행하면 칭찬이 있다는 것은 가면 공功이 있다는 것이다. 하늘이 험하다는 것은 사람이 오를 수 없다는 것이고 땅이 험하다는 것은 산천과 구릉을 이르는 것이다. 왕공王公이 험한 것을 세워서 나라를 지키는 것이니, 험한 것을 때에 따라 사용하는 일이 매우 크다.

상象에 이르기를 물이 연거푸 흘러드는 것이 습감習坎이니, 군자君子가 이로써 항상 덕을 행하고 가르치는 일을 배운다.

初六은 중첩된 구덩이 안으로 들어가는 것이니, 흉凶하다. 상象에 이르기를 중첩된 구덩이로 들어간다는 것은 길을 잃어버려 흉하다는 것이다.

九二는 구덩이 안에 험한 것이 있으나 구하려 하면 조금 얻는다. 상象에 이르기를 구하려 하면 조금 얻는다는 것은 아직 구덩이 가운데서 나오지 못했다는 것이다.

六三은 오거나 가거나 중첩된 구덩이 안이며, 험한 것에 방해를 받아 또 구덩이 속으로 들어가는 것이니, 쓰지 말라. 상象에 이르기를 오거나 가거나 중첩된 구덩이 안이라는 것은 끝끝내 공功이 없다는 것이다.

六四는 한통의 술과 안주 한 접시를 그릇에 담아 창으로 들여보낸다. 끝내 잘못이나 허물은 없다. 상象에 이르기를 한통의 술과 안주 한 접시라는 것은 강한 기운과 부드러운 기운이 서로 사귄다는 것이다.

九五는 구덩이가 가득 차지 않은 것이니, 이미 토지가 평평하면 잘못이나 허물이 없다. 상象에 이르기를 구덩이가 가득 차지 않았다는 것은 어느 한쪽으로 치우침이 없는 중정中正의 마땅한 자리가 크지 않다는 것이다.

上六은 두 가닥 또는 세 가닥으로 꼰 노끈으로 묶어서 가시나무 덩굴 속에 버려두는 것이니 3년이 지나도 얻지 못한다. 흉凶하다. 상象에 이르기를 상육上六의 도道를 잃었다는 것은 흉함이 3년을 간다는 것이다.

解題: 감위수坎爲水: ☵ ☵ 坎上 坎下는 물, 달月, 악인惡人, 북쪽, 굳은 마음, 숨다, 괴로워하다 등의 표상表象으로 어려움이 겹친데 또 겹치는 상象이다. 어려움과 고통苦痛이 겹쳐있는 상태狀態이니, 두려워하지 말고 의지意志와 신념信念으로 세상사世上事와 맞서야 한다. 또한 대처對處할 방법方法을 신중愼重하게 행해야 한다는 것이다.

감坎이란 처한 형편形便이나 사정事情이 곤란困難하고 험난險難한 때이다. 물坎卦☵ 위에 물坎卦☵이 다시 겹치는 것이니, 습감習坎이란 겹겹이 쌓인 험지險地라는 뜻이다. 물은 흘러도 넘치지 않은 것이니, 그 특성特性이 낮은 곳으로 흐르려는 습성習性은 변함이 없다. 때문에 그 어떠한 어려운 난관難關을 만나더라도 몸과 마음을 다하여 노력努力한다면 어려움을 벗어나 형통亨通한다는 것이다. 이양二陽과 오양五陽의 강한 기운氣運이 가운데 자리를 차지하고 있는 것이다. 머뭇거리지 않고 행行하면 가상嘉尙한 면이 있는 법이니, 공功이 있다는 것이다. 즉 성공成功하고 사람들로부터 존경尊敬을 받는다는 것이다. 하늘의 험난險難함은 사람의 힘으로서는 오를 수가 없는 것이며, 땅의 험난險難은 산천山川과 구릉을 말하는 것이니, 왕과 제후諸侯들은 산천과 구릉을 움직여 난관難關을 벗어나기 위해 노력한다. 험한 이치를 때에 따라 사용使用하고 그 행하는 바가 매우 크다는 것이다.

象에 이르기를 물이 거듭하여 흘러내리는 것이 습감習坎의 괘卦이다. 군자君子는 이를 보고 늘 덕德을 베풀며, 가르치는 일에 몸과 마음을 다한다는 것이다.

初六은 중첩된 구덩이 속으로 들어가니 흉凶하다고 한 것은, 길을 잃고 헤매면서 빠져나올 길을 찾지 못한다는 것이다.

九二는 구덩이 속에 위험危險은 있으나 구하려 노력하면 조금 얻은 것이 있다고 한 것은, 아직 벗어날 길을 찾지는 못했으나 몸과 마음을 다한 정성精誠이라면 조금은 길이 열린다는 것이다.

六三은 오거나 가거나 중첩된 구덩이 안이며 험한 것에 방해를 받아 또 구덩이 속으로 들어가는 것이니, 쓰지 말라고 한 것은, 나아가지도 물러서지도 못하는 진퇴양난進退兩難의 상황狀況이며 애써 노력努力한다지만 공功이 없다는 것이다.

六四는 한 통의 술과 한 접시의 안주按酒를 보기 좋게 담아 창문으로 들여보내니 끝내 잘못이나 허물이 없다고 한 것은, 강剛한 기운과 유柔한 기운이 서로 접하고 응한다는 것이며, 또한 술 한 통과 안주 한 접시라는 것은 소박素朴함을 바탕으로 한다는 것이다.

九五는 구덩이가 가득 차지 않은 것이니, 이미 토지가 평평하면 잘못이나 허물이 없다고 한 것은, 중도中道, 곧 오양五陽의 기운이 아직은 크게 작용作用하지 못한다는 것이고 험지險地에 갇혀있기는 하나 만사萬事가 편안해진 후에는 탈이 없다는 것이다.

  上六은 두 가닥 또는 세 가닥으로 꼰 노끈으로 묶어서 가시덤불 속에 버려두니 3년이 지나도 얻지 못할 것이라 흉凶하다고 한 것은, 상육上六의 도를 잃었다는 것이며, 몸과 마음이 옥에 갇히고 3년 동안 흉한 일이 계속 된다는 것이다.

坎爲水감위수: ☵ 坎上, ☵ 坎下
重險坎水前路難 중험감수전노난/ 무겁고 험한 감괘坎卦의 물 앞에 어려운 길이니,
多事繁又辛苦 다사번우신고 / 많은 일로 번거롭고 또 고통이나 고생이 따른다네.
偶然之中魔鬼來 우연지중마귀래/ 우연偶然한 가운데 마귀魔鬼가 들어오는 것이니,
災殃隨身立惡死 재앙수신입악사/ 재앙災殃이 몸을 따르고 악사惡死가 나타난다네.

  뜻이나 생각이 많고 이를 겉으로 드러내지 않으면서 안으로도 깊은 고민苦悶에 빠지는 성격性格이며, 곤란困難한 지경에 처하더라도 굳은 신념信念을 버리지 않는다. 또한 타인他人의 힘에 의지依支하지 않은 강인強忍함을 지니고 있으나, 지극히 유연悠然한 성품性品으로 세상사를 대처對處해가는 현명賢明한 인물이기도 하다. 그러나 안과 밖으로 드러나는 성품性品이 말수가 적고 침착한 까닭으로 인하여 주변 사람들로부터 인정認定을 받지 못하는 사람이며, 진퇴양난進退兩難에 빠져 어려움에 봉착逢着하더라도 크게 도움을 받지 못하고 오히려 주변 사람들로부터 오해誤解 아닌 오해를 받는다.

  사람이 환경적環境的으로나 물질적物質的으로 어렵고 정신적精神的으로 혼란混亂함에 부딪히면 인간人間다운 면을 잃기 쉽거나 마음의 평정平靜을 얻지 못하고 삶을 포기抛棄하기도 하지만, 지극히 정신적精神的인 가치價値

에 의지依支하면서 난관難關을 극복克復하는 인물人物이다.

　사람이란 몹시 어렵고 힘들 때 어떻게 처신處身하는 가에 따라 그 사람의 참된 가치價値가 드러나기도 한다. 스스로가 타고난 성격性格이나 기질氣質, 성품性品 따위는 쉽게 변하지 않은 것이나, 큰 위험危險이나 위기危機를 만나게 되면 이 난관難關을 벗어나기 위하여 유연悠然한 사고방식思考方式과 머뭇거리지 않은 대처방식對處方式으로 돌파突破하는 인물이다. 밖으로 크게 드러나지 않은 사람이지만 언젠가는 주변 사람들로부터 인정認定을 받고 존경尊敬을 받은 사람이다. 다만 너무 많은 생각으로 인하여 주어진 기회機會를 쉽게 저버리는 일이 있으니, 언행言行을 삼가고 신중愼重하게 하는 것도 좋지만 무엇이든 두려워하지 않고 이끌고 나아가는 강한 마음이 필요하다.

　조급해하는 마음보다는 여유로운 마음을 가지고 스스로의 덕德을 쌓으면서 배우고 익히는 일에 마음을 두어야 한다. 앞뒤를 가리지 않은 소극적消極的이면서 수동적受動的인 깊은 생각은 헤아나기가 어려운 것이니, 잡다한 많은 생각이 위험危險에 빠지게 하고 고생苦生을 시키는 것이다. 우유부단優柔不斷한 생각이나 언행言行, 모양새 따위는 자신의 삶에 올가미를 씌우는 것이나, 참답고 착실하게 몸과 마음을 다해 노력努力하면 곧 벗어날 수 있는 것이다. 때문에 마음의 끈을 잃지 말고 때를 기다려야 한다.

　매사에 겸손謙遜하고 소박素朴한 사람이며, 예의禮儀로서 사람을 대하고 자신의 삶을 귀하게 여기듯 타인他人의 삶을 존중尊重하는 사람이며, 나아가고 물러나는 모든 일에 있어서 서로가 서로에게 막힘이나 걸림이 없이 환하게 통하고 만사萬事가 평온平穩할 때 움직이는 지극히 조심스런 인물人物이다. 또한 한쪽으로 정신精神을 빼앗기면 다른 일에 무관심無關心해지는 까닭으로 커다란 오해誤解를 받거나 문제 같지 않은 문제問題가 일어나기 쉬우니, 늘 인식認識의 끈, 곧 사물의 의의意義를 바르게 이해하고 판별判別하는 마음, 그 마음이 작용作用하는 끈을 잃지 않아야 한다.

6-7) 수산건水山蹇: ☵ ☶ 坎上 艮下 陰 ⇨ 少陽.

原文: 蹇은 利西南하고 不利東北하며 利見大人하니 貞이면 吉하리라. 象曰蹇은 難也이니 險在前也이니 見險而能止하니 知矣哉라. 蹇利西南은 往得中也이고 不利東北은 其道가 窮也이고 利見大人은 往有功也이고 當位貞吉은 以正邦也이니 蹇之時用이 大矣哉라.

象曰山上有水가 蹇이니 君子가 以하여 反身脩德하나니라.

初六은 往하면 蹇하고 來하면 譽리라. 象曰往蹇來譽는 宜待也이니라.

六二는 王臣蹇蹇이 匪躬之故니라. 象曰王臣蹇蹇은 終无尤也이리라.

九三은 往하면 蹇하고 來하면 反이리라. 象曰往蹇來反은 內가 喜之也일세라.

六四는 往하면 蹇하고 來連하리라. 象曰往蹇來連은 當位가 實也일세라.

九五는 大蹇에 朋來로다. 象曰大蹇朋來는 以中節也이니라.

上六은 往하면 蹇하고 來하면 碩이라 吉하리니 利見大人하니라. 象曰往蹇來碩은 志在內也이고 利見大人은 以從貴也이니라.

直譯: 건蹇은 서남西南쪽이 이롭고 동북東北쪽은 이롭지 않으며, 대인大人을 보는 것이 이로우니 마음을 바르고 올곧게 지니면 길吉하다. 상象에 이르기를 건蹇은 어려움을 뜻한다. 험한 것이 앞에 있으니 험한 것을 보고 능히 멈출 수 있어야 안다고 이를 수 있다. 건蹇이 서남쪽이 이롭다고 한 것은 가면 어느 한쪽으로 치우침이 없는 가운데 자리를 얻는다는 것이고 동북쪽이 이롭지 않다는 것은 그 도道가 궁하다는 것이며, 대인을 보는 것이 이롭다고 한 것은 가면 공功이 있다는 것이고 마땅한 자리에서 마음을 바르고 올곧게 지녀야 길하다는 것은 그럼으로써 나라를 바로잡는다는 것이다. 건괘蹇卦의 때와 쓰임이는 크다.

상象에 이르기를 산 위에 물이 있는 것이 건蹇이니, 군자君子가 이로써 몸을 돌이켜보고 덕德을 닦는다.

初六은 가면 어려워지고 오면 칭찬이 있다. 상象에 이르기를 가면 어려워지며 오면 칭찬이 있다는 것은 마땅히 기다려야 한다는 것이다.

六二는 왕과 신하가 절뚝거린다. 그 까닭이 자신에게 있는 것이 아니다. 상象에 이르기를 왕과 신하가 절뚝거린다는 것은 마침내는 허물이 없다는 것이다.

九三은 가면 어려워지고 오면 되돌려진다. 상象에 이르기를 가면 어려워지고 오면 되돌려진다는 것은 안에서 기뻐한다는 것이다.

六四는 가면 어려워지고 오면 동행할 사람이 있다. 상象에 이르기를 가면 어려워지고 오면 동행할 사람이 있다는 것은 마땅히 받은 자리를 실實하게 해야 한다는 것이다.

九五는 큰 어려움을 만나지만 벗이 온다. 상象에 이르기를 큰 어려움을 만나지만 벗이 온다는 것은 어느 한쪽으로 치우치지 않은 중정中正의 도道로써 절제한다는 것이다.

上六은 가면 어려워지고 오면 가득 차는 것이라 길吉하다. 대인大人을 보는 것이 이롭다. 상象에 이르기를 가면 어려워지고 오면 가득 찬다는 것은 뜻이 안에 있기 때문이고 대인을 보는 것이 이롭다는 것은 그럼으로써 귀貴함을 쫓기 때문이다.

解題: 수산건水山蹇: ☵ ☶ 坎上 艮下은 험준險峻한 곳이 가로 놓여있어 나아가기가 어려운 상象이다. 나아가지도 못하고 물러서지도 못하는 상태狀態이니, 타인他人의 의견意見에 귀를 기울이는 것이 중요重要하며, 난제難題에 대처對處할 방법方法을 신중愼重하게 찾아야 한다.

건蹇이란 다리를 절다. 절뚝발이, 곤란困難을 겪다 등의 뜻으로 앞으로 나아가지 못하고 몹시 고통苦痛스러워 하는 상태狀態를 이른다. 큰 물坎卦

☵ 아래 험난險難 산艮괘卦☶이 있는 형상形象이다. 고난苦難을 나타내는 것이다. 감당치 못할 험한 것이 앞에 놓여있다. 위험危險한 것을 보고 멈출 수 있어야 참으로 아는 자가 아니겠는가. 서남쪽은 곤坤으로서 평탄平坦한 곳이라 가는 길이 어렵지 않겠지만 동북쪽은 간艮으로서 험준險峻한 산山이라 가는 길이 힘들다. 그 행할 바가 궁핍窮乏하다는 것이다. 곧 이음二陰의 도道가 매우 약하다는 것을 이른다. 현명賢明한 사람과 함께 가면 공功이 있다는 것이니, 자신自身이 처한 상황狀況이나 형편形便을 제대로 알고 마음을 바르고 올곧게 지녀야 크게 좋다는 것이다. 이때를 마주대하면 매사每事에 신중愼重해야 할 것이며, 몸과 마음을 삼가야 한다는 것이며, 이 건괘蹇卦의 때와 그 쓰임새의 즐거움은 매우 크다는 것이다.

象에 이르기를 험준險峻한 산艮괘卦☶ 위에 물坎괘卦☵이 흐르는 것이 건괘蹇卦다. 곧 대계수大溪水, 큰 계곡물을 의미한다. 군자君子는 이를 보고 스스로를 반성反省하며 덕을 닦고 언행言行을 삼간다.

初六은 가면 어려워지고 오면 칭찬이 있다고 한 것은, 앞으로 나아가면 곤란困難해지고 때를 알아 물러서면 존경과 칭찬을 받는다는 것이다. 또한 마땅한 때를 기다려야 한다는 것이다.

六二는 왕과 신하가 다리를 절뚝거린다. 그 까닭이 자기自己에게 있는 것이 아니라고 한 것은, 서로가 허물이 없다는 것이니, 상황狀況이 상황인 까닭으로 어려운 지경을 말한다. 왕과 신하가 서로에게 의지하는 것이니 화를 면한다는 의미이다.

九三은 가면 어려워지고 오면 되돌려진다는 것은, 앞으로 나아가면 험난險難한 지경에 빠지나 한 발짝 물러서서 스스로를 지키면 어려움이 없어진다는 것이다.

六四는 가면 어려워지고 되돌아오면 동행할 사람이 있다는 것은, 앞으로 나아가면 어려워지겠지만 물러나서 몸과 마음을 다하고 많은 이들과 함께하면 어려운 상황狀況을 벗어날 수 있다는 것이다.

九五는 큰 어려움을 만나지만 벗이 올 것이라고 한 것은, 오양五陽 중정中正의 마땅한 자리로서 어느 쪽에도 치우침이 없이 바르고 올곧으면 도와주는 이가 있다는 것이다.

上六은 가면 어려워지고 오면 가득 차는 것이라 길吉하니 대인大人을 만나야 이롭다고 한 것은, 앞으로 나아가면 어려운 일에 부닥치나 물러서서 제 자리를 지키면 크게 좋다는 것이고 높고 뛰어난 사람을 만나야지만 스스로에게 이롭다는 것이다.

水山蹇수산건: ☵ 坎上, ☶ 艮下
有魚無飛髮 유어무비발/ 물고기가 있는데 날지 못하고 터럭이 없으며,
有木似無根 유목사무근/ 나무 같은 것이 있는데 뿌리가 없다네.
間寂孤獨人 간적고독인/ 적막한 틈 사이에서 고독孤獨한 사람이라
步步向禮場 보보향예장/ 한 걸음 한 걸음 나아가 예식장으로 향한다네.

6-8) 수지비水地比: ☵ ☷ 坎上 坤下 陰 ⇨ 太陰.

原文: 比는 吉하니 原筮하되 元永貞이면 无咎이리라. 不寧이어야 方來이니 後이면 夫라도 凶이리라. 象曰比는 吉也이며 比는 輔也이니 下가 順從也니라. 原筮元永貞无咎는 以剛中也이고 不寧方來는 上下가 應也이고 後夫凶은 其道가 窮也니라.

象曰地上有水가 比이니 先王이 以하여 建萬國하고 親諸侯하니라.

初六은 有孚比之라야 无咎이리니 有孚가 盈缶이면 終에 來有他吉하리라. 象曰比之初六은 有他吉也이니라.

六二는 比之自內니 貞하여 吉하다. 象曰比之自內는 不自失也니라.

六三은 比之匪人이라. 象曰比之匪人이 不亦傷乎아.

六四는 外比之하니 貞하여 吉하다. 象曰外比於賢은 以從上也니라.

九五는 顯比니 王用三驅에 失前禽하며 邑人不誡니 吉하다. 象曰顯比之吉은 位正中也이고 舍逆取順이 失前禽也이고 邑人不誡는 上使

가 中也일세라.

上六은 比之无首이니 凶하니라. 象曰比之无首가 无所終也이니라.

直譯: 비比는 길吉하니, 본래 점을 보되 늘 마음이 바르고 올곧으면서 크면 잘못이나 허물이 없다. 편안하지 않은 일이 오는 것이니, 뒤떨어지는 사람은 흉凶하다. 상象에 이르기를 비比는 길吉한 것이며, 비는 힘을 보태주는 것이니 아랫사람들이 순종한다. 본래 점을 보되 늘 마음이 바르고 올곧으면서 크면 잘못이나 허물이 없다는 것은 강剛한 기운으로써 어느 한쪽으로 치우치지 않고 막힘이나 걸림이 없이 두루 원만한 중도中道를 행하기 때문이다. 편안하지 않은 일이 온다는 것은 위와 아래가 서로 응應하기 때문이다. 뒤떨어진 사람이 흉하다는 것은 그 도道가 가난하기 때문이다.

상象에 이르기를 땅 위에 물이 있는 것이 비比이니, 선왕先王이 이로써 많은 나라를 세우고 모든 제후들과 화목하게 지낸다.

初六은 참됨과 믿음성이 있어 힘을 보태주는 것이니, 잘못이나 허물이 없다. 참됨과 믿음성이 있는데 항아리에 가득 차듯이 하면 마침내는 오는 것이 있어 또 다른 길吉함이 있다. 상象에 이르기를 비比의 초육初六은 다른 길吉한 일이 있다는 것이다.

六二는 서로가 서로에게 힘을 보태주는 것은 안에서부터 해야 하는 것이니, 마음을 바르고 올곧게 지녀야 길吉하다. 상象에 이르기를 서로가 서로에게 힘을 보태주는 일은 안에서부터 해야 한다는 것은 스스로 잃지 않는다는 것이다.

六三은 서로가 서로를 도와주면서 화목하려 하지만 원하는 사람이 아니다. 상象에 이르기를 서로가 서로를 도와주면서 화목하려 하지만 원하지 않은 사람이란 것은 역시 상처가 아니겠는가.

六四는 밖에서 서로를 도와주면서 화목하려고 하는 것이니, 마음을 바르고 올곧게 지녀야 길吉하다. 상象에 이르기를 밖에서 어진 사람과 화목하게 됨으로써 윗사람을 따르게 된다는 것이다.

九五는 화목함을 드러내는 것이니, 왕이 사냥을 할 때 3면을 핍박하고 한 쪽을 터놓음에 앞으로 도망가는 짐승을 잃는다. 마을 사람들이 경계하지 않으니 길吉하다. 상象에 이르기를 화목함을 드러내는 것이 길하다는 것은 어느 한쪽으로 치우침이 없는 중정中正의 자리이기 때문이고 거슬리는 것을 버리고 순순히 따르는 것을 취한다는 것은 앞의 짐승을 잃는다는 것이며, 마을 사람들이 경계하지 않는다는 것은 윗사람으로 하여금 치우침이 없는 중도中道를 행하도록 한다는 것이다.

上六은 서로가 서로를 도와주면서 화목하려고 하지만 시작함이 없으니 흉凶하다. 상象에 이르기를 서로가 서로를 도와주면서 화목하려고 하지만 시작함이 없다는 것은 끝낼 바가 없다는 것이다.

解題: 수지비水地比: ☵ ☷ 坎上 坤下는 천하天下가 임금 한 사람만을 우러르는 상象이며, 서로가 서로를 도와주면서 이해理解하는 격이니, 화목和睦함으로써 만물萬物을 낳고 기른다는 것이다.

비比는 땅坤卦☷ 위에 물坎卦☵이 있는 것이고 오양五陽의 바른 자리와 음효陰爻 다섯이 서로 따르고 모여드는 형상形象이다. 때문에 비比는 길吉한 괘卦이며, 항상 마음을 바르고 올곧게 지니면 허물이 없다. 이는 강剛한 기운氣運으로 중정中正의 도道, 곧 어느 쪽으로 치우침이 없이 곧고 바르며 지나치거나 모자람이 없이 알맞게 지키기 때문이다. 이러한 까닭으로 위아래 없이 모두가 상응相應하고 주변에 모여드는 것이다. 이 무리의 의지意志에 뒤떨어지면 지극히 어렵고 힘든 일에 부닥치는 것이니, 때를 놓치기 때문이며, 그 행할 바가 곤궁困窮해지기 때문이다. 비괘比卦가 길吉한 것은 서로 잘 지니어 상하거나 없어지지 않도록 하고 아랫사람이 순종順從하며 잘 따르기 때문이다.

象에 이르기를 땅坤卦≡≡이 물坎卦≡≡의 흐름을 담고 넉넉하다. 노방토路傍土에 장류수長流水의 흐름, 이것이 비괘比卦이며, 선왕先王은 이를 보고 모든 나라를 강건剛健하게 세우고 모든 제후諸侯와 화목和睦하게 지낸다는 것이다.

初六은 참됨과 믿음성이 있어 힘을 보태주는 것이니, 잘못이나 허물이 없고 이러한 마음이 있으되 물이 항아리에 가득 차듯이 하면 마침내 오는 것이 있어 또 다른 길吉함이 있다고 한 것은, 비괘比卦의 초육初六은 다른 일로 길吉함이 있다는 것이니, 몸과 마음을 다한 믿음이라면 잘못이나 허물이 없다는 것이다. 또한 몸과 마음을 다한 믿음이 항아리에 가득 차듯이 한다면 생각지도 않던 좋은 일이 있다는 것이다.

六二는 서로 응應하고 통通하려면 안에서부터 해야 하는 것이니, 마음을 바르고 올곧게 지녀야 길吉하다고 한 것은, 오양五陽의 기운氣運은 강剛으로 밖에서 호응呼應하고 이음二陰은 안에서 호응呼應한다는 것이니, 부드러운 이음二陰의 기운氣運이 중정中正도를 지킨다는 것이다.

六三은 서로가 화목해지려고 하지만 자기自己가 원하고 뜻하던 사람이 아니라고 한 것은, 마음이 맞지 않는다는 것이며 마음만 상한다는 것이다.

六四는 밖에서 사람과 친해지려고 하는 것이니 마음을 바르고 올곧게 지녀야 길吉하다고 한 것은, 오양五陽과의 인연因緣을 말하는 것으로 밖에서 어진 사람과 친하게 되면 이 인연因緣으로 윗사람을 따르게 된다는 것이다.

九五는 서로 화목함을 드러내는 것이니, 왕이 사냥을 할 때 3면에서 핍박하고 한 곳을 터놓은 까닭으로 도망 나가는 짐승을 잃는다. 그 고을 사람들이 경계警戒하지 않는다고 한 것은, 오양五陽 중정中正의 자리로 그 도道를 잃지 않는다는 것이다. 사람과 화합和合하고 상응相應하는 일에 있어서 사사로운 마음이 없으며, 사냥감을 몰지만 도망 갈 길을 열어놓고 또 이를 쫓지 않는다는 것은 지극히 관대寬貸한 마음을 지닌 것이다. 그러니 누가 경계警戒할 것인가. 사람들이 마음 편하게 따른다는 것이다.

上六은 사람과 화목하게 지내려고 하지만 시작이 없기 때문에 흉凶하다고 한 것은, 친해지기 위해서는 이미 시기時期를 놓쳤다는 뜻이며, 처음 사람과 사귀기에 시작도 못한 까닭에 그 끝이 온전하지 못하고 혼란混亂스럽다는 것이다.

水地比수지비: ☵ 坎上, ☷ 坤下
花蕊與人紅 화예여인홍/ 아름다운 꽃이 사람의 붉은 색과 함께 하니,
歸閣紫雲香 귀각자운향/ 누각으로 돌아와 자줏빛 구름과 향기를 피운다네.
皇恩對此貴 황은대차귀/ 왕의 은혜는 이토록 귀貴한 것과 같은 것이니,
流傳百歲榮 유전백세영/ 세상에 널리 퍼지고 백세까지 영화榮華를 누린다네.

7. 간괘艮卦 ☶

7-1) 산천대축山天大畜: ☶ ☰ 艮上 乾下 陽 ⇨ 太陽.
7-2) 산택손山澤損: ☶ ☱ 艮上 兌下 陽 ⇨ 少陰.
7-3) 산화비山火賁: ☶ ☲ 艮上 離下 陽 ⇨ 少陽.
7-4) 산뢰이山雷頤: ☶ ☳ 艮上 震下 陽 ⇨ 太陰.
7-5) 산풍고山風蠱: ☶ ☴ 艮上 巽下 陰 ⇨ 太陽.
7-6) 산수몽山水蒙: ☶ ☵ 艮上 坎下 陰 ⇨ 少陰.
7-7) 간위산艮爲山: ☶ ☶ 艮上 艮下 陰 ⇨ 少陽.
7-8) 산지박山地剝: ☶ ☷ 艮上 坤下 陰 ⇨ 太陰.

7-1) 산천대축山天大畜: ☶ ☰ 艮上 乾下 陽 ⇨ 太陽.

原文: 大畜은 利貞하니 不家食하면 吉하니 利涉大川하니라. 象曰大畜은 剛健하고 篤實하고 輝光하여 日新其德이니 剛上而尙賢하고 能止健이 大正也니라. 不家食吉은 養賢也이고 利涉大川은 應乎天也니라. 象曰天在山中이 大畜이니 君子가 以하여 多識前言往行하여 以畜其德하나니라.

初九는 有厲이리니 利己니라. 象曰有厲利己는 不犯災也니라.
九二는 輿說輹이로다. 象曰輿說輹은 中이라 无尤也니라.
九三은 良馬逐이니 利艱貞하니 曰閑輿衛면 利有攸往하리라. 象曰利有攸往은 上이 合志也일세라.
六四는 童牛之牿이니 元吉하니라. 象曰六四元吉은 有喜也니라.
六五는 豶豕之牙이니 吉하니라. 象曰六五之吉은 有慶也니라.
上九는 何天之衢이니 亨하니라. 象曰何天之衢는 道가 大行也니라.

直譯: 대축大畜은 마음을 바르고 올곧게 지녀야 이롭다. 벼슬하지 아니하고 놀고먹어도 길吉하니, 큰 냇물을 건너야 이롭다. 상象에 이르기를 대축大畜은 강하고 건실하며 믿음이 두텁고 성실하여 밝은 빛이 찬란하게 피듯이 그 덕德이 날마다 새롭다. 벼슬하지 아니하고 놀고먹어도 길하다는 것은 어진 사람을 기른다는 것이고 큰 냇물을 건너는 것이 이롭다는 것은 하늘에 응應한다는 것이다.

상象에 이르기를 하늘이 산 가운데 있는 것이 대축大畜이니, 군자君子가 이로써 앞선 이들의 말씀과 행한 일을 깊이 알음으로써 그 덕德을 쌓는다.

初九는 위태로운 일이 있으니, 그만두는 것이 이롭다. 상象에 이르기를 위태로운 일이 있으니 그만두는 것이 이롭다는 것은 재앙을 범하지 않는다는 것이다.

九二는 수레의 차여와 굴대를 연결하는 장치가 벗겨진다. 상象에 이르기를 수레의 차여와 굴대를 연결하는 장치가 벗겨진다는 것은 가운데 자리라 허물이 없다는 것이다.

九三은 좋은 말을 타고 질주하는 것이니, 어려움은 있으나 마음을 바르고 올곧게 지니면 이롭다. 매일 수레를 끄는 일과 지키는 방법을 배워야 한다. 갈 곳이 있으면 이롭다. 상象에 이르기를 갈 곳이 있으면 이롭다는 것은 위의 뜻과 틀리거나 어긋남이 없다는 것이다.

六四는 어린 소가 우리에 있으니, 크게 길吉하다. 상象에 이르기를 육사六四가 크게 길하다는 것은 기쁨이 있다는 것이다.

六五는 거세시킨 돼지의 어금니이니, 길吉하다. 상象에 이르기를 육오六五가 길하다는 것은 경사慶事가 있다는 것이다.

上九는 하늘의 길이니, 형통하다. 상象에 이르기를 하늘의 길이라는 것은 도道가 크게 행해진다는 것이다.

解題: 산천대축山天大畜: ☶ ☰ 艮上 乾下은 하늘의 기氣가 산에 쌓이고 있는 상象으로 쌓은 덕德이 날마다 새로워지고 빛나는 것이니, 한 곳에 머물지 말고 크게 움직이면 매사에 좋은 일이 있다는 것이다.

축畜이란 몸과 마음에 학덕學德을 많이 쌓는다는 것이며, 또한 곡물穀物이 풍족豊足하게 쌓여있다는 것을 이른다. 때문에 대축大畜의 괘卦는 지극히 강건剛健하며, 믿음이 두텁고 성실誠實하고 열성熱誠이 있으면서 진실眞實하다는 것이다. 그 밝은 빛의 찬란함이 날마다 새로운 것이니, 강한 기운氣運, 곧 건乾卦☰의 기운이 위로 올라가서 어진 이, 곧 간艮卦☶의 오음五陰을 높이 받든다. 또한 상양上陽의 강한 기운氣運이 건괘乾卦를 바르게 하고 크게 움직인다. 벼슬하지 아니하고 놀고먹지만 몸과 마음으로 학덕學德을 많이 쌓으면서 어진 이를 기른다는 것이니, 큰 냇물을 건너도 이롭다는 것이다. 또한 이는 하늘의 뜻에 응한다는 것이니, 하늘의 도道에 순응順應하면서 곧고 바른 길을 간다는 것이다. 괘卦의 형상形象을 보면 하늘乾卦☰의 좋은 기운氣運이 초목草木을 양육養育하는 산艮卦☶을 받들고 있는 그림이다. 그 바탕이 곧고 바르며 강건불식剛健不息의 상이 아니던가.

象에 이르기를 산艮卦☶이 하늘乾卦☰을 뚫고 서있는 괘가 이 대축괘大畜卦이다. 군자君子는 이를 보고 성현聖賢의 말씀과 가르침을 따르면서 스스로의 학덕學德을 기른다는 것이다.

初九는 위태로운 일이 있으니, 멈추는 것이 이롭다고 한 것은, 염려스러운 일이 있을 것이니, 멈추는 것이 좋고 어렵고 힘든 일을 피할 수 있다는 것이다.

九二는 수레의 차여와 굴대를 연결하는 장치가 벗겨질 것이라고 한 것은, 급하게 나아가다 장치가 벗겨졌다는 것이며, 이양二陽의 자리가 지극히 마땅한 자리인지라 허물이나 탈이 없다는 것이다.

九三은 좋은 말을 타고 질주하는 것이니, 어려움은 있겠으나 마음을 바르고 올곧게 지니면 이로움이 있으며, 매일 수레를 끄는 일과 지키는 방법을 배워야 한다. 그리고 갈 곳이 있으면 이롭다고 한 것은, 좋은 말을 타고 힘차게 앞으로 나아간다는 것이며, 어려움이 있더라도 곧고 바른 마음으로 몸과 마음을 다한 노력努力을 한다는 것이고 윗사람과 서로 뜻이 맞는다는 것이다. 또한 함께 뜻을 맞춰 나아간다는 것이다.

六四는 어린 소가 우리에 있으니, 크게 길吉하다고 한 것은, 4음四陰이 크게 기쁜 일이 있다는 것이며, 울타리 안에서 경거망동輕擧妄動, 곧 송아지처럼 날뛰지만 않으면 좋은 일이 있다는 것이다.

六五는 거세시킨 돼지의 어금니이니, 길吉할 것이라고 한 것은, 오음五陰의 마땅한 자리가 경사慶事가 있다는 말이며, 몸과 마음을 삼가고 매사에 신중愼重히 하면 즐거움이 있다는 것이다.

上九는 하늘의 길이니, 크게 형통亨通할 것이라고 한 것은, 도道를 크게 행行한다는 것이며, 하늘의 도를 깨달아 얻고 자유롭게 된다는 것이다.

山天大畜山天大畜: ☶ 艮上, ☰ 乾下

千歲老龍得弄珠 천세노용득롱주/ 오랜 세월동안 늙은 용이 여의주를 얻어 가지고 노는 것이니,

一朝雷雨積雲行 일조뇌우적운행/ 한 순간에 번개와 함께 비가 내려 쌓이고 구름이 움직인다네.

紅綃綿帛官位足 홍초면백관위족/ 붉은 색 무늬가 면면히 흘러내리는 비

단 옷에 관직의 등급이 만족스럽고

且語前程榮華中 차어전장영화중/ 또 이르기를 헤아리기에 앞서 영화榮華를 마음껏 누리는 것이라네.

7-2) 산택손山澤損: ☶ ☱ 艮上 兌下 陽 ⇨ 少陰.

原文: 損은 有孚이면 元吉하고 无咎하여 可貞이라 利有攸往하니 曷之用이리오 二簋가 可用享이니라. 象曰損은 損下益上하여 其道가 上行이니 損而有孚이면 元吉无咎可貞利有攸往이고 曷之用二簋可用享은 二簋가 應有時며 損剛益柔가 有時이니 損益盈虛를 與時偕行이니라.
象曰山下有澤이 損이니 君子가 以하여 懲忿窒欲하나니라.
初九는 已事이어든 遄往이어야 无咎이리니 酌損之니라. 象曰已事遄往은 尙合志也일세라.
九二는 利貞하고 征이면 凶하니 弗損이라야 益之리라. 象曰九二利貞은 中以爲志也니라.
六三은 三人行에는 則損一人하고 一人行에는 則得其友이로다. 象曰一人行은 三이면 則疑也이리라.
六四는 損其疾하되 使遄이면 有喜하여 无咎이리라. 象曰損其疾하니 亦可喜也이로다.
六五는 或益之면 十朋之라 龜도 弗克違하리니 元吉하니라. 象曰六五元吉은 自上祐也니라.
上九는 弗損하고 益之면 无咎하고 貞吉하니 利有攸往이라 得臣이 无家이리라. 象曰弗損益之는 大得志也니라.

直譯: 손損은 참됨과 믿음성이 있어야 크게 길吉하고 허물이 없다. 마음을 바르고 올곧게 지녀야 하는 것이니, 갈 곳이 있으면 이롭다. 어찌 이를 사용하지 않겠는가. 두 개의 궤(簋:제기 이름)는 제사를 지내는데 사용할 수 있다. 상象象에 이르기를 손損은 아래를 덜어서 위를 보태는 것이니, 그 도道가 위로 행하는 것이다. 덜어내는 일에 있어서 참됨과 믿음성이 있으면 크게 길하고 허물이 없으며, 마음을 바르고 올곧게 지녀야 하며, 갈 곳이 있으면 이로운 것이니, 이를 어찌 사용하지 않겠는가. 두 개의 궤를 제사를 지내는데 사용할 수 있다는 것은 두 개의 궤가 응당 쓰일 때가 있어야 한다는 것이며, 강한 기운을 덜어서 부드러운 기운에 더하는 일에도 때가 있는 것이니, 덜고 보태고 가득 채우고 텅 비게 하는 일은 모두 때와 더불어 행하여야 한다.

상象에 이르기를 산 아래에 연못이 있는 것이 손損이니, 군자君子가 이로써 분한 마음을 혼내주고 욕심을 막는다.

초구初九는 일을 멈추고 빨리 가는 것이라 잘못이나 허물이 없으리니, 물을 붓듯 덜어버린다는 것이다. 상象에 이르기를 일을 멈추고 빨리 간다는 것은 뜻을 합하는 일, 이 일을 높이어 소중히 여긴다는 것이다.

구이九二는 마음을 바르고 올곧게 지녀야 이롭고 치러 가면 흉凶하니, 덜어내는 것이 아니라 보태는 일이기 때문이다. 상象에 이르기를 구이九二의 마음을 바르고 올곧게 지녀야 이롭다는 것은 어느 한쪽으로 치우치지 않은 중도中道로써 뜻을 삼았기 때문이다.

육삼六三은 세 사람이 가면 곧 한 사람이 줄고 한 사람이 가면 곧 벗을 얻는다. 상象에 이르기를 한 사람이 간다는 것은 세 사람이 가면 곧 의심을 한다는 것이다.

육사六四는 그 질병을 덜어내는 것이니, 빨리 쫓으면 기쁨이 있고 잘못이나 허물이 없다. 상象에 이르기를 그 질병을 덜어낸다는 것은 역시 기뻐할 수 있다는 것이다.

육오六五는 혹 보탬이 되면 귀중한 보배十朋로써의 거북이라도 어길 수 없는 것이니 크게 길吉하다. 상象에 이르기를 육오六五의 크게 길하다는 것은 위로부터 천지신명天地神明의 도움이 있다는 것이다.

上九는 덜어내는 것이 아니라 보탬이 되는 것이라면 잘못이나 허물이 없고 마음을 바르고 올곧게 지니면 길吉하니, 갈 곳이 있으면 이롭다. 신하는 얻지만 집은 없다. 상象에 이르기를 덜어내는 것이 아니라 보탬이 된다는 것은 뜻을 크게 얻었다는 것이다.

解題: 산택손山澤損: ☱ ☶ 艮上 兌下은 아래를 감소減少시켜 위를 증가增加시키는 상象으로 몸과 마음을 다해 행하면 좋은 것이니, 처음 마음먹은 대로 이끌고 나아가는 것이 중요重要하며, 눈앞의 작은 잇속에 욕심慾心을 부리지 말고 다가올 내일을 찾은 것이 필요必要하다는 것이다.

손損이란 덜다, 감소減少하다. 손해損害를 보다. 낮추다. 겸손謙遜하다는 등의 뜻이다. 산艮卦☶구릉에 있는 연못兌卦☱으로 연못은 스스로를 낮추고 산은 높아지는 것이 이 괘의 형상形象이다. 연못이 스스로를 희생犧牲하면서 산의 푸르름을 더하는 것이니, 크게 피해被害를 입거나 손해損害를 본다는 뜻이 아니라 스스로의 몸과 마음으로 희생하면서 봉사奉仕를 한다는 뜻에 가깝다. 곧 아래 것을 덜어서 위를 늘린다는 것이다. 때문에 손損은 몸과 마음을 다하는 성실誠實함이 있어야 크게 길吉한 것이며, 그 겸손謙遜함의 도道가 위로 올라가는 것이다. 이 처음의 마음을 잃지 않고 몸과 마음을 더하는 것이니, 나아가는 일에 있어서 이를 어찌 사용하지 않겠는가. 두 개의 궤簋를 사용使用할 수 있는 것이니, 이는 마땅히 때에 맞추어 행하고 움직여야 한다는 것이다. 곧 강剛한 것兌卦☱ 二陽을 덜어서 유柔한 것艮卦☶ 五陰에 더하는 일도 때가 있다는 것이다. 덜어서 보태고 채우거나 텅 비게 하는 모든 일은 때에 맞춰 행行해야 한다. 당장의 이익利益에 욕심慾心을 부리기보다는 스스로를 희생犧牲하면서 먼 미래를 보장保障받은 것이 이롭다는 것이다.

象에 이르기를 산艮卦==구릉에 연못兑卦==이 있는 것이 손괘損卦다. 군자君子는 이를 보고 쓸데없는 마음을 가라앉히고 욕심慾心을 버리면서 스스로를 희생한다는 것이다.

初九는 일을 멈추고 빨리 가는 것이니, 허물이 없으며, 물을 붓듯 덜어버린다는 것은, 남과 뜻을 합하기 위해 빨리 나선다는 것이며, 마음에 부담을 가지지 않는다는 것이다.

九二는 마음을 바르고 올곧게 지니면 이롭고 치러 가면 흉凶하니, 이는 덜어버리는 것이 아니라 오히려 보태는 것이라고 한 것은, 이양二陽의 자리가 어느 한쪽으로 치우치지 않은 중정中正의 마땅한 자리로서 뜻을 세워야 하며, 이로써 마음을 바르고 올곧게 지녀야 한다는 것이다. 곧 치우침이 없는 중정中正의 도道를 지켜야 좋다는 것이며, 경거망동輕擧妄動하면 흉凶하고 이는 스스로를 덜어서 도움을 주는 것이 아니라 오히려 위험危險하게 된다는 것이다.

六三은 세 사람이 가면 곧 한 사람이 줄고 한 사람이 가면 곧 벗을 얻게 된다고 한 것은, 세 사람이 함께 가면 서로를 의심疑心하는 까닭으로 한 사람을 잃는다는 것이고 혼자 가면 좋은 벗을 얻는다는 것이다.

六四는 질병疾病을 덜어버리니 빨리 가면 기쁨이 있고 허물이 없다고 한 것은, 좋지 않는 병을 덜어버리니 기쁘고 허물이 없다는 것이다.

六五는 혹 보탬이 되면 귀중한 보배로써의 거북점이라도 어길 수가 없는 것이니, 이는 크게 길吉하다고 한 것은, 오음五陰의 마땅한 자리가 어느 쪽에도 치우침이 없이 곧고 바르기 때문에 천지신명天地神明이 도와준다는 것이다. 때문에 그 어떤 거북점이라도 흉조凶兆는 나오지 않고 크게 길吉하다는 것이다.

上九는 덜어내는 것이 아니라 보탬이 되는 것이라면 잘못이나 허물이 없고 마음을 바르고 올곧게 지니면 길하다. 또 갈 곳이 있어야 이롭고 신하는 얻지만 집은 없다고 한 것은, 행하고자 하는 큰 뜻을 얻었다는 것이며, 몸과 마음을 바르게 가지고 앞으로 나아가면 이롭고 욕심慾心을 부리지 않으면서 스스로를 희생犧牲하여 남을 위한다는 것이다.

山澤損산택손: ☶ 艮上, ☱ 兌下
轉轉上下道路險 전전상하도로험/ 이리저리 떠돌아다니고 험한 길이 위 아래로 있는 것이니,
萬事無成劫猜惡 만사무성겁시악/ 만사萬事가 이루어짐이 없고 의심과 악惡으로 위협하는 것이라네.
刑門盈殃難頑御 형문영앙난완어/ 형액이 문 앞에 가득 차 넘치고 완고하게 재앙과 어려움으로 말을 몰아가는 것이며,
障曲江邊疾痕垂 장곡강변질흔수/ 이리저리 굽은 강가를 가로막고 빠르게 다친 흉터를 남기는 것이라네.

7-3) 산화비山火賁: ☶ ☲ 艮上 離下 陽 ⇨ 少陽.

原文: 賁은 亨하니 小利有攸往하니라. 象曰賁亨은 柔가 來而文剛故로 亨하고 分剛하여 上而文柔故로 小利有攸往하니 天文也이고 文明以止하니 人文也이니 觀乎天文하여 以察時變하며 觀乎人文하여 以化成天下하나니라.

象曰山下有火가 賁이니 君子가 以하여 明庶政하되 无敢折獄하나니라.
初九는 賁其趾니 舍車而徒로다. 象曰舍車而徒는 義弗乘也니라.
六二는 賁其須이로다. 象曰賁其須는 與上興也니라.
九三은 賁如가 濡如이니 永貞하면 吉하리라. 象曰永貞之吉은 終莫之陵也이니라.
六四는 賁如가 皤如하며 白馬가 翰如하니 匪寇이면 婚媾이리라. 象曰六四는 當位疑也이니 匪寇婚媾는 終无尤也니라.
六五는 賁于丘園이니 束帛이 戔戔이면 吝하나 終吉이리라. 象曰六五之吉은 有喜也니라.
上九는 白賁이면 无咎이리라. 象曰白賁无咎는 上得志也니라.

直譯: 비賁는 형통亨通하는 것이니, 갈 곳이 있으면 작은 이로움이 있다. 상象에 이르기를 비賁가 형통한다는 것은 부드러운 기운이 와서 강剛한 기운을 꾸며주는 까닭으로 형통하는 것이고 강한 기운이 나뉘어 위로 올라가서 부드러운 기운을 꾸며주는 까닭으로 갈 곳이 있으면 작은 이로움이 있다는 것이니, 이것이 하늘의 밝은 법이고 밝은 법으로써 멈추면 사람의 밝은 법이 되는 것이다. 하늘의 밝은 법을 자세히 봄으로써 때의 변화를 살피며, 사람의 밝은 법을 자세히 봄으로써 천하를 이루고 변화시키는 것이다.

상象에 이르기를 산 아래 불이 있는 것이 비賁이니, 군자君子가 이로써 백성을 위한 정사를 밝게 하고 감히 옥사獄事를 판단하지 않는다.

初九는 그 발을 예쁘게 꾸미는 것이니, 수레를 버리고 걸어간다. 상象에 이르기를 수레를 버리고 걸어간다는 것은 의리상 타지 않는다는 것이다.

六二는 그 수염을 꾸민다. 상象에 이르기를 수염을 꾸민다는 것은 위上와 더불어 일으킨다는 것이다.

九三은 꾸미는 듯이 하고 은혜로운 듯이 하니, 오래도록 마음을 바르고 올곧게 지니면 길吉하다. 상象에 이르기를 오래도록 마음을 바르고 올곧게 지니면 길하다는 것은 마침내 깔보지 않는다는 것이다.

六四는 꾸민 듯이 하고 머리가 하얗게 센 듯이 하며, 흰 말이 나는 듯이 하니, 도둑이 아니면 청혼을 하는 것이다. 상象에 이르기를 육사六四는 마땅한 자리에서 의심하는 것이니, 도둑이 아니라 청혼하는 것이라고 함은 마침내 허물이 없다는 것이다.

六五는 낮은 언덕과 정원을 꾸미는 것이니, 한 묶음의 비단이 쌓여 있으면 부끄럽지만 마침내는 길吉하다. 상象에 이르기를 육오六五가 길하다는 것은 기쁨이 있다는 것이다.

上九는 꾸미지 않으면 잘못이나 허물이 없다. 상象에 이르기를 꾸미지 않으면 잘못이나 허물이 없다는 것은 위로부터 뜻을 얻었다는 것이다.

解題: 산화비山火賁: ☶ ☲ 艮上 離下는 강剛함과 유柔함이 왕래교착往來交錯하여 무늬를 이루는 상象으로 산 아래의 불이니, 석양을 이르는 것이며, 겉으로 드러난 화려華麗하고 큰 이득利得에 혹하지 말아야 할 것이다.

비賁는 꾸미다. 장식하다. 섞이다 등의 뜻으로 산艮卦☶ 밑의 불, 곧 태양離卦☲이 있는 것을 이른다. 저녁노을이 세상을 아름답게 만드는 그림을 말하는 것이며, 또한 마지막 빛을 발하는 석양이 아니겠는가. 때문에 겉으로 드러나는 화려함이나 겉치레에 마음을 쏟지 말고 매사에 신중愼重해야 한다는 것이다.

비賁가 모든 일에 형통亨通하다고 말하는 것은 부드러운 빛이 나와서 강한 것을 꾸며주는 까닭으로 크게 통한다는 것이다. 강한 기운氣運이 나뉘어, 곧 이괘離卦☲가 나뉘어 위로 올라가 간괘艮卦☶의 겉모양을 꾸며주는 것이다. 이것이 바로 하늘이 보여주는 아름다운 광채, 곧 천문天文이다. 이 하늘의 밝은 법을 밝게 알아서 멈추면 사람의 밝은 법이 되는 것이며, 하늘의 밝은 법을 자세히 보아서 시기時期의 변화變化를 아는 것이고 사람의 밝은 법을 자세히 보아서 천하天下를 이루고 변화變化시키는 것이다.

산과 태양빛이 가로세로로 엇갈리면서 아름다운 무늬를 이루는 것이다. 곧 비괘賁卦는 하늘의 밝은 법, 무늬의 움직임을 깊이 들여다보고 때의 변화變化를 보는 것이며, 사람의 밝은 법, 색채를 들여다보고 천하天下를 이끄는 것이다. 또한 작게는 개개인이 지켜야 할 도덕적道德的인 아름다움이며, 크게는 사회적社會的으로 마땅히 지켜야 할 윤리적倫理的 가치價値의 아름다움을 이르는 것이다.

象에 이르기를 산艮卦☶ 아래 불離卦이 있는 것이 비괘賁卦의 형상形象이다. 저녁노을은 산하山河를 아름답게 꾸며주지만 바로 어둠에 묻히는 것이 아닌가. 군자君子는 이를 보고 서민庶民의 일상적日常的인 일에 대해서 밝히고 처리處理하며, 옥사獄事와 같은 중대사重大事에 대해서는 신중愼重하게 접근接近한다는 것이다.

初九는 나아가는 발걸음에 있어서 언행言行이나 태도態度를 예절禮節에 어그러짐이 없이 꾸미고서는 수레를 버리고 걸어간다고 한 것은, 의리義理상 타지 않은 것을 이르며, 이는 자기自己 수양修養에 게으르지 않다는 것이다.

六二는 수염을 꾸몄다고 하는 것은, 윗사람과 함께 일어난다는 뜻이며, 나아가고 물러나는 일에 있어서 부끄럽지 않게 한다는 것이다.

九三은 꾸미는 듯도 하고 은혜로운 듯도 하니, 오래도록 마음을 바르고 올곧게 지니면 길吉하다고 한 것은, 이제는 가볍게 여기는 사람이 없다는 뜻이며, 스스로가 겉치레에 치우치지 않는다는 것을 이른다.

六四는 꾸민 듯이 하고 머리가 하얗게 센 듯도 하다. 흰 말이 나는 듯이 하지만, 이는 도둑이 아니라 청혼請婚하는 사람이라고 한 것은, 육사六四의 정당正當한 자리에서 의심疑心하는 것을 말하며, 마침내는 허물이 없다는 것이다. 곧 위아래의 화합和合이 중요重要하다는 것을 이른다.

六五는 낮은 언덕과 정원을 꾸미는 것이니, 한 묶음의 비단이 쌓여 있으면 부끄럽지만 마침내는 길吉하다고 한 것은, 오음五陰의 자리가 기쁨이 있다는 뜻이며, 밭과 정원을 일구면서 겉치레를 없애고 검소儉素하게 한다는 것이니, 처음에는 비난非難을 받지만 마침내는 좋다는 것이다.

上九는 꾸미지 않으면 잘못이나 허물이 없다는 것은, 순수純粹한 그대로의 모습이라는 것이며, 이 모습을 잃지 않고 매사에 신중愼重하면 윗사람의 부름을 받는다는 것이다.

山火賁산화비: ☶ 艮上, ☲ 離下
黃雲赫海上 황운혁해상/ 상서로운 구름이 바다 위를 붉게 물들이고

靑鸞對干成 청란대간성/ 푸른 난새靈鳥가 방패를 이뤄 마주대한 것이라네.
燦燭金玉帶 찬촉금옥대/ 등불에 빛나는 금옥金玉으로 만든 띠이니,
傾善舞春風 경선무춘풍/ 착하게 마음을 먹고 봄바람에 춤을 춘다네.

7-4) 산뢰이山雷頤: ☶ ☳ 艮上 震下 陽 ⇒ 太陰.

原文: 頤는 貞하면 吉하니 觀頤하며 自求口實이니라. 象曰頤貞吉은 養正則吉也이니 觀頤는 觀其所養也이고 自求口實은 觀其自養也니라. 天地가 養萬物하며 聖人이 養賢하여 以及萬民하나니 頤之時가 大矣哉라.

象曰山下有雷가 頤이니 君子가 以하여 愼言語하며 節飮食하나니라.

初九는 舍爾靈龜하고 觀我하여 朶頤니 凶하니라. 象曰觀我朶頤하니 亦不足貴也이로다.

六二는 顚頤라 拂經이니 于丘에 頤하여 征하면 凶하리라. 象曰六二征凶은 行이 失類也니라.

六三은 拂頤貞이라 凶하여 十年勿用에 无攸利하니라. 象曰十年勿用은 道가 大悖也니라.

六四는 顚頤나 吉하니 虎視耽耽하며 其欲逐逐하면 无咎이라. 象曰顚頤之吉은 上施가 光也일시니라.

六五는 拂經이나 居貞하면 吉하려니와 不可涉大川이니라. 象曰居貞之吉은 順以從上也일세라.

上九는 由頤니 厲하면 吉하니 利涉大川하니라. 象曰由頤厲吉은 大有慶也니라.

直譯: 이頤는 마음을 바르고 올곧게 지녀야 길吉하니, 턱이 움직이는 것을 자세히 보아서 먹은 것을 실속 있게 챙겨서 자신을 구한다. 상 象에 이르기를 이頤는 마음을 바르고 올곧게 지녀야 길하다는 것은 기르는 것이 올바르면 곧 길하다는 것이다. 턱의 움직임을 자세

히 본다는 것은 그 기르는 바를 자세히 본다는 것이고 먹은 것을 실속 있게 챙겨서 자신을 구한다는 것은 그 스스로 길러지는 모습을 자세히 본다는 것이다. 천지가 만물을 기르고 성인이 어진 이를 기름으로써 만민에게 미치게 하는 것이니, 이괘頤卦의 때가 크다.

상象에 이르기를 산 아래에 우레가 있는 것이 이頤니, 군자君子가 이로써 말을 삼가고 먹고 마시는 일을 절제한다.

初九는 그 신령스러운 거북이를 버리고 나를 자세히 보니, 늘어지게 턱을 벌린다. 흉凶하다. 상象에 이르기를 나를 자세히 보더니 늘어지게 벌린다는 것은 역시 귀하게 여길 것이 아니라는 것이다.

六二는 턱이 거꾸로 뒤집어져 치켜 올려진 것이니, 무덤에 누워있는 사람의 턱이다. 치러 가면 흉凶하다. 상象에 이르기를 육이六二의 치러 가면 흉凶하다는 것은 행하면 일족一族을 잃는다는 것이다.

六三은 턱을 치켜 올리고 있는 것이니, 마음을 바르고 올곧게 지녀도 흉凶하다. 10년간 쓰지 말라. 이로울 것이 없다. 상象에 이르기를 10년간 쓰지 말라는 것은 도道가 크게 어그러졌다는 것이다.

六四는 턱이 거꾸로 뒤집어져 치켜 올려진 것이나 길吉하다. 틈만 있으면 덮치려고 기회를 노리면서 형세를 살펴보는 것이니, 그 욕심을 계속하여 추구하면 잘못이나 허물이 없다. 상象에 이르기를 턱이 거꾸로 뒤집어져 치켜 올려진 것이나 길하다는 것은 위에서 베푸는 바가 빛이 난다는 것이다.

六五는 치켜 올려진 것이나 마음을 바르고 올곧게 지니고 있으면 길吉하려니와 큰 냇물을 건너는 것은 가능하지 않다. 상象에 이르기를 마음을 바르고 올곧게 지니고 있어야 길하다는 것은 거스르지 않고 위를 쫓는다는 것이다.

上九는 턱으로 인연하는 것이니, 위태로움이 있으나 길吉하며, 큰 냇물을 건너는 것이 이롭다. 상象에 이르기를 턱으로 인연하는 것이니 위태로움이 있으나 길하다는 것은 큰 경사慶事가 있다는 것이다.

解題: 산뢰이山雷頤: ☶ ☳ 艮上 震下는 음식을 주어 남을 구제救濟할 상象이며, 이頤는 아래턱과 위턱의 총칭總稱으로 온갖 것을 기르는 일에 있어서 신중愼重해야 하고 말과 행동行動을 삼가야 한다는 것이다.

이頤는 사람 몸 중에서 턱을 이르는 것으로 상괘上卦는 산艮卦☶으로 듬직하게 솟아있는 형상形象이며, 하괘下卦는 천둥소리震卦☳로 산을 흔들어 깨우는 형상形象이다. 곧 초양初陽과 상양上陽을 보면 간괘艮卦의 상양上陽은 산으로서 움직임이 없는 강한 힘이 부드러움을 누르고 진괘震卦의 초양初陽은 천둥소리로서 움직임을 부르는 강한 힘으로 이삼사오음二三四五陰을 흔들어 깨운다. 곧 이頤는 턱을 의미意味하기 때문에 위턱과 아래턱을 움직여 몸을 기른다는 것이다. 때문에 턱은 바르게 놀려야 길吉할 것이 아닌가. 무엇을 위해 먹고 기를 것인가를 보면 개인적個人的으로는 스스로의 몸일 것이며, 또한 도덕적道德的 가치價値, 사회적社會的 가치價値의 실현實現을 위해 먹고 기르는 것이 바른 길이 아니겠는가. 때문에 턱을 놀린다거나 기른다는 것을 관찰觀察한다는 것은, 곧 본인 스스로를 되돌아보는 것이기도 하다. 천지天地는 만물萬物을 낳고 기르며, 성인聖人은 어진 이를 길러서 만민萬民을 가르치고 키운다. 때문에 이괘頤卦가 나왔을 때는 신중愼重하게 그 시기時期를 잘 타야 한다는 것이다.

象에 이르기를 산艮卦☶ 아래 우레震卦☳의 기운이 활성화活性化되고 있는 것이 이괘頤卦다. 군자君子는 이를 보고 말과 행동行動을 삼가고 음식飮食을 알맞게 조절한다.

初九는 그 신령神靈한 거북이를 버리고 나를 자세히 보더니 늘어지게 턱을 벌린다. 때문에 흉凶하다고 한 것은, 그 또한 귀하게 여길 것이 아니란 것이다. 내 것이 아닌 것에 욕심慾心을 부려서는 안 된다는 것이다.

六二는 턱이 거꾸로 뒤집어져 치켜 올려진 것이니, 죽은 자의 턱이다. 치러 가면 흉凶하다고 한 것은, 행하면 함께하는 가족을 잃는다는 것이다. 또한 이음二陰의 마땅한 자리, 곧 어느 한쪽으로 치우침이 없는 부드러운 중정中正의 도道를 흔들면 안 된다는 것이며, 욕심慾心을 부려서는 안 된다는 것이다.

　六三은 턱을 거세게 치켜 올리는 것이니, 마음을 바르고 올곧게 지녀도 흉凶한 것이라 10년간 쓰지 말라. 이는 이로울 것이 없기 때문이라고 한 것은, 여런 마음 때문에 도道에 어그러진다는 것이며, 만일 움직이면 해가 될 뿐이라는 것이다. 10년간 쓰지 말라는 것은 그만큼 몸과 마음을 삼가고 신중愼重해야 한다는 것이다.

　六四는 턱이 거꾸로 뒤집어져 치켜 올려진 것이나 길吉할 것이며, 틈만 있으면 덮치려고 기회를 노리면서 형세를 살펴보는 것이니, 그 무엇인가를 추구追求하는 욕심慾心이 있으면 허물이 없다고 한 것은, 윗사람으로서 베푸는 일이 제법 빛을 보인다는 것이며, 기회를 엿보면서 올바른 욕심慾心을 부린다면 큰 탈이 없다는 것이다.

　六五는 마음이 상해 턱을 치켜 올린 것이나 마음을 바르고 올곧게 지니고 있으면 길吉할 것이고 큰 냇물을 건너는 일에 있어서는 가능하지 않다고 한 것은, 부드러운 오음五陰의 자리가 마땅치 않기에 근본 도리에 어긋난다는 것이다. 때문에 상양上陽을 따르는 일에 있어서 변함이 없으면 좋다는 것이고 이음二陰과 상응相應하여 큰 냇물을 건너는 일은 위험危險하다는 것이다. 곧 하수下手를 따르지 말라는 것이다.

　上九는 턱으로 말미암아 몸과 마음이 길러지는 것이며, 염려스러운 일은 있으나 길吉할 것이고 큰 냇물을 건너면 이롭다고 한 것은, 큰 경사慶事가 있다는 것이며, 개인적個人的으로나 사회적社會的으로나 책임責任이 무겁고 거친 냇물을 건너는 것과 같은 위험危險도 감수甘受해야 한다는 것이다. 그래도 무탈하게 나아가는 것이 이괘頤卦다. 까닭은 스스로의 수고로움으로 남을 구제救濟한 덕德 때문이다.

　山雷頤산뢰이: ☶ 艮上, ☳ 震下
　權衡持一通 권형지일통/ 권력의 잣대를 가지고 하나로 통通하게 하는 것

이니,

天下共一歸 천하공일귀/ 천하天下가 다 함께 이 하나로 되돌아온다네.

威福從順權 위복종순권/ 위엄과 복이 따르고 권력權力에 거스르지 않는 것이니,

山河仰徘徊 산하앙배회/ 온 세상이 우러르고 목적 없이 이리저리 한가롭게 거닌다네.

7-5) 산풍고山風蠱: ☶ ☴ 艮上 巽下 陰 ⇨ 太陽.

原文: 蠱는 元亨하니 利涉大川이니 先甲三日하며 後甲三日이니라. 象曰蠱는 剛上而柔下하고 巽而止가 蠱니라. 蠱가 元亨하여 而天下가 治也이고 利涉大川은 往有事也이고 先甲三日後甲三日은 終則有始가 天行也니라.

象曰山下有風이 蠱이니 君子가 以하여 振民하며 育德하나니라.

初六은 幹父之蠱이니 有子이면 考이니 无咎하리니 厲해야 終吉이리라. 象曰幹父之蠱는 意承考也니라.

九二는 幹母之蠱이니 不可貞이니라. 象曰幹母之蠱는 得中道也니라.

九三은 幹父之蠱이니 小有悔이나 无大咎이리라. 象曰幹父之蠱는 終无咎也이니라.

六四는 裕父之蠱이니 往하면 見吝하리라. 象曰裕父之蠱는 往하면 未得也니라.

六五는 幹父之蠱이니 用譽리라. 象曰幹父用譽는 承以德也니라.

上九는 不事王侯하고 高尙其事이로다. 象曰不事王侯는 志可則也니라.

直譯: 고蠱는 크게 형통亨通하니, 큰 냇물을 건너는 것이 이롭다. 갑일에 앞서 3일이고 갑일에 뒤이어 3일이다. 상象에 이르기를 고蠱는 강剛한 기운이 위로 가고 부드러운 기운이 아래로 간다. 유순한 기운이 머무는 것, 이것이 고蠱다. 고蠱가 크게 형통하여 천하를 다스리

는 것이다. 큰 냇물을 건너면 이롭다는 것은 가면 일이 있다는 것이다. 갑일에 앞서 3일이고 갑일에 뒤이어 3일이라는 것은 끝이 있으면 곧 시작이 있다는 것이니, 바로 천도天道의 운행이다.

상象에 이르기를 산 아래 바람이 있는 것이 고蠱이니, 군자君子가 이로써 백성을 일으키고 덕德을 기른다.

初六은 아버지의 근본을 바로 잡은 것이니, 아들이 있으면 돌아가신 아버지의 잘못이나 허물이 없어진다. 위태롭지만 마침내는 길吉하다. 상象에 이르기를 아버지의 근본을 바로 잡는다는 것은 돌아가신 아버지의 일을 이어받는다는 뜻이다.

九二는 어머니의 근본을 바로 잡은 것이니, 마음을 바르고 올곧게 지닐 수 없다. 상象에 이르기를 어머니의 근본을 바로 잡는다는 것은 어느 한쪽으로 치우치지 않으면서 막힘이나 걸림이 없이 두루 원만한 중도中道를 얻었다는 것이다.

九三은 아버지의 근본을 바로 잡은 것이니, 조금의 후회後悔가 있으나 큰 잘못이나 허물은 없다. 상象에 이르기를 아버지의 근본을 바로 잡는다는 것은 끝내는 잘못이나 허물이 없다는 것이다.

六四는 아버지의 잘못이나 허물을 관대하게 받아들이는 것이니, 가면 부끄러움을 본다. 상象에 이르기를 아버지의 잘못이나 허물을 관대하게 받아들인다는 것은 가면 얻지 못한다는 것이다.

六五는 아버지의 근본을 바로 잡은 것이니, 칭찬을 받는다. 상象에 이르기를 아버지의 근본을 바로 잡고 칭찬을 받는다는 것은 덕德으로써 이어받는다는 것이다.

上九는 왕과 제후를 섬기지 않고 그 일을 높이 섬기고 소중하게 여긴다. 상象에 이르기를 왕이나 제후를 섬기지 않는다는 것은 뜻이 가히 본받을 만하다는 것이다.

解題: 산풍고山風蠱: ☲ ☴ 艮上 巽下는 괴란壞亂이 극極에 달하여 새롭게 흥興할 상象이며, 힘들고 어려운 일을 겪은 후에 찾아오는 희망希望이니, 궁하면 통하는 것이 세상사世上事라는 것이다.

고蠱는 곡식 속에 있는 벌레, 살림살이에 쓰는 온갖 그릇에 번식繁殖하며 음식물飮食物을 부패腐敗시키는 벌레를 이른다. 겉으로는 태평太平하게 보이지만 안으로는 부정부패不淨腐敗가 혼란混亂스럽게 일어남을 말한다. 상괘上卦는 산艮卦☲이며 하괘下卦는 바람巽卦☴을 상징象徵한다. 산기슭을 따라 바람이 세차게 부는 형상形象이며, 여러 면에서 다사다난多事多難함을 의미意味한다. 이 괘卦는 곧 산이 위로만 강剛하게 향하고 부드러운 바람의 기운氣運이 아래로만 향하면서 서로가 서로를 부정否定하고 혼란混亂만 야기惹起하는 상이다. 그러나 궁하면 통하는 것이 세상사의 일인 까닭에 매사에 신중愼重하게 생각하고 행동行動해야 할 것이다.

고蠱는 강한 기운氣運이 위로 올라가고 부드러운 기운이 아래로 내려가는 형상形象이다. 곧 유순柔順한 기운氣運이 내려와 머무르는 것이 고蠱이기 때문에 고蠱는 크게 형통亨通하는 것이며, 천하天下를 다스린다는 것이다. 큰 냇물을 건너면 이롭다고 한 것은 해야 할 일이 있다는 것이며, 갑일甲日에 앞서 3일이요 갑일에 뒤이어 3일이라고 한 것은, 끝이 있으면 곧 시작始作이 있다는 뜻이다. 이것이 바로 천도天道의 운행運行이라는 것이다. 곧 갑일甲日에 앞서서 3일이라는 것은, 육십갑자六十甲子 병납음竝納音음 순서順序대로 갑일甲日 전前 30일과 갑일 후後 30일, 곧 60일을 이르는 것이니, 이것이 천도天道의 운행運行이라는 것이다. 또한 일 년一年이 육십갑자六十甲子가 6번 돌아서 360일을 이루면서 천도天道가 운행運行한다는 것이다.

象에 이르기를 산艮卦☲ 아래에 바람巽卦☴이 있는 것이 고괘蠱卦다. 군자君子는 이를 보고 아래로는 백성百姓을 구하는데 몸과 마음을 다하고 위로는 덕德을 기르는데 몸과 마음을 다한다.

初六은 아버지의 잘못이나 허물을 아들이 덮어 바로 잡은 것이니, 아들이 있으면 돌아가신 아버지의 허물이 없어지고 염려스럽지만 마침내 길하다고 한 것은, 재지才智가 있는 아들이 아버지의 일을 이어받아 어려운 일을 잘 처리하면 잘못이나 허물이 없을 것이고 좋다는 것이다.

九二는 어머니의 잘못을 아들이 덮어 바로 잡은 것이니, 마음을 바르고 올곧게 지닐 수 없다는 것은 곧 중정中正의 자리를 얻었으나 어느 한쪽으로 치우쳤다는 것이다. 자의적으로 세상사를 판단하고 조금의 여지도 주지 않는다는 것이다.

九三은 아버지의 잘못이나 허물을 덮어 바로 잡은 것이니, 조금의 후회後悔는 있으나 큰 허물은 없을 것이라고 한 것은, 아버지의 일을 처리하면서 치우친 면은 있으나 큰 허물은 없을 것이라는 것이다.

六四는 아버지의 잘못이나 허물을 관대하게 대하는 것이니, 나아가면 부끄러움을 당한다고 한 것은, 그 잘못이나 허물을 대수롭지 않게 여긴다는 것이며, 방심放心하다 얻고자 할 것을 얻지 못한다는 것이다.

六五는 아버지의 잘못이나 허물을 덮어 바로 잡은 것이니, 칭찬 받을 것이라고 한 것은, 아버지의 어려운 일을 처리하고 아버지의 덕德을 바르게 이어받기 때문에 칭찬을 받는다는 것이다.

上九는 왕王이나 제후諸侯를 섬기지 않고 그 일을 높이 섬기고 소중하게 여기면서 바르게 세우는 일에 힘쓴다고 한 것은, 그 뜻이 본받을 만한 것이며, 스스로를 삼가고 신중愼重하게 처신處身한다는 것이다. 그 일이란 곧 부모의 잘못이나 허물을 아들이 바로 잡아가는 일을 이른다.

산풍고山風蠱: ☶ 艮上, ☴ 巽下
運命陰陽爻 운명음양효/ 운명運命은 음양陰陽의 효爻에 있으며,
忽然疾病多 홀연질병다/ 갑자기 질병疾病이 많아진다네.
盜賊常隨身 도적상수신/ 도적盜賊이 항상 이 몸을 따르며,
頭碎散空家 두쇄산공가/ 머리는 잘게 부서져 흩어지고 집은 텅 빈다네.

7-6 산수몽山水蒙: ☶ ☵ 艮上 坎下 陰 ⇨ 少陰.

原文: 蒙은 亨하니 匪我가 求童蒙이라 童蒙이 求我이니 初筮이어든 告하고 再三이면 瀆이라 瀆則不告이니 利貞하니라. 象曰蒙은 山下有險하고 險而止가 蒙이라. 蒙亨은 以亨行이니 時中也이고 匪我求童蒙童蒙求我는 志應也이고 初筮告는 以剛中也이고 再三瀆瀆則不告는 瀆蒙也이니 蒙以養正이 聖功이니라.

象曰山下出泉이 蒙이니 君子가 以하여 果行하며 育德하나니라.

初六은 發蒙하되 利用刑人하여 用說桎梏이니 以往이면 吝하리라. 象曰利用刑人은 以正法也니라.

九二는 包蒙이면 吉하고 納婦이면 吉하리니 子가 克家이로다. 象曰子克家는 剛柔가 接也니라.

六三은 勿用取女이니 見金夫하고 不有躬하니 无攸利하니라. 象曰勿用取女는 行이 不順也니라.

六四는 困蒙이니 吝하다. 象曰困蒙之吝은 獨遠實也니라.

六五는 童蒙이니 吉하니라. 象曰童蒙之吉은 順以巽也일세라.

上九는 擊蒙이니 不利爲寇이고 利禦寇하니라. 象曰利用禦寇는 上下가 順也니라.

直譯: 몽蒙은 형통하는 괘다. 내가 아니라 무지無知한 사람이 구하는 것이니, 무지無知한 사람이 나에게 지혜를 구하는 것이다. 처음에 점을 치면 가르치고 깨우쳐주지만 여러 번 점을 치면 무시와 업신여김을 당한다. 무시와 업신여김을 당한다는 것은 곧 가르치고 깨우쳐주지 않은 것이니, 마음을 바르고 올곧게 지녀야 이롭다. 상象에 이르기를 몽蒙은 산 아래에 위험이 도사리고 있는 것이고 위험이 도사리고 있기에 멈추는 것이 몽이다. 몽蒙이 형통하다는 것은 형통함으로써 행하는 것이니, 때를 맞춰 행해야 한다. 내가 아니라 무지한 사람이 구하는 것이니, 무지한 사람이 나에게 지혜를 구한다는 것은 뜻이 응應하기 때문이며, 처음 점을 치면 가르치고 깨우쳐 주다는 것은 강剛한 기운이 어느 한쪽으로 치우침이 없는 중도中道이기 때문이고 여러 번 점을 치면 무시와 업신여김을 당한다. 무시와 업신여김을 당한다는 것은 곧 가르치고 깨우쳐주지 않는다는 것이니, 가르치고 깨우쳐주는 일을 어지럽히기 때문이다. 무지無知한 사람을 올바르게 기르는 것은 성인聖人의 공功이다.

상象에 이르기를 산 아래 땅속에서 솟아오르는 물이 몽蒙이니, 군자君子가 이로써 굳세게 행하며, 덕을 기른다.

初六은 무지함을 일깨워주되 사람에게 형벌을 사용하는 것이 이롭다. 족쇄나 쇠고랑을 사용한다는 말을 하고 그대로 가면 부끄러워할 것이다. 상象에 이르기를 사람에게 형벌을 사용하는 것이 이롭다는 것은 형벌로써 법을 바로 잡는다는 것이다.

九二는 무지無知한 사람들을 감싸 안으면 길吉하고 며느리를 들여도 길吉하니, 아들이 집안을 능히 다스린다. 상象에 이르기를 아들이 집안을 능히 다스린다는 것은 강한 기운과 부드러운 기운이 서로 사귄다는 것이다.

六三은 여자를 취하지 말 것이니, 금을 지닌 사내를 보면 따라 갈 것이고 몸소 지니고 있지 못하여 이로울 것이 없다. 상象에 이르기를 여자를 취하지 말라는 것은 행실이 고분고분하지 않다는 것이다.

六四는 무지無知함으로 곤란함을 겪는 것이니 부끄럽다. 상象에 이르기를 무지함으로 곤란함을 겪는다는 것은 혼자 참됨實에서 멀어진다는 것이다.

六五는 어린아이와 같은 무지함이니, 길吉하다. 상에 이르기를 어린아이와 같은 무지함이라 길하다는 것은 거스르지 말고 유순하게 따라야 한다는 것이다.

上九는 무지몽매無知蒙昧함을 일깨워주는 것이니, 원수를 맺게 되므로 이롭지 않으나 도둑을 막으면 이롭다. 상象에 이르기를 도둑을 막으면 이롭다는 것은 위아래가 서로 거스르지 않고 따른다는 것이다.

解題: 산수몽山水蒙: ☶ ☵ 艮上 坎下은 사물事物이 희미稀微하여 밝지 아니한 상象으로 지금은 작고 힘이 없으나 무한無限한 가능성可能性을 내포內包하고 있는 것을 이른다.

몽蒙이란 덮어씌우다. 싸다. 덮어서 가리다. 어지럽히다. 싹이 트다 등의 뜻으로 무지몽매無知蒙昧한 상태狀態를 이르는 것이다. 여러 면, 곧 사업事業, 학업學業, 지금 하고 있는 모든 일에 대해서 앞날이 불투명不透明한 것을 이른다. 상괘上卦는 산을 뜻하는 간괘艮卦☶이며, 하괘下卦는 물을 뜻하는 감괘坎卦☵다. 산허리를 타고 도는 물줄기로서 그 흐르는 힘이 아직 약한 것을 말하지만, 곧 산골짜기를 따라 작게 흐르는 물에서 큰 계곡을 이루고 큰 강으로 나아가며 큰 바다까지 나아갈 수 있는 가능성을 내포하고 있다는 것이다. 때문에 몽蒙은 막혀있던 것이 트이는 괘卦라는 것이다. 자신自身이 무지無知한 사람에게 구함을 받는 것이 아니라, 스스로가 무지無知한 사람을 가르치고 깨우쳐주는 것을 이른다. 몽蒙은 산 아래에 위험危險이 있다는 것이니, 잠시 멈추고 있는 것이 몽蒙이라는 것이다. 무지無知함에서 눈이 트인다는 것은 행行이 트이는 것이며, 또한 때에 맞아야 한다는 것이다. 때문에 지혜智慧가 있는 이의 가르침이 필요必要한 것이며, 처음의 가르침이 강剛한 기운氣運으로서, 곧 이양二陽의 기운이 어느 한쪽으로 치우침이 없는 중정中正의 마땅한 자리를 얻었기 때문이다. 이 가르침을 등한시等閑視하고 의심疑心을 한다면 흐려지고 흩어질 것이다. 바르게 일러 가르치고 기르는 것은 곧 성인聖人의 공덕功德이라는 것이다.

象에 이르기를 산艮卦☶ 아래에서 솟아나는 작은 샘물坎卦☵이니, 군자君子는 이를 보고 작은 샘물이 흘러 큰 계곡을 이루고 강물을 이루듯, 몸소 행行함으로서 덕德을 기르며, 산의 모습과 같이 위엄威嚴을 기른다.

初六은 어리석은 사람을 일깨워주기 위해 형벌刑罰을 사용하여 다스림이 이로우며, 족쇄나 쇠고랑을 사용한다는 말만 들어도 부끄러워할 것이라고 한 것은, 곧 엄하게 다스려 법을 바로 잡는다는 것이다.

九二는 무지한 사람들을 받아들여 가르치면 좋고 며느리를 받아들여도 좋으며, 그러면 아들이 집안을 잘 다스릴 것이라 한 것은, 이양二陽 중정中正의 기운氣運이 어느 한쪽으로 치우침이 없이 바르고 올곧게 다스린다는 것이다. 곧 초음初陰, 오음五陰의 기운과 화합和合한다는 것이다.

六三은 여자를 취하지 말 것이니, 금金을 지닌 남자를 보면 따라갈 것이고 몸소 지니고 있지 못하면 이로울 것이 없다고 한 것은, 유혹誘惑에 빠지기 쉬운 여자이니, 행실行實이 좋지 않다는 것이다. 때문에 내가 가진 것이 없으면 취하지 말라는 것이다.

六四는 무지無知한 까닭으로 곤란困難함을 받으니, 이는 부끄러운 일이라고 한 것은, 매사每事에 실속이 없다는 것이며, 무지無智하면 늘 괴로움에 시달린다는 것이다.

六五는 어린아이의 몽매蒙昧함과 같은 것이니, 길吉할 것이라고 한 것은, 오음五陰 중정中正의 부드러운 기운이니, 어느 한쪽으로 치우치지 않으면서 유순柔順함을 따르며, 스스로를 낮추고 언행言行을 삼가면 좋다는 것이다.

上九는 몽매蒙昧함을 일깨워주는 일이니, 원수怨讐를 맺으면 이롭지 못하나 도둑을 막으면 이롭다고 한 것은, 도둑을 막은 일에는 위아래가 서로 따른다는 것이다. 가르치는 일에 있어서 원수질 일이 어디 있겠는가. 그렇다면 이롭지 않은 것이니, 가르침에 있어서 너무 지나치지 말라는 것이다.

山水蒙산수몽: ☶ 艮上, ☵ 坎下
寒寂家無糧 한적가무량/ 차갑고 한적閑寂한 집에 먹을 양식糧食이 없고
眉門日月落 미문일월락/ 눈썹 끝에 해와 달이 떨어진다네.
榮華富貴夢多想 영화부귀몽다상/ 영화榮華와 부귀富貴는 꿈속이고 생각만 많은 것이며,

且語前程伏道吉 차어전정복도길/ 또 이르기를 도道의 길吉함을 엿보면서 헤아리기 전의 일이라네.

7-7) 간위산艮爲山: ☶ ☶ 艮上 艮下 陰 ⇨ 少陽.

原文: 艮其背이면 不獲其身하며 行其庭하여도 不見其人하여 无咎이리라.
    彖曰艮은 止也이니 時止則止하고 時行則行하여 動靜不失其時이 其道가 光明이니 艮其止는 止其所也일세라. 上下가 敵應하여 不相與也할세 是以不獲其身行其庭不見其人无咎也니라.
    象曰兼山이 艮이니 君子가 以하여 思不出其位하나니라.
    初六은 艮其趾라 无咎하니 利永貞하니라. 象曰艮其趾는 未失正也니라.
    六二는 艮其腓니 不拯其隨이라 其心不快로다. 象曰不拯其隨는 未退聽也일세라.
    九三은 艮其限이라 列其夤이니 厲가 薰心이로다. 象曰艮其限이라 危가 薰心也니라.
    六四는 艮其身이니 无咎이니라. 象曰艮其身은 止諸躬也니라.
    六五는 艮其輔이라 言有序이니 悔亡하리라. 象曰艮其輔는 以中으로 正也니라.
    上九는 敦艮이니 吉하니라. 象曰敦艮之吉은 以厚終也일세라.

直譯: 간艮은 등지고 있는 괘卦다. 그 몸이 휘어잡지 못하며 그 뜰에 행하여 나아가도 그 사람이 보지 못하지만 허물은 없다. 상象에 이르기를 간艮은 머무는 것이니, 머물 때가 되면 머물고 행할 때가 되면 행하는 것이라 동動과 정靜이 그 때를 잃지 않아서 그 도道가 밝게 빛나는 것이다. 그 머물러야 하는데 머무는 것은 있던 자리에 머무는 것이다. 위아래가 맞서면서 응應하고 서로 함께 하지 않는다. 이것이 바로 그 몸을 휘어잡지 못하며 그 뜰에 행하여 나아가도 그 사람이 보지 못하지만 허물은 없다는 것이다.

상象에 이르기를 산이 중첩重疊된 것이 간艮이니, 군자君子가 이로써 깊이 생각하여 그 자리에서 나아가지 않는다.

初六은 머무는 기운이 그 발가락에 있는 것이라 허물이 없으니, 오래도록 마음을 바르고 올곧게 지녀야 이롭다. 상象에 이르기를 머무는 기운이 발가락에 있다는 것은 아직은 정도正道를 잃지 않았다는 것이다.

六二는 머무는 기운이 그 장딴지에 있으니, 발가락을 들어 올리지 못한다. 그 마음이 불쾌하다. 상象에 이르기를 발가락을 들어 올리지 못한다는 것은 아직 듣지 못했다는 것이다.

九三은 머무는 기운이 한계점에 다다른 것이니, 그 척추의 살을 쓰지 못한다. 위태로움에 마음이 탄다. 상象에 이르기를 머무는 기운이 한계점에 올랐다는 것은 위태로움에 마음이 타들어 간다는 것이다.

六四는 머무는 기운이 그 몸에 있는 것이니, 허물이 없다. 상象에 이르기를 머무는 기운이 몸에 있다는 것은 머무는 모든 기운이 몸에서 멈추고 있다는 것이다.

六五는 머무는 기운이 그 턱에 있는 것이니, 말에는 순서가 있다. 후회가 없어진다. 상象에 이르기를 머무는 기운이 그 턱에 있다는 것은 어느 한쪽으로 치우침이 없는 중정中正의 도로써 바로 잡는다는 것이다.

上九는 머무는 기운이 도타우니 길吉하다. 상象에 이르기를 머무는 기운이 도타우니 길하다는 것은 후함으로써 끝을 맺는다는 것이다.

解題: 간위산艮爲山: ☶ ☶ 艮上 艮下은 머물러 나아가지 않은 상象으로 본래本來의 입장立場을 지키면서 경거망동輕擧妄動하지 않으며, 타인他人의 힘을 기대期待하지 말고 여유餘裕있는 마음으로 노력努力하면서 현재現在의 자리를 지키는 것이 현명賢明하다는 것이다.

간艮이란 산을 본뜬 것이며, 머물러 나아가지 않은 상象을 이른다. 산이 겹쳐있는 것으로 경거망동輕擧妄動을 삼가고 매사에 신중愼重해야 한다는 것이다. 간艮은 머무는 것이다. 머물 때가 되면 머물고 가야할 때가 되면 가야만 한다. 그 움직임과 머무는 일이 때를 잃지 않은 까닭으로 그 도道가 크게 빛나는 것이다. 또한 머문다는 것은 올바른 제자리에 머무는 것이다.

간艮의 각 효爻는 상응相應하지 못하고 서로 등지고 있는 괘卦다. 서로 등지고 있는 까닭에 행여 뜰에 나아가더라도 얼굴을 마주하지 않는다. 그러나 머물 때를 알아 머물고 나아갈 때를 알아 나아가므로 허물이 없다는 것이다. 또한 말과 행동行動을 삼가고 신중愼重해야 할 것이니, 현재現在의 위치位置를 고수하고 힘을 길러야 할 때이다. 그리고 타인他人의 도움을 바랄 수 없는 때이며, 스스로에게 의지依支해야만 한다. 그러면 큰 탈은 면할 수 있다는 것이다.

산을 본뜬 간괘艮卦 ☶가 상괘上卦이고 하괘下卦 또한 산을 본뜬 간괘艮卦 ☶다.

象에 이르기를 산이 겹쳐있는 것이 간괘艮卦 ☶다. 군자君子는 이 괘를 보고 자신의 자리에서 벗어나지 않으며, 하고자 하는 뜻이나 생각을 신중愼重히 한다.

初六은 중첩重疊된 그 기운氣運이 발가락에 머물러 있으나 허물이 없으며, 마음을 오래토록 곧고 바르게 가지면 이롭다고 한 것은, 아직 정도正道를 잃지 않았다는 것이다. 곧 발을 움직이지 않고 한자리에 머물면서 자신의 뜻이나 생각을 단단하게 지켜 나가면 탈이 없다는 것이다.

六二는 중첩重疊된 그 기운氣運이 장딴지에 머물러 있으나 발가락을 들지 못하는 까닭으로 마음이 불쾌不快할 것이라고 한 것은, 제자리로 물러난 까닭으로 위의 뜻을 아직 듣지 못했다는 것이다. 곧 발가락이나 장딴지는 허리를 따른다. 그러나 나아가지 못하고 제자리에 머물고 있는 까닭으로 마음이 유쾌愉快하지 않다는 것이다.

九三은 중첩重疊된 그 기운氣運이 한계점에 다다른 것이니, 척추의 근육을 쓰지 못하고 위태로워 가슴이 몹시 탄다고 한 것은, 서있는 상태狀態에서 허리를 굽히지도 펴지도 못하는 상황狀況에 움직이지 못한다는 것이다. 앞으로 다가올 위태로운 일 때문에 마음이 초조하게 된다는 것이다.

六四는 중첩重疊된 그 기운氣運이 몸에 머물러 있으니 허물이 없을 것이라고 한 것은, 중첩된 모든 기운氣運이 몸속에서 머문다는 것이다. 또한 나아가지 않고 제자리를 지키는 까닭으로 탈이 없다는 것이다.

六五는 중첩重疊된 그 기운氣運이 턱에 머물러 있으며, 말하는 일에 있어서는 순서順序가 있는 것이니, 후회後悔가 없어질 것이라고 한 것은, 말을 하는 일에 있어서 삼가고 신중愼重하면 후회後悔할 일은 없다는 것이다. 곧 오음五陰 중정中正의 치우침이 없는 도道로 바로잡는다는 것이다.

上九는 중첩重疊된 기운氣運이 도타우니 길吉하다고 한 것은, 마음을 무겁게 하여 제자리를 지키면 좋다는 것이다. 도타운 기운氣運이 머물러 길吉한 것은 후한 마음을 바탕으로 끝을 맺는다는 것이다. 곧 유종有終의 미美를 거둔다는 것이다.

艮爲山간위산: ☶ 艮上, ☶ 艮下
初從折桂行 초종절계행/ 처음에는 뒤를 따르다가 과거에 급제及第하여 나아가니
官位紫森中 관위자삼중/ 관직官職의 자리가 자주 빛이 빽빽한 가운데라네.
不從兩人稿 불종양인고/ 허수아비가 짝하여 따르지 않은 일이니,
飄落葉狂風 표낙엽광풍/ 폭풍에 낙엽이 떨어지고 미친바람이 불어 닥친다네.

겉으로 드러나 보이는 말이나 행동行動, 모양새 따위가 지극히 가볍고 또한 자신自身의 속내를 과하게 드러내어 보이는 철없는 성격性格을 지녔다. 큰일이나 험난險難한 경우에 처하더라도 주어진 상황狀況을 제대로 파악把

握하지 못하고 사사로운 견해見解를 내세워 자기만을 위하는 속이 좁은 인물人物이다. 물론 사람을 대하는 일에 있어서 부드럽고 순하면서 착하기는 하지만 크게 믿음을 주는 사람이기보다는 시간이 지나면서 실망감失望感을 더해주는 사람이며, 늘 제 잘난 멋에 세상사를 가볍게 여긴다.

매사每事에 심사숙고深思熟考하고 말이나 행동을 삼가면서 신중愼重해야 한다. 말과 행동에 조심성이 없고 가볍게 움직이면 커다란 난관難關을 만나게 되며, 도움을 받을 수 있거나 의지依支할만한 이가 없이 혼자 헤쳐 나가야 하는 인물人物이다. 남에게 의지하려는 마음은 지극히 경계警戒해야 할 일이니, 스스로의 마음을 다잡고 앉아 차분하게 노력努力하면서 기회機會가 올 때까지 힘을 길러야 한다.

나아가고자 할 때 나아가고 물러서고자 할 때 물러나고 머물고자 할 때 머물면서 때를 잃지 않아야 미래를 보장받을 수 있다. 노력하지 않고 현실現實을 도외시度外視하면서 경거망동輕擧妄動하면 사람이 멀어지고 반기려하지 않는다. 때문에 스스로의 공功이나 잘남을 자랑하여 자신自身을 구하려 하지 말고 말과 행동을 삼가면서 스스로를 반성反省하는 것이 좋으며, 말수를 줄이고 침착하게 뜻과 생각을 높이 세우고 흔들리지 않은 마음이 꼭 필요必要한 인물人物이다.

가볍게 움직이면 움직일수록 손해損害를 보는 것이 세상사가 아니던가. 자칫 잘못하면 재물財物을 잃고 몸과 마음만이 상하며, 더하여 사람을 잃게 되는 것이니, 매사每事에 언행言行을 삼가고 신중愼重해야 한다. 또한 되도록 사람들과 대립對立하는 일을 만들지 말아야 한다. 하고자 하는 욕심慾心이 앞서는 까닭으로 매사에 신속迅速하지 못하고 임기응변臨機應變에 능하지 못하기 때문에 늘 손해損害를 보는 입장에 처하게 되는 성품性品이다.

제 위치位置를 제대로 알아서 자신自身의 입장立場을 지키고 분수에 맞지 않은 야심野心을 품지 말아야 한다. 자신이 처한 처지處地에 맞게 움직이면 큰 허물이나 잘못이 일어나지 않는다. 또한 자신自身의 뜻이나 생각이 받아들여지지 않은 까닭으로 몹시 불쾌不快하거나 기분氣分이 상하더라도 말과 행동을 삼가고 신중愼重해야 자신이 머무를 바 편한 자리를 얻는다. 그리고 불안不安하거나 초조焦燥한 마음을 다스리면서 밖으로부터의 일 때문에 야단스럽지 않다면 크게 후회後悔할 일은 생기지 않는다. 때문에 말이나 행동을 삼가고 마지막까지 제 자리를 지키면서 여유로운 마음을 가진다면 큰 난관難關에 맞닥트리지 않을 것이다.

7-8) 산지박山地剝: ☶ ☷ 艮上 坤下 陰 ⇨ 太陰.

原文: 剝은 不利有攸往하니라. 象曰剝은 剝也이니 柔이 變剛也이니 不利有攸往은 小人이 長也일세라. 順而止之는 觀象也이니 君子가 尙消息盈虛이 天行也니라.

象曰山附於地가 剝이니 上이 以하여 厚下하여 安宅하나라.

初六은 剝牀以足이니 蔑貞이라 凶하니라. 象曰剝牀以足은 以滅下也니라.

六二는 剝牀以辨이니 蔑貞이라 凶하니라. 象曰剝牀以辨은 未有與也일세라.

六三은 剝之无咎이니라. 象曰剝之无咎는 失上下也일세라.

六四는 剝牀以膚이니 凶하니라. 象曰剝牀以膚는 切近災也니라.

六五는 貫魚하여 以宮人寵이면 无不利이리라. 象曰以宮人寵은 終无尤也이리라.

上九는 碩果不食이니 君子는 得輿하고 小人은 剝廬이리라. 象曰君子得輿는 民所載也이고 小人剝廬는 終不可用也니라.

直譯: 박剝은 갈 곳이 있으면 이로움이 없는 괘다. 상象에 이르기를 박剝은 힘으로 억압하여 빼앗은 것이니, 부드러운 기운이 강剛한 기운을 변화시키는 것이다. 갈 곳이 있으면 이로움이 없다는 것은 소인小人이 커가기 때문이다. 거스르지 않고 도리를 따른다는 것은 상象을 자세히 살펴본다는 것이니, 군자君子가 쇠하고 숨쉬며, 가득 차 넘치고 텅 빔의 도道를 높이어 소중히 여긴다는 것은 하늘의 행함이기 때문이다.

상象에 이르기를 산이 땅에 붙어있는 것이 박剝이니, 윗사람이 이로써 아랫사람을 후하게 대하면서 집안을 편안하게 한다.

初六은 상을 벗겨서 상처를 내는 것이 다리부터 시작하니, 마음을 바르고 올곧게 지녀도 업신여기는 것이라 흉凶하다. 상象에 이르기를 상을 벗겨서 상처를 내는 것이 다리부터라는 것은 아래서부터 없어지게 한다는 것이다.

六二는 상을 벗겨서 상처를 내는 것이 변두리부터이니, 마음을 바르고 올곧게 지녀도 흉凶하다. 상象에 이르기를 상을 벗겨서 상처를 내는 것이 변두리부터라는 것은 편을 들어줄 사람이 없다는 것이다.

六三은 벗겨서 상처를 내도 잘못이나 허물이 없다. 상象에 이르기를 벗겨서 상처를 내도 잘못이나 허물이 없다는 것은 위아래를 잃었다는 것이다.

六四는 상을 껍질부터 벗겨서 상처를 내는 것이니, 흉凶하다. 상象에 이르기를 상을 껍질부터 벗겨서 상처를 낸다는 것은 재앙이 가까워서 절박해졌다는 것이다.

六五는 물고기를 잡아 꿰으로써 궁인들의 사랑을 받으면 이롭지 않음이 없다. 상象에 이르기를 궁인들의 사랑을 받는다는 것은 마침내 허물이 없다는 것이다.

上九는 큰 과일은 먹을 수 없는 것이니, 군자君子는 수레를 얻고 소인小人은 오두막집을 헐리게 된다. 상象에 이르기를 군자가 수레를 얻는다는 것은 백성들이 높이 세웠다는 것이고 소인이 오두막집을 헐리게 되었다는 것은 결국 사용할 수가 없다는 것이다.

解題: 산지박山地剝: ☶ ☷ 艮上 坤下은 소인小人이 성성盛하고 군자君子가 어려움을 겪는 상象이며, 소인小人의 세력勢力이 강해질 때이니, 굳이 나설 일이 아니라면 나서지 말고 매사每事에 신중愼重해야 할 것이다. 더하여 말과 행동行動을 삼가야 할 것이다.

박剝이란 벗기다. 가리거나 덮은 것을 벗기다. 벗겨져 떨어져 나가다. 깎아서 벗기다 등의 뜻이다. 상괘上卦는 산을 본뜬 간괘艮卦☶이고 하괘下卦는 대지大地를 본뜬 곤괘坤卦☷다. 곧 박剝은 깎아서 벗긴다는 뜻이니, 음효陰爻 다섯이 강효剛爻 하나를 변하게 만든다는 것이다. 즉 산을 깎아서 평지를 만든다는 것이다. 안으로 숨어있는 기운氣運을 의미意味하며, 밑으로부터의 변혁變革을 뜻한다. 소인小人의 힘이 자라나기 때문에 때를 맞추어 행하고 따르면서 돌아가는 상象을 제대로 알아야 한다는 것이다. 곧 군자君子가 영고성쇠榮枯盛衰의 도道를 받들고 따른다는 것은 하늘이 행함, 곧 천행天行이기 때문이다. 말과 행동行動을 삼가고 잘잘못이나 이롭고 이롭지 않음을 분명分明하게 해야 할 시기時期라는 것이다. 박剝이란 갈 곳이 있으면 불리不利한 괘卦이니, 분명分明하게 가름하고 움직여야 한다.

象에 이르기를 우뚝 솟은 산을 깎아서 평지平地를 만드는 것이 박괘剝卦다. 군자君子는 이를 보고 윗사람은 아랫사람에게 후하게 베풀어 따르게 하면서 집안을 편하게 하며, 스스로의 위치位置를 단단하게 지킨다.

初六은 상의 다리부터 깎아서 벗기고 상처를 내기 시작始作하니, 마음을 바르고 올곧게 지녀도 흉凶할 것이라고 한 것은, 아래부터 먹고 들어간다는 것이다. 때문에 침상의 다리가 흔들리면서 위태로움이 밑에서부터 시작되어 위로 올라가며, 전체를 무너지게 하니 흉凶하다는 것이다.

六二는 상의 각 변두리부터 깎아서 벗기고 상처를 내기 시작하니, 마음을 바르고 올곧게 지녀도 흉凶할 것이라고 한 것은, 함께 할 사람이 없다는 것이며, 아직 드러나지 않았으나 마침내는 전체를 무너지게 만들 것이니 흉凶하다는 것이다.

六三은 깎아서 벗기고 상처를 내도 잘못이나 허물이 없을 것이라고 한 것은, 이미 위와 아래를 잃었다는 것이다. 곧 모든 것이 무너져버린 것을 의미意味하며, 소인小人이 떠난 것을 말한다.

六四는 상의 겉껍질부터 깎아서 벗기고 상처를 내는 것이니, 흉凶할 것이라고 한 것은, 위험危險이 이미 눈앞까지 이르러 지극히 절박切迫한 형편形便이라는 것이다. 피부까지 깎아서 벗길 상황狀況이니, 얼마나 흉凶하겠는가.

六五는 물고기를 잡아 꿰는 일로서 궁인宮人들의 사랑을 받으니, 이롭지 않음이 없다고 한 것은, 마침내 허물이 없다는 것이다. 오음五陰 중정中正의 마땅한 자리로서 어느 한쪽으로 치우침이 없이 곧고 바르면 매사가 순탄順坦하다는 것이다. 곧 상양上陽의 사랑을 받아 허물을 면한다는 것이다.

上九는 크고 딱딱한 열매는 먹을 수가 없는 것이니, 군자君子는 수레를 얻고 소인小人은 오두막집을 헐리게 될 것이라고 한 것은, 군자君子는 백성百姓들로부터 받들어 모셔지고 소인小人은 오두막집마저 헐리는 까닭으로 마침내는 쓸 수가 없다는 것이다. 군자君子는 매사에 신중愼重을 기한 까닭에 위태로움에서 벗어나 높은 위치位置에 오른다는 것이고 소인小人은 경거망동輕擧妄動함으로서 패가망신敗家亡身한다는 것이다.

山地剝산지박: ☶ 艮上, ☷ 坤下
眞爲非爲眞 진위비위진/ 참됨이 거짓이 아니며, 거짓이 참됨이니,
所行總是奸 소행총시간/ 행하는 바 모든 것을 위반하고 간사할 뿐이라네.
一人刑門在 일인형문재/ 한 사람이 형액刑厄의 문안에 있으니,
綠何壽福全 녹하수복전/ 녹綠이나 수명, 복 등이 어찌 온전하겠는가.

8. 곤괘坤卦 ☷

8-1) 지천태地天泰: ☷ ☰ 坤上 乾下 陽 ⇨ 太陽.
8-2) 지택림地澤臨: ☷ ☱ 坤上 兌下 陽 ⇨ 少陰.

8-3) 지화명이地火明夷: ☷ ☲ 坤上 離下 陽 ⇨ 少陽.

8-4) 지뢰복地雷復: ☷ ☳ 坤上 震下 陽 ⇨ 太陰.

8-5) 지풍승地風升: ☷ ☴ 坤上 巽下 陰 ⇨ 太陽.

8-6) 지수사地水師: ☷ ☵ 坤上 坎下 陰 ⇨ 少陰.

8-7) 지산겸地山謙: ☷ ☶ 坤上 艮下 陰 ⇨ 少陽.

8-8) 곤위지坤爲地: ☷ ☷ 坤上 坤下 陰 ⇨ 太陰.

8-1) 지천태地天泰: ☷ ☰ 坤上 乾下 陽 ⇨ 太陽.

原文: 泰는 小가 往하고 大가 來하니 吉하여 亨하니라. 象曰泰小往大來 吉亨은 則是天地가 交而萬物이 通也이며 上下가 交而其志이 同也니 라. 內陽而外陰 하며 內健而外順하며 內君子而外小人하니 君子道가 長하고 小人道가 消也니라.

象曰天地交가 泰이니 后가 以하여 財成天地之道하며 輔相天地之宜 하여 以左右民하나니라.

初九는 拔茅茹이라 以其彙로 征이니 吉하니라. 象曰拔茅征吉은 志 在外也니라.

九二는 包荒하며 用馮河하며 不遐遺하며 朋亡하면 得尙于中行하리 라. 象曰包荒得尙于中行은 以光大也니라.

九三은 无平不陂며 无往不復이니 艱貞이면 无咎하여 勿恤이라도 其 孚이라 于食에 有福하리라. 象曰无往不復은 天地際也니라.

六四는 翩翩히 不富以其鄰하여 不戒以孚로다. 象曰翩翩不富는 皆失 實也이고 不戒以孚는 中心願也니라.

六五는 帝乙歸妹니 以祉며 元吉이리라. 象曰以祉元吉은 中以行願也 니라.

上六은 城復于隍이라 勿用師이고 自邑告命이니 貞이라도 吝하니라. 象曰城復于隍은 其命이 亂也니라.

直譯: 태泰는 작은 것이 가고 큰 것은 오는 것이니, 길吉하고 형통亨通한다. 상象에 이르기를 태泰는 작은 것이 가고 큰 것은 오는 것이라 길하고 형통하다는 것은 곧 하늘과 땅이 사귀기 때문에 만물이 통한다는 것이며, 위아래가 사귀기 때문에 그 뜻이 같다는 것이다. 안은 양陽이고 밖은 음陰이며, 안은 튼튼하고 밖은 순하게 도리를 좇으며, 안은 군자君子이고 밖은 소인小人이니, 군자의 도道는 성장하고 소인의 도는 소멸되는 것이다.

상象에 이르기를 하늘과 땅이 사귀는 것이 태泰이니, 왕비가 이로써 천지天地의 도道를 잘 조절하여 만들어 가며, 서로가 서로에게 보탬이 되는 천지의 마땅한 도로써 백성을 좌우한다.

初九는 띠를 베어서 말을 기르는 것이니, 그 무리로 처러 가면 길吉하다. 상象에 이르기를 띠를 베어버리니 처러 가면 길하다는 것은 뜻이 밖에 있다는 것이다.

九二는 남을 포용하는 도량으로써 그릇된 것을 이해하며, 걸어서 물을 건너고 멀리 있는 이를 버리지 않으면 친구를 잃게 되지만 어느 한쪽으로 치우침이 없는 중정中正도를 높이어 소중하게 여기고 또 이를 행하고 얻게 된다. 상象에 이르기를 남을 포용하는 도량으로써 그릇된 것을 이해하며, 중정의 도를 높이어 소중하게 여기고 또 이를 행하고 얻는다는 것은 그럼으로써 큰 빛이 난다는 것이다.

九三은 평평하더라도 비탈지지 않는 것이 없고 가면 돌아오지 않은 것이 없다. 어려움이 있음에도 마음을 바르고 올곧게 지니면 허물이 없다. 근심하지 말라. 그 참됨과 믿음성이 있으니 식복食福이 있다. 상象에 이르기를 가면 돌아오지 않은 것이 없다는 것은 하늘과 땅이 서로 사귄다는 것이다.

六四는 새가 훨훨 나는 모양이다. 재물이 많고 넉넉하다 여기지 말고 그 이웃을 생각하면서 경계하지 말고 참됨과 믿음성으로 대해야 한다. 상象에 이르기를 새가 훨훨 나는 모양에 재물이 많고 넉넉하다 여기지 말라는 것은 모두 실속을 잃어버렸다는 것이고 경계하지 말고 참됨과 믿음성으로 대해야 한다는 것은 어느 한쪽으로 치우치지 않은 중정中正의 마음을 원한다는 것이다.

六五는 제을 임금이 누이를 시집보내는 것이니, 행복하고 크게 길吉하다. 상象에 이르기를 행복하고 크게 길하다는 것은 어느 한쪽으로 치우침이 없는 중정中正의 마땅한 도리로써 바라는 바를 행한다는 것이다.

上六은 성이 무너져 다시 마른 못이 되는 것이라 군사를 쓰지 말라. 나라에서 명을 내리니, 바르고 올곧은 말이라도 부끄러움이 있다. 상象에 이르기를 성이 무너져 다시 마른 못이 되었다는 것은 그 명이 어지럽다는 것이다.

解題: 지천태地天泰: ☷ ☰ 坤上 乾下는 음양陰陽이 조화를 이루어 만사형통萬事亨通하고 편안함을 누리는 상象으로 위아래가 화합和合하는 기운氣運이니, 서로 마음이 통하고 사람을 편한 길로 이끌어가는 힘이다.

태泰란 매우 크다. 넉넉하다. 편안하고 자유롭다. 너그럽다. 통通하다 등의 뜻이다. 하늘과 땅이 서로 바뀐 것이 이 괘卦다. 곧 상괘上卦는 땅을 본뜬 곤괘坤卦☷이며, 하괘下卦는 하늘을 본뜬 건괘乾卦☰다. 땅에 기운氣運은 늘 아래로 내려가는 성질性質이고 하늘의 기운氣運은 늘 위로 오르려는 기운氣運이다. 때문에 하늘의 기운은 위로 오르고 땅에 기운은 아래로 내려가면서 하늘과 땅의 기운氣運이 합쳐지며 만물萬物을 생육生育하는 것이다.

천지天地가 사귀어 만물萬物이 통하는 것이 태괘泰卦다. 위와 아래가 서로 통하여 그 뜻이 같은 것이며, 안은 양陽이고 밖은 음陰이다. 때문에 안은 강건불식剛健不息하고 밖은 유순柔順하며, 안은 군자君子를 가리키고 밖은 소인小人이라 이른다. 따라서 군자君子의 도道는 자라나는 것이며, 소인小

人의 도道는 사라진다는 것이다. 튼튼한 바탕 위에 자라나는 만물萬物의 모양새이기에 안정安定된 모습을 보인다. 그러나 호사다마好事多魔라고 했듯이 경거망동輕擧妄動은 삼가야 할 것이다.

태泰는 작은 것이 가고 큰 것이 오는 괘卦다. 때문에 모든 일이 형통亨通하여 길吉하다고 하는 것이다. 안으로 강剛한 기운氣運을 품고 밖으로 유순柔順한 몸가짐을 지키는 것이니, 말과 행동行動을 삼가고 신중愼重하다는 것이다. 태괘泰卦는 지극히 길吉한 것으로 성장成長하고 발전發展한다는 것이다.

象에 이르기를 하늘과 땅이 서로 사귀어 통하는 것이 태괘泰卦다. 이를 보고 왕후王后는 천지天地의 도道를 바르게 세우고 이양二陽과 오음五陰의 치우침이 없는 중정中正의 마땅한 자리에서 서로가 화합和合하여 백성을 편안便安하게 한다는 것이다. 곧 긴 것을 끊어 짧은 것에 보태어 알맞게 만들어 간다는 의미이다.

初九는 띠를 베어서 말을 기르는 것이니, 그 무리로 처러 가면 길吉하다고 한 것은, 행하고자 하는 뜻이 밖에 있다는 것이다. 곧 이양二陽과 삼양三陽의 기운氣運과 함께 적극적積極的으로 움직이는 것이 좋다는 것이다.

九二는 남을 포용하는 도량으로써 그릇된 것을 이해하며, 걸어서 물을 건너고 멀리 있는 이를 버리지 않으면 친구를 잃게 되지만 중정中正의 도道를 받들고 따르면 공덕功德을 얻는다고 한 것은, 이양二陽 중정中正의 마땅한 기운氣運으로 어느 한쪽으로 치우침이 없이 곧고 바르게 행하여 그 빛남이 크다는 것이다. 중정中正의 기운이 사실 도량이 넓고 우유부단優柔不斷하지 않고 멀리 있는 사람과 통하는 일에 있어서 타인他人을 배려配慮하는 그 모든 것이 막힘이나 걸림이 없이 두루 원만圓滿하다는 것이다.

九三은 평평平平하다 해도 비탈지지 않은 것이 없으며, 가면 반드시 돌아오는 것이니, 어려움에 처하더라도 마음을 바르고 올곧게 하면 허물이 없다. 또한 몸과 마음을 다한 성실誠實함이 있으니 걱정할 필요가 없는 것이며, 이는 타고난 식복食福이 있기 때문이라고 한 것은, 삼양三陽의 기운氣運

이 땅의 기운과 서로 응하고 통하면서 사귀기 때문에 돌아오지 않는다는 것이며, 지극히 몸과 마음이 편하고 안정安定된 생활生活을 한다는 것이다.

六四는 새가 훨훨 날아가는 모양새이니, 재물이 많고 넉넉하다 여기지 말고 이웃을 생각하면서 서로 경계警戒하지 말고 진실眞實한 마음으로 원하고 챙겨야 한다고 한 것은, 사음四陰의 기운氣運으로 오음五陰의 마땅한 자리를 부러워 한다는 것이며, 스스로의 넉넉함을 드러내지 말고 몸과 마음을 다한 성의誠意로서 대하고 받아들여야 한다는 것이다.

六五는 임금 제을帝乙이 누이를 시집을 보내니 행복하고 크게 길吉할 것이라고 한 것은, 오음五陰 중정中正의 마땅한 행위行爲로서 원하는 바를 행行한다는 것이다. 임금이 겸손謙遜한 마음으로 어느 한쪽으로 치우침 없이 곧고 바르게 행한다는 것이다.

上六은 성이 무너져 다시 마른 못만 남았으니, 군사軍師를 쓰지 말라. 스스로 명령을 내리지만, 그 명령이 올바른 것이라도 부끄러운 일이 된다는 것은, 사실 그 명령이 더 혼란스럽다는 것이다. 곧 성벽이 무너진 까닭으로 인하여 마른 못을 파고 있는 격이라는 것이다. 명령을 함부로 내리면 혼란만 가중加重시키는 것이니, 아무리 옳은 일이라도 위험危險에 빠지게 된다는 것이다.

地天泰지천태: ☷ 坤上, ☰ 乾下
手折桂花枝 수절계화지/ 과거에 급제及第하고 가지에 꽃을 피우니,
金榜再三登 금방재삼등/ 황금색 방문榜文에 3번을 거듭하여 높은 지위에 오른다네.
紫府文章耀 자부문장요/ 나랏일을 하면서 문장文章이 빛을 내니,
子孫百代興 자손백대흥/ 자손子孫이 백대百代까지 크게 흥興한다네.

8-2) 지택림地澤臨: ☷ ☱ 坤上 兌下 陽 ⇨ 少陰.
原文: 臨은 元亨하고 利貞하니 至于八月하여 有凶하리라. 象曰臨은 剛浸

而長하며 說而順하고 剛中而應하여 大亨以正하니 天之導이니라. 至
干八月有凶은 消不久也니라.
象曰澤上有地가 臨이니 君子가 以하여 敎思사 无窮하며 容保民이
无疆하나니라.
初九는 咸臨이니 貞하여 吉하니라. 象曰咸臨貞吉은 志行正也니라.
九二는 咸臨이니 吉하여 无不利하리라. 象曰咸臨吉无不利는 未順命
也니라.
六三은 甘臨이라 无攸利하니 旣憂之라 无咎이리라. 象曰甘臨은 位
不當也이고 旣憂之하니 咎不長也이리라.
六四는 至臨이니 无咎하니라. 象曰至臨无咎는 位當也할세라.
六五는 知臨이니 大君之宜니 吉하니라. 象曰大君之宜는 行中之謂也니라.
上六은 敦臨이니 吉하여 无咎하니라. 象曰敦臨之吉은 志在內也니라.

直譯: 임臨은 크게 형통하고 마음을 바르고 올곧게 지녀야 이로우나 8월
에 이르면 흉凶함이 있다. 상象에 이르기를 임臨은 강剛한 기운이
스며들어 자라고 기쁨으로 거스르지 않고 따르며, 강한 기운이 가
운데서 치우침 없이 응應하여 크게 형통함으로써 올바르게 되는
것이니, 하늘의 도道이다. 8월에 이르면 흉함이 있다는 것은 오래
가지 못하고 약해지면서 사라진다는 것이다.
상象에 이르기를 연못 위에 땅이 있는 것이 임臨이니, 군자君子가 이
로써 가르치고 생각하는 일에 있어서 다함이 없으며, 백성을 담고
지키는 일에 끝이 없다.
초구初九는 음양陰陽이 교감交感하여 임하는 것이니, 마음을 바르고 올
곧게 지녀야 이롭다. 상象에 이르기를 음양이 교감하여 임하는 것
이라 마음을 바르고 올곧게 지녀야 이롭다는 것은 뜻을 행하되 올
바르게 행하려고 한다는 것이다.
九二는 음양이 교감하여 임하는 것이니, 길吉하고 이롭지 않음이

없다. 상象에 이르기를 음양이 교감하여 임하는 것이라 길하고 이롭지 않음이 없다는 것은 아직 명령에 순종하지 않는다는 것이다.

六三은 간사하게 임하는 것이니, 이로울 것이 없다. 이미 근심하고 있는 것이라 허물은 없다. 상象에 이르기를 간사하게 임한다는 것은 자리가 마땅치 않다는 것이고 이미 근심을 하고 있다는 것은 허물이 오래 가지 않는다는 것이다.

六四는 지극한 마음으로 임하는 것이니, 잘못이나 허물이 없다. 상象에 이르기를 지극한 마음으로 임하는 것이라 잘못이나 허물이 없다는 것은 자리가 마땅하다는 것이다.

六五는 알고 임하는 것이니, 대군大君의 마땅한 일이라 길吉하다. 상象에 이르기를 대군의 마땅한 일이라는 것은 어느 한쪽으로 치우치지 않은 중도中道로서 행한다는 것을 이른다.

上六은 몸과 마음을 다해 도탑게 임하는 것이니, 길吉하고 허물이 없다. 상象에 이르기를 몸과 마음을 다해 도탑게 임하여 길하다는 것은 뜻이 안에 있다는 것이다.

解題: 지택림地澤臨: ☷ ☱ 坤上 兌下은 나아가 사물事物에 육박肉薄하는 상象으로 낮은 데로 향하여 대하며, 낮은 사람에게로 나아가고 한없이 포용包容한다는 것이다.

임臨은 내려다보다, 낮은 데로 향하여 대하다, 낮은 사람에게로 나아가다, 남이 내게로 옴을 높이는 말 등의 뜻이 있다. 상괘上卦는 땅을 본뜬 곤괘坤卦☷이며, 하괘下卦는 연못을 본뜬 태괘兌卦☱이다. 강건剛健한 초양初陽과 이양二陽의 기운氣運이 점점 커지고 오음五陰의 기운과 상생相生 발전發展하면서 매사 순조롭게 풀린다는 것이다. 곤괘坤卦나 태괘兌卦가 함께 마주대하면서 나아가는 형상形象이다. 곧 가깝게 지내는 모습을 보여주면서 직접적直接的인 접촉接觸을 통하여 서로를 가까이 한다는 것이다. 때문에 임臨은 만사萬事가 크게 형통亨通한다는 괘卦다. 또한 강한 기운氣運이 곧바로 들어와 성장成長하고 기뻐하면서 순하게 따른다. 곧 강剛한 기운氣運이 가운데서 응應하는 것이다. 형통亨通하는 일에 있어서 크고 바르니, 이는 하늘의 도道다. 8월에 이르러 흉凶함이 있다는 것은 오래가지 못하고 사라진다는 것이니, 사물事物이 성盛하면 반드시 쇠衰한다는 것을 이른다. 또한 하지夏至를 지나 양기운陽氣運이 쇠퇴衰退할 시기가 오면 흉凶한 일로 바뀐다는 것이다.

象에 이르기를 연못을 본뜬 태괘兌卦 위에 땅을 본뜬 곤괘坤卦가 있는 것이 임괘臨卦다. 군자는 이를 보고 가르치면서 생각하는 일에 궁窮함이 없이 백성百姓을 너그러운 마음으로 받아들이고 온전하게 잘 지키거나 지니는 일에 한이 없다.

初九는 음양陰陽이 함께 나아가 임하는 것이니, 마음을 바르고 올곧게 지니면 길吉하다는 것은, 바르게 행할 뜻을 지켜나가면 좋은 일이 있다는 것이다. 위아래가 서로 힘을 합한다는 것이다.

九二는 음양이 교감하여 임하는 것이니, 길吉할 것이며 이롭지 않음이 없다고 한 것은, 아직은 위로부터의 명령에 순하게 따르지 않는다는 것이다. 곧 모든 일이 순조롭게 풀려 나간다. 그러나 굳이 윗사람의 말을 맹목적盲目으로 따를 필요必要는 없다는 것이다. 이는 이양二陽 중정中正의 치우침이 없는 마땅한 자리이기 때문이다.

六三은 간사한 말을 앞세워 나아가 임하는 것이니, 이로울 것이 없으나 이미 근심을 하고 있는 까닭으로 허물은 없을 것이라고 한 것은, 간사한 말을 앞세우기에는 그 자리가 마땅치 않다는 것이며, 이미 알고 걱정을 하는 까닭에 허물이 오래가지 않는다는 것이다. 곧 스스로가 반성反省하고 말과 행동을 삼가면 오래지 않아 허물에서 벗어난다는 것이다.

六四는 몸과 마음을 다한 지극함으로 나아가 임하는 것이니, 허물이 없다고 한 것은, 그 자리가 마땅하다는 것이다. 곧 사음四陰의 자리에서 겸손

謙遜을 바탕으로 몸과 마음을 다하여 나아가는 일이라 허물될 것이 없다는 것이다.

六五는 바르게 알고 사람에게로 나아가 임하는 것이니, 이는 군자君子의 마땅한 일이라 길吉할 것이라고 한 것은, 중정中正의 도道를 행한다는 것이다. 곧 오음五陰 중정中正의 마땅한 자리이며, 어느 한쪽으로 치우침 없이 곧고 바르게 행한다는 것이다.

上六은 몸과 마음을 다해 도탑게 나아가 임하는 것이니, 길吉하고 허물이 없을 것이라고 한 것은, 행하고자 하는 뜻이 안에 있다는 것이다. 곧 초양初陽과 이양二陽을 진실眞實로 받아들이고 따르기 때문이라는 것이다.

地澤臨지택림: ☷ 坤上, ☱ 兌下
高樓巨閣程 고루거각정/ 고루거각高樓巨閣에 앉아 법도法度를 행行하니,
榮耀四方傳 영요사방전/ 영화롭고 빛나는 일이 사방四方으로 전해진다네.
光被日月色 광피일월색/ 밝게 빛남은 해와 달의 기운氣運을 입은 것이니,
紫府揚名人 자부양명인/ 관인官人으로서 이름을 드날리는 사람이라네.

8-3) 지화명이 地火明夷: ☷ ☲ 坤上 離下 陽 ⇨ 少陽.

原文: 明夷는 利艱貞하니라. 象曰明入地中이 明夷니 內文明而外柔順하여 以蒙大難이니 文王이 以之하니라. 利艱貞은 晦其明也이라 內難而能正其志니 箕子가 以之하니라.
象曰明入地中이 明夷니 君子가 以하여 莅衆에 用晦而明하나니라.
初九는 明夷于飛에 垂其翼이니 君子于行에 三日不食하여 有攸往에 主人이 有言이로다.
象曰君子于行은 義不食也니라.
六二는 明夷에 夷于左股이나 用拯馬이 壯하면 吉하리라. 象曰六二之吉은 順以則也일세라.
九三은 明夷于南狩하여 得其大首이니 不可疾貞이니라. 象曰南狩之

志를 乃大得也이로다.

六四는 入于左腹하여 獲明夷之心하여 于出門庭이로다. 象曰入于左腹은 獲心意也니라.

六五는 箕子之明夷니 利貞하니라. 象曰箕子之貞은 明不可息也니라.

上六은 不明하여 晦니 初登于天하고 後入于地로다. 象曰初登于天은 照四國也이고 後入 于地는 失則也니라.

直譯: 명이明夷는 어려움 속에서도 마음을 바르고 올곧게 지니면 이롭다. 상象에 이르기를 밝은 빛이 땅속으로 들어가는 것이 명이明夷니, 안은 밝은 지혜이고 밖은 부드럽고 순하여 큰 어려움을 겪는다. 문왕이 이로써 어려움을 대처해 나간 것이다. 어려움 속에서도 마음을 바르고 올곧게 지니면 이롭다고 한 것은 그 밝은 빛을 어둡게 만든다는 것이다. 안이 비록 어렵다고는 하나 능히 그 뜻을 바로 잡을 수가 있는 것이니, 기자가 이로써 대처해 나간다.

상象에 이르기를 밝은 빛이 땅속으로 들어가는 것이 명이明夷니, 군자君子가 이로써 무리에 임하여 어두움을 사용하되 밝게 한다.

初九는 어두울 때 날아오르니 그 새의 날개가 드리워진다. 군자가 길을 갈 때는 3일 동안 먹지 않는다. 갈 곳이 있으면 주인의 전할 말이 있다. 상象에 이르기를 군자가 길을 갈 때 먹지 않는다는 것은 예의상 먹지 않는다는 것이다.

六二는 어두울 때 왼쪽 넓적다리가 상했으나 구조 받는데 건강한 말을 쓰면 길吉하다. 상象에 이르기를 육이六二가 길하다는 것은 거스르지 않음으로써 도리를 따른다는 것이다.

九三은 어두울 때 남쪽으로 사냥을 나갔다가 그곳에서 큰 우두머리를 잡은 것이니, 마음을 바르고 올곧게 지니려고 조급하게 굴지 마라. 상象에 이르기를 남쪽으로 사냥을 나갔다는 뜻은 이에 큰 것을 얻는다는 것이다.

六四는 왼쪽 배로 들어가서 어두운 마음을 잡아가지고 문 앞뜰로 나온다. 상象에 이르기를 왼쪽 배로 들어간다는 것은 마음의 뜻을 얻는다는 것이다.

六五는 기자가 스스로 어둡게 만든 것이니, 마음을 바르고 올곧게 지녀야 이롭다. 상象에 이르기를 기자가 마음을 바르고 올곧게 지닌다는 것은 밝은 빛을 쉬게 할 수 없다는 것이다.

上六은 밝지 않아서 어두운 것이니, 처음에는 하늘에 오르고 나중에는 땅으로 들어간다. 상象에 이르기를 처음에 하늘로 오른다는 것은 사방의 나라를 비춘다는 것이고 나중에 땅으로 들어간다는 것은 법칙을 잃는다는 것이다.

解題: 지화명이地火明夷: ☷ ☲ 坤上 離下는 덕德을 안으로 감추고 겉으로는 유순柔順하게 어려운 세상사世上事를 대처對處하는 상象이지만 어리석은 자가 위에 서는 격이니, 어려움 속에서 스스로를 갈고 닦아 노력努力하면 마침내 옥玉처럼 빛날 것이다.

명이明夷는 밝은 것을 안으로 숨기다. 안으로 감추다 등의 의미意味로 상괘上卦는 땅을 본뜬 곤괘坤卦이며, 하괘下卦는 불과 태양을 상징象徵하는 태괘兌卦다. 밝은 빛이 땅속으로 들어가는 것이 명이괘明夷卦다. 안은 밝고 밖은 부드럽고 순하지만 큰 어려움이 있다는 것이다. 안으로는 밝은 지혜智慧를 감추고 겉으로는 부드럽고 순하게 대처對處한다는 것이다. 문왕文王은 이로써 난국亂國을 대처해 나간 것이며, 기자箕子 또한 이로써 난국을 대처하였다. 비록 큰 어려움은 있으나 능히 바로잡을 수 있다는 것이며, 자신自身의 의지意志를 지켜나갈 수 있다는 것이다.

象에 이르기를 밝은 빛이 땅속에 숨어있는 것이 명이괘明夷卦다. 군자君子는 이를 보고 무리 앞에 나서는 일에 있어서 밝은 지혜智慧로 어리석음을 다룬다.

初九는 어둠속에 새가 날면서 그 날개를 늘어트린다. 또한 군자君子는 길을 떠나서는 3일을 먹지 않는다. 갈 곳이 있으면 주인의 말이 있을 것이라고 한 것은, 군자가 길을 갈 때 예의상 먹지 않는다는 것이다. 곧 힘들고 어두운 세상에서 내 입만이 중요한 것이 아니며, 어느 누구나 좋지 않은 징조徵兆를 보면 날개를 접는다는 것이다.

六二는 어두울 때 왼쪽 넓적다리를 다쳤으니, 구조 받는데 순하고 건강한 말이면 길吉하다고 한 것은, 이음二陰의 길吉함은 순종順從하는 마음으로 도道를 따른다는 것이다. 곧 중정中正의 치우침이 없는 유순柔順한 기운氣運 때문에 일양一陽의 강한 기운의 도움으로 구함을 받는다는 것이다.

九三은 어두울 때 남쪽으로 사냥을 나갔다가 그곳의 큰 우두머리를 잡아들이는 것이니, 마음을 바르고 올곧게 하려고 조급하게 굴지 말라는 것은, 큰 것을 얻는다는 것이다. 곧 얻기는 얻는 것이나 성급性急한 판단判斷은 금물禁物이라는 것이다.

六四는 왼쪽 배로 들어가서 어두운 마음을 잡아가지고 문 앞뜰로 나온다는 것은, 마음의 뜻을 얻었다는 것이다. 곧 뱃속에 들어가서 어둠속의 뜻을 알았다는 것이며, 이미 안 이상 빨리 벗어나야 한다는 것이다.

六五는 기자箕子가 밝은 마음을 스스로 어둡게 만든 것이니, 마음을 바르고 올곧게 지니면 이롭다고 한 것은, 밝은 마음으로는 편히 쉴 수가 없다는 것이다. 곧 혼탁混濁한 주군主君 앞에서 밝은 지혜智慧를 감추었지만 오히려 그 밝은 지혜가 빛을 냈다는 것이다.

上六은 밝지 않은 까닭으로 어두운 것이니, 처음에는 하늘로 올라가고 나중에는 땅으로 들어간다는 것은, 하늘로 올라가 사방을 비춘다는 것이며, 땅으로 들어가는 까닭으로 법칙法則을 잃는다는 것이다. 곧 밝은 덕德이 없는 까닭으로 처음에는 만인萬人 위에 군림君臨하지만 끝내는 모든 것을 잃고 사라진다는 것이다.

地火明夷지화명이: ☷ 坤上, ☲ 離下
江山梅花開 강산매화개/ 강산江山에는 매화꽃이 활짝 피었으니,
雲程看貴人 운정간귀인/ 구름 사이로 귀貴한 사람을 언뜻 본다네.
數中寒位高 수중한위고/ 등급 가운데 높은 자리에 있음을 말하지 않으나
心通自有閑 심통자유한/ 마음이 걸림이나 막힘없이 통하여 지극히 한가
로운 것이라네.

8-4) 지뢰복地雷復: ☷ ☳ 坤上 震下 陽 ⇨ 太陰.

原文: 復은 亨하여 出入에 无疾하여 朋來라야 无咎이리라. 反復其道하여
七日에 來復하니 利有攸往이니라. 象曰復亨은 剛反이니 動而以順行
이라 是以出入无疾朋來无咎이니라. 反復其道七日來復은 天行也이고
利有攸往은 剛長也일세라. 復에 其見天地之心乎인저.
象曰雷在地中이 復이니 先王이 以하여 至日에 閉關하여 商旅이 不
行하며 后不省方하니라.
初九는 不遠復이라 无祗悔니 元吉하니라. 象曰不遠之復은 以脩身也
니라.
六二는 休復이니 吉하니라. 象曰休復之吉은 以下仁也니라.
六三은 頻復이니 厲하나 无咎이리라. 象曰頻復之厲는 義无咎也이
니라.
六四는 中行하되 獨復이로다. 象曰中行獨復은 以從道也니라.
六五는 敦復이니 无悔하니라. 象曰敦復无悔는 中以自考也니라.
上六은 迷復이라 凶하니 有災眚하여 用行師이면 終有大敗하고 以
其國이면 君이 凶하여 至于十年이 不克征하리라. 象曰迷復之凶은
反君道也일세라.

直譯: 복復은 막혔던 기운이 돌아오는 것이니, 출입을 해도 질병이 없고
친구가 오더라도 잘못이나 허물이 없다. 그 도道가 다시 반복하여

7일 만에 되돌아오는 것이니, 갈 곳이 있으면 이롭다. 상象에 이르기를 복復이 형통하다는 것은 강剛한 기운이 돌아온다는 것이다. 움직이되 거스르지 않고 도리에 따라 행하는 것이니, 이것이 바로 출입을 해도 질병이 없고 친구가 오더라도 잘못이나 허물이 없다는 것이며, 그 도가 다시 반복하여 7일 만에 되돌아온다는 것은 천기天氣의 운행이다. 갈 곳이 있으면 이롭다는 것은 강한 기운이 자란다는 것이고 복復이란 바로 하늘과 땅의 마음을 보는 것이다.

상象에 이르기를 천둥소리가 땅 가운데 있는 것이 복復이니, 선왕先王이 이로써 동짓날에 관문을 닫고 행상인들은 움직이지 않으며, 제후들은 지방을 살피지 않는다.

初九는 멀지 않아 되돌아오는 것이라 후회할 일이 없는 것이니, 크게 길吉하다. 상象에 이르기를 멀지 않아 되돌아온다는 것은 몸을 닦기 위한 것이다.

六二는 되돌아와 쉬는 것이니, 길吉하다. 상象에 이르기를 되돌아와 쉬는 것이니 길하다는 것은 아래로 향함으로써 자애로운 마음을 쓴다는 것이다.

六三은 자주 되돌아오는 것이니, 위태롭지만 허물은 없다. 상象에 이르기를 자주 되돌아오는 것이라 위태롭다는 것은 예의상 허물은 없다는 것이다.

六四는 어느 한쪽으로 치우침이 없는 중정中正을 행하되 홀로 되돌아오는 것이다. 상象에 이르기를 치우침이 없는 중정을 행하되 홀로 되돌아온다는 것은 도道를 따른다는 것이다.

六五는 몸과 마음을 다한 도타운 마음으로 되돌아오는 것이니, 후회는 없다. 상象에 이르기를 도타운 마음으로 되돌아오는 것이니 후회는 없다는 것은 치우침이 없는 중도中道로써 스스로 이룬다는 것이다.

上六은 되돌아오는 길을 헤매는 것이라 흉凶하니, 재난이 있고 군사를 일으켜 행하면 마침내 크게 패하는 일이 있으며, 그 나라의 임금에게까지 미치게 되니, 흉凶하다. 10년이 지나도 평정하지 못한다. 상象에 이르기를 되돌아오는 길을 헤매는 것이라 흉하다는 것은 군주의 도道에 어긋난다는 것이다.

解題: 지뢰복地雷復: ☷ ☳ 곤상坤上 진하震下은 기운氣運이 순환循環하는 상象으로 한 줄기 양陽의 기운氣運이 돌아오는 것이니, 매사每事에 적극적積極的으로 대처對處하는 것이 좋다는 것이다.

복復이란 처음 있던 곳으로 돌아오다. 둘레를 돌아서 오다. 원상태로 돌아가다. 돌려보내다 등의 의미意味를 지니고 있다. 음陰의 기운氣運속에 양陽의 기운이 싹을 틔우기 시작始作하는 때이니, 이는 동지冬至를 뜻한다. 상괘上卦는 땅을 상징象徵하는 곤괘坤卦☷이며, 하괘下卦는 천둥소리를 뜻하는 진괘震卦☳다. 때문에 복復은 초양初陽의 기운氣運이 돌아와 막혔던 것이 트이는 괘卦이다. 곧 복復이 형통亨通하다는 것은 강강剛한 양기陽氣가 다시 돌아온다는 것이다. 강한 기운으로 움직이되 순종順從하는 마음으로 행行하여 나아가는 것이니, 이것이 출입出入을 해도 병이 없다는 것이다. 또한 친구親舊가 찾아와도 허물이 없는 것이며, 순종順從하는 마음으로 행하여 나아가는 도道를 다시 반복反復하여 7일 만에 돌아오는 것이니, 이는 하늘의 운행運行이다. 때문에 갈 곳이 있으면 이롭다고 한 것이며, 이는 강강剛한 양陽의 기운氣運이 자라나고 있기 때문이다. 복괘復卦는 바로 천지天地의 마음을 보는 것이다. 우레의 기운氣運이 땅속에 있으면서 기지개를 켜고 만물萬物을 생육生育하는 것이 천지天地의 마음이라는 것이다.

상象에 이르기를 우레震卦☳의 기운氣運이 땅坤卦☷속에서 움트는 것이 복괘復卦다. 선왕先王은 이를 보고 동지冬至에는 관문關門을 닫으면서 행상인行商人과 여행객旅行客의 통행通行을 막으며, 양陽의 기운氣運이 왕성旺盛해지기를 기다린다는 것이다.

初九는 오래지 않아 되돌아오는 것이니, 후회後悔할 일이 없을 것이며, 크게 길吉할 것이라고 한 것은, 몸과 마음을 닦기 위해서라는 것이다. 곧 스스로를 돌아보고 반성反省을 통하여 준비를 한다면 후회後悔가 없을 것이고 크게 좋은 일이 있을 것이라는 것이다.

六二는 되돌아와서 편하게 쉬는 것이니, 길吉하다고 한 것은, 겸손謙遜함으로 인仁을 따른다는 것이다. 곧 자신自身을 낮추고 초양初陽을 따른다는 의미이다.

六三은 빈번頻繁하게 되돌아오니, 염려스럽지만 허물은 없을 것이라고 한 것은, 경솔輕率한 마음으로 빈번頻繁하게 되돌아오기는 하나 의義를 바탕으로 하기에 허물이 없다는 것이다.

六四는 치우침이 없는 중정中正을 행하다 혼자 되돌아온다고 한 것은, 도道를 따르기 위해서이다. 곧 혼자 어느 한쪽으로 치우침 없이 곧고 바르게 행하다 순종順從하는 마음으로 도道를 따르기 위해 되돌아온다는 것이다.

六五는 도타운 마음으로 되돌아오는 것이니, 후회後悔는 없을 것이라고 한 것은, 치우침이 없는 중정中正의 마땅한 도道로서 자세하게 밝힌다는 것이다.

上六은 되돌아오는 길을 잃었으니, 흉凶할 것이며, 천재天災와 인재人災가 있다. 행하여 앞으로 나아가면 끝내 크게 패할 것이니, 이 일이 그 나라의 왕에게까지 미칠 것이라 흉凶하며, 10년이 지나도 이겨서 평정하지 못한다고 한 것은, 군주君主의 도道에 어긋난다는 것이다. 곧 천재天災와 인재人災가 겹칠 때 군사를 동원하여 행하면 패하고 또한 화禍가 미친다는 것이다.

地雷復지뢰복: ☷ 坤上, ☳ 震下
花殘葉茂盛 화잔엽무성/ 꽃과 낙엽이 떨어져 무성茂盛한 것이니,
去來復望華 거래복망화/ 가거나 오거나 다시 화려하기를 희망希望한다네.
栗竹南北界 율죽남북계/ 밤나무와 대나무가 남과 북으로 경계를 이룬 것이니,

暮年得意回 모년득의회/ 늘그막에 본디대로 돌아오는 뜻을 이룬다네.

8-5) 지풍승地風升: ☷ ☴ 坤上 巽下 陰 ⇨ 太陽.

原文: 升은 元亨하니 用見大人하되 勿恤하고 南征하면 기하리라. 象曰柔이 以時升하여 巽而順하고 剛中而應이라 是以大亨하니라. 用見大人 勿恤은 有慶也이고 南征吉은 志行也니라.

象曰地中生木이 升이니 君子가 以하여 順德하여 積小以高大하나니라.

初六은 允升이니 大吉하니라. 象曰允升大吉은 上合志也니라.

九二는 孚乃利用禴이니 无咎이리라. 象曰九二之孚는 有喜也니라.

九三은 升虛邑이로다. 象曰升虛邑은 无所疑也니라.

六四는 王用亨于岐山이면 吉하고 无咎하리라. 象曰王用亨于岐山은 順事也니라.

六五는 貞이라야 吉하리니 升階로다. 象曰貞吉升階는 大得志也이리라.

上六은 冥升이니 利于不息之貞하니라. 象曰冥升在上하니 消不當也이로다.

直譯: 승升은 크게 형통하는 것이니, 대인을 만나되 근심하지 마라. 남쪽으로 처러 가면 길吉하다. 상象에 이르기를 부드러운 기운이 때를 맞추어 위로 올라 공손하고 거스르지 않으면서 도리를 따르며, 강한 기운이 치우침 없이 응하는 것이니, 이것이 바로 크게 형통한다고 하는 것이다. 대인大人을 만나되 근심하지 말라는 것은 경사慶事가 있다는 것이고 남쪽으로 처러 가면 길하다는 것은 뜻이 행해진다는 것이다.

상象에 이르기를 땅 가운데서 나무가 일어나는 것이 승升이니, 군자君子기 이로써 덕을 거스르지 않고 따르며, 작은 것을 쌓음으로써 높고 크게 된다.

초육初六은 진실로 제사를 올리는 것이니, 크게 길吉하다. 상象에 이르기를 진실로 제사를 올리는 것이니 크게 길하다는 것은 위의 뜻과 합한다는 것이다.

九二는 참됨과 믿음성이 있으면 종묘에 제사를 올리는 것이 이로우니, 허물이 없다. 상象에 이르기를 구이九二의 참됨과 믿음성이란 기쁨이 있다는 것이다.

九三은 텅 빈 마을에서 제사를 올린다. 상象에 이르기를 텅 빈 마을에서 제사를 올린다는 것은 의심할 바가 없다는 것이다.

六四는 왕이 기산岐山에서 제사를 올리면 길吉하고 허물이 없다. 상象에 이르기를 왕이 기산에서 제사를 올린다는 것은 일을 거스르지 않고 도리에 따른다는 것이다.

六五는 마음을 바르고 올곧게 지니는 것이라 길吉하니, 섬돌에 오른다. 상象에 이르기를 마음을 바르고 올곧게 지니는 것이라 길하고 섬돌에 오른다는 것은 뜻을 크게 얻는다는 것이다.

上六은 어두운 제사를 올리는 것이니, 잠시라도 쉬지 않으면서 마음을 바르고 올곧게 지녀야 이롭다. 상象에 이르기를 어두운 제사를 올리는 것이 위에 있으면 재물이 사라져 부富하지 않다.

解題: 지풍승地風升: ☷ ☴ 坤上 巽下은 전진前進하고 향상向上하는 상象으로 땅속에서 싹이 솟아오르는 것이니, 운 때가 맞아야 하고 스스로의 실력實力을 높이면서 도움을 받아야 한다. 또한 순조順調롭게 커가기 위해서는 많은 위험危險이 따르는 법이니, 겸손謙遜함과 유순柔順한 마음을 지녀야 할 것이다.

승升이란 번성蕃盛하다, 번영繁榮한다는 뜻이다. 땅을 상징象徵하는 곤괘坤卦 ☷ 아래 나무를 상징하는 손괘巽卦 ☴가 있다. 곧 땅속에서 나무의 싹이 오르는 형상形象이다. 때문에 승升은 형통亨通하는 괘卦라는 것이다. 유순柔順한 기운氣運, 곧 초음初陰의 기운이 때를 따라 올라가니, 거스르지 않고 도리道理를 따르며, 강강剛한 기운氣運, 곧 이양二陽의 기운이 중정中正의 마땅한 자리에서 응한다. 즉 아래로는 초음初陰과 위로는 오음五陰의 기운氣運과 응한다는 것이다. 때문에 크게 형통亨通한다는 것이다. 대인大人을 만나게 되니, 염려할 것이 없다는 것은 경사慶事가 있다는 것이며, 남쪽을 정벌하면 길하다고 하는 것은 행할 바를 행하여 뜻을 이룬다는 것이다. 곧 대인大人을 만나 따르면 근심은 없어지고 좋은 일이 있을 것이라고 이른 것이다.

象에 이르기를 땅坤卦☷속에서 나무巽卦☴가 싹을 틔우고 나오는 것이 승괘升卦다. 군자君子는 이를 보고 덕德을 순종順從하는 마음으로 따르고 작은 것을 쌓아서 높고 크게 만들어 간다는 것이다.

初六은 진실로 제사를 올리는 것이니, 크게 길吉하다고 한 것은, 윗사람과 뜻이 합한다는 것이다. 곧 이양二陽, 삼양三陽의 기운氣運과 뜻을 맞추어 나가니 씩씩하고 크게 좋다는 것이다.

九二는 참되고 믿음성이 있다면 종묘에 제사를 올리는 것이 이로우며, 허물이 없을 것이라 한 것은, 기쁜 일이 있다는 것이다. 곧 몸과 마음을 다한 정성精誠이라면 이롭다는 것이며, 치우침이 없는 중정中正의 마땅한 자리로서 허물될 일이 없다는 것이다.

九三은 텅 빈 마을에서 제사를 올린다는 것은, 의심疑心할만한 일이 없다는 것이다. 곧 망설이거나 거침없이 행하여 나아가라는 것이다. 눈치 볼 사람이 없다는 것이다.

六四는 왕이 기산岐山.주나라의 발상지에서 제사를 올리니, 길吉하고 허물이 없을 것이라 한 것은, 되어가는 일에 순종順從한다는 것이다.

六五는 마음을 바르고 올곧게 지니면 길吉하고 섬돌에 오를 것이라 한 것은, 행하고자 할 뜻을 크게 얻었다는 것이다. 곧 중정中正의 마땅한 자리로 어느 한쪽으로 치우침 없이 곧고 바르면 뜻을 크게 이룬다는 것이다.

上六은 어둠속에서 제사를 올리는 일이니, 쉬지 않고 마음을 곧고 바르게 가져야 이롭다고 한 것은, 어둠속에 있는 것이라면 모든 것이 흩어져서 부富하지 못하다는 것이다. 정신을 차리지 못하고 경거망동한다는 것을 이른다.

地風升지풍승: ☷ 坤上, ☴ 巽下
一朝一身出 일조일신출/ 하루아침에 자기 한 몸이 출세出世하여
一躍對玉星 일약대옥성/ 단 한 번에 귀貴한 자리로 뛰어오른다네.
身坐麒麟閣 신좌기린각/ 앉은 자리가 지극히 상서祥瑞로운 자리이니,
道德至文章 도덕지문장/ 도道와 덕德이 지극한 문장文章을 이룬다네.

8-6) 지수사地水師: ☷ ☵ 坤上 坎下 陰 ⇨ 少陰.

原文: 師는 貞이니 丈人이라야 吉하고 无咎하리라. 象曰師는 衆也이고 貞은 正也이니 能以衆正하면 可以王矣리라. 剛中而應하고 行險而順하니 以此毒天下而民이 從之하니 吉하고 又何咎矣리오.
象曰地中有水가 師이니 君子가 以하여 容民畜衆하나니라.
初六은 師出以律이니 否이면 臧이라도 凶하니라. 象曰師出以律이니 失律하면 凶也이리라.
九二는 在師하여 中할세 吉하고 无咎하니 王三錫命이로다. 象曰在師中吉은 承天寵也이고 王三錫命은 懷萬邦也니라.
六三은 師或輿尸면 凶하리라. 象曰師或輿尸면 大无功也이리라.
六四는 師左次이니 无咎이로다. 象曰左次无咎는 未失常也니라.
六五는 田有禽이어든 利執言하니 无咎이리라. 長子가 師師이니 弟子가 輿尸하면 貞이라도 凶하리라. 象曰長子師師는 以中行也이고 弟子輿尸는 使不當也니라.
上六은 大君이 有命이니 開國承家에 小人勿用이니라. 象曰大君有命은 以正功也이고 小人勿用은 必亂邦也일세라.

直譯: 사師는 마음을 바르고 올곧게 지녀야 하는 것이니, 덕행이 높은 어른이어야 길吉하고 잘못이나 허물이 없다. 상象에 이르기를 사師는 많은 사람을 이르는 것이고 마음을 바르고 올곧게 지녀야 한다는 것은 바로잡는다는 것이니, 능히 군중을 바로잡으면 가히 왕이 될 수 있다는 것이다. 강剛한 기운이 치우치지 않은 가운데 자리에 응하고 험한 일을 행하더라도 거스르지 않고 도리에 따른다는 것이다. 이것으로써 천하의 백성을 다스리니, 거스르지 않고 따르며, 길吉하고 또 무슨 잘못이나 허물이 있겠는가.

상象에 이르기를 땅 가운데 물이 있는 것이 사師이니, 군자君子가 이로써 백성을 마음에 담고 많은 물건을 쌓아두고 준비한다.

初六은 군사를 출정시키기 위해서는 법이 있는 것이니, 아니면 착하더라도 흉凶하다. 상象에 이르기를 군사를 출정시키기 위해서는 법이 있는 것이니, 법을 잃으면 흉하다는 것이다.

九二는 군사를 모으기 위해서는 치우침이 없는 중정中正의 도를 지키면 길吉하고 허물이 없으니, 왕이 세 번씩이나 명을 내린다. 상象에 이르기를 군사를 모으기 위해서 치우침이 없는 중정의 도를 지키면 길하다는 것은 하늘의 은혜를 받는다는 것이고 왕이 세 번씩 명을 내린다는 것은 많은 나라를 품는다는 것이다.

六三은 군사가 혹 수레에 시체를 싣고 올 수도 있으니, 흉凶하다. 상象에 이르기를 군사가 혹 수레에 시체를 싣고 올 수도 있다는 것은 크게 공이 없다는 것이다.

六四는 군사가 물러나 머무는 것이니, 잘못이나 허물이 없다. 상象에 이르기를 물러나 머무니 잘못이나 허물이 없다는 것은 아직 사람으로서 행해야 할 도를 잃지 않았다는 것이다.

六五는 밭에 짐승이 있거든 말씀을 지키면 이로우니, 허물이 없다. 맏아들이 군사를 다스리게 해야 하는 것이니, 작은 아들에게 맡기면 수레에 시체를 싣고 오게 되는 것이라 마음을 바르고 올곧게 지녀도 흉凶하다. 상象에 이르기를 맏아들이 군사를 다스리게 해야 한다는 것은 치우침이 없는 중정中正의 도로써 행한다는 것이고 작은 아들이 시체를 싣고 온다는 것은 시키는 것이 마땅하지 않다는 것이다.

上六은 대군大君의 명령이 있으니, 나라를 일으키고 집을 이어받는다. 소인을 쓰지 마라. 상象에 이르기를 대군의 명령이 있다는 것은 공功을 올바르게 한다는 것이고 소인을 쓰지 말라는 것은 반드시 나라를 어지럽히기 때문이다.

解題: 지수사地水師: ☷ ☵ 坤上 坎下는 여러 사람을 통솔統率할 왕, 장수 등의 상象으로 지도자指導者로서의 자질資質을 말하는 것이니, 언제나 올바른 도道를 따라야 한다는 것이다.

사師는 여러 사람을 의미意味하는 것이며, 주대周代의 군제軍制로 500명을 1대─隊로 삼고 여旅라 하였으며, 2,500명을 사師라 하고 12,500명을 군軍이라 하였다. 때문에 현명賢明한 지도자指導者가 필요必要한 것이다. 상괘上卦는 땅을 본뜬 곤괘坤卦☷이며, 하괘下卦는 물을 상징象徵하는 감괘坎卦☵다. 곧 땅이 물을 넉넉하게 품고 있는 것이다. 때문에 사師는 마음이 바르고 올곧아야 하는 괘卦이며, 덕德이 많은 어른이어야 길吉하고 허물이 없을 것이다. 따라서 무리를 바로 잡을 수 있는 것이며, 또한 왕이 될 수도 있는 것이다. 또 강剛한 기운氣運, 곧 이양二陽 중정中正의 마땅한 자리가 가운데서 응應하므로 위험危險한 일을 행行한다 하더라도 순조롭다. 때문에 천하天下를 고통苦痛 속에 몰아넣더라도 백성百姓이 순순히 따르는 것이며, 이는 길吉하고 좋은 일이니, 또 무슨 허물이 있겠는가.

지도자指導者의 길을 설명說明하는 것이니, 힘들고 어렵더라도 치우침이 없는 중정中正의 도道를 잃어서는 안 된다는 것이다.

象에 이르기를 땅坤卦☷ 가운데 물坎卦☵을 담고 있는 것이 사괘師卦다. 군자君子는 이를 보고 땅이 물을 끌어안듯, 백성百姓을 품에 안고 기른다는 것이다.

初六은 군사는 정확正確한 규율規律 아래 출정해야 하는 것이니, 그렇지 않으면 좋은 일이 모두 나쁘게 된다는 것은, 군사軍師는 규율規律을 잃으면 흉凶하다는 것이다. 곧 군사軍師를 움직이는 일에 있어서 규율規律이 중하다는 것이다.

九二는 군사軍師를 모으기 위해서 치우침이 없는 중정中正의 자리를 지키면 허물이 없으며, 왕이 세 번씩 명을 내린다는 것은, 하늘의 은혜恩惠를 받는다는 것이며, 여러 나라를 품에 안는다는 것이다. 곧 강剛한 중정中正의 자리로 많은 나라를 얻는다는 것이다.

六三은 군사軍師가 혹 수레에 시체를 싣고 올 수 있으니, 흉凶하다고 한 것은, 크게 공功이 없다는 것이다. 곧 아군我軍의 시체를 싣고 오는 것이니, 좋은 일이 있겠는가.

六四는 군사軍師가 한쪽으로 물러나 머무는 것이니, 허물이 없다고 한 것은, 아직 일상적日常的인 도道를 잃지 않았다는 것이다. 곧 앞으로 나아가는 일에 있어서 어려움을 알고 물러난다는 것이다. 때문에 허물이 없다는 것이다.

六五는 밭에 짐승이 있거든 말씀을 지키면 이로우니 허물이 없다. 큰 아들에게 군사를 거느리게 할 것이니, 작은 아들이 거느리면 시체를 싣고 오게 되며, 마음이 곧고 바르더라도 흉凶하다고 한 것은, 큰 아들은 치우침이 없는 중정中正의 도道를 행하기 때문이며, 작은 아들은 시키는 일에 있어서 마땅치 않다는 것이다. 곧 오음五陰 중정中正의 마땅한 자리로서 어느 한쪽으로 치우침 없이 곧고 바르게 행한다는 것이다.

上六은 대군大君의 명이 있으니, 개국開國을 하는 일에 있어 논공행상論功行賞을 한다. 소인小人을 쓰면 안 된다고 한 것은, 공功을 올바르게 한다는 것이며, 소인小人은 반드시 나라를 어지럽게 한다는 것이다. 곧 올바르게

평가評價하고 직책職責을 내린다. 그러나 소인小人을 높은 지위에 앉히면 꼭
문제問題를 일으킨다는 것이다.

地水師지수사: ☷ 坤上, ☵ 坎下
草舘結朱男 초관결주남/ 풀로 엮는 객사에서 붉은 남자와 맺은 것이니,
不覺配夫人 불각배부인/ 부인이 짝지어주려는 것을 깨닫지 못한다네.
不合夫婦道 불합부부도/ 부부의 도道가 합하지 못하고
行嫁玩路人 행가완로인/ 행하면서 마땅히 해야 할 도리를 희롱하고 허
물이나 잘못을 남에게 민다네.

8-7) 지산겸地山謙: ☷ ☶ 坤上 艮下 陰 ⇨ 少陽.

原文: 謙은 亨하니 君子가 有終이니라. 象曰謙亨은 天道가 下濟而光明하고 地道가 卑而上行이라. 天道는 虧盈而益謙하고 地道는 變盈而流謙하고 鬼神은 害盈而福謙하고 人道는 惡盈而好謙하나니 謙은 尊而光하고 卑而不可踰이니 君子之終이니라.
象曰地中有山이 謙이니 君子가 以하여 裒多益寡하여 稱物平施하나니라.
初六은 謙謙君子이니 用涉大川이라도 吉하니라. 象曰謙謙君子는 卑以自牧也니라.
六二는 鳴謙이니 貞하고 吉하니라. 象曰鳴謙貞吉은 中心得也니라.
九三은 勞謙이니君子가 有終이라 吉하니라. 象曰勞謙君子는 萬民의 服也니라.
六四는 无不利撝謙이니라. 象曰无不利撝謙은 不違則也니라.
六五는 不富以其鄰이니 利用侵伐이라 无不利하리라. 象曰利用侵伐은 征不服也니라.
上六은 鳴謙이니 利用行師하여 征邑國이니라. 象曰鳴謙은 志未得也이니 可用幸師하여 征邑國也니라.

直譯: 겸謙은 형통하는 괘이니, 군자君子는 이루어야 할 일이 있다. 상象에 이르기를 겸謙이 형통하다는 것은 하늘의 도道는 아래를 더하여 밝게 빛나고 땅의 도道는 낮은 데서 위로 올라가 행하는 것이다. 하늘의 도道는 가득 찬 것을 줄여서 겸謙에 보태주고 땅의 도道는 가득 찬 것을 변화시켜 겸謙에 흐르게 하며, 귀신鬼神은 가득 찬 것을 해害하여 겸謙을 복되게 하고 사람의 도道는 가득 찬 것을 미워하여 겸謙을 좋아한다. 겸謙은 높고 빛남이 있으며, 낮지만 넘을 수가 없는 것이니, 군자君子의 끝마침이다.

상象에 이르기를 땅 가운데 산이 있는 것이 겸謙이니, 군자君子는 이로써 많은 것을 모아서 적은 것에 보태되 모든 물건을 다뤄서 평등하게 베푼다.

초육初六은 겸謙은 군자가 겸손한 것이니, 큰 냇물을 건너는 일이 있더라도 길吉하다. 상象에 이르기를 겸이란 군자가 겸손하다는 것은 낮은 데로 향하면서 스스로를 다스린다는 것이다.

육이六二는 겸謙이 울리는 것이니, 마음을 바르고 올곧게 지니면 길吉하다. 상象에 이르기를 겸은 울리는 것이니, 마음을 바르고 올곧게 지니면 길하다는 것은 어느 한쪽으로 치우침이 없는 중용의 도를 얻었다는 것이다.

구삼九三은 노력하고 힘쓰는 겸謙이다. 군자君子의 끝마침이 있으니 길吉하다. 상象에 이르기를 노력하고 힘쓰는 겸이라 군자는 만민萬民이 따른다는 것이다.

육사六四는 이롭지 않은 것이 없으니, 겸謙은 능히 겸양의 마음을 발휘하는 것이다. 상象에 이르기를 이롭지 않은 것이 없으니, 겸은 능히 겸양의 마음을 발휘한다는 것은 법칙을 어기지 않는다는 것이다.

육오六五는 재물이 많으며 넉넉하다 여기지 않고 그 이웃과 함께 한다. 침략하여 징벌하면 이롭고 또 이롭지 않음이 없다. 상象에 이르기를 침략하여 치면 이롭다는 것은 따르지 않은 적을 평정한다는 것이다.

上六은 겸謙이 크게 울린다. 군사를 출정시켜 평정시키는 것이 이로운 것이니, 고을과 나라를 치러 간다. 상象에 이르기를 겸이 크게 울린다는 것은 뜻을 아직 얻지 못했다는 것이니, 군사를 출정시킨다면 가히 고을과 나라를 평정할 수 있다는 것이다.

解題: 지산겸地山謙: ☷ ☶ 坤上 艮下은 남에게 겸손謙遜할 상象이며, 많은 것에서 적은 것으로 보태주고 마주대하여 드러난 사물事物의 균형均衡을 맞추고 공평公平하게 한다는 것이다.

겸謙은 겸손謙遜하다. 제 몸을 낮추어 양보讓步하다. 공손하다. 삼가다 등의 뜻이 있다. 높은 산艮卦 ☶이 평평平平한 땅坤卦 ☷ 위에 있다. 높은 산이 물에 깎이면서 낮은 곳으로 흘러내려 쌓이는 것과 같이 몸과 마음을 삼가고 남을 높이면서 자신自身을 낮추는 몸가짐을 가진다. 때문에 겸謙은 군자君子의 도道가 트인다는 것이다. 또한 군자君子는 이루어야 할 일을 이룬다는 것이다. 겸謙은 형통亨通하는 괘卦다. 하늘의 도道는 아래와 함께 이루어가야 밝게 빛난다. 또한 땅의 도道는 낮은데서 위로 올라가 행行하는 것이다. 하늘의 도道는 가득 차있는 것을 덜어서 겸손謙遜하게 양보讓步하고 땅의 도道는 가득 차있는 것을 새롭게 바꾸어 겸손謙遜을 바탕으로 흐르게 한다. 곧 산을 깎아서 계곡을 메우는 것처럼 가득한 것을 변하게 하여 빈곳을 채우는 것이 땅의 도道라는 것이다. 귀신鬼神은 가득 차 넘치는 것을 훼방을 놓아 제 몸을 낮추어 양보讓步하는 것을 복福되게 하며, 사람의 도道는 가득 차 넘치는 것을 싫어하고 겸손謙遜한 것을 좋아한다. 곧 욕심慾心을 부리는 부자에게 화禍를 주고 겸손謙遜한 사람에게 복을 주는 것이 귀신鬼神의 도道라는 것이며, 사람의 도道는 교만驕慢을 싫어하고 겸손謙遜함을 좋아한다는 것이다. 또한 겸謙은 그 뜻이 높고 빛나는 것이니, 낮지만 함부로 넘나들 수 없는 것이다. 군자君子의 끝마침이라 할 수 있다. 즉 군자君子가 유종有終의 미美를 거둔다는 것이다. 높으면 높을수록 귀貴

하면 귀할수록 아는 체하거나 잘난 체하지 않고 겸손謙遜하며 삼가는 태도態度를 지녀야 더욱 빛난다는 것을 마음에 새겨야 한다는 것이다.

상象에 이르기를 땅 가운데 높은 산이 있는 것이 겸謙이니, 군자君子는 이로써 많은 물건을 취하여 모으고 베풀되 올바르게 또 균일하게 이끌고 간다는 것이다.

初六은 겸謙은 남을 높이고 자기自己를 낮추는 군자君子이니, 큰 냇물을 건너는 일이 있더라도 길吉할 것이라고 한 것은, 군자君子가 스스로 몸을 낮추어 처신處身을 한다는 것이다. 곧 스스로의 부족함을 알아 겸손謙遜한 몸과 마음으로 덕德을 기르는 자가 군자君子라는 것이다. 때문에 위험危險한 일을 당하더라도 길吉하다는 것이다.

六二는 겸謙이 울리니, 마음을 바르고 올곧게 지니면 길吉하다고 한 것은, 어느 한쪽으로 치우침이 없는 중도中道의 마음을 얻었다는 것이다. 곧 아는 체하거나 잘난 체하지 않고 겸손하며 삼가는 마음은 바로 말과 행동行動으로 드러난다는 것이다. 이 마음을 잃지 않으면 좋은 일이 따른다는 것이다.

九三은 노력하고 힘쓰는 겸謙이다. 군자君子의 끝마침이 있으니, 길吉하다고 한 것은, 만민萬民이 복종服從하면서 따른다는 것이다. 곧 군자는 천하만민天下萬民을 위하여 몸과 마음을 다해 봉사奉仕하면서 겸허謙虛한 마음을 잃지 않는다는 것이다. 때문에 사람들이 마음으로부터 복종服從하고 따르며, 군자君子는 유종有終의 미美를 거둔다는 것이다.

六四는 이롭지 않은 것이 없으니, 겸은 능히 겸양의 마음을 발휘한다는 것은, 법칙法則을 어기지 않는다는 것이다. 곧 매사每事에 아는 체하거나 잘난 체하지 않고 겸손謙遜하며 삼가는 태도態度로 대처對處한다면 법도法道에 어긋나지 않고 순조롭다는 것이다.

六五는 부귀富貴하다 여기지 않고 그 이웃과 함께 하는 것이니, 적을 치는 것이 이로우며, 또한 이롭지 않음이 없다고 한 것은, 복종服從하지 않은 것을 정벌한다는 것이다. 곧 오음五陰 중정中正의 마땅한 자리에 앉아 스스로를 낮추고 어느 한쪽으로 치우침 없이 곧고 바르게 한다는 것이다. 그래도 복종服從하지 않고 거스르는 것을 정벌하는 것이 좋다는 것이다. 매사 순조롭게 풀려간다는 것이다.

上六은 겸謙이 크게 울려 퍼지니, 군사軍師를 출정시켜 고을과 나라를 평정함이 이롭다는 것은, 아직 뜻을 얻지 못했다는 것이며, 군사를 보낸다면 능히 평정할 수 있다는 것이다. 곧 겸허謙虛한 태도態度가 지나쳐 밖으로 드러나는 까닭으로 이해 받지 못할 수도 있다는 것이다. 때문에 정벌에 나서는 것이며, 주변周邊만을 다스리는데 멈춰야 한다는 것이다. 그 이상은 지나친 까닭으로 좋지 않다는 것이다.

地山謙지산겸: ☷ 坤上, ☶ 艮下
須得寸草枝 수득촌초지/ 모름지기 초목과 가지의 마디를 얻어야 하는 것이니,
變幻千萬丈 변환천만장/ 갑자기 나타났다 사라졌다 하는 일이란 짝할 것이 없다네.
尙興兵共類 상흥병공류/ 오히려 무리를 지어 함께 재앙을 일으키는 것이니,
偸盜越牆帳 투도월장장/ 담과 장막을 넘어 남에 물건을 훔치는 것이라네.

8-8) 곤위지坤爲地: ☷ ☷ 坤上 坤下 陰 ⇨ 太陰.
原文: 坤은 元하고 亨하고 利하고 牝馬之貞이니 君子의 有攸往이니라. 先하면 迷하고 後하면 得하리니 主利하니라. 西南은 得朋이고 東北은 喪朋이니 安貞하여야 吉하니라. 象曰至哉라 坤元이여 萬物이 資生하나니 乃順承天이니 坤厚載物이 德合无疆하며 含弘光大하여 品物이 咸亨하나니라. 牝馬는 地類이니 行地无疆하며 柔順利貞이 君子 攸行이라 先하면 迷하여 失道하고 後하면 順하여 得常하리니 西南

得朋은 乃與類行이고 東北喪朋은 乃終有慶하리니 安貞之吉이 應地
无疆이니라.
象曰地勢가 坤이니 君子가 以하여 厚德으로 載物하나니라.
初六은 履霜하면 堅氷이 至하나니라. 象曰履霜堅氷은 陰始凝也이니
馴致其道하여 至堅冰也하나니라.
六二는 直方大라 不習이라도 无不利하니라. 象曰六二之動이 直以方
也이니 不習无不利는 地道가 光也니라.
六三은 含章可貞이니 或從王事하여 无成有終이니라. 象曰含章可貞
이나 以時發也이고 或從王事는 知光大也니라.
六四는 括囊이면 无咎이며 无譽이리라. 象曰括囊无咎는 愼不害也니라.
六五는 黃裳이면 元吉이리라. 象曰黃裳元吉은 文在中也니라.
上六은 龍戰于野하니 其血이 玄黃이로다. 象曰龍戰于野는 其道가
窮也니라.
用六은 利永貞하니라. 象曰用六永貞은 以大終也니라.

直譯: 곤坤은 으뜸이고 형통하며 이롭고 암말은 마음이 바르고 올곧아야 한다. 군자君子의 가야할 곳이니, 앞서면 헤매고 나중에 가면 얻으리니, 이로움의 주인이 된다. 서남쪽은 친구를 얻고 동북쪽은 친구를 잃는 것이니, 마음을 안정시키면서 바르고 올곧게 지녀야 길吉하다. 상象에 이르기를 지극하다. 곤坤의 기운이여! 만물萬物이 곤의 기운에 의하여 생성되는 것이니, 곧 하늘의 도를 거스르지 않고 따르면서 이어받는 것이다. 땅의 기운은 두텁고 넓어서 사물을 받아들이는 덕이 한없이 모여 어긋남이 없으며, 크게 빛나고 넓게 머금으니, 각각의 사물이 두루 형통한다. 암말은 땅에 속하는 동물이니, 한없이 대지를 걷는다. 부드럽고 거스름 없이 도리를 따르며 이롭고 곧은 것은 군자가 행하는 일이다. 앞서면 헤매서 도道를 잃고 나중에 하면 거스름 없이 따라서 항상 얻는다. 서남쪽에서 친구를

얻는다는 것은 곧 같은 무리와 더불어 행한다는 것이고 동북쪽에서 친구를 잃는다는 것은 곧 나중에 경사가 있는 것으로 마친다는 것이다. 마음을 안정시키면서 바르고 올곧게 지녀야 길하다는 것은 땅의 덕에 한없이 응해야 한다는 것이다.

상象에 이르기를 땅의 기세가 곤坤이니, 군자君子가 이로써 두터운 덕으로 물건을 싣는다.

初六은 서리를 밟으면 얼음으로 단단하게 될 때까지 이른다. 상象에 이르기를 서리를 밟으면 얼음으로 단단하게 될 때까지 이른다는 것은 음의 기운이 비로소 엉긴다는 것이니, 그 도道에 길들여지고 지극히 견고해지면 얼음이 된다는 것이다.

六二는 올곧고 각지면서 크다. 배우지 않더라도 이롭지 않음이 없다. 상象에 이르기를 육이六二의 움직임이 곧 올곧음으로써 바른 것이다. 배우지 않더라도 이롭지 않음이 없다는 것은 땅의 도가 빛난다는 것이다.

六三은 빛나는 것을 머금었기에 가히 마음을 바르고 올곧게 지닐 수 있는 것이니, 혹여 왕의 일에 종사하더라도 이루는 것은 없이 끝남이 있다. 상象에 이르기를 빛나는 것을 머금었기에 가히 마음을 바르고 올곧게 지닐 수 있다는 것은 때를 따라 일어난다는 것이다. 왕의 일에 종사한다는 것은 지혜가 크게 빛난다는 것이다.

六四는 주머니를 묶어서 단속하면 허물도 없으며, 명예도 없다. 상象에 이르기를 주머니를 묶어서 단속하면 허물이 없다는 것은 삼가면 해롭지 않다는 것이다.

六五는 누런 치마를 입으면 크게 길吉하다. 상象에 이르기를 누런 치마를 입으면 길하다는 것은 아름다운 무늬가 속에 있다는 것이다.

上六은 용들이 들판에서 싸우니, 그 핏빛이 검고 누렇다. 상象에 이르기를 용들이 들판에서 싸운다는 것은 그 도道가 궁窮하다는 것이다.

用六는 오래도록 마음을 바르고 올곧게 지녀야 이롭다. 용육用六의 오래도록 마음을 바르고 올곧게 지녀야 한다는 것은 큰 것으로써 마친다는 것이다.

解題: 곤위지坤爲地: ☷ ☷ 坤上 坤下는 유순함용柔順含容의 상象으로 부드럽게 순응順應하며, 바라는 바 없이 머금어 안은 것이다.

곤坤은 대지大地를 상징象徵하는 괘卦다. 땅이 조용하고 움직이지 않는 것 같지만 지극히 넉넉한 에너지를 갖추고 있는 까닭으로 만물萬物을 낳고 기를 수 있는 것이다. 또한 지극히 유순柔順하고 수동적受動的이며, 소극적消極的이면서 여성적女性的인 것을 의미意味한다. 곧 상하上下의 괘卦가 전부 음효陰爻인 곤상坤上☷, 곤하坤下☷의 괘가 지괘地卦다. 때문에 곤坤은 크게 형통亨通하는 괘卦다. 곤坤의 원기元氣, 곧 타고난 기운氣運이 지극히 큰 까닭으로 만물萬物이 곤坤의 기운을 바탕으로 하여 생겨난다. 이는 곧 바로 하늘의 도道를 순수하게 이어받는 것이다. 땅은 두껍고 넓은 까닭으로 물건을 재는 일에 있어서 한없이 합하게 하고 크게 빛나는 까닭에 모든 사물 하나하나에 다 통한다. 암말은 땅과 같은 동류同類로 땅을 한없이 걷은 것이니, 유순하면서 이롭고 곧은 것은 군자君子가 행하는 일이다. 먼저 나서면 미혹迷惑하여 도道를 잃을 것이고 나중에 나서면 항상 도道를 얻을 것이다. 곧 먼저 나서면 나아갈 길을 잃는다는 것이며, 뒤를 따르면 목적目的한 바를 얻는다는 것이다. 서남방西南方에서 친구親舊를 얻는다는 것은, 곧 동류同類와 함께 행한다는 것이며, 동북방東北方에서 친구를 잃는다는 것은, 곧 마침내 경사慶事가 있다는 것이다. 때문에 마음을 안정安定시키고 곧게 나아가야 길吉하다는 것이며, 땅의 덕德에 순응順應해야 한다는 것이다.

대지大地는 두텁고 넓어서 만물萬物을 포용包容하는 덕德이 크다. 이 덕德의 넓이는 하늘의 넓이와 같은 것이다. 때문에 곤坤의 아량 있고 너그럽게 감싸 받아들이는 힘으로 만물萬物이 마음껏 제 기량氣量대로 성장成長할 수 있다는 것이다.

　象에 이르기를 땅의 기세氣勢는 곤坤의 괘상卦象이다. 군자君子는 이를 보고 덕德을 후하게 베풀고 물건을 싣는다. 곧 백성百姓을 포용包容한다는 것이다.
　初六은 찬 서리를 밟으면 단단한 얼음 결정에 이를 것이라고 한 것은, 음기陰氣가 비로소 응결凝結한다는 뜻이며, 그 기운氣運에 익숙해지고 지극히 단단해지면 얼음이 된다는 것이다. 곧 드러나는 형상形象을 보고 또는 징조徵兆를 보고 앞날을 내다보는 지혜智慧가 필요必要하다는 것이다.
　六二는 곧고 각지면서 큰 것이니, 굳이 배우지 않더라도 이롭지 않음이 없다고 한 것은, 육이六二의 움직임이 올곧고 바르다는 것이며, 배우지 않아도 이롭지 않음이 없는 것은 땅의 도道가 빛나는 것이다. 곧 대지大地는 넓고 평평한 것이라 큰 덕德을 갖춘 것이니, 배우지 않아도 매사 순조롭다는 것이다.
　六三은 빛나는 것을 머금었기에 마음이 곧고 바를 수 있으니, 혹 왕의 일에 종사하더라도 이루어지는 일은 없으나 그 끝은 있다고 한 것은, 뜻을 일으킨다는 것이며, 지혜智慧가 빛나고 크다는 것이다. 곧 모든 재능을 안으로 감추고 큰 성공成功보다는 후일을 위하여 몸과 마음을 다하라는 것이다.
　六四는 주머니를 묶어서 단속하면 허물도 없고 명예名譽도 없다고 한 것은, 늘 삼가는 까닭으로 해롭지 않다는 것이다. 곧 나서지 말고 몸과 마음을 삼가면서 신중愼重하다면 해害가 없다는 것이다.
　六五는 누런 치마를 입으면 크게 길吉하다고 한 것은, 아름다운 무늬가 속에 있다는 것이다. 곧 오음五陰 중정中正의 마땅한 자리로서 곤坤의 덕德을 이른다. 또한 치마는 아래에 두르는 것이며, 위를 따르는 것이 아닌가. 크게 좋다는 것이다.
　上六은 용龍들이 들판에서 싸우니, 그 핏빛이 검고 누렇다고 한 것은, 그 행하는 도道가 지극히 궁窮하다는 것이다. 곧 음陰의 기세氣勢가 극으로 치달으면 양陽과 다투기 시작한다는 것이며, 하늘은 검고 땅은 누렇다고 하지 않던가.

用六 오래토록 곧아야 이롭다고 한 것은, 육六, 곧 음陰을 사용하는 일에 있어서 큰 것으로 끝을 마쳐야 한다는 것이다. 곧 오래토록 음덕陰德을 지켜나간다면 매사에 순조롭고 유종有終의 미美를 거둘 수 있다는 것이다.

坤爲地곤위지: ☷ 坤上, ☷ 坤下
清燈一桂滿室香 청등일계만실향/ 푸른빛을 내는 등불과 계수나무의 향기가 방에 가득하고
帝王之側姓名揚 제왕지측성명양/ 제왕의 측근이 되어 성과 이름을 크게 날린다네.
地中有地又重重 지중유지우중중/ 땅 가운데 땅이 있고 또 거듭하는 모양이니,
能載萬物兼有養 능재만물겸유양/ 능히 만물을 내고 아울러 기를 수 있는 것이라네.

안으로나 밖으로나 지극히 수동적受動的이며 소극적消極的인 면을 보이는 부드러운 성격性格의 소유자所有者지만, 이 부드러운 성품性品이 사실 강한 성품을 누르고 때로는 서로 맞서거나 버티는 기운을 합하게 한다. 곧 소극적消極的이며 수동적受動的이지만 지극히 적극적積極的이면서 능동적能動的인 기운氣運으로 만물萬物을 낳고 기르는 커다란 힘이다.

말이나 행동行動에 있어서 남보다 자신自身을 내세우거나 앞세우지 않으며, 늘 타인他人의 의견意見을 존중尊重하고 따라주며, 타인의 행사行事를 굳이 막아서기보다는 뒤를 따르면서 보탬이 되고 버팀목이 되어주는 유순柔順한 인물人物이다. 그러나 옳고 그름의 판단判斷에 있어서 우유부단優柔不斷하거나 고집固執을 피우는 아둔한 경향傾向이 있으며, 이로 인하여 해야 할 바 말이나 행동行動, 목적目的이나 목표目標 따위를 잃고 헤매는 사람이

다. 때문에 지인知人들의 많은 도움이나 조언助言 등이 필요한 사람이며, 또 이를 따르기도 하지만 꼭 필요한 것은 후덕厚德한 마음을 잃지 말고 늘 항상 한 마음을 지녀야 한다. 또한 덕德을 두텁게 하여 만사萬事와 만인萬人을 포용包容한다는 아량雅量으로 세상사世上事에 임해야 후회後悔없는 삶을 살아갈 수 있을 것이다.

어렵고 힘든 지금의 형편形便이나 상황狀況에 굴하지 말고 앞으로 다가올 삶에 희망希望을 가지면서 뜻이나 생각을 바르게 하고 말이나 행동을 진중鎭重히 해야 한다. 매사에 이렇듯 삼가면 만사萬事가 편안하게 이루어질 것이며, 한쪽으로 치우친 아둔함을 벗어날 것이고 타인他人으로부터 위해危害를 받지 않을 것이다. 또한 명예名譽와 위신威信, 높은 지위地位나 재물財物을 이루었더라도 이를 드러내어 자랑하거나 더하기 위하여 욕심慾心을 부리지 말아야 할 것이니, 자칫 한순간에 모든 것을 잃을 수 있기 때문이다. 때문에 말이나 행동을 신중하게 하고 지닌바 재능才能이나 재물財物을 드러내어 자랑하지 말고 몸과 마음을 다해 지혜智慧를 얻도록 노력해야만 한다.

스스로를 내세우거나 앞세우지 않고 부드럽게 따르면서 보탬이 되어주고 버팀목이 되어주는 것이 본래 타고난 성품性品이라, 이 힘이 극진極盡한 곳에 이르면 기운氣運이 크게 바뀌고 스스로 지키고자 하는 모든 것을 온전하게 거두어 드릴 수 있는 것이다.

文言曰坤은 至柔而動也가 剛하고 至靜而德方하니 後得하여 主而有常하며 含萬物而化가 光하니 坤道가 其順乎인데 承天而時行하나니라. 積善之家는 必有餘慶하고 積不善之家는 必有餘殃하나니 臣弑其君하며 子弑其父가 非一朝一夕之故이라 其所由來者가 漸矣니 由辯之不早辯也이니 易曰履霜堅氷至라하니 盖言順也니라. 直은 其正也이고 方은 其義也이니 君子가 敬以直內하고 義以方外하여 敬義立而德不孤하나니 直方大不習无不利는 則不疑其所行也니라. 陰雖有美나 含之하여 以從王事하여 不敢成也이니 地道也이며

妻道也이며 臣道也이니 地道는 无成而代有終也이니라. 天地變化하면 草木이 蕃하고 天地閉하면 賢人이 隱하나니 易曰括囊无咎无譽이라하니 盖言謹也니라. 君子가 黃中通理하여 正位居體 하여 美在其中而暢於四支하며 發於事業하나니 美之至也니라. 陰疑於陽하면 必戰하나니 爲其嫌於无陽也이라 故로 稱龍焉하고 猶未離其類也이라 故로 稱血焉하니 夫玄黃者는 天地之雜也이니 天玄而地黃하니라. 문언전은 지면상 생략하였습니다.

주역周易에 따른 일주日柱 육십갑자 음양론

陰陽論

1. 화火 불의 기운氣運

1) 천상화天上火: 무오戊午 ⇒ 양陽, 기미己未 ⇒ 음陰

허공虛空 가운데 밝게 빛나는 태양의 기운으로 삼라만상森羅萬象을 비추면서 변함이 없는 애정과 측은지심惻隱之心으로 감싸 안은 기질이다. 불의 기운이 위로만 향하는 성질이지만 위아래 동서남북東西南北 가리지 않고 대지大地를 감싸고도는 따스한 마음이며, 그 아름다움이 수많은 꽃으로 허공虛空을 수놓은 것과 같은 장엄莊嚴함이다. 타인他人에 대한 배려하는 마음과 대지의 구석구석을 비춰주는 자애로움은 두루 원만圓滿하며, 모나지 않고 변함이 없는 기운을 이른다.

세상사 사물의 이치理致에 어둡거나 아둔하기 때문에 우유부단優柔不斷한 것이 아니라, 자신보다는 타인에 대한 연민憐愍이 깊은 까닭에 늘 웃음으로 환하게 응하는 것이다. 머무는 바 없이 그 마음을 내는 기운이라, 자연自然 자연하고 만리장천萬里長天 허공과 대지의 풍요로움을 있게 하는 기운이다.

"천상화" 양陽의 기운은 매사에 적극적積極的이면서 능동적能動的으로 비춰주고 베푸는 일에 막힘이 없으며, "천상화" 음陰의 기운은 매사에 소극적消極的이면서 수동적受動的이지만 타인의 뒤를 받쳐주고 남이 모르게 자신의 본분을 잊지 않고 제 역할을 넉넉히 이끌어가는 기운氣運을 의미한다.

양陽의 기운은 밖으로 드러난 모든 사물에 거침없이 생명生命을 부여하고 음陰의 기운은 보이지 않은 곳의 모든 사물에 부드러움으로 생명生命을 부여하는 기운이다. 또한 양陽의 기운은 위로 향하는 기질氣質이지만 음陰의 기운은 아래로 향하는 기질이다. 또 타인으로부터 이바지를 받은 귀貴한 기운이기도 하다.

2) 벽력화霹靂火: 무자戊子 ➡ 양陽, 기축己丑 ➡ 음陰

날카로운 불의 기운으로 가차 없이 허공虛空을 찢으면서 찰나에 차가운 빛으로 밝히고 제 자리로 돌아가는 기운을 이른다. 아둔하고 어리석은 삼라만상森羅萬象을 일깨워주는 기운이기도 하지만 타인他人에 대한 배려配慮하는 마음보다는 자신의 뜻이나 생각을 끝끝내 관철貫徹시키려는 기질이며, 일의 동기動機나 과정過程보다는 결과에 급급하면서 지극히 조급하게 구는 급한 기운이다. 때문에 일처리에 있어서 재빠르고 쾌활하지만 그 끝이 아름답지 못하면서 완성도完成度가 떨어지는 원만하지 못한 기운을 이른다.

찰나의 번뜩이는 지혜智慧를 내어 위기를 모면하기도 하지만 원론적原論的으로 따지면 위기危機로 몰린 원인을 모른 채, 자신의 잣대 안에서 만족을 느끼는 기질이다. 더하여 일확천금一攫千金을 노리면서 가까운 사람들을 힘들게 하고 당황스럽게 만들며, 스스로의 뜻이나 생각을 굽히지 않은 기운을 말한다.

찰나에 번쩍이고 뒤이어 천둥소리로 주변을 놀라게 하는 기운이니, 그 뒤끝이 작렬하는 성질이며, 비위를 맞추기가 어렵고 제 성질에 까무러치는 못난 기운이기도 하다. 깜짝 이벤트는 상대방이 고마워하겠지만 느닷없이, 또 이유 없이 화내는 일에 있어서는 상대방을 당황스럽게 만들고 어이없게 만드는 일이 아닌가.

"벽력화" 양陽의 기운은 지극히 능동적能動的이면서 적극적積極的으로 말과 행동을 취하는 기운이고 "벽력화" 음陰의 기운은 수동적受動的이면서 소극적消極的이지만 은인자중隱忍自重하면서 자신의 뜻이나 생각을 드러내는 기운을 의미한다.

양陽의 기운은 두서없이 거침없이 취取할 것은 취하고 뱉을 것은 뱉어버리는 기질이며, 음陰의 기운은 감정感情 없는 말과 행동, 차가운 손으로 끝끝내 스스로를 챙기는 기질이다. 또한 차가운 빛으로 천지사방天地四方을 내리꽂은 기질이다.

3) 산두화山頭火: 갑술甲戌 ⇒ 양陽, 을해乙亥 ⇒ 음陰

산 정상에 머물러 앉아있는 봉화대烽火臺의 불과 같은 기운으로 남다르게 직성直性과 직감直感을 지녔으며, 늘 내려다보면서 사방을 둘러보고 있는 기질이다. 낮에는 짙은 연기로 행불행幸不幸을 알리고 밤에는 밝은 불꽃으로 많은 이의 길잡이가 되어준다.

"아니 땐 굴뚝에 연기가 나랴."라는 속담이 있듯이 늘 돼먹지 않은 말이 많이 따르지만 이를 개의치 않은 시원한 성격이며, 남의 시선이나 고까운 말에 무신경無神經한 기운이다. 대의명분大義名分이 서는 일이라면 목숨도 아끼지 않으며, 강剛한 자에게는 강하게, 약弱한 자에게는 약하게 대하면서 마지막까지 이끌어주는 기질이지만 신뢰信賴가 깨지는 순간 손을 놓아버리고 오히려 등을 밀어내면서 깊은 나락으로 떨어트리는 냉정冷情함이 있다.

사계절四季節 한결 같은 마음으로 제 위치와 스스로의 본분을 잊지 않은 성격으로 외로움을 즐기면서 정신세계精神世界를 탐미耽昧하고 파고드는 기운을 이른다. 차가운 시선으로 세상사를 바라보지만 따르는 이들을 이유 없이 내치거나 받아들이지 않은 기질이 아니며, 오히려 구하고자 하는 이들에게 아낌없이 줘버리는 욕심 없는 기운이다. 허심탄회虛心坦懷하게 마음을 털어놓을 사람이 극히 드문 까닭에 외롭다고는 하지만 그렇다고 현실을 회피回避하거나 도망가려는 기운은 아니다. 세상을 바라보는 타고난 지혜智慧로 근본이 되는 바탕을 들여다보는 기운이며, 삿된 길을 가기보다는 올바른 길을 가는 정당正當한 기운을 말한다.

"산두화" 양陽의 기운은 적극적積極的이면서 능동적能動的으로 길을 찾고 사람들을 이끌어주며, "산두화" 음陰의 기운은 소극적消極的이면서 수동적受動的으로 제 소임을 다하는 기운을 의미한다.

양陽의 기운은 짙은 연기로 산 정상을 수놓고 음陰의 기운은 어둡고 아둔한 삶의 길에 햇불이 되어주는 기운이다. 또한 한 송이의 붉은 연꽃이 산 정상에 피어오른 것과 같은 기운을 이른다. 존경받고 칭송稱頌을 받지만 단 한 번의 잘못된 생각으로 교만驕慢에 빠지기 쉬운 기운이기도 하다.

4) 산하화山下火: 병신丙申 ⇒ 양陽, 정유丁酉 ⇒ 음陰

산 아래에서 타오르는 불의 기운으로 한번 불이 붙으면 온 산을 태우고 재만 남기는 화끈한 기질이다. 때문에 한번 흥興하면 크게 흥하고 망亡하면 크게 망해서 일어서기가 고된 기운을 이른다.

지극히 현실적現實的인 성격으로써 이상적理想的인 꿈이나 희망보다는 바로 눈앞에 드러나는 잇속에 밝고 세상사에 거침없는 말과 행동으로 이끌고 나아가는 강한 기운이다. 또한 그 붉은 빛이 서산에 깔리는 노을과도 같은 것이라, 순간에 이르는 아름다움은 이루 말할 수가 없는 그리움이다. 그 주위로 큰 강이 여유롭게 흐른다면 이만한 그림이 없을 것이며, 더하여 큰 숲을 이룬 산이라면 그 에너지가 사방을 뒤덮고도 남을 기운이다. 또 붉은 진달래가 활짝 피어 온 산을 수놓은 것과 같은 그림이니, 지극히 현실적이라고는 하지만 나름 감성적感性的인 면에 치우치는 기질을 보인다.

격렬激烈하게 타오를 때는 거침없이 타오르고 잠잠할 때는 꺼먼 재를 뒤집어쓰고 납작 웅크리는 현명賢明한 기운을 지니고 있다. 비록 불의 기운이 위로만 향한다지만 그 뜻이나 생각은 현실을 직시直視하면서 말과 행동을 무겁게 가지는 듬직한 불의 기운을 의미한다.

"산하화" 양陽의 기운은 능동적能動的이면서 적극적積極的인 기운이지만 잠잠할 때는 믿음직한 기운으로 잔잔한 바람을 머금고 격렬할 때는 그 누구도 제어하지 못하는 기질이며, "산하화" 음陰의 기운은 수동적受動的이면서 소극적消極的인 말과 행동으로 스스로의 말과 행동을 은유적隱喩的으로 드러내는 기운이다.

양陽의 기운은 지닌 그대로의 에너지를 주어진 현실에 맞게 발산發散하는 기운이며, 음陰의 기운은 충분한 에너지를 비축備蓄한 후에 말과 행동으로 스스로를 드러내는 기질을 이른다.

5) 노중화爐中火: 병인丙寅 ⇒ 양陽, 정묘丁卯 ⇒ 음陰

놋쇠나 철로 만든 화로 가운데의 불기운이니, 안으로 잡아들이고 스스로의 번뇌를 태우면서 노심초사勞心焦思하는 기운을 이른다. 사소한 일이라도 깊게 생각하고 근심이 많은 까닭에 그 화가 안으로만 쌓이면서 스스로의 삶을 뜨거운 화로에 녹아들게 하는 기운이다.

화로불의 기운은 단칸방의 추위를 넉넉하게 풀어주고 한 끼 식사의 된장찌개를 따스하게 만들어주는 인간미人間美가 넘치는 기운이며, 정이 풍족豊足한 기질을 이른다. 다만 스스로를 볶아치는 기운이기 때문에 늘 한 쪽 가슴을 부여잡은 슬픔이며, 가까운 이가 알아주지 않은 서러움에 제 몸과 마음을 태우는 외로움과 기다림에 지치는 기운이다. 손을 내밀어 잡아주지 않으면 안으로만 타들어가는 불의 기운이라 알 수가 없고 이렇듯 일마다 쌓이면 마음의 병으로 남아 오랜 세월을 힘들어하는 기질이다.

"노중화" 양陽의 기운은 적극적積極的이면서 능동적能動的으로 말과 행동을 취해 그나마 드러내는 기운을 이르며, "노중화" 음陰의 기운은 까만 재로 가장假裝을 하고 소극적消極的이면서 수동적受動的인 말과 행동으로 울분과 아픔을 안으로만 숨기는 기운을 이른다.

양陽의 기운은 근심과 걱정을 되로 받아 말로 갚는 기운이고 음陰의 기운은 안으로만 쌓아가면서 곪아 터지도록 기다리고 기다리는 기질이다.

6) 복등화覆燈火: 갑진甲辰 ⇒ 양陽, 을사乙巳 ⇒ 음陰

작은 등잔, 호롱불의 기운으로 한순간에 엎어져 사그라지는 불의 기운이다. 밝은 대낮에 등잔불의 빛이 밝으면 얼마나 비출 것이며, 한밤중에 불을 밝힌다 해도 어디까지 밝힐 수 있겠는가. 스스로의 발밑도 제대로 밝히지 못하는 기운이라 오히려 엎어지지 않으면 다행이고 매우 먼 곳에서 자신의 위치를 들키듯, 스스로의 속내를 멋쩍게 드러내지 않으면 다행이다. "등잔 밑이 어둡다."고 한 속담이 이 복등화를 이르는 것이며, 자신의 작은 잣대로 세상사를 판단判斷하고 한쪽으로 치우친 못난 성격으로 이해득실利害得失에 따라 이합집산離合集散하는 기질이다. 그림자를 길게 드리우는 호롱불의 기운이라 매사에 그림자 뒤에 숨어 제 잇속만을 챙기면서 변명辨明과 핑계만을 앞세우고 등 돌리는 일을 대수롭지 않게 여기는 성격이다.

불의 기운이 위로만 향한다지만 이 복등화의 불기운은 위로 향하지도 못하고 아래로 향하지도 못하면서 스스로의 앞길만을 비추며, 제 스스로 엎어지고 깨지는 기운을 이른다. 때문에 본인의 뜻과는 다르게 배신背信의 길을 걸으면서 신뢰信賴를 잃고 사람을 잃는 아둔하고 속이 좁은 기운이다. 말과 행동을 가볍게 하고 신중愼重하지 않으며, 잇속이 따르면 두루 원만한 인간관계人間關係를 유지維持하고 손해損害를 보거나 어려움이 따르는 일이면 곧 바로 등을 돌리고 호롱불을 엎어버리는 기운을 의미한다.

"복등화" 양陽의 기운은 적극적積極的이면서 능동적能動的으로 말과 행동을 통하여 있는 그대로 배신背信의 기운을 드러내는 속이 좁은 기운을 이르고 "복등화" 음陰의 기운은 소극적消極的이면서 수동적受動的으로 눈치를 보며 상대방 몰래 등을 돌리는 기운이다.

양陽이나 음陰이나 제 앞가림을 위하여 가까운 이들을 고통스럽게 만들고 제 한 몸 건사하기 위해 스스로를 합리화合理化시키면서 정당화正當化시키는 기운이다.

화火의 기운이라도 건乾, 태兌, 리離, 진震, 손巽, 감坎, 간艮, 곤坤을 바탕으로 양陽 사상四象과 음陰 사상四象으로 나뉘어 경중의 차이를 보인다. 이것이 8상八象이며, 남자 8상과 여자 8상이 합하여 16상 행태론을 보이는 것이다. 수水, 목木, 금金, 토土의 모든 기운이 이를 따르므로 다음부터는 생략한다.

2. 수水 물의 기운氣運

1) 천하수天下水: 병오丙午 ⇨ 양陽, 정미丁未 ⇨ 음陰

하늘 아래에 있는 모든 물의 기운으로 오만상五萬相을 수용하고 받아들이는 넉넉하면서 풍요로운 기운이다. 바닷물, 강물, 계곡물, 연못물, 빗물 등 더럽고 깨끗함을 떠나, 또 선입감先入感이나 나누어 밝히는 분별심分別心이 아닌, 타인의 말과 행동을 지극히 적극적이면서 능동적으로 수용受容하는 물의 기운을 이른다. 오지랖이 넓다면 이만한 기운을 따를 수가 없으며, 매사에 늘 긍정적肯定的인 성격에 더하여 오고가는 세상사에 대하여 지극한 연민憐憫을 품고 감싸는 기질이다. 때문에 상생相生의 길로 가려는 기질이 강하면서 자신自身보다는 타인他人에 대한 배려하는 마음이 크고 그에 따라 우유부단優柔不斷한 면을 보이지만, 우유부단한 성격이 아니라 칭찬이나 비판에 대한 수용성受容性이 매우 크기 때문이다.

겉으로 보기에는 욕심慾心이 없어 보이지만 사실 드러내놓고 보면 욕심이 많은 기질이며, 그 누구에게도 지지 않으려는 성질을 감추고 있을 뿐이다. 타고난 마음의 씀씀이가 큰 까닭으로 쉽게 알아볼 수 없을 뿐이며, 명예名譽나 권위權威, 체면體面 따위보다는 인간적人間的인 만남에 삶의 초점을 맞추고 스스로의 자존감自存感을 낮추면서 함께하려는 기질이다. 그러므로 혼자 있기를 싫어하고 작은 물이든, 큰물이든, 더럽고 깨끗함, 기쁨이든, 슬픔이든 따지지 않으면서 매사에 함께 하려는 넉넉함을 지니고 있다. 그러므로 때때로 생각이 모자라거나 어리석은 사람 같아 보이지만, 그 큰 그릇만큼 사소한 일에 자존심自尊心을 상하거나 크게 상처를 받은 성격이 아니며, 줏대 없이 보이지만 작은 그릇으로는 그 마음을 헤아릴 수 없는 기질이다. 다만 몸이 따라주지 않은 까닭으로 게으른 것이 흠이라면 흠이고 따지기 싫어하는 까닭으로 잘잘못에 대한 선이 불분명하고 매사에 그저 그렇다는 듯이 넘어가려는 성품이다. 때문에 주변에 많은 사람들이 모이고 교류交流가 많은 편이며, 이를 따라 많은 말들이 오가면서 잦은 분쟁

分爭이 따르는 편이다. 또한 주변 사람들이 편 가르기를 하면서 밀고 당기는 일이 많지만 늘 중재자의 역할을 하면서 인간관계를 두루 원만하게 이끌어가는 성품性品이기도 하다.

"천하수" 양陽의 기운은 능동적이면서 적극적으로 받아들이고 모든 것을 함께 공유하면서 상생의 길을 가는 기운이며, "천하수" 음陰의 기운은 소극적이고 수동적이지만 늘 연민憐憫의 정을 놓지 않으면서 지속적持續的으로, 또 항상 한 마음으로 자신보다는 타인에 대한 배려를 잊지 않은 기운을 의미한다.

양陽의 기운은 안으로나 밖으로나 모든 것이 드러나는 기질이며, 음陰의 기운은 안으로나 밖으로나 부드럽게 수용하면서도 드러내지 않은 기운이다.

2) 대해수大海水: 임술壬戌 ➡ 양陽, 계해癸亥 ➡ 음陰

일엽편주一葉片舟에 몸을 싣고 망망대해茫茫大海로 망설임 없이 발길을 내딛는 거친 기운이다. 질감 없이 다가서는 냉엄한 세상사世上事의 격랑 속으로 벌거벗겨진 마음과 고단함에 단련된 육신을 이끌고 거침없이 나서는 기질을 이른다.

"넉넉한 씀씀이가 바다와 같은 마음이다."라고 쉽게 말하고 폄하하지만, 그 만큼 거칠고 차가운 세파世波에 늘 시달리는 기운이며, 이러한 고통과 어려움 속에서 지닌 그릇이 커지고 "나"라는 작은 틀에서 벗어나 대인大人으로서의 마음을 배워가진다는 것이다.

일엽편주에 몸을 맡긴 채 생사生死를 넘나들면서 말과 행동이 거칠어지고 한 순간의 판단으로 행불행을 가르는 기운이다. 현재 맞닥트리고 있는 고난苦難이나 고통苦痛은 문제가 아니다. 몸과 마음을 다한 열정으로 가던 길을 되돌려 마음의 고향, 항구로 되돌아가야 하니, 늘 대지大地의 따스한 품을 그리워하는 기질이 있다. 때문에 "남자는 배 여자는 항구다."라고 하지 않던가. 거칠고 거친 세상사라지만 스스로를 더욱 한층 모질고 거칠게 무장하는 기운으로 망설이거나 머뭇거림 없이 나서고 무리를 안전하게 이끌면서 스스로를 희생犧牲하는 기질이다.

쉼 없는 삶이니, 늘 바다의 변화무쌍變化無雙함에 대처해야 하는 까닭이며, 스스로의 판단 여부에 따라 수많은 사람의 생명과 재물을 지키고 보호할 수 있기 때문이다. 물의 기운이 아래로만 향하는 기운이라 하지만 "대해수" 물의 기운은 대지大地라는 큰 그릇에 크게 담겨있는 기운으로서 그 깊이를 헤아리기 힘들고 그 변화를 쉽게 읽을 수 있는 기운이 아니다. "일파자동만파수一波自動萬波水"라 했다. 한번 파도가 치면 만 번의 파도가 친다는 것이니, 단 한 번의 잘못된 생각이나 행위 등이 만 가지의 어려움이나 곤란함을 만드는 기운이다. 때문에 잠잠할 때는 고적함을 보이지만 각각 부여된 동기動機에 따라 수 없이 변화하는 것이 "대해수" 물의 기운이다.

"대해수" 양陽의 기운은 적극적이면서 능동적으로 거친 세상사의 격랑 속으로 망설임 없이 발걸음을 내딛는 기운이고 "대해수" 음陰의 기운은 지극히 소극적이면서 수동적으로 두려움을 떨치고 거친 세상사에 발길을 내딛는 여린 감성을 지닌 기운을 의미한다.

양의 기운은 스스로의 몸과 마음을 내던져 큰 바다를 자신의 품안에 담은 기질이며, 음의 기운은 큰 바다에 스스로의 몸과 마음을 망설임 없이 내맡기는 기운을 이른다.

3) 장류수長流水: 임진壬辰 ⇨ 양陽, 계사癸巳 ⇨ 음陰

대지大地를 거침없이 관통하며 흘러가는 큰 강물의 기운으로 물의 기운 그대로 아래로만 향하려는 기질이다. 엄마의 품 대지의 생김 그 모양과 모습, 성질 등을 따르면서 이르는 곳마다 생명수生命水를 넉넉히 적셔주고 미련 없이 제 본연의 자리를 떠나 아래로 아래로만 향하는 크고 방대한 기운을 이른다.

아래로만 향하려는 노도와 같은 물의 기운이기 때문에 가로막거나 흐름에 방해가 되면 때로는 거칠게 무너뜨리고 때로는 부드럽게 우회하는 기운이다. 큰 획을 그으며 대지를 흐르는 큰 강물의 장엄莊嚴함이야 그 무엇에 비하겠는가. 매사에 미련을 두지 않은 기질로 냉정함을 보이지만 지극히 감정적感情的일 때는 감정적이고 이성적理性的일 때는 이성적으로 움직이는 까닭에 많은 상처를 주는 기운이다. 또한 자신도 상처를 받지만 안으로 내재內在하고 흘러가는 기운을 한시도 멈추지 않기 때문에 알아 챌 수가 없는 기운이다.

남이 알아주길 바라지도 않으며, 타인의 아픔이나 슬픔도 알려고 하지 않은 기질이다. 때문에 겉으로 드러나 보이기에는 냉정하게 보이는 것이며, 남이 알게 모르게 대지를 적시면서 생명의 근원根源이 되는 물의 기운을 아낌없이 보태는 기질이다. 스스로의 뜻이나 생각을 따라 오롯이 제 갈 길을 가는 기운으로 늘 강한 기운이 뒷받침되며, 그 기운으로 미련을 떨거나 재촉하지 않으면서 유유자적悠悠自適하게 흐르고 머물고 머무는 강어귀 마을마다 쉬어가는 기질이다.

냉정하고 이성적이라고는 하지만, 뜻이나 생각을 같이 하고 함께 흐르거나 같은 무리라면 쉽게 동화되며, 가당치 않은 이유를 들어 따지거나 색안경을 끼지 않는다. 하나의 같은 무리라면 받아주고 수용하면서 늘 함께하는 융통성融通性을 지닌 기운이다. 매사에 평탄하고 자연스러운 흐름을 보이지만 주어진 동기에 따라 거칠고 거친 격랑을 이루면서 흐르는 기운이다. 주어진 동기가 강하다면 한마을과 도시를 황폐荒弊하게 만드는 기질로 그 기운이 파괴적破壞的이기도 하지만, 때로는 이러한 작용으로 인해 새롭게 마을이나 도시가 형성되기도 하고 새날이 열리기도 하면서 나름대로 "장류수"의 기운을 다하는 것이다.

큰 강물의 기운으로 주위에 밀림을 이루기도 하고 드넓은 평야를 이루기도 하며, 인류 탄생의 기원이나 큰 도시가 생기면서 인류人類가 집단을 이루어 살게 하는 시초始初가 되기도 하는 기운이다. 그 흐름이 자연하고 면면할 때는 평화롭지만 거칠고 거친 격랑일 때는 파괴破壞와 창조創造가 함께하는 기운이다.

"장류수" 양陽의 기운은 이렇다 저렇다 따짐이 없이 같은 것이라면 능동적이고 적극적으로 함께 하는 기운이며, "장류수" 음陰의 기운은 처한 현실에 만족하고 즐기면서 소극적이고 수동적으로 움직이는 부드러운 기운을 의미한다.

양陽의 기운은 그 깊이에 따라 면면히 흐르거나 격랑을 이루는 것이니, 현재 주어진 동기를 따르고 음陰의 기운은 주어진 현장에 따라 면면히 흐르거나 격랑을 이루는 것이니, 얕은 곳에서는 격랑을 이루며 흐르고 깊은 곳에서는 면면하게 흐르는 기운이다.

4) 대계수大溪水: 갑인甲寅 ⇨ 양陽, 을묘乙卯 ⇨ 음陰

큰 산을 양옆에 끼고서 호기롭고 걸걸하게 흘러내리는 계곡물의 기운이니, 중간 중간에 폭포나 탕을 이루고 그 절경에 탄성을 울리게 만드는 기운이다. 사계절四季節을 따라 그 흐름이나 그림이 다르고 많은 이들이 찾으면서 스스로를 자랑하며 내보이고 때에 따라 격정적激情인 감정感情과 함께 차가운 이성理性을 따르는 기질이다. 때에 따라 차가워 보이는 것은 스스로의 즐거운 놀이를 막거나 흐름을 끊으면 격한 감정표현感情表現을 그대로 드러내면서 반응反應을 하고 자신의 뜻이나 생각, 행위 따위를 함께 하면 기쁜 마음을 드러내어 밝히는 솔직한 기운이다.

매사 일처리는 시원시원하지만 일이 끝난 후에는 오로지 놀러 다니기 위해, 곧 음주가무飲酒歌舞를 즐기기 위해 몸과 마음을 다하는 기질이며, 그 씀씀이가 거침이 없다. 제 감정 그대로 삶을 살아가지만 때때로 한쪽으로 치우친 사고방식思考方式으로 인하여 극단적極端的인 길을 택하기도 하며, 지나간 일에 미련을 두거나 후회하지 않은 기운이다.

참새가 방앗간을 그냥 지나치지 못하듯, 놀고 먹고 마시는 일을 지나치지 못하고 이것도 아니라면 일을 벌려 즐기고 사는 기질이다. 때때로 의심疑心이 일면 그 마지막 끈을 놓지 못하고 한쪽으로 치닫는 성격으로 인하여 잦은 다툼뿐만 아니라 큰 분쟁과 함께 큰 상처를 받는다. 매사에 신중愼重하지 못하고 하는 일마다 하는 말마다 하는 행동마다 모든 것이 겉으로 드러나는 기운이라, 좋은 시절일 때는 지극히 즐겁고 행복하지만 좋지 않을 때는 온갖 잡생각에 치우쳐 극단적인 길로 나서는 기질이다.

말과 행동이 신중하지 못하지만 그래도 정이 깊고 긍정적인 성격으로 인하여 인심을 잃거나 버림을 받은 기운은 아니다. 말 그대로 굴곡진 기운이며, 더하여 오로지 아래로만 향하려는 기운으로 인하여 대지를 심하게 깎아내고 상처를 주면서 타인에 대한 배려하는 마음이 없이 제 뜻이나 생각대로 밀어붙이는 기질이다.

앞을 막으면 그대로 넘고 또 막으면 격렬激烈하게 반응하면서 무작정 몰아치는 기운이며, 다르게는 모난 것을 굴려서 부드럽게 만들고 길이 아니면 수단과 방법을 가리지 않고 목적대로 이루고야마는 기질이다. 제 뜻이나 생각에 맞으면 웃음 짓고 자신의 뜻이나 생각에 어긋나거나 맞지 않으면 곧 바로 차가운 성격을 드러내면서 제 갈 길을 가는 기질이다. "대계수" 양陽의 기운은 지극히 적극적이면서 능동적으로 자신의 뜻이나 생각대로 대책 없이 움직이는 기운이며, "대계수" 음陰의 기운은 소극적이면서 수동적이지만 무리와 함께 움직이면서 함께 흘러가는 기운을 의미한다.

양陽의 기운은 거침이 없고 높은 폭포와 깊은 소를 만들어내며, 음陰의 기운은 오랜 세월을 두고 깊은 흔적을 내면서 가만히 대지大地에 스며들고 안개가 되어 허공虛空에 자리를 잡은 짙은 기운을 이른다. 또한 "대계수"의 기운은 본래 감정의 기복을 따라 격렬하게 반응하는 기운이다.

5) 천중수泉中水: 갑신甲申 ⇨ 양陽, 을유乙酉 ⇨ 음陰

연못 가운데서 솟아오르는 물의 기운으로 용천수龍泉水를 이르며, 깊은 산중에서는 온갖 짐승이나 새들의 생명수生命水가 되고 마을에서는 모든 가정의 생명수가 되는 물의 기운이다.

깊은 산중에 무슨 욕심이 있겠으며, 달리 영역領域 다툼이 있겠는가. 단지 인간이 공동체共同體를 이룬 곳에서는 욕심과 욕망이 난발亂發하는 까닭으로 때때로 샘물을 말려 사람들을 내쫓기도 하는 기운이다. 타고난 성품이 차가운 이성理性을 내세우는 까닭으로 지극히 현실적現實的이면서 계산적計算的이고 자기중심적自己中心的인 사고방식을 지닌 기질이다.

내 것은 내 것, 남에 것은 남에 것에 대한 선이 분명하고 넘쳐나는 물 한 방울이라도 계산하고 들어가며, 차가운 이성적理性的 판단判斷 아래 매정하게 구는 기운이다. 그래도 줄 것은 주면서 받을 것은 받은 현실적인 성격으로 밖으로부터의 영향影響에 움직이지 않은 줏대를 지닌 확고부동確固不動한 기운이다. 또한 남에게 손을 내밀지도 않지만 스스로도 아무런 이유 없이 도움을 받거나 잇속을 바라는 성격이 아니다.

이 물의 기운은 아래로만 향하려는 기운이 아니다. 그 자리 그 곳에 머물면서 소진消盡하고 소비消費하는 기운이라 큰 변화變化를 바라지 않고 오히려 싫어하며, 편안한 현실에 안주하면서 행복만을 꿈꾸는 자기중심적인 기운이다. 때문에 때때로 편협偏狹 되게 보이면서 나태하고 냉정하게 보이지만 그래도 제 가족이나 부모에 대하여 몸과 마음을 희생하는 여리고 여린 기운이다. 그러므로 차가운 이성과 자기중심적인 사고방식으로 무장하고 스스로를 보호하면서 제 울타리를 지키는 것이다.

용천수의 기운은 본래 사계절四季節을 통해 온도의 변화가 없다. 이렇듯 감정의 기복이 심하지 않으면서 다사다난多事多難한 일을 앞에 두고도 당황하지 않으며, 오히려 냉정하게 주시하면서 차근차근 대처하는 찬찬한 기운이다.

연습練習에서보다는 실전實戰에 강한 기질로 때에 따라서는 당돌하고 상식을 벗어난 말과 행동으로 자신의 목표를 이루기 위해 노력하는 기질도 지니고 있다. 스스로 원하지 않은 변화에 냉담한 태도로 일관一貫하는 성격이며, 그 마음을 쉽게 열어주지 않은 차가운 기운이다.

"천중수" 양陽의 기운은 능동적이면서 적극적으로 자신을 챙기고 보호하면서 현실에 안주하기를 바라는 기운이며, "천중수" 음陰의 기운은 수동적이며 소극적인 말과 행동, 생각과 마음으로 스스로를 보호하고 위로하면서 제 자리를 지키는 기운이다.

양陽의 기운은 인간이나 짐승, 새들의 생명수로 소임을 다하는 물의 기운이며, 음陰의 기운은 대지에 스며들어 뭇 생명生命들의 생명수로서 그 소임所任을 다하는 기운을 이른다.

6) 간하수澗下水: 병자丙子 ⇨ 양陽, 정축丁丑 ⇨ 음陰

바위 틈, 어떠한 사물事物이 되었든 그 사이로 간간하게 흐르는 물의 기운으로 끊어질듯 끊어지지 않고 그냥 흐른다는 의미로만 존재存在하는 미미한 기운을 말한다. 존재한다는 의미에 신뢰성信賴性이 떨어지며, 주어진 동기動機에 따라 강약強弱이 달라지고 없어지기도 하는 기운이다. 소위 이르기를 건천乾川이라 말하는 것으로 조금만 가물어도 이내 물이 마르는 내를 이른다. 때문에 매사 될 듯 말듯 몸과 마음만을 고달프게 만들며, 먹을 것이나 생기는 소득所得은 적은데 늘 하는 일이 많은 것을 이른다. 또 항상 생사生死를 오락가락한다는 기운이니, 만일 스펀지와 같은 기운을 만나면 그대로 마르고 마는 건천의 기질이다.

물이 아래로만 향하는 기운이라지만 "간하수"의 기운은 스스로의 힘만으로 이루기가 어렵고 꼭 타인의 힘을 필요로 하는 기질이다. 굳이 나선다 해도 난 사람이 되지 못하고 오히려 뒤로 밀리는 기운이며, 된 사람으로 나선다 해도 그 됨됨이가 강대하지 못한 까닭에 늘 밀리며, 든 사람으로 나선다 해도 늘 작고 가늘고 잔 생각 때문에 제 자리를 잃고 뒷전으로, 또 잊어진 사람으로 밀려나는 기운이다.

세상사世上事를 내다보는 시야가 좁으며, 목전目前의 자잘한 잇속에만 눈독을 들이면서 타인을 배려할 겨를도 없이 제 잇속만을 잽싸게 낚아채는 간교奸巧한 기질이다. 때문에 함께 큰일을 도모하지 못한다. 만일 "천상화天上火" "산하화山下火" "노중화爐中火"를 만나면 불의 기운에 바짝 말라버리며, 또 "사중토沙中土" "노방토路傍土" "사중금砂中金"을 만나면 흔적도 없이 흡수되고 마는 기운이다.

때에 따라 좋은 인연因緣을 만나지 못하면 매일 그 모습 그대로 어려움에 봉착하는 삶이다. 만일 "벽상토壁上土"를 만나면 많은 재물財物을 쌓고 살 기운이지만 소견所見이 좁고 마음이 편협偏狹된 까닭으로 늘 눈치를 보면서 살아가는 그 기운만큼은 어찌할 수 없는 스스로의 삶이다. 이해득실利害得失에 따라 이합집산離合集散하는 일이 많은 기운으로 큰돈은 손에 쥐지 못하지만 잔돈푼은 떨어지지 않은 참으로 딱한 기운이다.

"간하수" 양陽의 기운은 적극적이면서 능동적으로 잇속을 따라 움직이지만 희생하고 노력한 만큼 얻은 것이 적은 까닭에 가슴을 치며 억울해 하는 기운이며, "간하수" 음陰의 기운은 소극적이면서 수동적이지만 잇속을 따라 열심히 움직이면서 작더라도 챙겨가면서 만족하는 기운을 이른다.

양陽의 기운은 드러난 그 면면이 확연確然하고 음陰의 기운은 뜻이나 생각, 감정 따위를 드러내지 않으면서 제 잇속을 챙긴다. 더하여 양이나 음이나 인내심忍耐心이 약하고 끈기가 없으며, 순간적인 반사이익反射利益이나 명에, 권위 따위를 탐하는 참 못난 기운이다.

3. 목木 나무의 기운氣運

1) 대림목大林木: 무진戊辰 ⇨ 양陽, 기사己巳 ⇨ 음陰

뜻 그대로 큰 숲을 이루고 있는 수많은 나무의 기운으로 항상 제 자리를 지키고 그 속에서 서로 경쟁競爭하며, 바람을 머금어 안으면서 현재現在에 머물기를 원하는 기운이다. 그러므로 바람을 따라 들려오는 소식에 민감敏感하며, 간접적間接的인 경험을 통하여 지식知識이나 지혜智慧를 넓히면서 스스로의 경험적經驗的 지식이나 학문적學問的 지식을 구조적構造的으로 완성도完成度를 높이려는 기운이다.

큰 숲을 이루는데 있어서 계곡은 물론 깨끗한 공기와 바람, 온갖 새와 짐승들이 안주하는 곳이며, 또 온갖 기화요초琪花瑤草까지 자생自生하는 곳이라, 타고나기를 식복食福이나 재복財福을 지니고 태어났다는 기운이다.

그러나 근본적根本的으로 재복이나 식복에 관심을 두지 않은 성격으로 이는 이미 가지고 태어난 기운이기 때문에 관심을 두지 않은 것이다. 때문에 배우지 못하거나 정신을 차리지 못하거나 자신에 대하여 제대로 알지 못하면 타인他人의 욕심으로 하나씩 무너지는 기운이다. 곧 자신도 모르게 빼앗기고 오히려 내가 아닌 타인들이 모여서 제 것 인양 온 숲을 이 잡듯 들쑤시며 자기들끼리 서로 가지려 치고받는 웃기는 상황이 벌어지는 기운이다. 때문에 "대림목"의 기운을 가지고 있는 자라면 넉넉한 마음이나 측은지심惻隱之心, 자애로움 따위를 배제排除하고 제 것을 분명히 하면서 줏대를 바로잡아 스스로를 강하게 세워야만 한다.

가진 자의 교만驕慢함이나 자만심自慢心은 스스로를 망치는 지름길임을 분명하게 알아야 한다. 크다. 넉넉하다. 똑똑하다. 세상사에 밝다. 경험과 학식이 풍족하다 이르면서 큰 숲을 이루고 있는 것이, 곧 "대림목" 수많은 나무의 기운이다. 그러나 넉넉하고 풍족하다 해도 타인을 위해 크게 베풀거나 감싸주는 자애로운 기운이 아니다. 오히려 자기만족自己滿足을 위한 기운이 강하며, 겉으로 드러내 보이기를 지극히 고상한 척, 장식을 하는 겉 다르고 속이 다른 기운이다. 깊은 숲속을 들여다보면 밝은 빛도 미치지 못하는 곳이 있듯이 스스로를 감추고 포장하는데 매우 능한 기운이다.

"대림목" 양陽의 기운은 능동적이면서 적극적으로 스스로의 내면을 감추고 겉으로 드러난 위신이나 체면, 체통 따위를 지키기 위해 몸과 마음을 다하는 기운이며, "대림목" 음陰의 기운은 수동적이면서 소극적으로 부드러움은 밖으로 드러내고 위신이나 체면, 권위 따위를 철저하게 감추고 움직이는 기운이다.

곧 양이나 음이나 대의大義를 생각지 않고 스스로의 영달榮達을 위하는 기운이며, 겉으로 드러난 풍모風貌보다는 그 속을 알 수 없는 기운이다.

2) 송백목松柏木: 경인庚寅 ⇨ 양陽, 신묘辛卯 ⇨ 음陰

봄, 여름, 가을, 겨울을 지내면서 그 푸른색 그대로 변함이 없는 소나무의 기운이다. 유독 자존심自尊心이 강하며, 남에게 지지 않으려는 성격에 부러지면 부러질지언정 휘어지지 않는 기질이다. "혹하는 마음이나 그럴 수도 있겠지."라는 요행심僥倖心이 없으며, 매사에 똑똑 부러지는 성질을 지녔다. 타인의 잔소리나 지적 질에 매우 신경질적神經質的인 반응을 보이면서 강하게 반발反撥하는 기질이며, 요목조목 논리적論理的으로 따지면서 자존심을 분명하게 지키는 성질이다. 다시 말하면 양반 기질이라 타인에 대한 배려하는 마음이 눈곱만큼도 없고 1년 365일 꼿꼿하게 허리를 세우면서 명예名譽나 권위權威, 체통體統 따위를 굳게 지키는 기운이다. 반면에 타인의 잘못이나 허물에 대해서는 망설임 없이 지적하고 가르치는 성격이며, 자신의 뜻이나 생각이 받아들여질 때까지 멈추지 않은 집요執拗한 성격이다.

심한 독설로 상대방에게 상처를 주면서도 이것을 당연시하는 사람이며, 자신과 연관된 일이라면 지위고하地位高下를 떠나 나서고 자신과 연관된 일이 아닐지라도 주제넘게 나서서 훈수를 두는 깐깐한 성격의 소유자이다.

오랜 세월 변함이 없는 마음이지만, 마음 한 자락 내어주지 못하는 성격으로 인하여 홀로 독야청청獨也靑靑하면서 스스로의 여린 마음이나 못난 면을 숨기고 가는 자존심 강한 기질이다. 또한 스스로의 잘못이나 허물에 대해서 분명하게 인지認知하면서도 잘난 자존심 때문에 허리를 빳빳하게 세우고 입을 앙다무는 기질이다.

"송백목" 양陽의 기운은 적극적이면서 능동적으로 명분을 세우고 세상사에 거침없이 나서는 기운이며, "송백목" 음陰의 기운은 수동적이면서 소극적이지만 그나마 부드럽게 세상사를 대처해 나가는 현명한 기운이다.

양陽의 기운은 매사에 엄격嚴格한 기준을 따르면서 권위나 위신, 자존심 따위를 지키려는 기운이며, 음陰의 기운은 조금이나마 융통성融通性을 보이면서 스스로의 위신이나 체면, 체통 따위를 지켜가는 기운이다. 또한 지극히 이기적利己的인 사람으로 자신에 대해서는 매우 논리적이면서 스스로를 합리화合理化시키고 정당화正當化시키는 기운이다.

3) 양류목楊柳木: 임오壬午 ⇨ 양陽, 계미癸未 ⇨ 음陰

때를 따라 화려한 옷을 입고 바람에 하늘거리면서 한적한 강변을 가득 채우는 버드나무의 기운이며, 현 시류時流를 따르기는 하지만 지극히 비판적批判的이고 부드럽게 세상사를 헤쳐 가는 기질이다.

여러 사람이 대화를 나누어도 한 사람, 한 사람이 말하는 의도意圖, 의중意中을 꿰차는 기운이며, 밝게 보고 올바르게 아는 기질로 머리 회전이 명석明晳한 기운이다. 상대방의 비위를 잘 맞추고 처신處身과 처세處世에 매우 능한 기운으로서 세상사 흐름에 어렵지 않게 따라가는 기질이며, 늘 상대방에게 배려하는 마음을 잃지 않는다.

무심無心히 흐르는 장강長江에 마음을 두고 살아가지만 모든 인식認識 능력을 밝게 깨우고 부드러움 가운데 자신이 처한 상황이나 환경을 슬기롭게 대처해나가는 지혜로운 기운이다. 또한 강압적强壓的이거나 자신만의 뜻이나 생각을 내세우는 성격이 아니며, 매사에 합리적合理的이면서 보편적普遍的인 지론을 따르는 편이다. 또한 한쪽으로 치우치거나 몰아가는 편협 된 사고방식이 아니며, 오히려 서로의 다른 뜻이나 생각, 논리 따위를 자기화自己化하여 종합적綜合的으로 조합하면서 넓은 생각이나 시야를 가지는 현명함이 있다.

인간관계人間關係에 있어서도 두루 원만하여 막힘이나 걸림이 없으며, 혼란스럽거나 위험한 상황에 처하더라도 당황하지 않고 지혜롭게 대처하는 기질이다. 곧 "단단한 가지는 부러지지만 부드러운 갈대는 부러지지 않는다."라고 말한 성품이 이 기운이다. 더하여 주어진 여건이나 조건에 따라 그 색깔을 변화시키는 카멜레온 같은 기질이 있으며, 이를 적극적으로 또 밝은 쪽으로 활용活用하는 지혜를 지니고 있다. 이러한 까닭으로 세상사에 쉽게 적응도 하고 스스로의 끼를 발휘하면서 인정을 받은 능력이 있는 사람이기도 하다. 다른 사람이 어렵게 가는 길을 쉽게 가기도 하지만 거기에 따르는 책임감責任感도 큰 기운이다.

"양류목" 양陽의 기운은 적극적이면서 능동적으로 주어진 여건이나 환경에 빠르게 적응하는 기운이며, "양류목" 음陰의 기운은 소극적이면서 수동적이지만 남이 모르게 조용히 자신自身을 변화시키면서 시류를 타는 기운이다.

양陽의 기운은 바람에 몸을 맡기는 기운이며, 음陰의 기운은 잠잠히 흐르는 강물에 몸과 마음을 맡기는 기운이다.

4) 평지목平地木: 무술戊戌 ⇨ 양陽, 기해己亥 ⇨ 음陰

넓은 들판에 홀로 서있는 나무의 기운으로 어떠한 기질의 나무냐에 따라 변화가 많고 호불호好不好가 갈리는 기운이다. 외로움은 기본으로 갖추고 늘 저 멀리 지평선을 바라보면서 꿈을 꾸기도 하며, 오는 기운을 막지 못하고 가는 기운을 잡지 못하는 여린 기운이다. 필요하다면 온 몸을 내던지는 성격이지만 늘 돌아오는 것은 혼자라는 그 상황에 외로워하는 것이며, 이러한 까닭으로 사람을 그리워하고 찾아 헤매는 정신적精神的 자유에 목마른 기운이다.

제대로 된 가르침과 배움이라면 크고 가지 많은 나무가 되어 넓은 시야로 세상사를 바라보면서 많은 이들의 그늘이 되어주지만 제대로 된 가르침과 배움이 없다면 한 순간의 땔감이나 순간의 이용가치利用價値로 상처받고 버림받은 기운으로 전락할 뿐이다.

"토사구팽兎死拘烹"이라는 말이 맞은 기운으로 매사에 몸과 마음을 넓게 가지고 받아들이는 일에 막힘이나 걸림이 없어야 할 것이다. 넓은 평원平原의 나무인 만큼 주변으로부터 주목을 받기도 하는 기운으로 아군과 적이 반반이며, 아군과 적을 밝게 가리지 못하고 경거망동輕擧妄動하면 이용을 당하고 크게 상처를 받은 기운이다. 때문에 말과 행동을 신중하게 해야 하며, 늘 주변을 밝게 하고 자신의 잣대로 세상사를 보기보다는 바람에 실려 오는 이야기에 귀를 기울여야 한다. 곧 타인의 조언助言이나 지적에 귀 기울이고 스스로의 잘못이나 허물, 또 타인의 잘못이나 허물에 대하여 관대해야 하는 것이니, 이는 자신의 잘못이나 허물에 대해 지극히 몰인정沒

人情하게 또 과도過度하게 자책하는 까닭이며, 타인의 잘못이나 허물에 대해 지극히 비판적批判的인 말과 행동으로 미움을 사기 때문이다. 또한 논리적論理的이고 합리적合理的인 사고방식思考方式을 지녔지만 매우 감성적感性的이면서 눈물이 많은 기운이며, 애정이 많은 기운으로 후배를 양성하고 몸과 마음을 다 내어주는 희생적인 기질이다.

"평지목" 양陽의 기운은 능동적이면서 적극적으로 세상사를 받아들이면서 배우고 가르치는 기운이며, "평지목" 음陰의 기운은 소극적이면서 수동적으로 많은 상처를 부여안고 가는 기운이다.

양陽의 기운은 제 몸과 마음을 깎아서 내주더라도 세파世波에 부딪히는 기운이며, "평지목" 음陰의 기운은 여린 마음 우유부단함으로 스스로를 감추면서 어떻게든 세상사世上事에 묻히려는 기운이다.

5) 석류목石榴木: 경신庚申 ⇨ 양陽, 신유辛酉 ⇨ 음陰

빨간 열매로 유혹誘惑하는 가시가 달린 석류나무의 기운으로 지극히 섬세纖細한 감성적感性的 기질과 함께 모든 사물을 바라보는 시야가 남과 다른 것이, 드러난 사물의 이면裏面을 들여다보는 시각이 넓고 깊으며, 이를 표현하는데 있어서 아주 찬찬하고 세밀하다. 때문에 감정感情이나 감각感覺 따위가 여리면서도 날카로우며, 자신의 세상에 대하여 구조적으로 완벽하게 세우려는 기질이다. 또한 주어진 여건이나 처한 환경에 대하여 겉으로는 승복承服하는 모습을 보이지만, 반드시 그 곳에서 일탈逸脫하려는 강한 기질로 때에 맞춰 노력하고 이루어가는 기운이다.

여리면서도 날카로운 감정이나 감각으로 인하여 자존심을 곧게 세우기도 하지만, 타고나기를 잔정이 많고 타인의 슬픔이나 아픔에 눈물이 많은 기운이다. 또한 타인의 지적이나 충고忠告에 지극히 예민銳敏한 반응을 보이는 기질이며, 타고나기를 스스로의 감정을 감추지 않고 있는 그대로 드러내는 기운이다. 때문에 간섭받은 것을 싫어하고 자신의 일에 능동적이고 적극적이지만, 남이 시키는 일에 대해서는 매우 거북한 반응을 보이면서 절대하지 않은 기질이다. "잘 하다가도 멍석을 깔아놓으면 하지 않는다."라고 말할 수 있는 기운으로, 그냥 건들지 않으면 무사무난無事無難한 성격에 참으로 여리고 순하면서 섬세한 나무의 기운이다. 겉으로 드러나는 감정이나 감각 따위에만 섬세한 것이 아니라, 예술적藝術的 감각이나 감성에 섬세한 까닭으로 사상적思想的 개념의 이면을 드러내면서 자기화를 시키고 더하여 타고나기를 손재주도 타고난 기운이다.

스스로의 여리고 순한 모습이나 성격을 감추기 위해 까칠하면서고 간깐한 모습을 드러내지만 한번 정을 주면 잦은 다툼을 벌이면서도 신뢰해주고 끝까지 믿음으로 대하는 매우 깔끔한 기질이다.

"석류목" 양陽의 기운은 적극적이면서 능동적으로 내재 된 사상적이나 학문적, 예술적인 것 등을 밖으로 표출表出하는 기운이며, "석류목" 음陰의 기운은 내재 된 사상적이나 학리적, 예술적 혼 등을 소극적이면서 수동적으로 표현表現해 내는 기운이다.

양陽의 기운은 내재內在 된 기운을 밝게 끌어내면서 명예나 위신, 가치 등을 까칠하게 취하는 기운이며, 음陰의 기운은 모든 것을 흐름에 맡기고 스스로를 드러내지 않으면서 타인의 사상적 견해를 배려하고 존중하는 부드럽지만 까칠한 기운이다.

6) 상자목桑柘木: 임자壬子 ⇨ 양陽, 계축癸丑 ⇨ 음陰

뽕나무를 이르는 것으로 고집이 매우 세고 자기중심적自己中心的이면서 이기적利己的인 기운이며, 타인의 조언助言이나 충고忠告에 대해서 무감각하고 오로지 자신의 뜻이나 생각만이 중요하다고 여기는 기질이다.

밖으로부터의 합리적合理的이면서 올바른 말과 행동에 대한 지적을 받아들이지 못하고 매사 거부하면서 자기만을 내세우는 기운이며, 이도저도 아닌 황당한 이유와 핑계로 분수에 넘치는 일을 저지르는 기질이다. 때문에 상대방을 당황하게 만들거나 말문이 막히게 만들며, 이에 대하여 무책임無責任하고 스스로에 대하여 정당성正當性을 부여하는 막무가내 기질을 가지고 있다. 곧 스스로의 잘못이나 허물에 대하여 온갖 이유와 핑계로 남을 탓하면서 스스로를 돌아보지 못하는 기질이며, 오히려 자신의 잘못이나 허물에 대하여 상대방에게 불평불만不平不滿을 늘어놓은 아둔한 기운이다. 물론 가까운 이를 위하여 몸과 마음을 희생하는 성격이지만, 해주고도 욕을 먹으며, 희생한 만큼 그 복福을 받기에는 마음 그릇이 크지 못한 기운이다.

매사에 자기가 하면 옳고 아름다운 것이며, 남이 하면 부정의 눈빛으로 무언無言의 반응反應을 보이는 기질이다. 곧 앞에서는 긍정적肯定的인 말이나 행동을 보이지만 뒤에서는 부정적否定的이면서 도의道義에 어긋나는 말과 행동으로 이중적二重的인 잣대를 보이고 보이지 않게 스스로를 고립孤立시키는 묘한 기운이다.

제 풀에 자신이 넘어간다는 듯이, 스스로의 말과 행동에 대하여 바로 바꾸고는 책임을 지지 않은 성격이며, 오히려 "방귀 뀐 놈이 성을 낸다."라는 말이 맞은 기운이다. 스스로의 잘못이나 허물을 남에게 덮어씌우고 스스로의 자존심을 세워보려고 하지만, 늘 차가 지나간 다음에 손을 드는 어리석음을 벗어나지 못하는 기질이다. 물론 누에를 키워내는 큰 희생으로 몸과 마음을 다하지만, 타고난 고집으로 인하여 그 뒤가 깨끗하지 못하고 온갖 잦은 다툼으로 순탄치 않은 삶을 살아가면서 서러움에 몸을 떠는 외로운 기운이다.

"상자목" 양陽의 기운은 스스로의 잘못이나 허물, 좋은 일이나 나쁜 일 등에 대하여 적극적이면서 능동적으로 거부拒否하고 부정否定하며 그릇된 고집을 부리는 기운이며, "상자목" 음陰의 기운은 수동적이면서 소극적이지만 뒤에 숨어 파란波瀾을 일으키는 까닭에 시간이 흐른 후 상대방을 당혹스럽게 만들면서 어이없게 만드는, 또 큰 화禍를 부르는 기운이다.

양陽의 기운은 막무가내로 고집을 피우고 때에 따라서는 말과 행동을 함부로 던지는 기운이며, 음陰의 기운은 때론 숨고 때론 나서면서 상대방을 당황하게 만들고 제 멋대로 밀어붙이는 기운이다.

4. 금金 철의 기운氣運

1) 금박금金箔金: 임인壬寅 ⇨ 양陽, 계묘癸卯 ⇨ 음陰

금金에다 또 한 번 금을 입힌 기운이라 이성理性이나 감정感情 등을 드러내지 않으면서 무거움을 지닌 기운이며, 한 번 내뱉은 말과 행동을 철회撤回하지 않은 기질이다. 곧 스스로의 말과 행동에 대하여 책임감責任感이 무겁고 스스로의 잘잘못에 대하여 잘난 척 내세우거나 핑계를 대지 않으면서 잘한 것은 잘했다 하고 잘못한 것은 곧 바로 시인하고 바꾸어가는 기질이다.

이렇다 저렇다 할 지적이나 질책叱責에 눈 하나 깜짝이지 않은 성격이며, 스스로가 내뱉은 말이나 행동에 대하여 일언반구一言半句 없이 책임지고 자신의 뜻과 생각을 굽히지 않은 강한 기운이다. 올바르고 밝은 기운에는 융통성融通性을 보이지만 편협偏狹되거나 옳지 않은 일에 대해서는 마음 한 자락도 내주지 않은 강한 지도자指導者의 기질이다.

뜻한바 자신의 의지意志대로 매사 이끌고 가지만 감성적感性的이지 않고 지극히 이성적理性的이면서 매우 현실적現實的이며, 세상사世上事를 직시하는 눈이 분명하고 스스로의 감정을 조절하는데 능숙한 기운이다. 다만 타고난 성정, 곧 단단한 기질로 인하여 처신과 처세에 능하지 못하고 말주변이 없지만, 옳고 바른 일에 대의명분大義名分을 내세워 절대 굽히지 않고 밀고 나가는 기질이다. 또한 빛을 잃지 않은 기운으로 그 어떠한 상황에 처하더라도 초심初心을 잃지 않고 본래의 의무를 다하는 기운이며, 가타부타 따지지 않고 받아들이면서 모든 잘잘못을 짊어지는 기운을 지닌 큰 그릇이다.

한 집안의 가장家長으로서, 한 사회의 책임자로서, 한 나라의 살림꾼으로서의 자질資質을 지닌 기질로, 때가 되면 그 빛을 변함없이 발하는 강한 기운이다.

"금박금"양陽의 기운은 적극적이면서 능동적으로 자신의 위치나 권위,

명에 따위를 점하기 위해 강하게 나서는 기운이며, "금박금" 음陰의 기운은 수동적이며 소극적으로 마음의 여행을 따라 자신을 찾아가는 부드럽지만 강한 기운이다.

양陽의 기운은 그 기질이 강하여 주변이 자연히 따르는 기운이며, 음陰의 기운은 부드럽게 내재된 기운을 주변에서 스스로 느끼고 자연스럽게 따르는 기운이다. 양이나 음이나 인간관계에 있어서 애틋하거나 간살스럽지 않고 무거우면서 그 맺음이 단단하며, 굳은 신뢰信賴를 바탕으로 인연因緣을 맺어가는 기운이다. 다만 때때로 잘못된 생각이나 욕심으로 인하여 독선적獨善的이면서 독단적獨斷的인 기질을 가지는 기운이다. 또한 카리스마를 안으로 감추고 움직이는 기운이며, 타고나기를 처신處身과 처세處世에 능하지 못한 기운이다.

2) 검봉금劍鋒金: 임신壬申 ⇨ 양陽, 계유癸酉 ⇨ 음陰

칼끝에 걸려있는 금의 기운, 곧 양날을 지닌 칼끝에 걸려있는 금의 기운으로 잘잘못에 대한 판가름이 분명하고 그에 따른 상벌賞罰이 정확하며, 매사에 끊고 맺음이 분명한 기질이다. 때문에 아군과 적군에 대한 기준이 명확明確하고 매사에 공公과 사私를 뚜렷이 하면서 융통성 없는 기질로 입을 막아버리는 카리스마를 가감 없이 보인다. 이로 인하여 상대방이 상처를 받기도 하며, 또한 스스로도 상처를 받은 기운이면서 늘 외롭게 나서야만 하는 기운이다.

생사여탈권生死與奪權을 지닌 기운이면서 한 무리를 차갑게 이끌고 나가야하는 기운이며, 이러한 까닭으로 안으로나 밖으로나 늘 냉담한 말과 행동을 보인다. 말과 행동에 절도가 있으며, 또한 신중하고 그 뒤끝이 야무지며, 스스로의 잘못이나 허물에 대하여 가차 없이 잘라내고, 타인의 잘못이나 허물에 대해서도 가차 없는 처벌을 하면서 매사에 공평무사公平無私하다.

강한 카리스마로 사람들이 두려워하는 기운이며, 무서워 피하면서도 또 가까이 하려는 모순을 지닌 기운이다. 곧 양날의 기운, 날카로운 칼날과 무딘 칼등의 기운이 함께하는 까닭에 두려워하면서도 가까이하려는 것이다. 본인 스스로의 이러한 기질을 알고 현명하게 대처해가는 기운이며, 매사에 매정하게 굴기는 하지만, 날카로움 속에 부드러움을 지니고 있듯이 스스로의 감정이나 감성적인 면을 내색하지 않고 강剛한 자존심自尊心을 지켜나가는 기운이다.

처신과 처세에 능하지 못하지만 옳고 그름 앞에서는 굽히지 않은 성격이며, 바른 말과 행동을 지키면서 체면이나 체통을 지키고 스스로 지키고자 하는 것은 목숨을 걸고 지키는 카리스마를 지닌 강한 기운이다.

"검봉금" 양陽의 기운은 적극적이면서 능동적으로 잘잘못에 목숨을 아끼지 않은 기운이며, "검봉금" 음陰의 기운은 수동적이면서 소극적이지만 소신을 굽히지 않고 자신의 뜻이나 생각을 끝까지 관철시키는 기운이다.

양陽의 기운은 칼의 손잡이를 잡고 거침없이 휘두르는 기운이며, 음陰의 기운은 날카로운 칼날을 자신에게로 돌려 잡고 그 위엄威嚴으로 대중을 이끌어가는 기운이다. 또한 검봉금의 기운은 청렴결백淸廉潔白의 상징이며, 대의명분大義名分 앞에 제 목숨을 걸고 의리와 신뢰信賴를 주는 강한 기운이다.

3) 백납금白鑞金: 경진庚辰 ⇨ 양陽, 신사辛巳 ⇨ 음陰

주어진 여건이나 상황狀況에 따라 잘 늘어나고 줄어드는 백금의 기운을 이른다. 특히 언변言辯에 능하며, 밀고 당기는 기술이 능란한 까닭으로 교섭交涉이나 화해和解에 능력을 발휘하고 스스로의 이로운 점을 드러내어 명예나 권위, 체면 따위를 세우는 처신과 처세에 능한 기운이다.

"말 한마디에 천 냥 빚을 갚는다."는 기운이며, 이러한 기운으로 승승장구乘勝長驅하면서 자신의 위치를 굳건하게 이루고 지키며, 주변의 여러 분쟁分爭에 끼어들어 그 실력을 인정받은 기운이다. 그렇다고 옳고 그름을 떠나 분수에 넘치는 말과 행동을 하지 않은 기질이며, 그래도 명분을 높이 세우고 그에 따라 스스로의 신분을 높이는 현명賢明한 기운이며, 스스로의 위치를 깎아내리는 어리석은 기질이 아니다. 물론 뛰어난 언변으로 좌중座中을 압도壓倒하는 기운을 보이기는 하지만, 강한 카리스마보다는 깔끔한 신사다운 말과 행동으로 주변의 이목을 끄는 기운이다. 또한 양단간兩斷間의 결정을 보는 기질이 아니며, 오히려 양쪽을 아우르면서 서로가 서로를 위하고 상생相生하도록 만드는 기운이다. 그렇다고 미사여구美辭麗句를 날리면서 아부를 하거나 사정을 하는 기질이 아니며, 있는 그대로 논리적論理的이면서 합당한 이론적理論 제시로 분명한 가름을 주는 기운이며, 늘 긍정적肯定的인 마인드로 좌중을 이끌어가는 처세술에 능한 기운이다.

때때로 의도적意圖的인 말로 서로간의 의중을 드러내놓도록 하지만, 필요에 따른 거짓일 뿐이며, 늘 말로서 이끌어가다가 좋은 의미로 끝맺음을 하는 기운이다. 그러므로 때에 따라서 생색을 내면서 스스로를 내세우기도 하며, 든 척에 난 척, 된 척을 하지만 그리 밉지 않은 기운이고 이 세상에 없어서는 안 될 중재자로서의 큰 가치價値를 지닌 기운이다.

"백납금" 양陽의 기운은 적극적이면서 능동적으로 서로간의 분쟁이나 다툼에 나서서 제 역할을 하는 기운이며, "백납금" 음陰의 기운은 소극적이면서 수동적이지만 세상사의 보이지 않은 부분에 뛰어들어 제 소임을 다하는 기운이다.

양陽의 기운은 거침없는 말과 행동으로 구김살 없이 세상사에 대하여 말이 많은 기운이며, 음陰의 기운은 조심스런 가운데 제 할 말은 하고 물러설 줄 아는 현명한 기운이다. 다만 양이나 음이나 때에 따라서는 얄밉기도 하고 짜증나기도 하는 기운이다.

4) 해중금海中金: 갑자甲子 ⇨ 양陽, 을축乙丑 ⇨ 음陰

바다 가운데의 금으로 아래로만 가라앉으려는 기운이라, 매사에 고되면서 삶에 지친 힘겨운 기운이다. 지극히 동적動的이면서도 사실 내부적內部的으로는 치열한 삶의 모습이며, 그 누구에게도 기대거나 의지하지 않고 홀로 지고 나가는 기질이다.

드넓은 바다 가운데서 의지하고 믿을 것은 자기 자신뿐이며, 말과 행동으로 드러내기보다는 모든 것을 책임지고 말 없음으로 모든 것을 대변하는 기운이다. 세상사世上事에 대하여 무관심無關心하고 오로지 주어진 상황이나 환경에 적응하면서 책임을 다하는 모질고 모진 기질이다. 잘잘못을 떠나 그 어떠한 상황에 처하더라도 변명辨明이나 핑계, 신음소리 한번 내지 않고 무던하게 이끌고 가는 기운이다.

생사生死의 기로에 선다 하더라도 주어진 소임所任을 다하는 기질이며, 한 집안을 일으키고 스스로의 명예나 이익을 바라지 않고 단내 나는 한숨을 몰아쉬면서 제 갈 길을 가는 기운이다. 삶이 고달프듯 돌아오는 것이 많아야 하지만, 돌아오는 것은 더욱 짊어지게 되는 고단함뿐이다. 스스로를 위로하면서 불평이나 불만이 없이 몸과 마음을 다하여 희생하는 기운이며, 머무는 바 없는 마음으로 스스로의 소임을 다하고 후회 없는 삶을 살아가는 기운이다.

외롭고 외로운 기운이지만 주어진 여건이나 환경에 만족하고 그 안에서 지독한 행복을 느끼며, 타인他人의 따스한 위로 없이 삶을 마감하는 기운이다. 때때로 그 고단함에 무너질 듯도 하지만, 절대 무너지지 않은 강인强忍함으로 또 넓은 아량으로 세상사를 용서하면서 이해理解하는 기운이다. 거칠고 고된 기질이지만 늘 겸손한 몸과 마음으로 최선을 다하는 모질고 질긴 기운이다.

"해중금" 양陽의 기운은 능동적이면서 적극적으로 자신을 고난苦難의 길로 이끄는 기운이며, "해중금" 음陰의 기운은 수동적이면서 소극적이지만 더욱 더 마음을 다잡고 고난의 길로 들어서는 기운이다.

양陽의 기운은 모질고 고된 삶의 무게에 거침없이 대항하면서 나아가는 기운이고 음陰의 기운은 그 모든 무게에 힘들어하면서도 무언無言의 몸짓으로 반응反應하면서 나아가는 기질이다.

5) 차천금鎈釧金: 경술庚戌 ⇨ 양陽, 신해辛亥 ⇨ 음陰

순금, 24k, 18k, 여러 가지 장신구裝身具의 기운으로 이것저것 유별나게 따지고 분별分別하는 기질이며, 마주대하여 드러난 모든 사물事物에 대하여 의미意味 부여와 함께 소유하려는 욕구欲求가 강한 기운이다. 곧 자신의 앞에 차려진 밥상으로 생각하면서 편식을 하고 상대방의 뜻이나 생각을 알아보지 않으면서 자신의 분별력을 강요하는 기질이다. 물론 드러난 사물을 분석分析하고 판단하는 일에 능력을 지닌 기운이지만, 하나하나 따지다가 좋은 것을 놓치거나 제 것을 눈 뜨고 빼앗기는 어리석은 기질이기도 하다.

드러난 사물에 대해서는 거짓이 없고 솔직 담백淡白하지만 커다란 잇속 앞에서는 속내를 분명하게 드러내는 기질이며, 좋은 것은 어떻게든 제 것으로 돌리고 마음에 들지 않거나 좋지 않은 것은 타인에게 돌리는 기지奇智를 보인다. 따지고 보면 좋고 나쁜 것에 대한 분명한 눈을 가지고 있으며, 모든 드러난 사물에 대하여 밝은 시야나 사고방식을 지닌 것은 사실이나, 여러 가지 방식을 따르면서 커다란 허점이 드러나기 때문에 늘 말과 행동에 신중愼重을 기해야 하는 기운이다.

한 번의 잘못된 말이나 생각, 판단으로 인하여 실수失手를 하게 되고 스스로의 명예를 깎아버리는 일이 빈번한 기운이다. 또한 모든 드러난 사물에 대하여 분별심이 있을 뿐만 아니라, 마주대하는 인간관계에 있어서도 복잡한 분별심分別心으로 인하여 오해를 받은 기운이다. 또한 인위적人爲的인 가치에 따라 판단判斷하고 따르는 편이라 주어진 여건이나 환경에 따라 값어치로 높고 낮음을 따르는 까닭에 믿음과 의리를 지키지 못하는 기운이다. 다만 스스로의 잘못이나 허물에 대하여 솔직 담백한 까닭으로 크게 미움을 받지 않은 기운이다.

"차천금" 양陽의 기운은 스스로 본 그대로 가치를 판단하면서 적극적이고 능동적으로 제 잇속을 취하는 재빠른 기운이며, "차천금" 음陰의 기운은 소극적이면서 수동적인 까닭에 제 잇속을 챙기지 못하고 때에 따라 남에게 빼앗기면서 불평불만不平不滿을 쉼 없이 되까리는 기운이다.

　양陽의 기운은 드러난 있는 그대로 분별分別하고 따지는 기운이며, 음陰의 기운은 스스로의 잣대로 드러난 사물事物을 판단하면서 가치價値를 매기고 잘못이나 허물에 어두운 기운이다. 양이나 음이나 매사에 따지다가 손해損害를 보는 경우이며, 때에 따라 가치판단價値判斷이 달라지는 것이 문제이다.

6) 사중금沙中金: 갑오甲午 ⇨ 양陽, 을미乙未 ⇨ 음陰

　모래사장에 흩어져있는 금가루의 기운이며, 겉으로 드러난 말이나 행동, 모습이나 모양, 곧 겉치레에 몸과 마음을 다하는 기운을 이른다. 모든 것을 고상高尙한 척 포장하기를 좋아하고 말과 행동이 신중愼重해 보이지만 지극히 가벼움을 벗어나지 못하며, 행동보다는 말이 앞서면서 분수分數에 넘치는 일을 벌이고 책임지지 못하는 기운이다.

　지극히 감상적感傷的이면서 자기 위주의 삶을 살아가고 매사에 게으른 편이며, 스스로를 치장治裝하고 가꾸는 일에 바쁜 기운이다. 분위기雰圍氣에 따라 기분이 달라지면서 감정의 기복을 타고 말과 행동이 바로 바로 달라지는 기운이다. 때문에 타인의 비위를 잘 맞추고 처신處身과 처세處世에 능해 보이지만, 그 속이 들여다보이는 까닭에 처음에는 호감好感을 주지만 가면 갈수록 그 바닥이 보이는 기운이다.

　분수分數에 맞지 않은 화려함을 꿈꾸고 현실現實에 맞지 않은 이상理想을 바라면서 일확천금一攫千金을 바라는 기운이다. 때문에 타인의 감언이설甘言利說이나 칭찬, 유혹誘惑에 약하고 쉽게 넘어가는 기질이며, 힘들게 모은 재물財物을 단 한 번에 잃는 기운이다. 모았다 하면 어디론가 흘러가는 재물로 인하여 늘 돈에 쫓기면서도 겉치레를 버리지 못하며, 남이 사면 자신도 그렇게 해야만 한다는 불안감不安感에 충동구매衝動購買가 많은 기질이다.

　사상적思想的 개념槪念이나 학문적學問的 이념理念에 관심이 없으며, 삶에 대한 명확明確한 판단判斷 기준基準이 없는 까닭에 늘 허기진 배와 마음, 정신 등을 안고 가는 기운이다. 때문에 겉으로 드러난 화려함이나 허영虛榮을 쫓으면서 자신의 참된 모습을 제대로 인지認知하지 못하고 오랜 세월을 헛수고로 보내는 기운이다.

"사중금" 양陽의 기운은 자신의 처지나 주어진 여건을 생각하지 않고 능동적이면서 적극적으로 몸과 마음을 다해 겉치레에 치중置重하는 기운이며, "사중금" 음陰의 기운은 소극적이면서 수동적으로 아닌 척 자신을 숨기면서 화려함을 추구追求하는 기운이다.

양陽의 기운은 수단手段이나 방법方法을 가리지 않고 자신의 욕구를 충족充足시키는 기운이며, 음陰의 기운은 어찌되었든 제 분수를 지키기 위해 노력은 하지만 주위의 유혹을 이기지 못하고 친구 따라 강남 가듯 매사에 혹하는 기운이다. 양이나 음이나 유혹誘惑에 약하고 인정人情에 약하며, 분위기에 휩싸이면 자신의 처지를 생각하지 않고 제 먹을 것, 입을 것을 아낌없이 내주는 기운이다. 이는 마음이 여리고 줏대가 없으며, 삶에 대한 가치價値 척도尺度가 없기 때문이다.

5. 토土 흙의 기운氣運

1) 노방토路傍土: 경오庚午 ⇨ 양陽, 신미辛未 ⇨ 음陰

천지사방天地四方으로 넓게 트인 대지의 기운으로 활달豁達하고 기운이 넘치지만 어디로 튈지 모르는 럭비공과 같은 기질이다. 어딘가에 목표를 두거나 목적을 가지고 움직이는 기운이 아니며, 매사에 무계획적無計劃的으로 생각 없이 나아가고 물러나는 기질이다.

한 곳에 정착하기도 힘들뿐더러 타고난 사고방식이 자유분방自由分房하며, 융통성이라 치면 이는 융통성이 아니라 뒤죽박죽 혼란스럽게 엉키는 실타래와 같은 기운이다. 물론 정수리를 하늘로 향하고 두 발로 대지를 밟고 있는 줏대라지만, 호기심好奇心이 왕성한 까닭에 동서남북 팔방八方으로 치닫는 기운이다.

　대지의 기운이 한 곳에 머물며 만물萬物을 소생所生시키고 기르는 곳이라면 이 기운은 팔방으로 나대면서 수많은 경험經驗을 통해 자생自生하고 스스로를 키우는 용기가 가상한 기질이다. 곧 자신의 보금자리를 일찍 떠나 여러 세계를 직접 접하면서 그릇을 키워가는 좋은 기운이다. 다만 자신감에 부풀어 만용蠻勇을 부리기가 쉬운 기운으로서 말과 행동에 신중을 기해야 하는 기질이다.

　매사에 지극히 가벼워 보이지만, 본래 순하고 담백한 기질이며, 의심이 없고 그 어떤 어려움이나 혹독酷毒한 시련에도 스스로를 지키는 강한 기운이고 남에게 기대거나 의지하지 않는 채 호기심을 채워가는 기질이다.

　대지大地의 넉넉함과 광대하게 펼쳐진 지평선地平線을 겁 없이 내달리는 호기가 있는 기운이며, 거칠고 황량한 대지이지만 주어진 동기부여動機附與가 올바르고 참다운 것이라면 푸른 들판과 푸른 숲을 가꾸면서 풍족한 미래를 이끄는 기운이다. 그러나 만족할 만한 동기부여가 부족하면 한 곳에 정착定着하지 못하고 오랜 세월을 여행객旅行客으로 떠도는 신세身世를 면치 못한다. 마음 한 자락이라도 잡아줄 인연이 꼭 필요한 기운으로 주어진 조건이 충분하다면 자신의 자리를 잡을 수 있을 뿐만 아니라 넓은 대지의 기운으로 많은 무리를 이끌고 순하게 지낼 온순한 기운이다.

　"노방토" 양陽의 기운은 끝이 모를 호기심과 호방豪放함으로 적극적이면서 능동적으로 지평선을 넘나드는 기운이며, "노방토" 음陰의 기운은 소극적이면서 수동적으로 하나씩 하나씩 자신의 영역領域을 넓혀가는 순한 기운을 이른다.

　양陽의 기운은 본래 타고나기를 드넓은 대지의 넉넉함으로 무장武裝한 기운이고 음陰의 기운은 대지의 넉넉함에 기대어 안돈安頓하려는 순한 기운이다. 양이나 음이나 인간관계에 있어서 막힘이나 걸림이 없이 두루 원만圓滿하며, 융통성으로는 보기 어려운 기운으로 받아들이고 상생相生하려는 기운이 매우 강하다.

2) 대역토大驛土: 무신戊申 ⇨ 양陽, 기유己酉 ⇨ 음陰

여행객이 머물고 쉬어가는 여관, 역관驛館을 끌어안고 있는 대지의 기운으로 지위 고하, 남녀노소를 막론하고 자신의 대문을 열어 베풀기를 좋아하는 손이 큰 기운이다. 주변에 사람이 모여들고 많은 말이 오가면서 잔정이 한없이 흐르는 따스한 대지의 기운이다.

매사에 융통성融通性을 발휘해 있는 것을 덜어서 없는 곳을 채워주고 마음 한 자락에 늘 인간적인 정이 흐르는 기질이며, 남을 탓하기에 앞서 배려配慮하는 마음이 크고 늘 항상 한 그 자리에서 한쪽 어깨와 따스한 손을 내미는 기운이다.

때때로 적지 않은 소동이 일기도 하지만 그리 탓할 만한 일이 아니며, 서로가 서로에게 걱정스런 마음에 거드는 말일 뿐이고 그럴듯한 소문이 뭉게뭉게 나지만 바람 한 점에 날아갈 소소한 것이다.

넉넉하게 베풀고도 생색을 내지 않으며, 오히려 겸손謙遜한 마음을 잊지 않고 머무는 바 없는 마음으로 베풀고 감싸주는 기운이다. 때때로 오해를 받기도 하는 기운이지만, 본래 타고난 기운이 냉정한 사람이 보기에는 오해도 살만한 기운이며, 속이 좁은 소견으로는 잴 수 없는 대인大人의 기운이다. 또한 자신을 좋아할지도 모른다는 착각을 일으킬 만큼 정을 주는 까닭에 이 기운을 알고 있는 이들이 다툼을 일으키기도 하지만 두루 원만한 인간관계로 인하여 무탈하게 넘어가며, 오히려 서로가 돈독敦篤해지는 결과를 맺기도 한다.

"대역토" 양陽의 기운은 투박하고 거친 손이지만 적극적이면서 능동적으로 마음을 열고 손을 내어주는 기운이며, "대역토" 음陰의 기운은 소극적이면서 수동적이지만 넉넉하고 부드러움으로 힘을 주면서 뒷심이 되어주는 정이 많은 기운이다.

양陽이나 음陰이나 서로가 서로를 위해주고 감싸주면서 또 애경사哀慶事를 함께 하면서 울고 웃고 살아가는 단막극單幕劇이 펼쳐진 대지大地의 기운이다.

3) 성두토城頭土: 무인戊寅 ⇨ 양陽, 기묘己卯 ⇨ 음陰

동서남북 사대문四大門을 세우고 안과 밖을 경계警戒하며 서있는 성의 흙 기운으로 한 성의 성주城主로서 모든 것을 관찰하고 보호하면서 굳게 지키는 기운이다. 철저한 규칙規則을 따라 잔소리가 많은 편이며, 따르지 않거나 어긋나면 엄중히 따져 묻고 지키게 만드는 기운이며, 한 마을의 수장으로서 자신의 소임을 충실히 해나가는 기질이다.

밖으로부터의 영향에 민감한 성격이며, 스스로의 소임을 위해 몸과 마음을 다해 노력하고 만들어가는 기질이며, 지극히 가정적家庭的이면서 잘잘못에 대하여 잔소리가 심하고 자신을 따르도록 강요하는 기질이다. 그렇다고 억지를 부리거나 곡해曲解를 하지 않으며, 늘 정당하면서 올바른 길을 제시하고 이를 강요하는 억지 아닌 억지를 부리는 기운이다.

가정에 대한 애착愛着이 강한만큼 요구되어지는 법칙이 많고 이를 지키기 위해 스스로의 자존심이나 명분을 지키는 기질이며, 성안에 모인 이웃에게도 이 모든 규칙이 행해져야 한시름 놓은 기운이다. 또한 위험危險이 닥치거나 곤란한 일에 처하면 목숨을 사리지 않고 나서며, 늘 성 밖을 주시하면서 경계를 게을리 하지 않은 부지런한 기운이다. 때때로 이러한 성격으로 인하여 작은 분쟁分爭이 일어나기는 하지만, 대개는 주변 사람들이 이 기운을 따르는 까닭에 두루 원만한 관계를 이루면서 이웃 간의 정이 돈독해지는 기운이다. 또한 미리 앞서 준비하는 유비무환有備無患의 기운으로 늘 앞과 뒤를 생각하면서 빈틈이 없게 만드는 기질이며, 장수將帥의 기질 또한 잊지 않고 늘 궂는 일을 마다하지 않고 맡은 바 소임을 책임지는 기운이다. 또한 많은 무리가 이 기운의 휘하로 모여 따르는 보스의 기질을 타고난 기운이기도 하다.

"성두토" 양陽의 기운은 적극적이면서 능동적으로 방어하고 대의명분大義名分의 기치를 세우는 기운이며, "성두토" 음陰의 기운은 소극적이면서 수동적으로 움직이나 늘 조심스럽게 앞뒤를 재가면서 나설 때와 물러설 때를 알아 현명賢明하게 대처하는 기운을 이른다.

양陽의 기운은 외적外敵의 침입에 피하지 않고 맞부딪치는 공격적攻擊的 기운이며, 음의 기운은 되도록 수비守備에 치중을 하면서 손해를 극소화極小化하는 기운이다.

④ 옥상토屋上土: 병술丙戌 ⇨ 양陽, 정해丁亥 ⇨ 음陰

의미意味하는 그대로 지붕, 곧 옥상에 있는 흙의 기운을 이르는 것으로 이슬이나 빗물, 따가운 햇볕 따위로부터 보호하려는 기운을 말한다. 오로지 자신의 남편이나 자식만이 귀할 뿐, 집안의 어른이나 부모, 외가 등에는 무관심無關心한 기질이다. 지극히 이기적利己的으로 보이기는 하지만, 남편이나 자식을 위해서라면 몸과 마음을 다해 모든 것을 희생하는 기운이며, 수단과 방법을 가리지 않고 의식주衣食住를 챙기기 위해 자신의 몸도 돌보지 않은 기질이다.

앞만 보고 가는 기질로 뒤와 양옆을 돌아보지 않은 까닭에 한 우물을 파는 기운이 강하며, 한쪽으로 치우친 사고방식에 단면單面만을 보고 세상사를 판단하는 좁은 시야로 인하여 늘 잦은 다툼을 일으키는 기질이다. 또한 자신의 뜻이나 생각에 어긋나거나 화가 나면 지위고하, 남녀노소 가리지 않고 있는 그대로 화를 푸는 기질이다. 때문에 가까운 이들과 두루 원만하지 못하고 늘 걸림이나 막힘이 따르는 인간관계人間關係를 형성하면서 부모형제지간이라도 서먹서먹한 관계로 만들어가는 묘한 기질이 있다.

스스로의 잣대로 마주대하여 드러난 사물의 바탕을 분별하고 나누어 밝히는 까닭에 일반적一般的이면서 상식적常識的인 것을 늘 혼잡하게 만들며, 나중에는 본바탕마저 뒤흔들면서 스스로가 혼란스러워하는 기운이다. 뜻하는바 의미 그대로 타인의 도움이나 질책, 충언, 조언 따위에 귀를 기울이지 않고 이해득실利害得失을 떠나 파던 우물만 고집스럽게 파 들어가는 융통성融通性 없는 기질이다. 오히려 타인의 뜻이나 생각, 충고, 조언 따위를 무시하는 기질로 기분 나쁜 말 한마디에 몇 날 몇 달을 두고 인연因緣을 끊어버리는 아둔함을 보인다. 때때로 한쪽으로 치우친 또 편협偏狹

된 사고방식 때문에 외톨이가 되면서 무겁고 거친 옥상屋上의 무게를 짊어지고 힘든 삶을 이어가는 기운이다.

"옥상토" 양陽의 기운은 적극적이면서 능동적으로 한 우물만을 파면서 앞만 죽어라고 보고 가는 기운이며, "옥상토" 음陰의 기운은 소극적이면서 수동적으로 옥상토라는 그늘 아래서 편안한 삶을 영위榮位하려는 게으른 기운을 이른다.

양이나 음이나 융통성이라고는 찾아볼 수가 없으며, 눈과 귀, 마음을 닫고 제 갈 길만을 고집스럽게 가는 기운이다.

5) 벽상토壁上土: 경자庚子 ⇨ 양陽, 신축辛丑 ⇨ 음陰

말 그대로 사방이 벽으로 둘러쳐 있고 하늘만 덩그러니 뚫려있는 기운으로 타고나기를 안으로만 숨어들면서 세상과 담을 쌓고 자기만의 세상에 갇히는 기운을 이른다. 때문에 담 밖의 모든 것에 대하여 경계심警戒心을 늦추지 않은 기운이며, 매사에 온 몸과 마음을 다하여 반응하면서 자신에게 조금이라도 위해危害가 되거나 기분이 나쁘면 방문을 걸어 잠그고 꼼짝하지 않은 기질이다. 또한 한번 들어간 재물財物은 나오지 않고 쌈쌈이가 인색하며, 모우는 재미만 있을 뿐 남에게 베풀거나 자신을 위해 쓰는 일에 지독할 정도로 아끼는 기질이다.

자신의 잣대로 세상사世上事를 판단하면서 문틈으로 보이는 세상이 전부라고 합리화合理化시키는 아둔함 있으며, 잘못이나 허물에 대하여 자기 방식自己方式대로 받아들이고 이해理解하면서 타인의 조언이나 충고를 듣지 않은 고지식한 기운이다.

흙의 기운이 만물萬物을 소생시키고 키우는 기운이라지만, 벽상토의 기운은 가두고 풀어주지 않으면서 제 욕심을 맘껏 부리는 기질이며, 타인에 대한 배려하는 마음이나 측은지심, 자애로움이 없다. 때문에 독수공방獨守空房한다는 말이 이 기운을 의미하는 것이며, 마음먹고 잠수를 타면 찾을 수 있는 기운이 아니다. 또한 가까운 이를 속박하고 구속拘束하는 기운으로서 강아지 키우듯 하는 온갖 행위行爲를 사랑이라고 부르는 기질이며, 아무런 조건 없이 따르면 자신을 사랑한다고 믿은 기질이고 스스로의 생각이나 행동에서 조금이라도 벗어나거나 어긋나면 사랑이 아니라고 믿은 기운이다. 때문에 늘 의심疑心과 함께 지독하고 집요輯要할 정도로 잔소리와 다그침이 너무 큰 기운이다.

자신이 가진 재물에 대해서는 속속들이 알고 있는 기운이지만 자신의 처지處地나 입장, 주변의 평판評判에 대해서는 깜깜하고 아둔한 기운이다.

"벽상토" 양陽의 기운은 능동적이면서 적극적으로 자신을 방어하고 재물을 끌어 담는 기운이며, "벽상토" 음陰의 기운은 수동적이면서 소극적이지만 보이지 않은 것까지, 자잘한 것까지 욕심을 부리면서 끝끝내 놓지 못하고 욕심을 부리는 기운이다.

양陽이나 음陰이나 전혀 융통성이 없으며, 가족 누구에게라도 모든 것을 숨기고 마음을 열지 못하는 기운일 뿐이다. 또한 다른 것은 몰라도 재물에 대해서만큼은 지독하게 구는 구두쇠이다.

6) 사중토沙中土: 병진丙辰 ⇨ 양陽, 정사丁巳 ⇨ 음陰

모래 가운데 간간히 섞여있는 흙의 기운이라 풀 한포기 나무 한그루가 뿌리를 내리기에는 매우 어려운 땅의 기운이다. 모래바람에 하늘이 어두워지고 바로 눈앞을 헤아리지 못하며, 눈뜬장님으로 거친 사막을 가야하는 어렵고 힘든 기운이다.

모든 것을 풍족豊足하게 이어받아 태어난다 해도, 곧 재물이나 권력, 생명줄 따위를 많고 크며 장수를 이어받는다 하더라도 지키기가 어렵고 생명을 이어가기가 힘든 기운이다. 늘 허덕허덕한 삶에 때때로 찾아오는 사신의 그림자는 두려움에 떨게 하고 밑이 빠진 독에 물붓 듯 사라지는 재물이나 인간, 애정 따위에 불안不安함을 씻지 못하는 기운이다. 때문에 좋은 인연을 만나야 하는 것이니, 대림목大林木의 기운을 만나 깊은 인연을 맺으면 목숨뿐만 아니라 가지고 있는 모든 것을 필요한 만큼은 지킬 수 있는 기운이다.

　인간관계에 있어서 두루 원만하며 막힘이나 걸림이 없다 해도 이는 늘 경계警戒하고 경계해야 할 제1원칙이니, 사중토의 여리고 여린 기운은 남에게 이용을 당하거나 애먼 누명을 쓰고 고통苦痛을 불러들이는 기운이기 때문이다. 또한 게으르고 뜻과 생각이 혼란스러우며, 작은 말뚝조차 제대로 세울 수 없는 땅의 기운이라, 늘 피곤하고 가라앉은 마음을 어찌 해볼 수 없는 기운이다. 또 몸과 마음을 다한 희생을 하더라도 돌아오는 것은 칭찬이나 기쁨이 아니라 늘 무언가 하나가 빠진 듯 허망虛妄한 기운일 뿐이며, 오히려 거친 세파로 밀려나는 배신背信의 기운이 강하다.

　권력이나 재물, 위신 따위를 지니고 있을 때는 많은 이들이 따르지만, 쇠락衰落의 기운이 보이면 언제 그랬냐는 듯 떠나는 이들 뿐이다. 때문에 끝끝내 스스로를 인정하지 못하고 자괴감自愧感으로 인하여 극단적極端的인 말과 행동으로 자학自虐을 하면서 희한의 눈물로 지새는 기운이다.

　설다 한들 이렇듯 서러운 기운이 있을까. 오랜 세월이 지나도록 원하고 찾은 것은 손에 쥐어지지 않고 오히려 멀리 달아나는 그 기운을 따라 방황彷徨하는 기질이다.

　"사중토" 양陽의 기운은 적극적이면서 능동적으로 원하는 것을 얻고자 무진 애를 쓰는 기운이지만 눈앞에 마주대하여 드러나는 것이 밑이 빠진 독의 기운이며, "사중토" 음陰의 기운은 소극적이면서 수동적이지만 단 하나라도 건지려 노력하고 애쓰는 기운으로 애틋함을 불러일으키는 기운이다.

　양陽이나 음陰이나 피곤에 지친 몸과 마음을 이끌고 마지막까지 희생하고 노력하지만 좋은 인연이 아니면 돌아오는 것은 허망, 그 자체일 뿐인 기운이다. 또한 하루에도 열두 번씩 지었다 부셨다 하는 기운으로 생각만이 있을 뿐 행동으로 옮기기에는 너무도 부실不實한 기운이다. 모래성의 수명처럼 썰물에 지었다가 밀물에 부서지는 기운이다.

V

일주日柱 16상十六象
행태론行態論

- **남자 8상 행태론**男子八象行態論

    남자男子: 양陽 ⇨ 태양太陽/건乾-부父 ☰
    남자男子: 양陽 ⇨ 소음少陰/태兌-소녀少女 ☱
    남자男子: 양陽 ⇨ 소양少陽/리離-중녀中女 ☲
    남자男子: 양陽 ⇨ 태음太陰/진震-장남長男 ☳
    남자男子: 음陰 ⇨ 태양太陽/손巽-장녀長女 ☴
    남자男子: 음陰 ⇨ 소음少陰/감坎-중남中男 ☵
    남자男子: 음陰 ⇨ 소양少陽/간艮-소남少男 ☶
    남자男子: 음陰 ⇨ 태음太陰/곤坤-모母 ☷

- **여자 8상 행태론**女子八象行態論

    여자女子: 양陽 ⇨ 태양太陽/건乾-부父 ☰
    여자女子: 양陽 ⇨ 소음少陰/태兌-소녀少女 ☱
    여자女子: 양陽 ⇨ 소양少陽/리離-중녀中女 ☲
    여자女子: 양陽 ⇨ 태음太陰/진震-장남長男 ☳
    여자女子: 음陰 ⇨ 태양太陽/손巽-장녀長女 ☴
    여자女子: 음陰 ⇨ 소음少陰/감坎-중남中男 ☵
    여자女子: 음陰 ⇨ 소양少陽/간艮-소남少男 ☶
    여자女子: 음陰 ⇨ 태음太陰/곤坤-모母 ☷

- **남자**男子 **8상**八象 **행태론**行態論

    남자男子: 양陽 ⇨ 태양太陽 ☰ 건乾

외강내강外剛內剛의 성격性格에 남자답고 할 말은 하고 산다.
강단剛斷 있고 거침이 없으며, 능동적能動的이면서 적극적積極的이다.
뒷심이 강한 남자男子이며, 일의 앞뒤를 제대로 헤아리고 강한 리더십으로 이끌어가는 사람이다.

생활력生活力이 매우 강한 남자男子로 잘못이나 허물을 있는 그대로 밝히 성격性格에 책임감責任感이 강하고 작은 것에 연연하지 않으면서 겉으로 드러나는 정보다는 안으로 숨어있는 정이 많은 남자男子다.

체면體面이나 위신威信, 명예名譽 따위를 지키는 사람으로 아부할 줄 모르고 허세虛勢와 허풍虛風을 모르고 이재理財에 밝으면서 실속을 챙기는 남자男子이며, 쓸데없는 허영심虛榮心을 경계警戒하는 밝은 성품性品이다.

있는 만큼 가진 만큼 젠 체를 하며 나서는 성격性格이지만 처신處身과 처세處世에 능하고 밝게 움직이는 남자男子다.

애정愛情이나 가정사家庭事에 대해서도 위와 같은 성격性格으로 겉으로 내세우는 정이나 사랑보다는 남자男子다움을 내세운다.

남자男子: 양陽 ⇨ 소음少陰 ☱ 태兌

외강내유중外剛內柔重의 성격性格에 매우 신중愼重한 남자이며, 말과 행동行動을 삼가고 부드럽지만 강단剛斷있는 사람이면서 드러나지 않게 적극적積極的이면서 능동적能動的이다.

알게 모르게 뒷심이 강한 남자男子로서 강압적强壓的이고 억압적抑壓的인 힘보다는 부드러운 리더십으로 무리無理없이 이끌고 가는 현명賢明한 남자男子다.

굳이 스스로의 잘못이나 허물을 드러내지 않으면서 스스로를 돌아보고 반성反省하며 자기성찰自己省察을 하는 자이며, 말보다는 행동行動으로 자신自身의 뜻이나 생각을 보여주고 말을 매우 아끼는 사람으로서 무거운 남자男子다.

위신威信이나 체면體面, 명예名譽 따위를 보기와는 다르게 소중하게 여기는 남자男子로 지켜야 할 기본적基本的인 자존심自尊心을 지킨다.

남에게 빌붙기를 싫어하고 아부를 떨지 못하며, 허풍虛風이나 허세虛勢에 기가 눌리지 않은 남자男子로 허영심虛榮心을 크게 경계警戒하면서 실속을 챙기고 가까운 이들의 실속도 챙겨주는 멋진 남자男子다.

매사에 신중愼重하고 말과 행동行動을 삼가는 성격性格으로 처신處身과 처세處世에 신경神經을 쓰면서 조심스럽게 세상世上을 바라보고 움직이는 강한 남자男子이다.

애정과 가정사家庭事를 대함에 있어서 부드럽고 유하게 이끌며, 막힘이나 걸림이 없이 두루 원만圓滿하게 이끌어간다.

> 남자男子: 양陽 ⇨ 소양少陽 ☲ 리離

외강내유약경外剛內柔弱輕의 성격에 남자 같지만 신중愼重하지 못하고 말과 행동行動이 가볍고 늘 들떠있으면서 우유부단優柔不斷하며, 뒤가 무른 남자男子다.

필요必要에 따라 적극적積極的이고 능동적能動的이지만 자신自身과 연관聯關이 없는 일이라면 매우 피동적被動的이면서 말과 행동行動을 함부로 하는 가벼운 남자男子다.

일의 앞뒤를 헤아리지 못하고 자신自身의 힘이나 머리만을 믿으면서 스스로의 잘못이나 허물을 남 탓으로 돌리고 부정否定하고 뻔뻔하게 구는 못난 성격性格이다.

크게 아둔하지는 않지만 책임감責任感이 부족不足한 남자이며, 제 앞가림을 하지 못하는 사람으로 생활력生活力이 부족하고 행동行動보다는 말이 앞서는 남자男子로 위신威信이나 명예名譽, 체면體面 따위나 지키려 하고 겉으로 드러난 모양새에 치중하는 조금은 어리석은 남자男子다.

타인他人의 힘에 빌붙어 허세虛勢와 허풍虛風을 치면서 겉치레에 허영심虛榮心을 부리는 성격性格이며, 실속보다는 빈껍데기를 쫓으면서 허송세월虛送歲月하는 사람이다.

이재理財에 밝은 듯이 하나 얕게 알고 움직이는 까닭에 제 마음대로 이루어지는 일이 없이 늘 헛손질이 많은 사람이며, 처신處身과 처세處世에 있어서 경망輕妄된 까닭에 처음에는 신뢰信賴를 얻은 듯하지만 끝내 신뢰信賴를 잃고 뒤로 밀리는 삶을 살아간다.

사랑과 애정愛情, 가족관계家族關係가 또한 이와 같으며, 책임責任지기보다는 회피回避를 하고 자기自己 합리화合理化에 자가당착自家撞着에 빠진 사람이다.

남자男子: 양陽 ⇨ 태음太陰 ☷ 진震

외강내무명外剛內無明의 성격性格에 아둔하고 우유부단優柔不斷하며, 말귀를 알아듣지 못하면서 사물의 이치에 어두운 남자男子이며, 우물쭈물 어영부영하고 지극히 생각이 없는 사람이다.

말이 없이 무게감을 보이는 성격性格이지만 뒷심이 매우 부족不足하고 뒤가 무른 성격性格으로 일이 돌아가는 사정이나 형편形便을 파악하지 못하는 사람이며, 단순單純하지만 무슨 생각을 하고 있는지 영 알 수가 없고 주머니에 돈이 있으면 생활력生活力이 강해 보이지만 무일푼이면 무척이나 게으르고 소심小心한 남자男子다.

사람이 경망輕妄되지는 않으나 사물의 이치에 어두운 까닭으로 이용利用을 당하거나 많은 것을 빼앗기는 형편에 처한다.

스스로의 잘잘못을 가릴만한 인지認知 능력能力이 떨어지는 까닭에 때로는 스스로의 잘못이나 허물을 부정否定하면서 뻔뻔함을 보이지만 그리 크게 탓할 상황狀況은 아니다.

되지도 않은 고집固執을 피우기도 하지만 인내심을 가지고 여러 번에 걸쳐 자세하게 설명說明하면 알아듣고 스스로 제 고집을 풀고 이해理解를 하는 남자男子다. 곧 늦게 깨지는 사람으로 말귀가 어둡고 아둔하기 때문이다.

위신威信과 체면體面, 명예名譽 따위를 손에 쥐어줘도 이를 지키기에는 힘겨운 사람이며, 오히려 이로 인하여 애먼 소리나 욕을 먹지 않으면 다행이고 겉치레에 한번 잘못 들이면 패가망신敗家亡身하는 사람이다. 때문에 애먼 누명陋名을 쓰고도 이를 알지 못하는 성격性格이며, 누군가 이끌어줄 사람이 필요必要하고 처신處身과 처세處世를 함에 있어서 앞가림해줄 사람이 필요하다.

그래도 난 척을 하거나 아부를 하지 않아서 다행이며, 허세虛勢나 허풍虛

風을 떨지 않아서 좋고 어찌 되었든 타인他人의 진심 어린 충고에 귀를 기울여야 한다.

재산財産이 많은 것을 내세워 권세權勢를 부리지만 늘 남에게 빼앗기고 이용당하면서 상처傷處를 많이 받은 사람이다.

남자男子: 음陰 ⇨ 태양太陽 ☱ 손巽

외유내강外柔內剛의 성격에 밝고 올바른 심성心性을 지녔으며, 겉으로는 부드럽지만 보기와는 다르게 제법 강단剛斷있고 능동적能動的이면서 적극적積極的이며, 마음 씀씀이가 세심細心하고 솔직 담백한 성격性格을 지녔다.

일이 돌아가는 사정事情이나 형편形便을 제대로 알고 움직이며, 뒷심이 있는 까닭에 일을 끝까지 책임責任지고 가는 남자이며, 누구에게도 굴하지 않은 자존심自尊心을 가지고 제 의지意志대로 밀고 가는 강한 남자男子의 모습을 보인다.

스스로의 잘못이나 허물에 대하여 속 시원하게 풀고 가는 성격이며, 책임감責任感이 강하고 제 할 일을 남에게 떠넘기지 않으며, 사물의 이치理致에 밝은 까닭으로 무리無理를 하지 않고 부드러운 리더로서의 자질資質을 크게 보이는 남자男子다.

위신威信, 명예名譽, 체면體面 따위를 지키지만 자존심自尊心을 소중하게 여기는 성격性格으로 절대로 자신自身의 격을 떨어트리지 않은 남자男子이며, 아부를 하지 않고 허풍이나 허세를 부리지 않는다.

겉치레를 비웃은 성격性格이면서 실속을 챙기는 이재理財에 밝은 남자男子이며, 처신處身과 처세處世에 능하고 크게 신뢰信賴를 얻은 사람이다.

든 척, 난 척, 된 척을 하면서 자신自身을 내세워도 밉지가 않고 오히려 당연하게만 느껴지는 성격性格의 남자男子로 애정愛情에 밝고 이치理致를 따르는 사람이며, 늘 가정家庭에 충실忠實하는 남자男子다.

|남자男子: 음陰 ⇨ 소음少陰 ☵ 감坎|

　외유내중外柔內重의 성격性格에 지극히 신중愼重하고 무거우며, 말과 행동行動을 삼가면서 매사에 섬세하게 반응하는 사람이다.

　신중한 판단判斷 아래 부드럽지만 강한 리더십을 발휘發揮하면서 무리無理하지 않고 집단集團을 이끌며, 앞뒤를 잘 헤아려 세심細心하게 일을 처리處理하는 사람이다.

　은근慇懃하게 뒷심이 강한 성격性格으로 무른 듯, 아닌 듯이 하면서도 스스로의 의사意思를 관철貫徹시키고 또한 눈에 띄지 않게 제 앞가림에 철저徹底한 사람으로 자신自身만이 아닌 남의 것도 알아서 챙겨주면서 배려하는 사람이다.

　스스로의 잘못이나 허물에 대하여 부끄러워하는 성격性格으로 말은 하지 않으나 모든 것을 인정認定하는 시원한 사람이며, 큰 잘못을 저지를 정도로 아둔한 성품性品이 아니다.

　책임감責任感이 강하면서 제 할 일에 몸과 마음을 다하는 사람이며, 늘 앞을 생각하면서 대비책對備策을 세우는 사람으로서 매사每事에 늘 준비準備를 철저하게 하는 피곤한 사람이지만 주위로부터 크게 인정認定을 받고 믿음을 얻은 성격性格이다.

　위신威信이나 명예名譽, 체면體面 따위 등을 중요시하지만 크게 얽매여 스스로의 행동반경行動半徑을 작게 만드는 이가 아니며, 오히려 때때로 이를 내세워 스스로의 격을 높이고 실속을 확실確實하게 챙기는 현명賢明한 성격性格이며, 남의 힘을 빌리는 것에 크게 부끄러워하는 사람으로 아부阿附할 줄 모르고 허풍虛風과 허세虛勢를 모른다.

　지극히 현실적現實的인 남자男子로 겉치레나 허영심虛榮心에 들뜨는 가벼운 성격性格이 아니며, 이재理財에 밝으면서 늘 실속을 따르는 지혜智慧로운 사람이다.

　있어도 없는 척, 알아도 모르는 척하는 겸손謙遜한 사람이며, 처신處身과 처세處世를 하는 일에 있어서 어두운 것 같으나 매우 능한 사람으로 늘 제 위치位置를 잃지 않은 지혜로운 사람이다.

애정愛情이나 가족家族에 대한 감정感情, 책임감 등이 위와 같은 행태行態를 보임으로 인하여 신뢰信賴를 받고 존경尊敬을 받은 현명賢明한 사람이다.

남자男子: 음陰 ⇨ 소양少陽 ☶ 간艮

외유경내유약外柔輕內柔弱의 성격性格에 약하고 가벼운 남자男子이며, 지극히 게으르고 잇속이나 필요에 따라 이합집산離合集散하면서 말과 행동行動을 바꾸고 우유부단優柔不斷하게 구는 사람이다.

쓸데없는 자존심自尊心을 내세우면서 강한 척을 하지만 소극적消極的이면서 수동적受動的인 행태行態를 보이고 행동行動을 앞세우지 못하면서 매사每事에 말을 앞세우는 사람이며, 세심細心한 듯이 여린 모습을 보이지만 일의 앞뒤를 밝게 헤아리는 지혜智慧가 모자란 까닭으로 일을 그르치는 경우가 많은 사람이다.

제 앞가림에 능한 듯이 바쁘게 움직이기는 하나 몸만 바쁘게 움직일 뿐, 힘들인 만큼 손에 쥐는 것이 적은 사람이며, 매사每事에 게으름을 피우다 기회機會를 잃어버리고 늘 뒷북을 치면서 후회後悔를 하는 여린 성격性格이다.

스스로의 잘못이나 허물에 대하여 변명辨明이나 합리화合理化하면서 남 탓을 즐기는 남자男子이며, 끝내는 스스로를 부정否定하고 뻔뻔하게 구는 못난 성격性格이다.

착하고 인정人情이 많은 것은 이해理解를 하겠지만 스스로에 대하여 책임責任지지 못하는 아둔함은 어찌 할거나.

타인他人의 권세權勢나 명예名譽에 빌붙기를 좋아하고 이를 등에 업고 때에 따라 남을 업신여기면서 억압抑壓을 하며, 허풍虛風과 허세虛勢를 부리는 실속이 없는 사람이다.

하잘 것 없는 위신威信이나 체면體面, 명예名譽 따위에 목을 매는 어리석은 사람으로 겉치레를 중요시하고 실속보다는 겉만 번지르르한 빈 수레에 몸과 마음을 맡기면서 자기모순自己矛盾에 빠지는 착하지만 어리석은 사람이다.

깊게 알지 못하고 얕게 알은 것을 진실真實이라 착각錯覺하고 된 척, 난 척, 든 척을 하지만 주변으로부터 크게 신뢰信賴를 잃은 남자男子이며, 처신處身과 처세處世를 함에 있어서 현명賢明하지 못한 까닭에 늘 뒷전으로 밀리면서 제 자리를 빼앗기는 사람이다. 필요에 따라 움직이는 애정愛情이라 처음에는 좋지만 늘 그 뒤끝이 깨끗하지 않고 미련을 남기면서 질질 끌고 가는 피곤한 성격性格이다.

말과 행동行動에 철이 없으며, 가볍고 앞뒤 재지 못하면서 까부는 여린 남자男子다.

남자男子: 음陰 ⇨ 태음太陰 ☷ 곤坤

외유중내유약무명外柔重內柔弱無明의 성격性格에 매우 약하고 어리석으며, 말귀를 알아듣지 못하면서 아둔한 행태行態를 보이지만 남이 보기에는 지극히 착하고 법法이 없어도 살아가는 사람과 같다.

입이 무거운 사람이나 스스로가 사물事物의 이치에 어두운 까닭이며, 피동적被動的인 말과 행동行動 등을 보이니, 이는 스스로가 알아서 할 수 있거나 또는 일을 찾아서 할 수 있는 강단이 없는 까닭에 소극적消極的이며, 마냥 모든 것을 수용受容하는 듯, 행태行態를 보이는 것이다.

사실事實 안을 들여다보면 매우 우유부단優柔不斷한 사람이며, 세상世上의 모든 짐을 짊어진 듯 삶을 살아가는 남자男子지만 일이 돌아가는 과정過程이나 사정事情, 형편形便 등에 대하여 깊이 들여다보는 지혜智慧가 무척 부족한 성격性格이며, 더하여 여리고 착한 성품性品에 뒤가 매우 무른 까닭으로 인하여 제 앞가림도 제대로 하지 못하는 남자男子다.

말없이 몸과 마음을 다하여 힘을 들이는 성격性格이지만 노력努力한 만큼 돌아오는 것이 적은 사람이며, 공을 들인 만큼 칭찬이나 격려激勵보다는 삿대질에 이유理由 없는 질타叱咤와 질책叱責이 따르고 애먼 누명陋名을 쓰거나 남의 잘못을 되짚어 쓰는 남자男子다. 그렇다고 이에 대하여 반박反

駁을 하거나 대항對抗하기보다는 다 내 탓이려니 고개를 끄덕이면서 받아들이는 아둔한 사람이다.

　제 앞가림을 위해 남에게 의지依支하는 성격이 아니며, 있으면 있는 대로 없으면 없는 대로 현실現實에 안주安住하면서 꿈이나 희망希望, 이상理想을 접어버리고 그 무엇에라도 의미意味를 두지 않는 무미건조無味乾燥한 삶이다.

　스스로의 잘잘못을 떠나 무조건 제 탓으로 돌리는 사람으로 때때로 뻔뻔하고 똑똑한 면을 보이기는 하지만 눈앞에 놓인 제 잇속마저도 챙기지 못하는 너무 착한 사람이라 늘 남에게 양보讓步하는 행태行態를 보일 뿐, 사물事物의 이치理致에 어둡고 여린 성격性格을 지닌 남자다.

　위신威信이나 명예名譽, 체면體面 등을 중요시하기는 하나, 이 사람에게 있어 모든 것은 거추장스러운 것일 뿐이며, 아부阿附나 허세虛勢, 허풍虛風이라는 개념概念에 어둡고 아둔한 마음으로 세상사世上事를 바라보는 사람이다. 때문에 처신處身과 처세處世에 능하지 못한 남자男子이며, 고지식하고 융통성融通性이 없으면서 착하고 여린 성격性格 때문에 타인他人의 아부 섞인 말 한마디나 칭찬, 자신自身을 추켜세우는 말이나 행동行動에 쉽게 넘어가며, 이용利用을 당하고 상처傷處를 많이 받은 사람이다.

　애정愛情에 있어서도 상처傷處가 많은 사람이며, 가족家族으로부터 본인本人의 뜻과는 다르게 멀어지고 그 책임責任을 다하지만 인정認定을 받지 못하는 외로운 사람이다.

● **여자**女子 **8상**八象 **행태론**行態論

여자女子: 양陽 ⇨ 태양太陽 ☰ 건乾

외강내강外剛內剛의 성격性格에 거침이 없는 여자女子로 말과 행동行動이 되바라지고 거칠게 몰아대는 성격性格이며, 강한 리더십을 지녔으나 주변周邊 사람들이 힘들어하는 타입에 일을 함에 있어 자기自己 방식方式대로 밀어붙이는 여인이다.

　강단剛斷있는 성격性格에 지지부진 미련을 떠는 여인이 아니며, 매사每事에 적극적積極的이면서 능동적能動的이고 융통성融通性을 크게 발휘發揮하기는 하지만 스스로의 뜻이나 생각을 바꾸는 성격性格이 아니며, 우선은 제 생각대로 밀어붙이고 이끌어가는 당찬 여인女人이다. 때문에 효율성效率性에 있어서는 조금 떨어지는 성격性格이며, 일이 돌아가는 과정過程이나 형편形便, 사정事情 따위를 한 눈에 꿰뚫어보는 현명賢明한 여인女人으로 맡은 일이나 주어진 일에 몸과 마음을 다하여 책임지는 여자이며, 뒷심이 강하고 자신自身을 강하게 세우는 당당한 성품性品이다.

　제 앞가림이나 생활력生活力이 강한 여인女人이며, 스스로의 잘못이나 허물 따위를 부끄럽게 생각하지 않고 속 시원하게 드러내어 밝히는 털털한 성격性格이며, 삿되지 않고 올바른 성품性品을 지닌 단호斷乎한 여인女人이다.

　위신威信이나 체면體面, 명예名譽등을 중요시하기는 하나 이를 내세워 스스로를 부끄럽게 만드는 어리석은 여인이 아니며, 아부하는 사람을 경멸輕蔑하고 허풍이나 허세에 웃음을 짓고 이에 맞서 자존심自尊心을 세우면서 꺾이지 않은 강한 사람이다.

　겉치레보다는 실속을 챙기고 이재理財에 밝은 여인女人이며, 처신處身과 처세處世에 밝고 능한 여인女人으로서 주변 사람들과 막힘이나 걸림이 없이 두루 원만한 관계를 이루며, 이들 가운데 단연 돋보이는 여자女子로 대장이 되는 성격이다.

　사람이 좋아하고 많이 따르지만 젠 체하면서 스스로를 내세우지 않은 성격性格으로 겸손한 편이며, 되바라지기는 했으나 삿되지 않은 성품性品에 신뢰信賴와 따뜻하게 인정認定을 받고 사는 여인女人이다.

　애정愛情 관계關係나 가족家族에 대한 모든 면이 위와 같고 늘 노력努力하면서 몸과 마음을 다하는 강한 모정母情이 있다. 또한 내뱉은 말은 꼭 지키는 신용信用있는 여인女人이다.

■ 여자女子: 양陽 ⇨ 소음少陰 ☱ 태兌

외강내유중外剛內柔重의 성격性格에 말과 행동行動을 삼가고 매사每事에 신중愼重을 기하는 조심스런 성격性格이며, 일단 결정決定이 되고 나면 말보다는 행동으로 가차 없이 옮기면서 강단剛斷있게 밀고 나가는 당차고 당당한 여인女人이다. 또한 스스로의 뜻이나 생각만을 내세우지 않고 타인他人의 의견意見에 귀를 기울이는 성격으로 융통성이 있으며, 일이 되어가는 사정事情이나 형편形便을 세심하게 살피면서 마무리까지 깔끔하게 처리處理하는 부드러운 여인女人이다.

자신自身의 앞가림은 물론 남의 앞가림마저도 해주는 여유가 있고 남을 배려配慮하면서 자신自身의 위치를 확고하게 만들어가는 현명賢明함도 겸비兼備한 올바른 성품性品이다. 때로는 제 잇속만을 챙기기 위해 욕심慾心을 부리기도 하지만 이는 일시적一時的인 현상現像일 뿐, 그 속을 들여다보면 멀리 내다보는 시야視野를 지닌 지혜智慧로운 여인女人이다.

스스로의 잘못이나 허물을 부정하지 않고 깨끗하게 인정하는 여자이며, 이러한 사소한 일에 얽매여 시간을 보내는 어리석은 사람이 아니고 책임감責任感을 가지고 매사每事에 임하는 여인女人이다.

위신威信이나 체면體面, 명예名譽를 중요시하기는 하나 크게 집착執着을 하거나 미련을 두는 여인女人 아니며, 이를 유효적절有效適切하게 이용하여 스스로의 가치를 높이고 스스로를 더욱 당당하고 당차게 만들어가는 지혜로운 여인이다.

아부를 할 줄 모르고 허풍이나 허세에 기죽지 않은 여인女人이며, 강한 자에게는 강하게 약한 자에게는 약하게 대하는 단호한 성격에 겉치레를 싫어하고 실속을 챙기는 지극히 현실적인 여인女人이며, 쓸데없는 허영심虛榮心에 들떠 시간을 허비하지 않은 사람이다.

이재理財에 매우 밝은 여자女子로서 든 척, 난 척, 된 척을 때에 따라 이용하면서 처신處身과 처세處世를 하는 까닭에 늘 무난無難한 인간관계人間關係를 이루고 서로가 서로를 위하고 감싸주면서 베풀어가는 삶을 살아간다.

애정愛情이나 가정家庭에 대한 모든 면이 위와 같으며, 늘 말과 행동行動을 삼가고 매사每事에 신중愼重하며, 조심스럽게 이끌어가는 지혜智慧롭고 현명한 여인女人이다.

여자女子: 양陽 ⇨ 소양少陽 ☲ 리離

외강내유약경外剛內柔弱輕의 성격性格에 약하고 못되게 되바라진 여인으로 필요必要나 잇속에 따라 말과 행동行動이 달라지며, 까닭 없는 고집固執을 피우면서 제 마음대로 휘젓는 성격性格에 매사每事에 아는 척하며 나서는 조금은 얄미운 사람이다.

단호하고 당찬 모양새를 보이지만 계산計算이 깔린 말과 행동行動으로 진실성眞實性이 부족하고 남의 것을 끌어대서 스스로를 합리화合理化시키며, 자신自身의 삿되거나 작은 잣대를 정당화正當化하는 성격이다.

자신自身의 잘못이나 허물을 남의 탓으로 돌리면서 또는 남과 비교比較를 하면서 스스로의 실수를 인정하지 않고 늘 뒤로 빠져나가려는 마음 약한 여인이며, 일의 당위성當爲性을 제대로 인지認知하지 못하는 어리석음으로 매사每事에 뒤가 흐려지고 물러지는 까닭에 처음에는 크게 신뢰信賴를 얻다가 후에는 실망失望을 준다.

제 앞가림을 제대로 못하면서 남의 앞가림에 신경을 쓰는 여인으로 때때로 분수에 넘치는 말과 행동行動으로 인하여 주변으로부터 질책이나 질타를 받은 꽤나 어리석은 사람이며, 이를 알면서도 늘 같은 실수를 반복反復하는 어두운 성격이다.

책임감責任感이 없는 성격性格으로 제 몸과 마음만이 편하고 즐거우면 만사萬事를 놓아버리고 자신自身만의 세계世界에 빠져들어 살아가는 여인女人이다.

위신威信이나 체면體面, 명예名譽 따위를 지키기 위해 몸과 마음을 다하는 여인女人으로 온갖 방법方法을 동원하여 이를 얻기 위해 노력努力하고 타인他人의 권세權勢나 위명에 빌붙어 제 것 인양 착각하면서 허세虛勢를 부리고 허풍虛風을 치는 마음 약한 여인이다. 때문에 겉치레를 좋아하고 허영심虛榮心에 들떠 삶을 허비하며, 이재理財에 밝은 척을 하면서 얕은 지식知識으로 현혹眩惑하고 된 척, 난 척, 든 척을 하는 가벼운 여인女人이다.

처신處身과 처세處世에 능한 척을 하지만 두루 원만한 인간관계人間關係를 이루지 못하고 늘 잇속에 따라 부평초처럼 이리저리 떠도는 사람이며, 애정愛情이나 가족家族에 대한 마음 자세가 위와 같은 까닭으로 진실성眞實性이 크게 부족한 삶을 살아간다.

사람이 악하지는 않으나 그렇다고 착하지도 않은 여인女人으로 그래도 무사무난無事無難한 삶을 살아가는 현실적인 면이 있다.

여자女子: 양陽 ⇨ 태음太陰 ☷ 진震

외강내무명外剛內無明의 성격性格에 사물의 이치에 어둡고 말귀를 알아듣지 못하며, 어리석고 아둔한 여인女人이면서 묵묵히 자신自身의 일만 해나가는 어찌 보면 선한 사람이다. 그러나 상대방相對方을 답답하게 만드는 성격性格으로 인하여 상처傷處를 많이 받은 여인女人이며, 이를 가슴에 묻어둘 뿐, 밖으로 표현表現하지 못하고 늘 가슴앓이에 자기가 자기 자신에 대하여 가슴을 치는 사람이다.

일이 돌아가는 사정事情이나 형편形便 등이 중요한 것이 아니라 잇속이 있느냐 없느냐가 가장 중요重要한 문제로서 매사每事에 이익을 따라 이합집산離合集散하는 성격性格이며, 배부르고 등이 따뜻하면 세상世上에서 제일 편하고 잘못을 떠나 이를 가름하지 못하는 아둔한 면 때문에 남의 잘못을 되짚어 쓰거나 애먼 누명에 시달리는 여인女人이다.

잘못이나 허물을 인지認知하는 까닭에 뻔뻔해 보이지만 그리 탓할 수만은 없는 사람이며, 몰라서 고집固執을 피우는 것이지, 알면 아둔하게 구는 사람이 아니다. 때문에 융통성融通性이 전혀 없는 까닭으로 마음을 돌리기가 어렵고 이해理解시키기가 힘든 상대相對이며, 본인本人 스스로도 남이 시키는 일에 만족하는 성격性格으로 지극히 게으름을 피우는 여인女人이다.

본인 스스로에 대하여 어둡고 사물의 이치에 어두운 까닭으로 타인他人의 감언이설甘言利說에 쉽게 넘어가는 여인女人이며, 이로 인해 마음의 상처傷處가 많고 재산상의 손실損失이 많다.

위신威信, 명예名譽, 체면體面 따위에 무관심한 편이며, 처신處身과 처세處世에 능한 편은 아니지만 늦게 깨이는 성격性格으로 한번 깨이고 나면 편한 삶을 살아간다.

본능本能에 집착執着하는 성격性格으로 가족家族에 대한 집착이 강한 여인女人이지만 자기自己를 우선시하는 욕심慾心 많은 모정母情이다.

여자女子: 음陰 ⇨ 태양太陽☰ 손巽

외유내강外柔內剛의 성격性格에 타고나기를 여자女子의 몸으로서 매우 활동적活動的이고 이성적理性的이며, 능동적能動的이다.

세심細心한 여자女子의 성격性格으로 현명賢明하게 일을 처리處理하고 마무리까지 헤아리면서 깔끔하게 뒤를 정리하는 여인女人이며, 융통성融通性을 발휘發揮하여 안 되는 일도 일으켜 세운다.

생활력生活力이 강함은 물론이고 지혜智慧로운 까닭으로 스스로의 본분本分을 제대로 지키는 여인女人이며, 제 앞가림에 충실忠實하면서 남을 생각하는 여유餘裕가 있고 잘잘못에 대한 가름이 분명分明한 성격性格으로 남을 이끄는 리더십을 강하게 발휘發揮하는 여인女人이다.

스스로의 잘못이나 허물에 대하여 이를 숨기거나 부정하지 않고 밖으로 드러내어 환부患部를 도려내듯이 하는 성격性格이며, 실수를 두려워하지 않은 당차고 씩씩한 성품性品이다.

책임감責任感이 강한 사람으로 매사每事에 당당하게 해나가고 자신自身의 일을 남에게 맡기지 않으며, 말보다는 행동行動을 앞세우면서 늘 앞장서는 당찬 여인女人이다.

매사每事에 긍정적肯定的인 성격性格이며, 늘 자신감自信感에 차있는 여자女子로 자긍심自矜心이 강하고 스스로를 대견하게 여기면서 살아가는 지혜로운 여인女人이다.

위신威信이나 명예名譽, 체면體面 등을 중요시하지만 이를 바탕으로 스스로를 얽매이게 만들거나 스스로의 격을 떨어트려 남으로부터 욕을 먹은 여인이 아니며, 오히려 이를 이용利用하여 자신自身의 위치를 굳건히 만드는 지극히 현명賢明하고 슬기로운 여인女人이다.

남에게 빌붙지 않으면서 스스로를 당차게 세우는 여인女人이며, 허세虛勢를 부리지 않으면서 자신自身의 힘을 보이고 큰소리치지 않지만 말 한마디로 신뢰信賴를 얻은 사람이다.

허설虛說을 내뱉지 않은 올바른 여인女人으로서 이재理財에 밝으면서 겉치레를 싫어하고 허영심虛榮心을 경계하며, 스스로에게 도움이 되는 실속을 챙긴다. 또한 처신處身과 처세處世에 능한 여인女人으로 스스로를 내세울 때는 분명分明하게 내세우면서 부끄럽지 않게 하고 물러설 때는 분명分明하게 물러서서 오해를 만들지 않는다.

위아래 없이 두루 원만圓滿한 인간관계人間關係를 이루면서 늘 즐겁고 행복하게 살아가는 지극히 현실적現實的인 사람이며, 긍정적肯定的인 사고思考로 세상사世上事를 바라보고 꿈과 희망을 잃지 않고 살아가는 여인女人이다.

애정愛情이나 가족家族간의 사랑도 위와 같으며, 늘 주위로부터 신뢰信賴를 받고 가족家族으로부터 사랑을 받는 현명賢明하고 슬기로운 모정이다.

여자女子: 음陰 ⇨ 소음少陰 ≡≡ 감坎

외유내유중外柔內柔重의 성격에 매우 세심細心하고 신중愼重하며, 말과 행동行動을 삼가고 조심스럽게 움직이는 여인女人이며, 말과 행동行動으로 옮기기 전에 늘 다시 한 번 생각하고 움직인다.

일을 앞에 두고는 머뭇거리거나 뒤로 물러서는 성격性格이 아니며, 당차고 당당하게 이끌고 나가는 강단剛斷있는 여인女人이다.

말을 아끼는 여인女人으로 일이 돌아가는 사정事情이나 형편形便을 세심하게 파악把握하여 뒤를 생각하고 깔끔하게 끝내는 깐깐한 성격性格이며,

매사每事에 정확正確하게 짚고 넘어가는 피곤한 여인女人이다.

　제 앞가림을 분명分明하게 하여 욕됨이 없게 하고 생활력生活力이 강한 까닭에 본업本業을 튼실하게 만들며, 남에게 손을 벌리지 않은 강한 자존심自尊心을 지닌 여인女人이다.

　잘잘못에 대한 가름이 정확正確하면서 인정할 것은 인정認定하고 아닌 것은 아닌 것으로 마무리 짓은 성격性格이며, 스스로의 잘못이나 허물에 대하여 말을 숨기는 밉지 않은 사람이다.

　스스로에 대하여 아둔하거나 어둡지 않은 여인女人이며, 책임責任져야 할 일에 대해 분명分明하게 선을 긋는 책임감責任感이 강한 사람이다.

　위신威信이나 명예名譽, 체면體面 따위에 무관심하지만 필요必要에 따라 이를 바탕으로 스스로를 격상格上시키며, 제 잇속을 분명分明하게 챙기는 현명賢明한 여인女人이며, 타인他人의 감언이설甘言利說에 쉽게 넘어가지 않은 마음이 곧고 올바른 당찬 여인女人이다.

　남의 아부나 허언, 허세, 허풍 따위를 밝게 파악하는 여인女人으로 이들의 속셈을 간파看破하면서도 말을 아끼면서 제 실속을 챙기는 조금은 무서운 여인女人이다.

　겉치레나 허영심虛榮心을 크게 경계警戒하는 성격性格으로 지극히 현실적現實的이면서 이성적理性的인 여인女人이며, 이재理財에 밝은 사람으로 손해損害를 보지 않는 사람이다.

　격식格式에 제대로 맞는다면 때때로 된 척, 든 척, 난 척을 하면서 처신處身과 처세處世를 당차게 해나가는 성격性格이며, 기본基本을 떠난 허레허식虛禮虛飾은 단칼에 베어버리는 여인이다.

　애정愛情이나 가족家族간의 관계關係에 있어서도 늘 기본基本을 따지는 깐깐한 성격性格으로 올바르게 가정사家庭事를 이끌어가는 현명賢明한 여인女人이다.

◼ 여자女子: 음陰 ⇨ 소양少陽 ☶ 간艮

외유경내유약外柔輕內柔弱의 성격性格에 매우 약하고 여린 여인女人으로 말과 행동行動이 신중愼重하지 못하고 가볍게 움직이는 성격이며, 필요에 따라 잇속에 따라 언행言行이 바뀌는 어리석은 여인이다. 그렇다고 그리 밉상은 아닌 여인女人으로 타고난 여자女子의 유약柔弱함을 보이는 까닭에 이성異性으로부터 보호본능保護本能을 일으키게 하는 여인이며, 늘 남에게 의존依存하려는 성격性格에 게으른 몸과 마음이다.

필요必要하면 적극성積極性을 띠는 성격性格으로 제 욕심慾心을 채우고 나면 몸과 마음을 돌려세우는 여인女人이며, 힘들고 어려운 일을 하기 싫어하고 남을 부려먹기 좋아하는 성격으로 남에게 눈총을 많이 받은 여인女人이다.

하나를 알고서 열을 아는 것처럼 스스로가 착각錯覺을 하는 까닭에 세심細心한 듯이 하면서 꼭 무언가 하나가 빈듯함을 보이며, 일의 앞뒤를 헤아리지 못하고 제 머리만을 믿고 움직인다.

뒷심도 없으면서 힘이 있는 사람을 등에 업고 뻔뻔하게 굴며, 스스로 책임責任져야 할 일을 남에게 떠넘기기 예사고 좋은 일에는 앞장서면서 그렇지 않을 때는 뒤로 물러서는 얌체이며, 이를 당연시하는 까닭에 한 대 쥐어박고 싶은 여인女人이다.

제 앞가림에 능하지 못한 까닭으로 남에게 빌붙기를 좋아하며, 제대로 민폐民弊를 끼치는 여인女人으로 고마움을 모르면서 입에 발린 소리만 앵무새처럼 뇌까리는 여인女人이다.

스스로의 잘못이나 허물에 대하여 부정否定을 하고 뻔뻔하게 굴면서 스스로를 합리화合理化시키는 여인女人이며, 이도저도 아니라면 눈물로 호소呼訴하는 성격性格이면서 더하여 하나에 하나를 덧붙여 순간을 피해가는 잔꾀에 능하다.

매사每事에 크게 책임감責任感을 느끼지 않은 여인女人으로 위신威信이나 체면體面, 명예名譽 따위에 무게를 두고 기회機會가 주어지면 곧바로 젠체하며 가볍게 구는 성격性格이며, 이를 지키기 위해 아양을 떨어가면서 자존심을 버리는 사람이다.

지극히 감정적感情的인 여인女人으로 변덕變德이 심하고 겉치레에 정성을 들이며, 허영심虛榮心에 낭비벽이 있으며, 늘 채워지지 않은 욕심慾心으로 스스로를 고달프게 만드는 여인이다.

실속은 애시 당초 꿈도 꾸지 않은 성격性格으로 처신處身과 처세處世를 하는 일에 있어서 허례허식을 좋아하며, 허세虛勢를 부리고 허풍虛風을 떠는 어리석은 여인女人이다.

되지 못한 여인女人이 된 척을 하고 잘나지도 못했으면서 잘난 척을 하고 배움이 적으면서 많이 든 척을 하는 여인女人이지만 이성異性으로부터 사랑을 받은 천생天生 여자女子의 몸이다.

필요에 따라 움직이는 진실성眞實性이 결여缺如된 애정이라 서로의 욕심慾心만 챙기고 나면 몸과 마음을 돌리며, 매우 현실적現實的으로 본능적本能的 쾌락을 즐기는 여인이다.

가족家族에 대한 지극한 사랑이나 정보다는 본인本人을 제일 우선시하는 성격性格으로 주기보다는 받기만을 바라는 욕심慾心 많은 여인女人이며, 늘 불평불만不平不滿을 늘어놓고 사는 어리석은 여인女人이다.

여자女子: 음陰 ⇨ 태음太陰 ☷ 곤坤

외유중내유약무명外柔重內柔弱無明의 성격性格에 사물의 이치와 말귀에 어둡고 어리석으면서 아둔한 여인女人이지만 모정母情으로 거친 세상사世上事에 몸과 마음을 던지는 성격이며, 약하고 여린 마음이지만 강한 어머니의 모습을 보여주는 선한 여인女人이다.

무슨 일이든 어떠한 일이든 가리지 않고 해나가는 고지식한 성격이며, 적극적積極的이라거나 소극적消極的이라는 것을 떠나 여자女子로서의 의무감義務感으로 살아가는 여인女人으로 일의 앞뒤를 헤아리지 않고 몸과 마음을 사리지 않으면서 매사每事에 늘 온 정성精誠을 들이는 여인女人이다.

제 앞가림을 잘한다거나 생활력生活力이 강하다는 의미를 떠나 처한 상황狀況에서 몸과 마음을 사리지 않고 움직이는 여인이며, 잘잘못을 가름하지 않고 오로지 본업本業에 충실忠實하면서 하나만을 생각하고 앞으로 나가는 성격性格이다.

스스로의 잘못이나 허물에 대하여 알지도 알려고도 않으며, 인정認定을 하던 부정否定을 하든지 간에 무관심無關心하고 융통성融通性없이 본능적本能的으로 움직이면서 하나라도 제 것으로 만들어가려는 입을 꼭 닫은 여인女人이다.

실속이 있네. 없네. 하며 따지기에 앞서 손이 먼저 잡아버리며, 무엇이든 꼭 쥐고 놓지 않은 성격性格에 스스로를 희생犧牲하며 살아가는 사람이다.

체면體面이나 위신威信을 생각하지 않고 오로지 하나의 생각, 하나의 행위行爲에 집중集中하는 여인으로 필요必要하다면, 시키는 대로 할 수만 있다면 다 하는 성격이며, 이러한 처신處身과 처세處世로 인하여 스스로의 몸과 마음을 고달프게 만드는 여인女人이다.

사랑이니 애정愛情이니, 이러한 것을 따지기에 앞서 여자女子로서의 의무義務에 충실忠實하는 여인女人으로서 스스로의 몸과 마음을 희생犧牲하여 가족을 이바지하지만 늘 한 구석으로 내몰리는 여인女人으로 인정認定을 받지 못하고 늘 무거운 짐만을 짊어지고 가는 고지식한 모정母情이다.

• 연월일시年月日時에 따른 변역變易과 통변通變하는 법

1. 본인의 사주四柱로 변역變易과 통변通變하는 법

순행順行일 때.

순행이란 양陽의 기운이 일어나 활동하는 동지冬至부터 하지夏至까를 이르는 것이며, 순행順行일 경우는 시주時柱가 자신의 평생平生과 자식子息과의 관계를 보는 것이며, 일주日柱는 자신의 초년初年 운과 스스로의 타고난 기운이나 내재內在된 기본적인 틀을 보는 것이고 월주月柱는 스스로의 중년中年 운과 배우자 및 인간관계人間關係를 보는 것이며, 년주年柱는 본인의 말년末年과 부모 및 주어진 상황狀況이나 여건을 보는 것이다.

초년初年은 태어나서 결혼結婚하기 전을 이르며, 중년中年은 가정家庭을 일궈 살 때이고 말년末年은 자식이 결혼하거나 손자, 손녀를 본 후를 이른다.

예를 들면 음력陰曆 1950년 3월 12일 오전 9시에 태어난 남자나 여자의 괘卦를 세우고 변역變易과 통변通變을 하면 아래와 같다.

음　력: 1950년 3월 12일 평달 9시
양　력: 1950 4월 28일 9시
음력간지: 경인년庚寅年 경진월庚辰月 계사일癸巳日 정사시丁巳時
년　주: 송백목松柏木 양의 태양太陽 건乾☰
경인년 ⇨ 송백목松柏木
양년: 입춘立春-입하立夏= ⇒ 태양太陽 건乾
월　주: 백납금白鑞金 양의 소음少陰 태兌☱
경진월 ⇨ 백납금白鑞金
양월: 춘분春分-하지夏至= ⇒ 소음少陰 태兌
일　주: 장류수長流水 양의 소양少陽 리離☲
일주의 "양/음"은 "월"의 간지 첫 자의 "양/음"에 따라 결정됨

계사일 ⇨ 장류수長流水

음일: 곡우穀雨 후 8일까지= ⇨ 소양少陽 리離

시   주: 사중토沙中土 음의 소음少陰 감坎 ☵

정사시 ⇨ 사중토沙中土

음시: 새벽 5시-오전 11시 ⇨ 소음少陰 감坎

사주四柱가 순행順行하는 경우

순행順行이라는 것은 양陽의 기운이 일어나 활동하는 동지부터 하지까지를 이른다.

시주時柱가 평생 운, 일주日柱가 초년 운, 월주月柱가 중년 운, 년주年柱가 말년 운을 보는 것이다.

www.천운해제.com의 사주로 괘 세우기

첫째, 주역周易을 따라 괘卦를 세우고 64괘六十四卦 중에서 가려내면 다음과 같다.

초년初年은 일주日柱의 괘卦가 위에 시주時柱의 괘가 아래에 위치한다. 그러므로 초년은 이離☲上, 감坎☵下이며, 불을 의미하는 이괘離卦가 위에 있고 물을 의미하는 감괘坎卦가 아래에 있는 상이다. 곧 화수미제火水未濟의 괘卦로 미제未濟괘는 모든 일이 이루어지기 전의 상象이며, 연이어지는 일로 인하여 어렵게 나아가는 것을 이른다. 불, 태양과 달, 차가운 빛을 상징象徵하는 이괘離卦☲가 상괘上卦로서 오음五陰의 유순柔順한 기운氣運이 어느 한쪽으로 치우침이 없는 중정中正의 자리를 지키고 물을 상징象徵하는 감괘坎卦☵인 하괘下卦에 구이九二의 강剛한 기운氣運이 자리하고 있는 것이 미제 괘이다.

물水 위에 불火이 있는 괘상卦象인 까닭으로 비록 그 자리가 정당正當하지는 않지만, 부드러운 기운氣運이 가운데 자리를 잡고 하괘下卦의 강剛한 기운과 응하기 때문에 형통亨通하다고는 할 수 있으나, 위험하고 어려운 일들이 연이어 닥친다는 것이니, 초년에는 조급早急하게 대응對應하지 말고 늘 신중愼重하게 대처對處하면서 나아가야만 한다는 것이다.

　스스로의 노력 여하에 따라 이루기도 하고 무너지기도 하는 것이니, 매사每事에 신중愼重해야 할 것이며, 어렵고 위험危險한 일에 꺾이지 않도록 몸과 마음을 다한 성실誠實함이 꼭 필요必要할 때이다. 늘 불리不利한 위치位置에 서기는 하나, 스스로의 노력努力 여하如何에 따라 밝은 문이 열리는 것이니, 자신自身의 잘못이나 허물을 바로잡고 바탕을 탄탄하게 만들어야 한다는 것이다.

　중년中年은 월주月柱의 괘가 위에 시주時柱의 괘가 아래에 위치한다. 그러므로 중년은 태兌☱上, 감坎☵下이며, 못을 의미하는 태괘兌卦가 위에 있고 물을 의미하는 감괘坎卦가 아래에 있는 상象이다. 곧 택수곤澤水困의 괘로 곤困은 힘들고 어려운 때를 맞아 고군분투孤軍奮鬪하는 상象이며, 사방을 둘러친 울타리 안口에 나무木가 있는 상象이다. 곤困은 곤궁困窮하기는 하나, 마음을 바르고 곧게 가지면 모든 것이 무난無難하게 통한다는 것이다. 때문에 대인大人은 길吉하고 허물이 없다고 하는 것이다. 연못을 상징象徵하는 태괘兌卦☱가 위에 있고 흐르는 물과 비를 상징象徵하는 감괘坎卦☵가 아래에 있으면서 양효陽爻 3개가 음효陰爻에 갇혀 움직이지 못하는 것이다. 물론 힘들고 어려울 것이며, 진실眞實을 말해도 알아주지 않을 것이고 진퇴양난進退兩難에 빠질 것이다. 이럴 때일수록 스스로의 가치價値를 구현具現해야 하는 것이니, 고통苦痛을 통한 발전發展을 위하여 거리낌 없이 받아들이고 줏대를 잃지 않아야 한다.

　곤困은 지극히 곤란困難하고 힘든 때이다. 사방四方이 막혀있고 하늘의 뜻마저도 읽을 수가 없으니, 순응順應하며 따를 수 있는 의지依支할 바가 없다는 것이다. 때문에 이러한 때를 당하면 스스로의 마음을 더욱 굳건하게 다잡고 올바른 행동行動을 하며, 말 한마디에 신중愼重을 더하는 것이다. 아무리 조심하고 삼간다하더라도 뜻하지 않은 일로 인하여 방해妨害를 받거나 막히는 일이 많다. 때문에 소인小人은 감언이설甘言利說에 속아 스스로의 위신威信이나 명예名譽를 실추失墜시키기가 쉽고 대인大人은 전의戰意

를 다지면서 희망希望을 가지고 움직여야 한다는 것이다.

　말년末年은 년주年柱의 괘가 위에 시주時柱괘가 아래에 위치한다. 그러므로 말년은 건乾☰상, 감坎☵下이며, 하늘을 의미하는 건괘乾卦가 위에 있고 물을 의미하는 감괘坎卦가 아래에 있는 상象이다. 곧 천수송天水訟의 괘卦로서로 다투는 상象이며, 힘들고 어려운 시기時機이니, 고집固執을 버리고 상생相生을 위해 몸과 마음을 다하여 힘을 쏟아야 한다는 것이다.

　송訟이란 서로가 서로의 의견意見에 반대하고 자기주장만을 내세우면서 마지막까지 좋지 않은 결과結果로 끝맺음을 한다는 것이며, 상괘上卦인 건乾☰이 오로지 위로만을 고집固執하고 하괘下卦인 감坎☵, 곧 물은 오로지 아래로만을 향하면서 반대로만 내달리는 형상形象을 이른다. 때문에 다툼만이 잦아지고 서로가 손해損害를 보면서도 고집固執을 버리지 못한다는 것이다. 그 뒷날의 좋지 못한 결과結果를 인지認知하면서도 못난 자존심自尊心 하나로 버티는 것이 이 괘卦이다. 자기주장만을 내세워 끝까지 관철貫徹하려는 것은 좋은 결과結果보다는 스스로가 다치는 것이니, 타인他人의 의견意見을 쫓아감이 오히려 득이 될 것이다.

　어떠한 다툼이든 좋지 않은 것은 사실이다. 위에 있으면서 강한 것 乾☰이 아래의 약한 것坎☵을 억압抑壓하고 물의 기운氣運인 감坎☵이 하늘의 기운인 건乾☰을 향해 등을 돌리고 내달리는 상象이니, 스스로의 삶에 대한 안배가 필요한 시기이다.

　자신의 사주를 가지고 주역을 풀어가는 것이나, 이는 자연법自然法으로서의 본바탕을 이해하는 것이며, 깊은 통찰通察을 통해 심지心地를 바르게 세우는 것이다. 64괘로만은 인간의 삶을 드러낼 수 없기 때문에 육십갑자六十甲子를 만들어 인간의 삶을 정의한다.

　둘째, 주역을 바탕으로 해서 육십갑자에 8상八象, 곧 건乾, 태兌, 리離, 진震, 손巽, 감坎, 간艮, 곤坤을 부여해서 통변通變하여 가려내면 다음과 같다.

　초년初年은 장류수長流水 양의 소양少陽, 리離☲괘가 위에 위치하고 시중토

沙中土 음의 소음少陰, 감坎☵괘가 아래에 있는 상象이다. 곧 장류수長流水 양의 소양少陽이 위에 있고 사중토沙中土 음의 소음少陰이 아래에 있는 상이다.

　장류수의 기운은 대지大地를 거침없이 관통하며 흘러가는 큰 강물의 기운으로 물의 기운 그대로 아래로만 향하려는 기질이다. 엄마의 품 대지의 생김 그 모양과 모습, 성질 등을 따르면서 이르는 곳마다 생명수生命水를 넉넉히 적셔주고 미련 없이 제 본연의 자리를 떠나 아래로 아래로만 향하는 크고 방대한 기운을 이르는 것이다. 그러나 양陽의 소양少陽은 외강내유약경外剛內柔弱輕의 성격에 남자 같지만 신중愼重하지 못하고 말과 행동行動이 가볍고 늘 들떠있으면서 우유부단優柔不斷하며, 뒤가 무른 남자男子라는 것이니, 거침없이 흐르되 말과 행동이 가벼운 까닭으로 그 흐름이 힘이 되지 못한다는 것이다. 또한 필요必要에 따라 적극적積極的이고 능동적能動的이지만 자신自身과 연관聯關이 없는 일이라면 매우 피동적被動的이면서 말과 행동行動을 함부로 하며, 일의 앞뒤를 헤아리지 못하고 자신自身의 힘이나 머리만을 믿으면서 무조건 밀고 나아가는 것이다.

　사중토의 기운은 모래 가운데 간간히 섞여있는 흙의 기운이라 풀 한포기 나무 한그루가 뿌리를 내리기에는 매우 어려운 땅의 기운이다. 모래바람에 하늘이 어두워지고 바로 눈앞을 헤아리지 못하며, 눈뜬장님으로 거친 사막을 가야하는 어렵고 힘든 기운이다. 그러나 음陰의 소음少陰은 외유내유중外柔內柔重의 성격性格에 지극히 신중愼重하고 무거우며, 말과 행동行動을 삼가면서 매사에 섬세하게 반응하는 기운이므로 스스로의 무거운 몸이나 마음을 추스르고 이양二陽의 치우치지 않은 중도中道의 강한 기운으로서 일음一陰, 삼음三陰의 도움을 받아 오음五陰의 부드러운 기운과 응한다는 것이다. 곧 사중토가 늘 허덕허덕한 삶에 밑이 빠진 독에 물붓 듯 사라지는 재물이나 인간, 애정 따위에 불안不安함을 씻지 못하는 기운이지만 장류수의 가벼운 기운을 크게 모으고 흡수하여 초년을 보낸다는 것이다.

　중년中年은 백납금白鑞金 양의 소음少陰 태兌☱괘가 위에 위치하고 사중토沙中土 음의 소음少陰, 감坎☵괘가 아래에 있는 상象이다. 곧 백납금 양의 소음少陰이 위에 있고 사중토沙中土 음의 소음少陰이 아래에 있는 상이다.

백납금의 기운은 주어진 여건이나 상황狀況에 따라 잘 늘어나고 줄어드는 백금의 기운을 이른다. 특히 언변言辯에 능하며, 밀고 당기는 기술이 능란한 까닭으로 교섭交涉이나 화해和解에 능력을 발휘하고 스스로의 이로운 점을 드러내어 명예나 권위, 체면 따위를 세우는 처신과 처세에 능한 기운이다. 그러나 양陽의 소음少陰은 외강내유중外剛內柔重의 성격性格에 매우 신중愼重한 기운이며, 말과 행동行動을 삼가고 부드럽지만 강단剛斷있는 사람이면서 드러나지 않게 적극적積極的이면서 능동적能動的이면서 밀고 당기는 일에 있어서 신중愼重을 기하고 말과 행동을 삼가는 기운이다. 또한 알게 모르게 뒷심이 강한 남자男子로서 강압적强壓的이고 억압적抑壓的인 힘보다는 부드러운 리더십으로 무리無理없이 이끌고 가는 현명賢明한 기운이라는 것이다. 여기에 사중토 음의 소음 기운이 바탕이 되는 것이니, 몸과 마음이 힘들고 어렵지만 매사에 지혜롭게 이끌어가는 기운이라고 볼 수 있다.

말년末年은 송백목松柏木 양의 태양太陽 건乾☰괘가 위에 위치하고 사중토沙中土 음의 소음少陰, 감坎☵괘가 아래에 자리하고 있다. 곧 송백목松柏木 양의 태양太陽이 위에 있고 사중토沙中土 음의 소음少陰이 아래에 있는 상象이다.

송백목의 기운은 봄, 여름, 가을, 겨울을 지내면서 그 푸른색 그대로 변함이 없는 소나무의 기운이다. 유독 자존심自尊心이 강하며, 남에게 지지 않으려는 성격에 부러지면 부러질지언정 휘어지지 않는 기질이다. 타인의 잔소리나 지적 질에 매우 신경질적神經質的인 반응을 보이면서 강하게 반발反撥하는 기질이며, 요목조목 논리적論理的으로 따지면서 자존심을 분명하게 지키는 성질이다. 다시 말하면 양반 기질이라 타인에 대한 배려하는 마음이 눈곱만큼도 없고 1년 365일 꼿꼿하게 허리를 세우면서 명예名譽나 권위權威, 체통體統 따위를 굳게 지키는 기운이다. 반면에 타인의 잘못이나 허물에 대해서는 망설임 없이 지적하고 가르치는 성격이며, 자신의 뜻이나 생각이 받아들여질 때까지 멈추지 않은 집요執拗한 성격을 이른다. 이러한 기운의 바탕이 사중토 음의 소음 기운이니 그 힘을 발휘할 수 있겠는가.

본인의 저서 "천운해제天運解題"는 변역變易으로서 주역周易 64괘를 바탕으로 풀어쓴 것이며, 통변通變은 목차만으로도 5,000 페이지에 달하기 때문에 www.천운해제.com의 주역에 따른 통변 도표에서 차례를 따라 올려놓았다.

첫째 주역 64괘六十四卦와 둘째 육십갑자를 분명하게 알고 이를 조합하여 밝혀내는 것이 통변通變이다. 재물財物 운, 생명生命, 사업事業, 사랑, 학업學業, 성격性格, 기질氣質, 소원所願, 입학入學, 날씨, 여행旅行, 연애戀愛 등에 대해서 일일이 설명하고 이끌어 갈 수 있는 것이 통변通變이다.

역행逆行일 때.

역행逆行이란 음陰의 기운이 일어나 활동하는 하지夏至부터 동지冬至까지를 이른다. 역행逆行일 경우 연주年柱가 평생의 운과 자식과의 관계關係를 보는 것이며, 월주月柱는 본인의 초년初年과 기본적으로 타고나는 성격이나 기질, 본바탕을 보는 것이고 일주日柱는 중년中年과 배우자 및 주변 사람들과의 관계를 보는 것이며, 시주時柱는 말년末年과 부모나 조상, 웃어른과의 관계를 보는 것이다.

초년初年은 태어나서 결혼結婚하기 전을 이르며, 중년中年은 가정家庭을 일궈 살 때이고 말년末年은 자식이 결혼하거나 손자, 손녀를 본 후를 이른다. 예를 들어 음력陰曆 1950년 9월 22일 오전 9시에 태어난 남자나 여자의 괘卦를 세우고 통변通變하면 아래와 같다.

음   력: 1950년 9월 22일 평달 9시
양   력: 1950년 11월 1일 9시
음력간지: 경인庚寅년 병술丙戌월 경자庚子일 신사辛巳시
년   주: 송백목松柏木 ⇨ 양의 소양少陽 리離☰

경인년 ⇨ 송백목송백목

양년: 입추立秋-입동立冬 ⇨ 소양少陽 리離

월　주: 옥상토屋上土 ⇨ 양의 태음太陰 진震 ☳

병술월 ⇨ 옥상토屋上土

양월: 추분秋分-동지冬至 ⇨ 태음太陰 진震

일　주: 벽상토壁上土 ⇨ 양의 태음太陰 진震 ☳

일주의 "양/음"은 "월"의 간지 첫 자의 "양/음"에 따라 결정됨

경자일 ⇨ 벽상토壁上土

양일: 상강霜降 8일 후부터 입동立冬까지 ⇨ 태음太陰 진震

시　주: 백납금白鑞金 ⇨ 음의 소음少陰 감坎 ☵

신사시 ⇨ 백납금白鑞金

음시: 새벽 5시-- 오전 11시 ⇨ 소음少陰 감坎

사주四柱가 역행逆行하는 경우

역행逆行이라는 것은 陰의 기운이 일어나 활동하는 하지부터 동지까지를 이른다.

시주時柱가 말년 운, 일주日柱가 중년 운, 월주月柱가 초년 운, 년주年柱가 평생 운을 보는 것이다.

www.천운해제.com의 사주로 괘 세우기

첫째, 주역周易을 따라 괘卦를 세우고 64괘六十四卦 중에서 가려내면 다음과 같다.

초년初年은 월주月柱가 위에 위치하고 년주年柱가 아래에 위치한다. 그러므로 천둥을 의미하는 진震☳괘가 위에 자리하고 불을 의미하는 리離☲괘가 아래에 자리한다. 그러므로 64괘중에서 뇌화풍雷火豊괘를 이른다.

풍豊이란 크게 성盛하고 빛이 충만充滿하다는 것이다. 모든 일에 있어서 풍부豊富한 것을 이르며, 상괘上卦는 천둥을 상징象徵하는 진괘震卦☳이며, 하괘下卦는 불, 태양, 전電을 상징象徵하는 이괘離卦☲가 자리한다. 천둥소리

와 번개가 드디어 만난 것이니, 크고 무성하게 이루어질 상象을 이른다. 그러나 세상사라는 것은 성盛하면 쇠衰하는 법이 아니던가. 하늘과 땅은 봄, 여름, 가을, 겨울에 따라 성盛하고 쇠衰하지 않던가. 사람 또한 이를 떠나지 못하는 것이니, 밝은 지혜智慧로 앞날을 생각하면서 움직이는 것이 현명賢明하다. 따라서 격格에 맞은 일이니, 합당合當하게 움직이고 마땅한 자리에 처하면 된다. 그렇게 걱정할 일은 아니라는 것이다.

중년中年은 일주日柱의 괘가 위에 자리하고 년주年柱의 괘는 아래에 자리한다. 초년初年과 마찬가지로 뇌화풍雷火豊괘이며, 주역으로는 그 의미 또한 같다. 그러나 변역變易으로서 초년은 송백목松柏木 ⇨ 양의 소양少陽 리離☲괘의 기운이 옥상토屋上土 ⇨ 양의 태음太陰 진震☳의 기운을 짊어지고 있는 형상이며, 중년은 송백목松柏木 ⇨ 양의 소양少陽 리離☲괘의 기운이 벽상토壁上土 ⇨ 양의 태음太陰 진震☳괘의 기운에 사방이 막혀있는 형상이다. 진상震上☳ 리하離下☲로써 같은 뇌화풍雷火豊괘이지만 사람의 음력사주陰曆四柱를 본질本質로 삼아 변역變易하면 이와 같다.

말년末年은 시주時柱의 괘가 위에 자리하고 년주年柱의 괘가 아래에 자리한다. 그러므로 물을 상징하는 감괘坎卦☵가 위에 자리하고 불을 상징하는 리離☲괘가 아래에 자리한다. 그러므로 64괘중에서 수화기제水火旣濟괘를 성립한다. 기제旣濟는 만사萬事가 이미 이루어져있는 것을 이르지만 물이 불을 끄려고 하는 것이니, 분열分裂과 다툼이 벌어지는 것이다. 몸과 마음을 삼가고 말과 행동行動에 신중愼重을 기해 앞으로 다가올 어렵고 힘든 시기時期를 밝은 지혜智慧로 미리 대비對備하고 준비準備해야 한다는 것이다. 곧 불의 기운은 오로지 위로만 향하는 기운이며, 물은 아래로만 흐르려는 기운이라는 것이다. 기제旣濟는 어려움이나 힘든 상태狀態를 벗어나 모든 것을 이루고 취한 안정적安定的인 시기時期를 이른다. 그렇다고 마음 편하게 여유餘裕를 부릴 수 없는 때이니, 물坎卦☵은 위에 있고 불離卦☲이 아래에 있는 형상形象이다. 때문에 안정적安定的인 시기時期라고 말하기는 하지만 기제旣濟는 형통亨通하는 것이 작은 괘卦라는 것이다. 마음을 바르고 올곧게 지녀야 이롭다는 것이니, 이는 강한 기운氣運과 부드러운 기운氣運, 곧 오양五陽과 이음二陰이 어느 한쪽으로 치우치지 않은 중정中正의 마땅한 자리를 얻었다는 것이다. 그러나 안정적安定的인 시기時期가 항상 한 것은 아니니, 그 행하는 도道가 곤궁困窮해 진다는 것이다. 물이 위에 있고 불이 아래에 있는 것으로 늘 끊임없이 순환循環하는 까닭에 현재現在의 호기好期를 유지維持할 수 없다는 것이다.

둘째, 변역變易에 따라 괘卦를 세우고 간략한 설명을 하면 다음과 같다.

초년初年은 년주年柱 위에 월주月柱를 세우는 것이니, 송백목松柏木 ⇨ 양의 소양少陽 기운이 옥상토屋上土 ⇨ 양의 태음太陰의 기운을 짊어지는 형상이다. 굳이 표현하자면 송백목 양의 소양이란, 외강내유약경外剛內柔弱輕의 성격에 남자 같지만 신중愼重하지 못하고 말과 행동行動이 가볍고 늘 들떠있으면서 우유부단優柔不斷하며, 뒤가 무른 남자男子라는 것이다. 겉으로는 똑똑하고 딱 부러지는 것 같지만 그렇지 못하다는 것이며, 필요必要에 따라 적극적積極的이고 능동적能動的이지만 자신自身과 연관聯關이 없는 일이라면 매우 피동적被動的이면서 말과 행동行動을 함부로 하는 가벼운 남자男子라는 것이다.

변역變易의 설명에 주역周易의 본질론적本質論的인 내용을 부가 설명하면 이것이 통변通變이며, 이 통변을 통하여 역치易治할 수 있는 것이다.

중년中年은 년주年柱 위에 일주日柱를 세우는 것이니, 송백목松柏木 ⇨ 양의 소양少陽 기운이 벽상토壁上土 ⇨ 양의 태음太陰 기운에 둘러싸여 이러지도 저러지도 못하는 상황에 처하고 스스로를 옭아매는 형상이다. 송백목의 가벼운 기운이 벽상토의 아둔한 기운에 가로막혀 스스로의 삶을 가둬두는 형상이다. 자세한 내용은 주역에 따른 육십갑자 음양론陰陽論과 16상十六象 행태론行態論의 남자男子 8상八象 행태론行態論과 여자女子 8상八象 행태론行態論을 깊이 참구해야만 한다.

말년末年은 년주年柱 위에 시주時柱를 세우는 것이니, 송백목松柏木 ⇨ 양의 소양少陽 기운이 백납금白鑞金 ⇨ 음의 소음少陰 기운과 서로 극克하는 형상이다. 물론 백납금 음의 소음 기운이 말이 없고 현명함을 갖춘 기운이지만 송백목의 가벼운 기질로 인하여 말실수가 많다는 것이다. 본인저서 변역變易 "천운해제天運解題"를 참구하고 주역을 자세히 한 후에 그 내용을 실하게 하여야 한다.

2. 본인 각각의 연월일시에 따라 괘를 세우는 법.

남자는 본인의 괘卦 위에 연월일시의 괘를 올리고 여자는 본인의 괘卦를 연월일시의 괘 아래에 둔다. 예를 들면 음력陰曆 1975년 5월 15일 아침 10시에 태어난 남자와 여자일 경우에는 아래와 같이 연월일시의 괘가 세워진다. 이를 바탕으로 개인의 연월일시에 따른 괘를 세워서 각 해마다의 운運을 풀 수가 있으며, 각 월운月運, 각 일운日運, 각 시운時運까지도 괘卦를 세워 풀어 볼 수가 있다.

음   력: 1975년 5월 15일 평달 10시
양   력: 1975년 6월 24일 10시
음력간지: 을묘乙卯년 임오壬午월 신축辛丑일 계사癸巳시
년   주: 대계수大溪水 ⇨ 음의 소음少陰 감坎 ☵
을묘년 ⇨ 대계수大溪水
음년: 입하立夏-입추立秋 ⇨ 소음少陰 감坎
월   주: 양류목楊柳木 ⇨ 양의 소양少陽 리離 ☲
임오월 ⇨ 양류목楊柳木
양월: 하지夏至-추분秋分 ⇨ 소양少陽 리離
일   주: 벽상토壁上土 ⇨ 양의 소양少陽 리離 ☲
일주의 "양/음"은 "월"의 간지 첫 자의 "양/음"에 따라 결정됨
신축일 ⇨ 벽상토壁上土
음일: 하지夏至 후 8일까지 ⇨ 소양少陽 리離

시　주: 장류수長流水= ⇒ 음의 소음少陰 감坎☵

계사시 ⇨ 장류수長流水

음시: 새벽 5시-오전 11시 ⇨ 소음少陰 감坎

사주四柱가 역행逆行하는 경우

역행逆行이라는 것은 陰의 기운이 일어나 활동하는 하지부터 동지까지를 이른다.

시주時柱가 말년 운, 일주日柱가 중년 운, 월주月柱가 초년 운, 년주年柱가 평생 운을 보는 것이다.

www.천운해제.com의 사주로 괘 세우기

남자는 연월일시의 괘卦 위에 본인의 괘를 올리고 여자는 본인의 괘를 연월일시의 괘 아래에 둔다. 남녀노소男女老少를 떠나 이 규칙은 변함이 없는 것이다. 예를 들어 음력 2020년 3월 20일 오후 2시의 괘를 세워 남자의 괘와 여자의 괘를 세우면 다음과 같다.

음　력: 2020년 3월 20일 평달 14시

양　력: 2020년 4월 12일 14시

음력간지: 경자庚子년 경진庚辰월 을유乙酉일 계미癸未시

년　주: 벽상토壁上土 ⇨ 양의 태양太陽 건乾☰

경자년 ⇨ 벽상토壁上土

양년: 임춘立春-입하立夏 ⇨ 태양太陽 건乾

월　주: 백납금白鑞金 ⇨ 양의 소음少陰 태兌☱

경진월 ⇨ 백납금白鑞金

양월: 춘분春分-하지夏至 ⇨ 소음少陰 태兌

일　주: 천중수泉中水 ⇨ 양의 소음少陰 태兌☱

일주의 "양/음"은 "월"의 간지 첫 자 "양/음"에 따라 결정됨

을유일 ⇨ 천중수泉中水

음일: 청명清明 8일 후부터 곡우穀雨까지 ⇨ 소음少陰 태兌

시 주: 양류목楊柳木 ⇨ 음의 소양少陽 간艮 ☶

계미시 ⇨ 양류목楊柳木

음시: 오전 11시~오후 5시 ⇨ 소양少陽 간艮

사주四柱가 순행順行하는 경우

순행順行이라는 것은 양陽의 기운이 일어나 활동하는 동지부터 하지까지를 이른다.

시주時柱가 평생 운, 일주日柱가 초년 운, 월주月柱가 중년 운, 년주年柱가 말년 운을 보는 것이다.

www.천운해제.com의 사주로 괘 세우기

태어나서 결혼結婚하기까지는 초년初年이라 하고 결혼 후 자식이 결혼을 하거나 손자를 보기까지는 중년中年이라 하며, 손자나 손녀를 보면 말년末年이라고 한다. 이를 따라 남자는 결혼하기 전前이라면, 역행으로 월주가 초년이니, 양류목楊柳木 ⇨ 양의 소양少陽 리離☲의 괘卦가 위로 가고上卦 2020년 3월 20일은 순행으로 일주가 초년이니, 천중수泉中水 ⇨ 양의 소음少陰 태兌☱의 괘를 아래에 둔다. 리상離上, 태하兌下☱로 64괘중에서 화택규火澤睽: ☲ ☱ 離上 兌下 陽 ⇨ 少陰의 괘를 이룬다. 주역周易의 자연법自然法을 자세히 알고 통변通變으로 리괘離卦☲로써의 양류목楊柳木이 위에 있고 태괘兌卦로서의 천중수泉中水가 아래에 있다. 본인의 저서 "천운해제天運解題"에서 양류목 양陽의 소양少陽과 천중수 양陽의 소음少陰을 깊이 이해하면 통변通變으로서의 초년 운을 풀어낼 수가 있다. 중년 운이나 말년 운도 이 규칙을 따라 괘를 세워 들여다 볼 수가 있다.

여자는 본인의 괘가 연월일시의 괘 아래에 두는 것이니, 위의 남자와 같은 상황이라면 2020년 3월 20일의 일주 괘인 천중수泉中水 ⇨ 양의 소음少陰 태兌 ☱ 괘가 위로 가고上, 1975년 5월 15일의 월주 괘인 양류목楊柳木 ⇨ 양의 소양少陽 리離 ☲괘를 아래에 둔다. 곧 태상兌上☱, 리하離下☲로 64괘중에서 택화혁澤火革, ☱ ☲ 兌上 離下 陽 ⇨ 少陽의 괘를 이룬다. 통변通變으로 태괘兌卦로서의 천중수가 위에 있고 리괘離卦로서의 양류목이 아래에 있다. 본인의 저서 "천운해제天運解題"에서 천중수 양의 소음少陰과 양류목 양의 소양少陽을 깊이 헤아리고 통찰하면 통변通變으로서의 기운을 풀어낼 수가 있다. 물론 중년中年 운이나 말년末年 운도 이 법칙을 따라 괘를 세우고 각각의 연월일시年月日時를 따라 변하는 것을 들여다 볼 수가 있다.

이렇듯 간략하게 설명하고 마치려는 것은 그 내용이 때에 따라서 너무 방대해지고 글로서는 다 드러낼 수 없기 때문이다. 또한 주역周易이나 변역變易의 내용이 크고 넓은 까닭에 일일이 설명하기에는 그 내용의 깊이가 달라지기 때문이다. 그러므로 자세한 내용은 주역에 따른 육십갑자 음양론陰陽論과 16상十六象 행태론行態論의 남자男子 8상八象 행태론行態論과 여자女子 8상八象 행태론行態論을 깊이 참구해야만 한다.

3. 개인 대 개인의 사주四柱로 괘 세우기.

남녀노소男女老少를 떠나 남자男子의 사주四柱괘가 위로 가고 여자女子의 사주四柱괘는 아래에 둔다. 설령 모자母子 사이라도 아들이 엄마의 사주四柱괘 위에 위치하며, 남자 대 남자, 여자 대 여자일 경우에는 늘 하루라도 빠른 연장자年長者의 사주四柱괘가 위로 간다.

VI

오행五行의 상생상극相生相剋에 대하여

• 육십갑자병납음六十甲子竝納音 상극 중相剋中에서
상생相生하는 오행五行

　사중금沙中金 모래 가운데의 金과 차천금鑕釧金 黃金 빛깔을 띤 온갖 裝身具는 화火 불의 기운氣運이 있어야 하고자 하는 일을 이룰 수 있다.
　벽력화霹靂火 虛空中에 내려치는 번갯불과 천상화天上火 하늘의 태양과 달빛과 산하화山下火 산 밑바닥에서 타오르는 불은 수水 물의 기운氣運을 얻어야만 복福이 있다.
　평지목平地木 넓고 閑寂한 들판에 홀로 서있는 나무는 금金 쇠의 기운氣運이 없으면 어떠한 일도 이루지를 못한다.
　천하수天下水 하늘 밑에 있는 모든 물과 대해수大海水 큰 바다의 물은 토土 흙의 기운氣運을 만나야지만 자연自然히 형통亨通할 수 있다.
　노방토路傍土 天地四方으로 트인 땅의 길과 대역토大驛土 큰 역참이 지어진 땅과 사중토沙中土 모래 가운데 섞인 흙는 목木 나무의 기운氣運이 아니면 평생平生을 거스른다逆行.

　위의 글에서 "사중금沙中金 모래 가운데의 金과 차천금鑕釧金 黃金 빛깔을 띤 온갖 裝身具는 화火 불의 기운氣運이 있어야 하고자 하는 일을 이룰 수 있다."를 예를 들면 사중금과 각각의 화火 기운에 따라 다름을 알 수 있다. 곧 사중금과 천상화天上火, 사중금과 벽력화霹靂火, 사중금과 산두화山頭火, 사중금과 산하화山下火, 사중금과 노중화爐中火, 사중금과 복등화覆燈火에 따라 천양지차天壤之差를 보이는 것이 육십갑자六十甲子이다. 천상화는 따뜻하게 비춰주는 기운으로 사중금을 녹여 가치 있게 만들어주는 것이 아니라 극과 극을 달리면서 영향을 주는 것이며, 벽력화는 순간순간 사중금을 일깨워만 주는 기운이고 산두화는 인도자로서의 역할만을 하며, 산하화는 한 순간에 모든 것을 몰아치는 기운이다. 노중화는 사중금을 녹여 낼 수 있는 기운이며, 복등화는 모래 가운데서 금金만을 빼가는 기운이다.

사중금 양의 태양太陽, 양의 소음少陰, 양의 소양少陽, 양의 태음太陰, 음의 태양太陽, 음의 소음少陰, 음의 소양少陽, 음의 태음太陰과 노중화 양의 소음少陰, 양의 소양少陽, 양의 태음太陰, 음의 태양太陽, 음의 소음少陰, 음의 소양少陽, 음의 태음太陰으로 가름하는 것은 변역變易이라 하며, 이를 통변通變하면 64괘六十四卦를 이룬다. 이후의 모든 글에서 말하는 변역變易이나 통변通變은 이를 이른다.

사중금沙中金을 상괘上卦로 하고 노중화爐中火를 하괘下卦로 하여 통변通變을 하면 다음과 같다.

• 사중금沙中金: 노중화爐中火의 주역 통변通變 도표.

사중금沙中金: 갑오甲午 ⇨ 양陽.   을미乙未 ⇨ 음陰.
    양陽-태양太陽//건乾☰.   음陰-태양太陽//손巽☴.
    소음少陰//태兌☱.   소음少陰//감坎☵.
    소양少陽//리離☲.   소양少陽//간艮☶.
    태음太陰//진震☳.   태음太陰//곤坤☷.

노중화爐中火: 병인丙寅 ⇨ 양陽.   정묘丁卯 ⇨ 음陰.
    양陽-태양太陽//건乾☰.   음陰-태양太陽//손巽☴.
    소음少陰//태兌☱.   소음少陰//감坎☵.
    소양少陽//리離☲.   소양少陽//간艮☶.
    태음太陰//진震☳.   태음太陰//곤坤☷.

건괘乾卦 ☰

1) 乾爲天건위천:　　☰乾上 ⇨ 사중금沙中金 양陽의 태양太陽
　　　　　　　　　　☰乾下 ⇨ 노중화爐中火 양陽의 태양太陽
2) 天澤履천택이:　　☰乾上 ⇨ 사중금沙中金 양陽의 태양太陽
　　　　　　　　　　☱兌下 ⇨ 노중화爐中火 양陽의 소음少陰
3) 天火同人천화동인:☰乾上 ⇨ 사중금沙中金 양陽의 태양太陽
　　　　　　　　　　☲離下 ⇨ 노중화爐中火 양陽의 소양少陽
4) 天雷无妄천뢰무망:☰乾上 ⇨ 사중금沙中金 양陽의 태양太陽
　　　　　　　　　　☳震下 ⇨ 노중화爐中火 양陽의 태음太陰
5) 天風姤천풍구:　　☰乾上 ⇨ 사중금沙中金 양陽의 태양太陽
　　　　　　　　　　☴巽下 ⇨ 노중화爐中火 음陰의 태양太陽
6) 天水訟천수송:　　☰乾上 ⇨ 사중금沙中金 양陽의 태양太陽
　　　　　　　　　　☵坎下 ⇨ 노중화爐中火 음陰의 소음少陰
7) 天山遯천산돈:　　☰乾上 ⇨ 사중금沙中金 양陽의 태양太陽
　　　　　　　　　　☶艮下 ⇨ 노중화爐中火 음陰의 소양少陽
8) 天地否천지비:　　☰乾上 ⇨ 사중금沙中金 양陽의 태양太陽
　　　　　　　　　　☷坤下 ⇨ 노중화爐中火 음陰의 태음太陰

태괘兌卦 ☱

1) 澤天夬택천쾌:　　☱兌上 ⇨ 사중금沙中金 양陽의 소음少陰
　　　　　　　　　　☰乾下 ⇨ 노중화爐中火 양陽의 태양太陽
2) 兌爲澤태위택:　　☱兌上 ⇨ 사중금沙中金 양陽의 소음少陰
　　　　　　　　　　☱兌下 ⇨ 노중화爐中火 양陽의 소음少陰
3) 澤火革택화혁:　　☱兌上 ⇨ 사중금沙中金 양陽의 소음少陰
　　　　　　　　　　☲離下 ⇨ 노중화爐中火 양陽의 소양少陽

4) 澤雷水택뢰수: ☱兌上 ⇨ 사중금沙中金 양陽의 소음少陰
　　　　　　　　☳震下 ⇨ 노중화爐中火 양陽의 태음太陰
5) 澤風大過택풍대과: ☱兌上 ⇨ 사중금沙中金 양陽의 소음少陰
　　　　　　　　☴巽下 ⇨ 노중화爐中火 음陰의 태양太陽
6) 澤水困택수곤: ☱兌上 ⇨ 사중금沙中金 양陽의 소음少陰
　　　　　　　　☵坎下 ⇨ 노중화爐中火 음陰의 소음少陰
7) 澤山咸택산함: ☱兌上 ⇨ 사중금沙中金 양陽의 소음少陰
　　　　　　　　☶艮下 ⇨ 노중화爐中火 음陰의 소양少陽
8) 澤地萃택지췌: ☱兌上 ⇨ 사중금沙中金 양陽의 소음少陰
　　　　　　　　☷乾下 ⇨ 노중화爐中火 음陰의 태음太陰

이괘離卦 ☲

1) 火天大有화천대유: ☲離上 ⇨ 사중금沙中金 양陽의 소양少陽
　　　　　　　　☰乾下 ⇨ 노중화爐中火 양陽의 태양太陽
2) 火澤睽화택규: ☲離上 ⇨ 사중금沙中金 양陽의 소양少陽
　　　　　　　　☱兌下 ⇨ 노중화爐中火 양陽의 소음少陰
3) 離爲火이위화: ☲離上 ⇨ 사중금沙中金 양陽의 소양少陽
　　　　　　　　☲離下 ⇨ 노중화爐中火 양陽의 소양少陽
4) 火雷噬嗑화뢰서합: ☲離上 ⇨ 사중금沙中金 양陽의 소양少陽
　　　　　　　　☳震下 ⇨ 노중화爐中火 양陽의 태음太陰
5) 火風鼎화풍정: ☲離上 ⇨ 사중금沙中金 양陽의 소양少陽
　　　　　　　　☴巽下 ⇨ 노중화爐中火 음陰의 태양太陽
6) 火水未濟화수미제: ☲離上 ⇨ 사중금沙中金 양陽의 소양少陽
　　　　　　　　☵坎下 ⇨ 노중화爐中火 음陰의 소음少陰
7) 火山旅화산여: ☲離上 ⇨ 사중금沙中金 양陽의 소양少陽
　　　　　　　　☶艮下 ⇨ 노중화爐中火 음陰의 소양少陽

8) 火地晉뇌지진: ☲離上 ⇨ 사중금沙中金 양陽의 소양少陽
　　　　　　　　 ☷坤下 ⇨ 노중화爐中火 음陰의 태음太陰

진괘震卦 ☳

1) 雷天大壯뇌천대장: ☳震上 ⇨ 사중금沙中金 양陽의 태음太陰
　　　　　　　　　 ☰乾下 ⇨ 노중화爐中火 양陽의 태양太陽
2) 雷澤歸妹뇌택귀매: ☳震上 ⇨ 사중금沙中金 양陽의 태음太陰
　　　　　　　　　 ☱兌下 ⇨ 노중화爐中火 양陽의 소음少陰
3) 雷火豊뇌화풍: ☳震上 ⇨ 사중금沙中金 양陽의 태음太陰
　　　　　　　 ☲離下 ⇨ 노중화爐中火 양陽의 소양少陽
4) 震爲雷진위뢰: ☳震上 ⇨ 사중금沙中金 양陽의 태음太陰
　　　　　　　 ☳震下 ⇨ 노중화爐中火 양陽의 태음太陰
5) 雷風恒뇌풍항: ☳震上 ⇨ 사중금沙中金 양陽의 태음太陰
　　　　　　　 ☴巽下 ⇨ 노중화爐中火 음陰의 태양太陽
6) 雷水解뇌수해: ☳震上 ⇨ 사중금沙中金 양陽의 태음太陰
　　　　　　　 ☵坎下 ⇨ 노중화爐中火 음陰의 소음少陰
7) 雷山小過뇌산소과: ☳震上 ⇨ 사중금沙中金 양陽의 태음太陰
　　　　　　　　　 ☶艮下 ⇨ 노중화爐中火 음陰의 소양少陽
8) 雷地豫뇌지예: ☳震上 ⇨ 사중금沙中金 양陽의 태음太陰
　　　　　　　 ☷坤下 ⇨ 노중화爐中火 음陰의 태음太陰

손괘巽卦 ☴

1) 風天小畜풍천소축: ☴巽上 ⇨ 사중금沙中金 음陰의 태양太陽
　　　　　　　　　 ☰乾下 ⇨ 노중화爐中火 양陽의 태양太陽

2) 風澤中孚풍택중부: ☴巽上 ⇨ 사중금沙中金 음陰의 태양太陽
☱兌下 ⇨ 노중화爐中火 양陽의 소음少陰

3) 風火家人풍화가인: ☴巽上 ⇨ 사중금沙中金 음陰의 태양太陽
☲離下 ⇨ 노중화爐中火 양陽의 소양少陽

4) 風雷益풍뢰익: ☴巽上 ⇨ 사중금沙中金 음陰의 태양太陽
☳震下 ⇨ 노중화爐中火 양陽의 태음太陰

5) 巽爲風손위풍: ☴巽上 ⇨ 사중금沙中金 음陰의 태양太陽
☴巽下 ⇨ 노중화爐中火 음陰의 태양太陽

6) 風水渙풍수환: ☴巽上 ⇨ 사중금沙中金 음陰의 태양太陽
☵坎下 ⇨ 노중화爐中火 음陰의 소음少陰

7) 風山漸풍산점: ☴巽上 ⇨ 사중금沙中金 음陰의 태양太陽
☶艮下 ⇨ 노중화爐中火 음陰의 소양少陽

8) 風地觀풍지관: ☴巽上 ⇨ 사중금沙中金 음陰의 태양太陽
☷坤下 ⇨ 노중화爐中火 음陰의 태음太陰

감괘坎卦 ☵

1) 水天需수천수: ☵坎上 ⇨ 사중금沙中金 음陰의 소음少陰
☰乾下 ⇨ 노중화爐中火 양陽의 태양太陽

2) 水澤節수택절: ☵坎上 ⇨ 사중금沙中金 음陰의 소음少陰
☱兌下 ⇨ 노중화爐中火 양陽의 소음少陰

3) 水火旣濟수화기제: ☵坎上 ⇨ 사중금沙中金 음陰의 소음少陰
☲離下 ⇨ 노중화爐中火 양陽의 소양少陽

4) 水雷屯수뢰둔: ☵坎上 ⇨ 사중금沙中金 음陰의 소음少陰
☳震下 ⇨ 노중화爐中火 양陽의 태음太陰

5) 水風井수풍정: ☵坎上 ⇨ 사중금沙中金 음陰의 소음少陰
☴巽下 ⇨ 노중화爐中火 음陰의 태양太陽

6) 坎爲水감위수: ☵坎上 ⇨ 사중금沙中金 음陰의 소음少陰
　　　　　　　　☵坎下 ⇨ 노중화爐中火 음陰의 소음少陰
7) 水山蹇수산건: ☵坎上 ⇨ 사중금沙中金 음陰의 소음少陰
　　　　　　　　☶艮下 ⇨ 노중화爐中火 음陰의 소양少陽
8) 水地比수지비: ☵坎上 ⇨ 사중금沙中金 음陰의 소음少陰
　　　　　　　　☷坤下 ⇨ 노중화爐中火 음陰의 태음太陰

간괘艮卦 ☶

1) 山天大畜산천대축: ☶艮上 ⇨ 사중금沙中金 음陰의 소양少陽
　　　　　　　　　 ☰乾下 ⇨ 노중화爐中火 양陽의 태양太陽
2) 山澤損산택손: ☶艮上 ⇨ 사중금沙中金 음陰의 소양少陽
　　　　　　　　 ☱兌下 ⇨ 노중화爐中火 양陽의 소음少陰
3) 山火賁산화비: ☶艮上 ⇨ 사중금沙中金 음陰의 소양少陽
　　　　　　　　 ☲離下 ⇨ 노중화爐中火 양陽의 소양少陽
4) 山雷頤산뢰이: ☶艮上 ⇨ 사중금沙中金 음陰의 소양少陽
　　　　　　　　 ☳震下 ⇨ 노중화爐中火 양陽의 태음太陰
5) 산풍고山風蠱: ☶艮上 ⇨ 사중금沙中金 음陰의 소양少陽
　　　　　　　　 ☴巽下 ⇨ 노중화爐中火 음陰의 태양太陽
6) 山水蒙산수몽: ☶艮上 ⇨ 사중금沙中金 음陰의 소양少陽
　　　　　　　　 ☵坎下 ⇨ 노중화爐中火 음陰의 소음少陰
7) 艮爲山간위산: ☶艮上 ⇨ 사중금沙中金 음陰의 소양少陽
　　　　　　　　 ☶艮下 ⇨ 노중화爐中火 음陰의 소양少陽
8) 山地剝산지박: ☶艮上 ⇨ 사중금沙中金 음陰의 소양少陽
　　　　　　　　 ☷坤下 ⇨ 노중화爐中火 음陰의 태음太陰

곤괘 坤卦 ☷

1) 地天泰지천태: ☷坤上 ⇨ 사중금沙中金 음陰의 태음太陰
　　　　　　　　 ☰乾下 ⇨ 노중화爐中火 양陽의 태양太陽

2) 地澤臨지택림: ☷坤上 ⇨ 사중금沙中金 음陰의 태음太陰
　　　　　　　　 ☱兌下 ⇨ 노중화爐中火 양陽의 소음少陰

3) 地火明夷지화명이: ☷坤上 ⇨ 사중금沙中金 음陰의 태음太陰
　　　　　　　　 ☲離下 ⇨ 노중화爐中火 양陽의 소양少陽

4) 地雷復지뢰복: ☷坤上 ⇨ 사중금沙中金 음陰의 태음太陰
　　　　　　　　 ☳震下 ⇨ 노중화爐中火 양陽의 태음太陰

5) 地風升지풍승: ☷坤上 ⇨ 사중금沙中金 음陰의 태음太陰
　　　　　　　　 ☴巽下 ⇨ 노중화爐中火 음陰의 태양太陽

6) 地水師지수사: ☷坤上 ⇨ 사중금沙中金 음陰의 태음太陰
　　　　　　　　 ☵坎下 ⇨ 노중화爐中火 음陰의 소음少陰

7) 地山謙지산겸: ☷坤上 ⇨ 사중금沙中金 음陰의 태음太陰
　　　　　　　　 ☶艮下 ⇨ 노중화爐中火 음陰의 소양少陽

8) 坤爲地곤위지: ☷坤上 ⇨ 사중금沙中金 음陰의 태음太陰
　　　　　　　　 ☷坤下 ⇨ 노중화爐中火 음陰의 태음太陰

통변通變의 목차만 나열해도 그 내용이 방대한 까닭으로 이후의 이론부터는 나열하지 않는다. 통변 목록이 필요하다면 "www.천운해제.com"에 접속하여 "16상을 바탕으로 한 주역 통변도표"를 이용하기를 바란다.

1. 상생相生

오행五行이 순행順行하면서 서로가 서로를 일으켜주고 보듬어주는 것을 이른다. 그러나 상생이라 하지만 모든 것이 다 상생이 아니며, 늘 상극相剋이 존재한다.

목생화木生火
나무는 불을 성하게 일으킨다.

- 목木 나무의 기운氣運
    1) 대림목大林木: 무진戊辰 ⇨ 양陽, 기사己巳 ⇨ 음陰
    2) 송백목松柏木: 경인庚寅 ⇨ 양陽, 신묘辛卯 ⇨ 음陰
    3) 양류목楊柳木: 임오壬午 ⇨ 양陽, 계미癸未 ⇨ 음陰
    4) 평지목平地木: 무술戊戌 ⇨ 양陽, 기해己亥 ⇨ 음陰
    5) 석류목石榴木: 경신庚申 ⇨ 양陽, 신유辛酉 ⇨ 음陰
    6) 상자목桑柘木: 임자壬子 ⇨ 양陽, 계축癸丑 ⇨ 음陰

- 화火 불의 기운氣運
    1) 천상화天上火: 무오戊午 ⇨ 양陽, 기미己未 ⇨ 음陰
    2) 벽력화霹靂火: 무자戊子 ⇨ 양陽, 기축己丑 ⇨ 음陰
    3) 산두화山頭火: 갑술甲戌 ⇨ 양陽, 을해乙亥 ⇨ 음陰
    4) 산하화山下火: 병신丙申 ⇨ 양陽, 정유丁酉 ⇨ 음陰
    5) 노중화爐中火: 병인丙寅 ⇨ 양陽, 정묘丁卯 ⇨ 음陰
    6) 복등화覆燈火: 갑진甲辰 ⇨ 양陽, 을사乙巳 ⇨ 음陰

나무는 불의 기운을 성하게 일으킨다 하였으나, 위의 이론을 따라 간략하게 설명하면 다음과 같다.

대림목은 천상화의 따스함으로 자라나고 다른 여타의 나무도 천상화의 부드러운 햇살이 꼭 필요하다. 벽력화는 허공을 때리는 불이라 송백목, 양류목, 평지목을 공포에 떨게 하며, 대림목은 산두화에 나무를 대주어 그 본분을 다하게 하고 산하화는 대림목이 꼭 필요한 기운으로 대림목의 인연을 만나지 못하면 매사에 고난이다. 노중화는 석류목, 상자목이 필요하고 다른 여타의 나무는 스스로의 노력이 필요한 기운이다. 복등화는 조그만 등잔불이라 대림목안에서 불을 밝히는 기운이나 한 번의 잘못으로 큰 숲을 태우는 불안한 기운이다.

송백목, 양류목, 평지목, 석류목, 상자목은 산하화의 기운에 불운한 것이니, 온 몸을 불살라도 산하화의 기운에 도움이 되지 못한다.

목생화木生火라도 생生하는 기운과 극剋하는 기운이 있는 것이니, 매사에 신중愼重을 기해야 한다.

각각의 목木이나 화火의 기운에는 양陽 사상四象과 음陰 사상四象이 있다. 곧 대림목 양의 태양太陽, 양의 소음少陰, 양의 소양少陽, 양의 태음太陰, 음의 태양太陽, 음의 소음少陰, 음의 소양少陽, 음의 태음太陰을 이른다. 이 8상八象을 본바탕으로 해서 각각의 타고난 기운이나 기질에 따라 상생相生, 상극相剋을 한다. 이는 변역變易의 바탕이 되는 것이니, 본인의 저서 "천운해제天運解題"를 참구하면 된다. 또한 통변通變을 바탕으로 방대하고도 세밀한 이론이 서는 것이다.

화생토火生土
불은 흙을 다시 태어나게 한다.

* 화火 불의 기운氣運
  1) 천상화天上火: 무오戊午 ⇨ 양陽, 기미己未 ⇨ 음陰
  2) 벽력화霹靂火: 무자戊子 ⇨ 양陽, 기축己丑 ⇨ 음陰
  3) 산두화山頭火: 갑술甲戌 ⇨ 양陽, 을해乙亥 ⇨ 음陰

4) 산하화山下火: 병신丙申 ⇨ 양陽, 정유丁酉 ⇨ 음陰
5) 노중화爐中火: 병인丙寅 ⇨ 양陽, 정묘丁卯 ⇨ 음陰
6) 복등화覆燈火: 갑진甲辰 ⇨ 양陽, 을사乙巳 ⇨ 음陰

* 토土 흙의 기운氣運
1) 노방토路傍土: 경오庚午 ⇨ 양陽, 신미辛未 ⇨ 음陰
2) 대역토大驛土: 무신戊申 ⇨ 양陽, 기유己酉 ⇨ 음陰
3) 성두토城頭土: 무인戊寅 ⇨ 양陽, 기묘己卯 ⇨ 음陰
4) 옥상토屋上土: 병술丙戌 ⇨ 양陽, 정해丁亥 ⇨ 음陰
5) 벽상토壁上土: 경자庚子 ⇨ 양陽, 신축辛丑 ⇨ 음陰
6) 사중토沙中土: 병진丙辰 ⇨ 양陽, 정사丁巳 ⇨ 음陰

불은 흙을 다시 태어나게 한다는 것이니, 위의 이론을 따라 간략하게 설명하면 다음과 같다.

천상화는 노방토, 대역토, 성두토를 밝게 비춰주고 옥상토는 천상화의 따스함을 거부하며, 벽상토는 천상화의 기운을 가둬두고 사중토는 거친 사막의 기운이라 천상화의 뜨거움에 피가 마른다.

벽력화는 노방토, 대역토, 성두토의 기운을 일깨우고 옥상토의 답답한 기운을 깨트리며, 벽상토의 꽉 막힌 기운을 일깨워주면서 사중토의 허술한 마음과 몸을 깨닫게 한다.

산두화는 노방토, 대역토, 성두토의 기운에 인도자로서의 기운으로 이끌어주는 강한 힘이며, 옥상토, 벽상토, 사중토의 기운을 내려다보면서 등을 돌리는 기운이다.

산하화는 노방토, 대역토, 성두토의 기운을 활성화 시키는 것이며, 옥상토나 벽상토의 기운을 더욱 단단하게 하고 몸과 마음이 지극히 허술한 사중토를 튼튼하게 만들어 쓸모 있게 하는 기운이다. 사중토가 산하화의 기운과 인연을 맺지 못하면 평생 후회할 일이 있다.

노중화는 노방토, 대역토, 성두토의 기운에 화롯불로서의 본분을 다하는 것이며, 옥상토라는 그늘에 온기가 되어주고 사중토라는 허술한 기운에 연민을 가지는 기운이다.

복등화는 등불로서 노방토, 대역토, 성두토의 기운에 힘입어 본분을 다하고 기대면서 위세를 떠는 기운이며, 옥상토, 벽상토, 사중토의 기운 앞에서 스스로의 위치를 세우는 좀스러운 기운이다.

각각의 화火나 토土의 기운에는 양陽 사상四象과 음陰 사상四象이 있다. 곧 천상화 양의 태양太陽, 양의 소음少陰, 양의 소양少陽, 양의 태음太陰, 음의 태양太陽, 음의 소음少陰, 음의 소양少陽, 음의 태음太陰을 이른다. 이 8상八象을 본바탕으로 해서 각각의 타고난 기운이나 기질에 따라 상생相生, 상극相剋을 한다. 이는 변역變易의 바탕이 되는 것이니, 본인의 저서 "천운해제天運解題"를 참구하면 된다. 또한 통변通變을 바탕으로 방대하고도 세밀한 이론이 서는 것이다.

토생금土生金
흙은 금을 나게 한다.

* 토土 흙의 기운氣運
    1) 노방토路傍土: 경오庚午 ⇨ 양陽, 신미辛未 ⇨ 음陰
    2) 대역토大驛土: 무신戊申 ⇨ 양陽, 기유己酉 ⇨ 음陰
    3) 성두토城頭土: 무인戊寅 ⇨ 양陽, 기묘己卯 ⇨ 음陰
    4) 옥상토屋上土: 병술丙戌 ⇨ 양陽, 정해丁亥 ⇨ 음陰
    5) 벽상토壁上土: 경자庚子 ⇨ 양陽, 신축辛丑 ⇨ 음陰
    6) 사중토沙中土: 병진丙辰 ⇨ 양陽, 정사丁巳 ⇨ 음陰이며,

* 금金 철의 기운氣運
    1) 금박금金箔金: 임인壬寅 ⇨ 양陽, 계묘癸卯 ⇨ 음陰

2) 검봉금劍鋒金: 임신壬申 ⇨ 양陽, 계유癸酉 ⇨ 음陰
3) 백납금白鑞金: 경진庚辰 ⇨ 양陽, 신사辛巳 ⇨ 음陰
4) 해중금海中金: 갑자甲子 ⇨ 양陽, 을축乙丑 ⇨ 음陰
5) 차천금鎈釧金: 경술庚戌 ⇨ 양陽, 신해辛亥 ⇨ 음陰
6) 사중금沙中金: 갑오甲午 ⇨ 양陽, 을미乙未 ⇨ 음陰

토는 금을 나게 한다는 것이니, 위의 이론을 따라 간략하게 설명하면 다음과 같다.

노방토는 금박금, 백납금, 차천금을 생하고 대역토는 검봉금, 해중금, 사중금을 쉬게하며, 성두토는 금박금을 보호하고 검봉금을 사용하여 이웃을 지키면서 해중금, 차천금, 사중금이 새지 않도록 막아준다.

옥상토는 모든 금의 기운을 무시하고 벗어나며, 벽상토는 모든 금의 기운을 자신만의 것으로 만들어가고 사중토는 모든 금의 기운을 흩어지게 한다.

각각의 토土나 금金의 기운에는 양陽 사상四象과 음陰 사상四象이 있다. 곧 노방토 양의 태양太陽, 양의 소음少陰, 양의 소양少陽, 양의 태음太陰, 음의 태양太陽, 음의 소음少陰, 음의 소양少陽, 음의 태음太陰을 이른다. 이 8상八象을 본바탕으로 해서 각각의 타고난 기운이나 기질에 따라 상생相生, 상극相剋을 한다. 이는 변역變易의 바탕이 되는 것이니, 본인의 저서 "천운해제天運解題"를 참구하면 된다. 또한 통변通變을 바탕으로 방대하고도 세밀한 이론이 서는 것이다.

금생수金生水
금은 물을 낳아 기른다.

* 금金 쇠의 기운氣運
   1) 금박금金箔金: 임인壬寅 ⇨ 양陽, 계묘癸卯 ⇨ 음陰

2) 검봉금劍鋒金: 임신壬申 ⇨ 양陽, 계유癸酉 ⇨ 음陰
3) 백납금白鑞金: 경진庚辰 ⇨ 양陽, 신사辛巳 ⇨ 음陰
4) 해중금海中金: 갑자甲子 ⇨ 양陽, 을축乙丑 ⇨ 음陰
5) 차천금鎈釧金: 경술庚戌 ⇨ 양陽, 신해辛亥 ⇨ 음陰
6) 사중금沙中金: 갑오甲午 ⇨ 양陽, 을미乙未 ⇨ 음陰

* 수水 물의 기운氣運
  1) 천하수天下水: 병오丙午 ⇨ 양陽, 정미丁未 ⇨ 음陰
  2) 대해수大海水: 임술壬戌 ⇨ 양陽, 계해癸亥 ⇨ 음陰
  3) 장류수長流水: 임진壬辰 ⇨ 양陽, 계사癸巳 ⇨ 음陰
  4) 대계수大溪水: 갑인甲寅 ⇨ 양陽, 을묘乙卯 ⇨ 음陰
  5) 천중수泉中水: 갑신甲申 ⇨ 양陽, 을유乙酉 ⇨ 음陰
  6) 간하수澗下水: 병자丙子 ⇨ 양陽, 정축丁丑 ⇨ 음陰

금은 물을 낳아 기른다는 것이니, 위의 이론을 따라 간략하게 설명하면 다음과 같다.

금박금은 천하수를 낳아 기르면서 대해수에 잠기며, 장류수를 따라 멀리 통용되게 한다. 또한 대계수에 의하여 그 빛을 발하고 천중수와 함께 그 덕을 펼치며, 간하수의 흐름에 호된 질책과 함께 거둬주는 기운이다.

검봉금은 칼로 물을 베는 격이라, 모든 물의 기운에 강단을 주면서 대계수의 기운에 날을 세우고 스스로를 높이 세우는 기운이다. 대해수에는 날이 녹스는 것이니, 늘 신중해야 한다.

백납금은 천하수의 모든 것을 정리하여 일러주고 대해수의 들어오고 나감을 정확히 하면서 스스로를 세우며, 장류수의 흐름에 몸을 맡기면서 위치를 곤고히 하는 기운이다. 또한 대계수의 호호탕탕한 성격에 힘입어 처신과 처세에 능한 것이며, 천중수의 기운으로 더욱 이성적이면서 논리적으로 변하고 간하수를 만나 잘못되면 말만 앞세우는 간사함이 드러나는 기운이다.

해중금은 바다의 금이라, 천하수, 대해수, 장류수, 대계수, 천중수의 기운으로 몸과 마음을 편하게 하고 간하수의 조잡함을 나무라는 기운이다.

차천금은 천하수를 만나 각각의 사물을 명확히 구별하고 대해수의 기운에 의하여 더럽고 어려운 것을 덜어내며, 장류수를 만나 한 때 크게 일어나고, 대계수를 낳아 기르면서 스스로를 대견하게 만드는 기운이다. 또한 천중수을 낳아 기르면서 이성적이면서 이기적으로 변해가는 것이며, 간하수의 기운을 낳아 기르면서 조잔하게 구는 기운이다.

각각의 금金이나 수水의 기운에는 양陽 사상四象과 음陰 사상四象이 있다. 곧 금박금 양의 태양太陽, 양의 소음少陰, 양의 소양少陽, 양의 태음太陰, 음의 태양太陽, 음의 소음少陰, 음의 소양少陽, 음의 태음太陰을 이른다. 이 8상八象을 본바탕으로 해서 각각의 타고난 기운이나 기질에 따라 상생相生, 상극相剋을 한다. 이는 변역變易의 바탕이 되는 것이니, 본인의 저서 "천운해제天運解題"를 참구하면 된다. 또한 통변通變을 바탕으로 방대하고도 세밀한 이론이 서는 것이다.

수생목水生木

물은 나무를 낳아 키운다.

* 수水 물의 기운氣運
  1) 천하수天下水: 병오丙午 ⇨ 양陽, 정미丁未 ⇨ 음陰
  2) 대해수大海水: 임술壬戌 ⇨ 양陽, 계해癸亥 ⇨ 음陰
  3) 장류수長流水: 임진壬辰 ⇨ 양陽, 계사癸巳 ⇨ 음陰
  4) 대계수大溪水: 갑인甲寅 ⇨ 양陽, 을묘乙卯 ⇨ 음陰
  5) 천중수泉中水: 갑신甲申 ⇨ 양陽, 을유乙酉 ⇨ 음陰
  6) 간하수澗下水: 병자丙子 ⇨ 양陽, 정축丁丑 ⇨ 음陰

* 목木 나무의 기운氣運
  1) 대림목大林木: 무진戊辰 ⇨ 양陽, 기사己巳 ⇨ 음陰
  2) 송백목松柏木: 경인庚寅 ⇨ 양陽, 신묘辛卯 ⇨ 음陰
  3) 양류목楊柳木: 임오壬午 ⇨ 양陽, 계미癸未 ⇨ 음陰
  4) 평지목平地木: 무술戊戌 ⇨ 양陽, 기해己亥 ⇨ 음陰
  5) 석류목石榴木: 경신庚申 ⇨ 양陽, 신유辛酉 ⇨ 음陰
  6) 상자목桑柘木: 임자壬子 ⇨ 양陽, 계축癸丑 ⇨ 음陰

물은 나무를 낳아 키운다는 것이니, 위의 이론을 따라 간략하게 설명하면 다음과 같다.

천하수는 대림목을 기르고 대해수는 대림목을 얻어 바다를 건너며, 장류수는 양류목과 어우러지면서 시대의 주류사상에 대하여 비판의식을 기른다. 대계수는 송백목과 어우러져 가치를 높여주고 호기롭게 움직이며, 천중수는 평지목과 석류목에 어울리면서 가치를 높이고 간하수는 상자목을 따라 건천수乾川水의 의미를 다한다.

각각의 수水나 목木의 기운에는 양陽 사상四象과 음陰 사상四象이 있다. 곧 금박금 양의 태양太陽, 양의 소음少陰, 양의 소양少陽, 양의 태음太陰, 음의 태양太陽, 음의 소음少陰, 음의 소양少陽, 음의 태음太陰을 이른다. 이 8상八象을 본바탕으로 해서 각각의 타고난 기운이나 기질에 따라 상생相生, 상극相剋을 한다. 이는 변역變易의 바탕이 되는 것이니, 본인의 저서 "천운해제天運解題"를 참구하면 된다. 또한 통변通變을 바탕으로 방대하고도 세밀한 이론이 서는 것이다.

2. 상극相剋

오행五行이 서로 만남으로 인하여 서로가 서로에게 피해를 주거나 피해를 당하는 관계를 이른다. 그러나 상극相剋이라 하여 모두 상극이 아니며, 양 사상四象, 음 사상四象에 따라 상생이 존재한다.

화극금火克金
불은 금을 녹여서 극한다.

- 화火 불의 기운氣運
    1) 천상화天上火: 무오戊午 ⇨ 양陽, 기미己未 ⇨ 음陰
    2) 벽력화霹靂火: 무자戊子 ⇨ 양陽, 기축己丑 ⇨ 음陰
    3) 산두화山頭火: 갑술甲戌 ⇨ 양陽, 을해乙亥 ⇨ 음陰
    4) 산하화山下火: 병신丙申 ⇨ 양陽, 정유丁酉 ⇨ 음陰
    5) 노중화爐中火: 병인丙寅 ⇨ 양陽, 정묘丁卯 ⇨ 음陰
    6) 복등화覆燈火: 갑진甲辰 ⇨ 양陽, 을사乙巳 ⇨ 음陰

- 금金 철의 기운氣運
    1) 금박금金箔金: 임인壬寅 ⇨ 양陽, 계묘癸卯 ⇨ 음陰
    2) 검봉금劍鋒金: 임신壬申 ⇨ 양陽, 계유癸酉 ⇨ 음陰
    3) 백납금白鑞金: 경진庚辰 ⇨ 양陽, 신사辛巳 ⇨ 음陰
    4) 해중금海中金: 갑자甲子 ⇨ 양陽, 을축乙丑 ⇨ 음陰
    5) 차천금鎈釧金: 경술庚戌 ⇨ 양陽, 신해辛亥 ⇨ 음陰
    6) 사중금沙中金: 갑오甲午 ⇨ 양陽, 을미乙未 ⇨ 음陰

불이 금을 녹이면서 극剋한다는 것이니, 위의 이론을 따라 간략하게 설명하면 다음과 같다.
천상화는 금박금을 더욱 빛나게 해주고 날카롭게 날이 선 검봉금을 따스하게 감싸며, 백납금의 기운에 더욱 힘을 불어넣어준다. 또한 천상화는 해중금을 비추어 소금을 얻게 만들며, 차천금을 밝게 비추어 순금과 가짜

금을 분별하게 해주고 사중금을 비추어주면서 지극히 감상에 젖게 만드는 기운이다.

벽력화는 모든 금의 기운을 일깨워주고 일확천금의 기회를 만들어주며, 호된 질책과 충언을 마다하지 않는다.

산두화는 모든 금의 기운을 올바른 길로 인도하면서 위신과 명예, 권위 따위를 세워주고 그 앞길을 닦아주는 선구자적 기운이다.

산하화는 금박금을 녹여 새롭게 만들고 검봉금을 녹여 더욱 날카롭게 만들던지 못난 점을 녹여 참하게 만들어준다. 백납금을 비추어 몸을 뜨겁게 만들어 세상사에 실수가 많게 하는 기운이며, 해중금을 펄펄 끓여서 잇속을 챙기고 차천금을 녹여서 순금으로 다시 만들어가는 기운이다. 곧 산하화와 차천금은 극剋이 아니라 차천금이 꼭 인연因緣을 맺어야만 하는 기운이다. 산하화는 사중금을 녹여서, 곧 뜨겁게 달궈서 순금을 얻어내는 과정이니, 그 괴로움은 이루 말할 수가 없다.

노중화는 모든 금의 기운을 녹여서 가슴으로 안아버리는 기운으로 그 삶의 무게가 만만하지 않다.

복등화는 금박금을 비추면서 그 기운에 기대는 것이며, 검봉금의 칼질 한 번에 등불이 꺼지는 풍전등화의 불이고 백납금을 내세워 얼렁뚱땅 삶을 살아가는 기운이다. 또한 복등화는 해중금의 기운에 눌려 어두운 바다를 헤매는 것이며, 차천금에 속아서 늘 허덕이는 삶을 살아가고 사중금의 유혹에 순간순간 넘어가버리는 어리석은 기운이다.

각각의 화火나 금金의 기운에는 양陽 사상四象과 음陰 사상四象이 있다. 곧 천상화 양의 태양太陽, 양의 소음少陰, 양의 소양少陽, 양의 태음太陰, 음의 태양太陽, 음의 소음少陰, 음의 소양少陽, 음의 태음太陰을 이른다. 이 8상八象을 본바탕으로 해서 각각의 타고난 기운이나 기질에 따라 상생相生, 상극相剋을 한다. 이는 변역變易의 바탕이 되는 것이니, 본인의 저서 "천운해제天運解題"를 참구하면 된다. 또한 통변通變을 바탕으로 방대하고도 세밀한 이론이 서는 것이다.

금극목金克木

금은 나무를 부러뜨려 극한다.

* 금金 철의 기운氣運
  1) 금박금金箔金: 임인壬寅 ⇨ 양陽, 계묘癸卯 ⇨ 음陰
  2) 검봉금劍鋒金: 임신壬申 ⇨ 양陽, 계유癸酉 ⇨ 음陰
  3) 백납금白鑞金: 경진庚辰 ⇨ 양陽, 신사辛巳 ⇨ 음陰
  4) 해중금海中金: 갑자甲子 ⇨ 양陽, 을축乙丑 ⇨ 음陰
  5) 차천금鎈釧金: 경술庚戌 ⇨ 양陽, 신해辛亥 ⇨ 음陰
  6) 사중금沙中金: 갑오甲午 ⇨ 양陽, 을미乙未 ⇨ 음陰

* 목木 나무의 기운氣運
  1) 대림목大林木: 무진戊辰 ⇨ 양陽, 기사己巳 ⇨ 음陰
  2) 송백목松柏木: 경인庚寅 ⇨ 양陽, 신묘辛卯 ⇨ 음陰
  3) 양류목楊柳木: 임오壬午 ⇨ 양陽, 계미癸未 ⇨ 음陰
  4) 평지목平地木: 무술戊戌 ⇨ 양陽, 기해己亥 ⇨ 음陰
  5) 석류목石榴木: 경신庚申 ⇨ 양陽, 신유辛酉 ⇨ 음陰
  6) 상자목桑柘木: 임자壬子 ⇨ 양陽, 계축癸丑 ⇨ 음陰

금이 나무를 부러뜨려 극剋하는 것이니, 위의 이론을 따라 간략하게 설명하면 다음과 같다.

금박금은 대림목과 다투다가 존재가치가 사라지는 것이고 송백목과는 피터지게 싸우면서 자존심에 상처를 입으며, 양류목의 살랑임에 유혹이 되는 기운이다. 금박금은 평지목에 명예와 위신, 권위 따위를 세워주는 기운이며, 석류목이나 상자목을 여지없이 부서버리는 기운이다.

검봉금은 대림목을 베려다가 칼이 부러지는 것이고 송백목, 양류목, 평지목, 석류목, 상자목을 거침없이 대하면서 무시하고 나가는 기운이다. 평지목이 검봉금의 힘을 얻으면 매몰차고 거친 면이 대단한 기운이다.

백납금은 대림목을 더욱 덕스럽게 만드는 기운이고 송백목의 기운에 깐깐한 기운을 더해주며, 양류목에 언변까지 갖춰주는 기운이다. 평지목의 기운에는 똑똑함을 더해주고 석류목의 기운에는 더욱 귀하면서 섬세한 면을 보태주며, 상자목에는 쓸데없는 똥고집을 보태주는 기운이다.

해중금은 모든 목의 기운에 힘들고 어려운 삶의 기운을 얹어주는 고달픈 기운이다.

차천금은 모든 나무의 기운에, 특히 평지목에 변명거리를 던져주는 기운으로 좋게 말하면 임기응변臨機應變에 능하도록 만들어주는 기운이다.

사중금은 모든 나무가 쉽게 뿌리를 박을 수는 있으나 겉치레에 능하게 할 뿐, 지극히 연약하게 만드는 기운이다. 곧 모든 나무의 기운을 빌려 다 써버리는 낭비벽 심한 기운이다. 각각의 금金이나 목木의 기운에는 양陽 사상四象과 음陰 사상四象이 있다. 곧 금박금 양의 태양太陽, 양의 소음少陰, 양의 소양少陽, 양의 태음太陰, 음의 태양太陽, 음의 소음少陰, 음의 소양少陽, 음의 태음太陰을 이른다. 이 8상八象을 본바탕으로 해서 각각의 타고난 기운이나 기질에 따라 상생相生, 상극相剋을 한다. 이는 변역變易의 바탕이 되는 것이니, 본인의 저서 "천운해제天運解題"를 참구하면 된다. 또한 통변通變을 바탕으로 방대하고도 세밀한 이론이 서는 것이다.

목극토木剋土
나무는 흙의 기운을 빨아들여 극한다.

* 목木 나무의 기운氣運
    1) 대림목大林木: 무진戊辰 ⇨ 양陽, 기사己巳 ⇨ 음陰
    2) 송백목松柏木: 경인庚寅 ⇨ 양陽, 신묘辛卯 ⇨ 음陰
    3) 양류목楊柳木: 임오壬午 ⇨ 양陽, 계미癸未 ⇨ 음陰
    4) 평지목平地木: 무술戊戌 ⇨ 양陽, 기해己亥 ⇨ 음陰

5) 석류목石榴木: 경신庚申 ⇨ 양陽, 신유辛酉 ⇨ 음陰
6) 상자목桑柘木: 임자壬子 ⇨ 양陽, 계축癸丑 ⇨ 음陰

* 토土 흙의 기운氣運
  1) 노방토路傍土: 경오庚午 ⇨ 양陽, 신미辛未 ⇨ 음陰
  2) 대역토大驛土: 무신戊申 ⇨ 양陽, 기유己酉 ⇨ 음陰
  3) 성두토城頭土: 무인戊寅 ⇨ 양陽, 기묘己卯 ⇨ 음陰
  4) 옥상토屋上土: 병술丙戌 ⇨ 양陽, 정해丁亥 ⇨ 음陰
  5) 벽상토壁上土: 경자庚子 ⇨ 양陽, 신축辛丑 ⇨ 음陰
  6) 사중토沙中土: 병진丙辰 ⇨ 양陽, 정사丁巳 ⇨ 음陰

나무는 흙의 기운을 빨아들여 극剋한다는 것이니, 위의 이론을 따라 간략하게 설명하면 다음과 같다.

대림목은 노방토를 만나 더욱 커지고 노방토는 대림목을 만나 풍작을 이루면서 서로 상생을 하고 대역토는 대림목을 만나 온전하게 땅을 지키면서 많은 사람들에게 베푸는 기운이다. 대림목과 성두토는 서로에게 보탬이 되어주는 기운이며, 옥상토는 대림목을 만나지 못하면 그 무거운 짐을 홀로 지고 가야하는 기운이다. 곧 대림목이 옥상토의 받침이 되어준다는 것이며, 벽상토는 대림목을 만남으로 해서 작은 틀에서 벗어나고 사중토는 대림목을 만나 모래바람을 막으면서 옥토로 변하는 기쁨을 얻는다.

송백목은 산 중턱에 자리하고 세상사를 내려다 볼 기운이지만 노방토를 만남으로 인하여 그 삶이 지극히 힘겹고 대역토를 만나 관상수로서의 의미를 지니며, 성두토를 만나 귀함을 받지만 한 곳에 잡혀있는 신세를 면치 못한다. 송백목이 옥상토를 만나면 내려누르는 삶의 중압감에 힘들어 하고 벽상토를 만나면 매사에 이기적인 기질로 인하여 사방이 막히고 사중토를 만나면 튼튼하게 뿌리를 박지 못하고 이내 스러져버리는 삶을 살아간다.

양류목이 노방토를 만나면 세파에 시달리는 것이고 대역토를 만나면 많은 사람들과 만나 늘 즐겁게 살아가며, 성두토를 만나면 우물가의 버드나무로 사랑을 받는 기운이다. 옥상토를 만나면 스스로가 답답해하면서 가슴을 치는 형상이며, 벽상토를 만나면 스스로를 옥죄는 감옥과 같고 사중토를 만나면 음주가무에 허송세월하는 기운이다.

평지목이 노방토를 만나면 이리저리 휩쓸리면서 고통을 받으며, 대역토를 만나면 군중 속에서의 외로움을 타고 성두토를 만나면 자신의 의지와는 다르게 이용을 당하며, 옥상토를 만나면 휘어지는 허리를 감당하지 못한다. 벽상토를 만나면 독수공방獨守空房하고 사중토를 만나면 식소사번食少事煩하는 기운이다.

석류목이 노방토를 만나면 세상사의 기운을 이기지 못하고 방황하며, 대역토를 만나면 스스로의 재주를 발판삼아 자신을 키우고 성두토를 만나면 성주의 옆에 앉아 군사로서의 책무를 다하고 옥상토를 만나면 매사에 신경질적인 반응으로 주변 사람들과 멀어진다. 벽상토를 만나면 스스로를 제어하지 못하고 자신에게 상처를 주며 살아가고 사중토를 만나면 그 뿌리가 말라 모든 것으로부터 인연을 멀리한다.

상자목이 노방토를 만나면 쥐도 새도 모르게 존재가치가 없어지고 대역토를 만나면 그 가치를 다하고 성두토를 만나면 모든 사람에게 필요한 인물이 되며, 옥상토를 만나면 서로의 고집으로 인하여 서로에게 상처를 주고 벽상토를 만나면 상자목은 참지 못하고 스스로의 삶에 종지부를 찍으며, 사중토를 만나면 과실을 맺지 못하고 말라만 간다.

각각의 목木이나 토土의 기운에는 양陽 사상四象과 음陰 사상四象이 있다. 곧 대림목 양의 태양太陽, 양의 소음少陰, 양의 소양少陽, 양의 태음太陰, 음의 태양太陽, 음의 소음少陰, 음의 소양少陽, 음의 태음太陰을 이른다. 이 8상八象을 본바탕으로 해서 각각의 타고난 기운이나 기질에 따라 상생相生, 상극相剋을 한다. 이는 변역變易의 바탕이 되는 것이니, 본인의 저서 "천운해제天運解題"를 참구하면 된다. 또한 통변通變을 바탕으로 방대하고도 세밀한 이론이 서는 것이다.

토극수土克水
흙은 물의 흐름을 막아서 극한다.

- 토土 흙의 기운氣運
  1) 노방토路傍土: 경오庚午 ⇨ 양陽, 신미辛未 ⇨ 음陰
  2) 대역토大驛土: 무신戊申 ⇨ 양陽, 기유己酉 ⇨ 음陰
  3) 성두토城頭土: 무인戊寅 ⇨ 양陽, 기묘己卯 ⇨ 음陰
  4) 옥상토屋上土: 병술丙戌 ⇨ 양陽, 정해丁亥 ⇨ 음陰
  5) 벽상토壁上土: 경자庚子 ⇨ 양陽, 신축辛丑 ⇨ 음陰
  6) 사중토沙中土: 병진丙辰 ⇨ 양陽, 정사丁巳 ⇨ 음陰

- 수水 물의 기운氣運
  1) 천하수天下水: 병오丙午 ⇨ 양陽, 정미丁未 ⇨ 음陰
  2) 대해수大海水: 임술壬戌 ⇨ 양陽, 계해癸亥 ⇨ 음陰
  3) 장류수長流水: 임진壬辰 ⇨ 양陽, 계사癸巳 ⇨ 음陰
  4) 대계수大溪水: 갑인甲寅 ⇨ 양陽, 을묘乙卯 ⇨ 음陰
  5) 천중수泉中水: 갑신甲申 ⇨ 양陽, 을유乙酉 ⇨ 음陰
  6) 간하수澗下水: 병자丙子 ⇨ 양陽, 정축丁丑 ⇨ 음陰

흙은 물의 흐름을 막아서 극剋한다는 것이니, 위의 이론을 따라 간략하게 설명하면 다음과 같다.

노방토와 천하수가 만나면 노방토는 천하수의 쉴 자리가 되어주고 천하수는 메마른 노방토를 적셔주고 대해수를 만나면 토지를 넓혀 부를 만들며, 장류수를 만나면 장류수의 흐름을 막지 않고 도도하게 흐르는 장강의 기운을 드러내게 한다. 노방토가 대계수를 만나면 땅이 깎이고 깎여 계곡을 만들어 가며, 천중수를 만나면 목마른 짐승들이 주변에 모여들어 행복하고 간하수를 만나면 이것이야 말로 토土가 수水를 극하는 것이다.

대역토가 천하수를 만나면 많은 사람에게 치이면서 살아가는 삶이며, 대해수를 만나면 넓은 바다 한가운데 외딴 섬이라 외롭고 장류수를 만나면 정을 주자 떠나버리는 이별의 상처로 기다림에 지치며, 대계수를 만나면 때를 맞아 집이 무너져 내리는 고통이 따른다. 대역토가 천중수를 만나면 집 가운데 맛난 우물이라 주변의 사람들이 모여들어 행복하고 간하수를 만나면 늘 애정에 배고파하는 기운이다.

성두토가 천하수를 만나면 성 밖을 지켜주는 천하수의 기운으로 안전하고 대해수를 만나면 성 밖의 짠물로 인하여 목이 타들어가는 고통이 따르며, 장류수를 만나면 성 밖에 해자를 만들어주는 까닭에 풍성해지고 대계수를 만나면 성 안에 물이 마르지 않고 더하여 풍류를 즐긴다. 성두토가 천중수를 만나면 성 안의 우물물이 마르지 않은 것이니, 기근이 없을 것이며, 간하수를 만나면 늘 모자람에 몸과 마음이 타들어가는 기운이다.

옥상토는 그 어떠한 물과의 기운과도 상관이 없는 기운이며, 있다면 천중수에 오물이 들어가지 않도록 덮어주는 역할과 간하수가 마르지 않도록 그늘이 되어주는 기운이다.

벽상토는 천중수와 간하수 외에는 무너져버리는 기운이며, 천중수를 만나면 마르지 않은 기운으로 모든 것을 얻고 살아가며, 간하수를 만나면 티끌모아 태산을 이루는 기운이다.

사중토는 천중수와 간하수를 마르게 하고 여타의 기운에는 모래사장이 되어 따르면서 스스로를 만들어가는 기운이다. 그러나 스스로를 세워나가기에는 너무도 어려운 기운이다.

각각의 토土나 수水의 기운에는 양陽 사상四象과 음陰 사상四象이 있다. 곧 노방토 양의 태양太陽, 양의 소음少陰, 양의 소양少陽, 양의 태음太陰, 음의 태양太陽, 음의 소음少陰, 음의 소양少陽, 음의 태음太陰을 이른다. 이 8상八象을 본바탕으로 해서 각각의 타고난 기운이나 기질에 따라 상생相生, 상극相

剋을 한다. 이는 변역變易의 바탕이 되는 것이니, 본인의 저서 "천운해제天運解題"를 참구하면 된다. 또한 통변通變을 바탕으로 방대하고도 세밀한 이론이 서는 것이다.

수극화水剋火

물은 불의 기운을 꺾어서 극한다.

- 수水 물의 기운氣運
    1) 천하수天下水: 병오丙午 ⇨ 양陽, 정미丁未 ⇨ 음陰
    2) 대해수大海水: 임술壬戌 ⇨ 양陽, 계해癸亥 ⇨ 음陰
    3) 장류수長流水: 임진壬辰 ⇨ 양陽, 계사癸巳 ⇨ 음陰
    4) 대계수大溪水: 갑인甲寅 ⇨ 양陽, 을묘乙卯 ⇨ 음陰
    5) 천중수泉中水: 갑신甲申 ⇨ 양陽, 을유乙酉 ⇨ 음陰
    6) 간하수澗下水: 병자丙子 ⇨ 양陽, 정축丁丑 ⇨ 음陰

- 화火 불의 기운氣運
    1) 천상화天上火: 무오戊午 ⇨ 양陽, 기미己未 ⇨ 음陰
    2) 벽력화霹靂火: 무자戊子 ⇨ 양陽, 기축己丑 ⇨ 음陰
    3) 산두화山頭火: 갑술甲戌 ⇨ 양陽, 을해乙亥 ⇨ 음陰
    4) 산하화山下火: 병신丙申 ⇨ 양陽, 정유丁酉 ⇨ 음陰
    5) 노중화爐中火: 병인丙寅 ⇨ 양陽, 정묘丁卯 ⇨ 음陰
    6) 복등화覆燈火: 갑진甲辰 ⇨ 양陽, 을사乙巳 ⇨ 음陰

물은 불의 기운을 꺾어서 극한다는 것이니, 위의 이론을 따라 간략하게 설명하면 다음과 같다.

천하수가 천상화를 만나면 오히려 천상화에게 큰 힘을 보태주고 천상화가 천하수를 만나지 못하면 고된 삶을 살아가며, 천하수가 벽력화를 만나면 벽력화의 급한 기질을 누르고 산두화를 만나면 산두화의 명분을 따르면서 자신의 책무를 다한다. 또한 천하수는 산하화에게 없어서는 안 될 존재이며, 노중화은 천하수의 오지랖에 가슴이 멍이 들고 복등화는 천하수를 등에 업고 온갖 일을 벌이다가 늘 들키지만 천하수의 용서로 부끄러운 삶을 살아간다.

대해수는 천상화로 인하여 소금을 만들어내고 벽력화에 의하여 거친 바다를 헤쳐가며, 산두화를 등대 삼아 뱃길을 바로 잡는다. 대해수가 산하화를 극한다지만 지극히 풍족함을 이루고 살아가며, 대해수가 노중화를 만나면 화롯불이 마음의 병으로 남고 복등화가 대해수를 만나면 바람 앞의 등불이라 그 앞날을 알 수가 없다.

장류수가 천상화를 극하는 것이 아니라 천하天下를 주유周遊할 수 있는 힘을 주는 것이 천상화이며, 장류수와 벽력화의 관계는 삶의 흐름에 급변을 주는 것이 벽력화의 기운이고 장류수와 산두화는 서로가 등을 대면서도 서로의 갈 길에 대해 멀리서나마 도움을 주는 기운이며, 장류수와 산하화는 장류수가 산하화에게 큰 힘을 보태주고 미련 없이 떠나는 형상이다. 장류수의 기운에 노중화는 쉽게 무너지고 복등화는 장류수의 기운에 작은 등불이나마 포구를 지키면서 기다림에 목마르는 형상이다.

대계수와 천상화가 만나면 대계수의 변덕스러움에 천상화가 힘들어 하고 대계수와 벽력화가 만나면 때 아닌 벗을 만난 듯 매사에 죽이 맞으며, 대계수와 산두화가 만나면 서로가 반목하면서 등을 돌리는 기운이다. 대계수는 산하화를 극하지 않으면서 상부상조하는 기운이며, 대계수가 노중화를 만나면 대계수의 급격한 물살에 휩쓸리는 형상이고 복등화는 대계수의 흐름에 빌붙어 잇속만 챙기다 떠나는 야속한 기운이다.

천중수가 천상화를 만나면 마르지 않은 샘물이 쉼 없이 물을 퍼주어야 하는 상황이며, 천중수가 벽력화를 만나면 한순간에 정조貞操를 빼앗기고 한숨을 쉬는 형상이다. 천중수가 산두화를 만나면 산두화를 극하지 않고 오히려 정화수를 떠놓고 기도하는 형상이며, 천중수가 산하화를 만나면 한순간에 물이 말라버리고 천중수가 노중화를 만나면 물과 기름의 사이로 변질되며, 복등화를 만나면 천중수를 비춰주는 작은 등불이 되는 형상이다.

간하수와 천상화가 만나면 순식간에 간하수가 바싹 말라버리고 간하수가 벽력화를 만나면 순간순간 일어나는 변화속에서 서로가 서로의 잇속만을 챙기는 웃기는 일이 벌어진다. 간하수와 산두화가 만나면 산두화의 호된 질책을 벗어날 수가 없으며, 산하화를 만나면 한 순간에 목숨 줄을 다하고 노중화를 만나면 삶 자체가 고통스럽게 변한다. 간하수가 복등화를 극한다고는 하지만 서로 같은 동류同類로서 잇속을 따라 이합집산離合集散하는 형상이다. 각각의 수水나 화火의 기운에는 양陽 사상四象과 음陰 사상四象이 있다. 곧 천하수 양의 태양太陽, 양의 소음少陰, 양의 소양少陽, 양의 태음太陰, 음의 태양太陽, 음의 소음少陰, 음의 소양少陽, 음의 태음太陰을 이른다. 이 8상八象을 본바탕으로 해서 각각의 타고난 기운이나 기질에 따라 상생相生, 상극相剋을 한다. 이는 변역變易의 바탕이 되는 것이니, 본인의 저서 "천운해제天運解題"를 참구하면 된다. 또한 통변通變을 바탕으로 방대하고도 세밀한 이론이 서는 것이다.

남자男子 8상八象 행태론行態論과 여자女子 8상八象 행태론行態論을 깊이 헤아리고 본인의 저서 "천운해제天運解題"를 참구한다면 그리 어려운 논리論理가 아니다.

3. 상비相比

같은 오행五行이 만나는 것을 이르는 것이다. 같은 오행이라 하더라도 무겁고 가벼운 힘이 작용作用하는 것이니, 서로 비교해보면 그 차이를 분명하게 알 것이다.

* 화火 불의 기운氣運
  1) 천상화天上火: 무오戊午 ⇨ 양陽, 기미己未 ⇨ 음陰
  2) 벽력화霹靂火: 무자戊子 ⇨ 양陽, 기축己丑 ⇨ 음陰
  3) 산두화山頭火: 갑술甲戌 ⇨ 양陽, 을해乙亥 ⇨ 음陰
  4) 산하화山下火: 병신丙申 ⇨ 양陽, 정유丁酉 ⇨ 음陰
  5) 노중화爐中火: 병인丙寅 ⇨ 양陽, 정묘丁卯 ⇨ 음陰
  6) 복등화覆燈火: 갑진甲辰 ⇨ 양陽, 을사乙巳 ⇨ 음陰

6가지 불의 기운이 경중輕重의 차이가 있으며, 같은 천상화라도 양陽의 태양太陽, 양陽의 소음少陰, 양陽의 소양少陽, 양陽의 태음太陰, 음陰의 태양太陽, 음陰의 소음少陰, 음陰의 소양少陽, 음陰의 태음太陰에 따라 상생相生, 상극相剋, 상비相比하는 것이 다르다.

첫째, 천상화 양의 태양과 복등화 양의 태양을 비교하면 극명하게 드러나고 복등화 양의 태양과 천상화 음의 태음을 비교하면 이 또한 극명하게 드러난다. 곧 각각 화火의 쓰임새가 다르며, 기질이 서로 다른 까닭으로 상생相生, 상극相剋, 상비相比하는 것이다.

둘째, 천상화 양의 태양과 천상화 양의 태양을 비교하면 하늘에는 태양이 두 개일 수 없는 것이니, 그 상쟁相爭하는 모습을 표현 할 수가 없다. 천상화 양의 태양과 천상화 음의 태음을 비교하면 양은 비춰주고 음은 따르는 형상이라 크게 상생相生하는 모습이다.

이렇듯 화火, 수水, 목木, 금金, 토土의 기운이 음양陰陽 16상十六象 행태론行態論을 쫒아 일어나는 것이니, 음양陰陽 육십갑자六十甲子를 자세하게 알고 변역變易, 본인의 저서 "천운해제天運解題"를 바탕으로 깊이 알아나가기를 바란다. 또한 통변通變을 바탕으로 방대하고도 세밀한 이론이 서는 것이니, 공부가 필요하다면 "www.천운해제.com"에 접속하여 "16상을 바탕으로 한 주역 통변도표"를 이용하기를 바란다.

* 수水 물의 기운氣運
    1) 천하수天下水: 병오丙午 ⇨ 양陽, 정미丁未 ⇨ 음陰
    2) 대해수大海水: 임술壬戌 ⇨ 양陽, 계해癸亥 ⇨ 음陰
    3) 장류수長流水: 임진壬辰 ⇨ 양陽, 계사癸巳 ⇨ 음陰
    4) 대계수大溪水: 갑인甲寅 ⇨ 양陽, 을묘乙卯 ⇨ 음陰
    5) 천중수泉中水: 갑신甲申 ⇨ 양陽, 을유乙酉 ⇨ 음陰
    6) 간하수澗下水: 병자丙子 ⇨ 양陽, 정축丁丑 ⇨ 음陰

6가지 물의 기운이 경중輕重의 차이가 있으며, 같은 천하수라도 양陽의 태양太陽, 양陽의 소음少陰, 양陽의 소양少陽, 양陽의 태음太陰, 음陰의 태양太陽, 음陰의 소음少陰, 음陰의 소양少陽, 음陰의 태음太陰에 따라 상생相生, 상극相剋, 상비相比하는 것이 다르다.

첫째, 천하수 양의 태양과 간하수 양의 태양을 비교하면 극명하게 드러나고 간하수 양의 태양과 천하수 음의 태음을 비교하면 이 또한 극명하게 드러난다. 곧 각각 수水의 쓰임새가 다르며, 기질이 서로 다른 까닭으로 상생相生, 상극相剋, 상비相比하는 것이다.

둘째, 천하수 양의 태양과 천하수 양의 태양을 비교하면 물의 성질이 서로를 용납하고 받아들이는 기운이라 더욱 성대해짐을 알 수 있다. 천하수 양의 태양과 천하수 음의 태음을 비교하면 양은 거두어주고 음은 따르는 형상이라 크게 상생相生하고 더욱 커지는 모습이다.

이렇듯 화火, 수水, 목木, 금金, 토土의 기운이 음양陰陽 16상十六象 행태론行態論을 좇아 일어나는 것이니, 음양陰陽 육십갑자六十甲子를 자세하게 알고 변역變易, 본인의 저서 "천운해제天運解題"를 바탕으로 깊이 알아나가기를 바란다. 또한 통변通變을 바탕으로 방대하고도 세밀한 이론이 서는 것이다.

* 목木 나무의 기운氣運
    1) 대림목大林木: 무진戊辰 ⇨ 양陽, 기사己巳 ⇨ 음陰

2) 송백목松柏木: 경인庚寅 ⇨ 양陽, 신묘辛卯 ⇨ 음陰
3) 양류목楊柳木: 임오壬午 ⇨ 양陽, 계미癸未 ⇨ 음陰
4) 평지목平地木: 무술戊戌 ⇨ 양陽, 기해己亥 ⇨ 음陰
5) 석류목石榴木: 경신庚申 ⇨ 양陽, 신유辛酉 ⇨ 음陰
6) 상자목桑柘木: 임자壬子 ⇨ 양陽, 계축癸丑 ⇨ 음陰

6가지 나무의 기운이 경중輕重의 차이가 있으며, 같은 대림목이라도 양陽의 태양太陽, 양陽의 소음少陰, 양陽의 소양少陽, 양陽의 태음太陰, 음陰의 태양太陽, 음陰의 소음少陰, 음陰의 소양少陽, 음陰의 태음太陰에 따라 상생相生, 상극相剋, 상비相比하는 것이 다르다.

첫째, 대림목 양의 태양과 상자목 양의 태양을 비교하면 상자목이 빛을 잃고 상자목 양의 태양과 대림목 음의 태음을 비교하면 아무리 상자목이 양의 태양이라도 대림목 음의 태음 속에 감싸질 뿐이다. 곧 각각 목木의 쓰임새가 다르며, 기질이 서로 다른 까닭으로 상생相生, 상극相剋, 상비相比하는 것이다.

둘째, 대림목 양의 태양과 대림목 양의 태양을 비교하면 나무의 성질이 서로를 시기하고 반목하는 기운이라 다툼이 더욱 많아짐을 알 수 있다. 대림목 양의 태양과 대림목 음의 태음을 비교하면 양은 거두어주고 음은 따르는 형상이지만 서로가 너무 크고 방대하기 때문에 양은 거두려 하고 음의 기운은 아둔하기 때문에 안으로 숨기려고만 한다.

이렇듯 화火, 수水, 목木, 금金, 토土의 기운이 음양陰陽 16상十六象 행태론行態論을 쫓아 일어나는 것이니, 음양陰陽 육십갑자六十甲子를 자세하게 알고 변역變易, 본인의 저서 "천운해제天運解題"를 바탕으로 깊이 알아나가기를 바란다. 또한 통변通變을 바탕으로 방대하고도 세밀한 이론이 서는 것이다.

• 금金 철의 기운氣運
  1) 금박금金箔金: 임인壬寅 ⇨ 양陽, 계묘癸卯 ⇨ 음陰

2) 검봉금劍鋒金: 임신壬申 ⇨ 양陽, 계유癸酉 ⇨ 음陰
3) 백납금白鑞金: 경진庚辰 ⇨ 양陽, 신사辛巳 ⇨ 음陰
4) 해중금海中金: 갑자甲子 ⇨ 양陽, 을축乙丑 ⇨ 음陰
5) 차천금釵釧金: 경술庚戌 ⇨ 양陽, 신해辛亥 ⇨ 음陰
6) 사중금沙中金: 갑오甲午 ⇨ 양陽, 을미乙未 ⇨ 음陰

6가지 금의 기운이 경중輕重의 차이가 있으며, 같은 금박금이라도 양陽의 태양太陽, 양陽의 소음少陰, 양陽의 소양少陽, 양陽의 태음太陰, 음陰의 태양太陽, 음陰의 소음少陰, 음陰의 소양少陽, 음陰의 태음太陰에 따라 상생相生, 상극相剋, 상비相比하는 것이 다르다.

첫째, 금박금 양의 태양과 사중금 양의 태양을 비교하면 사중금이 매우 가벼워 보이고 사중금 양의 태양과 금박금 음의 태음을 비교하면 아무리 사중금이 양의 태양이라도 금박금 음의 태음이라는 기운에 눌리는 형상뿐이다. 물론 사중금의 화사한 모습에 처음에는 그럴듯해 보이지만 나중에는 금박금의 기운에 빛을 잃는다. 곧 각각 금金의 쓰임새가 다르며, 기질이 서로 다른 까닭으로 상생相生, 상극相剋, 상비相比하는 것이다.

둘째, 금박금 양의 태양과 금박금 양의 태양을 비교하면 금의 성질이 단단하고 타인에게 눌리지 않은 기운에 물러서지 않은 것이라 다툼이 많아지면서 서로를 이기기 위해 끝까지 물러서지 않음을 알 수 있다. 금박금 양의 태양과 금박금 음의 태음을 비교하면 양은 물러서지 않고 음은 무겁게 내려앉은 형상이지만 서로가 너무 강하고 당당하기 때문에 양은 강단 있게 밀고 나아가며, 음의 기운은 아둔하기는 하지만 제 고집대로 자리를 지키는 형상形象이다.

이렇듯 화火, 수水, 목木, 금金, 토土의 기운이 음양陰陽 16상十六象 행태론行態論을 쫓아 일어나는 것이니, 음양陰陽 육십갑자六十甲子를 자세하게 알고 변역變易, 본인의 저서 "천운해제天運解題"를 바탕으로 깊이 알아나가기를 바란다. 또한 통변通變을 바탕으로 방대하고도 세밀한 이론이 서는 것이다.

● 토土 흙의 기운氣運
   1) 노방토路傍土: 경오庚午 ⇨ 양陽, 신미辛未 ⇨ 음陰
   2) 대역토大驛土: 무신戊申 ⇨ 양陽, 기유己酉 ⇨ 음陰
   3) 성두토城頭土: 무인戊寅 ⇨ 양陽, 기묘己卯 ⇨ 음陰
   4) 옥상토屋上土: 병술丙戌 ⇨ 양陽, 정해丁亥 ⇨ 음陰
   5) 벽상토壁上土: 경자庚子 ⇨ 양陽, 신축辛丑 ⇨ 음陰
   6) 사중토沙中土: 병진丙辰 ⇨ 양陽, 정사丁巳 ⇨ 음陰

6가지 흙의 기운이 경중輕重의 차이가 있으며, 같은 노방토라도 양陽의 태양太陽, 양陽의 소음少陰, 양陽의 소양少陽, 양陽의 태음太陰, 음陰의 태양太陽, 음陰의 소음少陰, 음陰의 소양少陽, 음陰의 태음太陰에 따라 상생相生, 상극相剋, 상비相比하는 것이 다르다.

첫째, 노방토 양의 태양과 사중토 양의 태양을 비교하면 사중토가 매우 가벼워 보이고 사중토 양의 태양과 노방토 음의 태음을 비교하면 넓은 사막을 만들면서 뿌연 황사만 가득 찬 형상뿐이다. 물론 사중토의 아름다운 모습에 처음에는 신기한 듯 보이지만 이는 신기루일 뿐이니 이내 고생길로 들어서는 기운이다. 곧 각각 토土의 쓰임새가 다르며, 기질이 서로 다른 까닭으로 상생相生, 상극相剋, 상비相比하는 것이다.

둘째, 노방토 양의 태양과 노방토 양의 태양을 비교하면 흙의 타고난 성질이 넓으면서 호탕하고 사람들을 이리저리 몰고 다니는 형상이다. 때문에 타인에게 눌리지 않은 기운이며, 스스로의 틀만을 고집하지 않고 여러 가지의 다른 문화를 받아들이는 기운이다. 곧 차별하지 않은 기운이다. 노방토 양의 태양과 노방토 음의 태음을 비교하면 양은 호방하게 받아주고 음은 어둠에 가린 형상이지만 서로가 서로에게 끌리고 당당하기 때문에 양은 현명하게 받아주며, 음의 기운은 아둔하기는 하지만 말없이 뒤를 따르는 형상形象이다. 또한 통변通變을 바탕으로 방대하고도 세밀한 이론이 서는 것이다.

• 천간天干 합슴에 대하여

육십갑자六十甲子를 바탕으로 천간天干을 바르게 잡으면 다음과 같다.

1. 갑자甲子 ⇨ **양**陽, **을축**乙丑 ⇨ **음**陰

   1) 해중금海中金: 갑자甲子 ⇨ 양陽, 을축乙丑 ⇨ 음陰
   2) 대계수大溪水: 갑인甲寅 ⇨ 양陽, 을묘乙卯 ⇨ 음陰
   3) 복등화覆燈火: 갑진甲辰 ⇨ 양陽, 을사乙巳 ⇨ 음陰
   4) 사중금沙中金: 갑오甲午 ⇨ 양陽, 을미乙未 ⇨ 음陰
   5) 천중수泉中水: 갑신甲申 ⇨ 양陽, 을유乙酉 ⇨ 음陰
   6) 산두화山頭火: 갑술甲戌 ⇨ 양陽, 을해乙亥 ⇨ 음陰

2. 병자丙子 ⇨ **양**陽, **정축**丁丑 ⇨ **음**陰

   1) 간하수澗下水: 병자丙子 ⇨ 양陽, 정축丁丑 ⇨ 음陰
   2) 노중화爐中火: 병인丙寅 ⇨ 양陽, 정묘丁卯 ⇨ 음陰
   3) 사중토沙中土: 병진丙辰 ⇨ 양陽, 정사丁巳 ⇨ 음陰
   4) 천하수天下水: 병오丙午 ⇨ 양陽, 정미丁未 ⇨ 음陰
   5) 산하화山下火: 병신丙申 ⇨ 양陽, 정유丁酉 ⇨ 음陰
   6) 옥상토屋上土: 병술丙戌 ⇨ 양陽, 정해丁亥 ⇨ 음陰

3. 무자戊子 ⇨ **양**陽, **기축**己丑 ⇨ **음**陰

   1) 벽력화霹靂火: 무자戊子 ⇨ 양陽, 기축己丑 ⇨ 음陰
   2) 성두토城頭土: 무인戊寅 ⇨ 양陽, 기묘己卯 ⇨ 음陰
   3) 대림목大林木: 무진戊辰 ⇨ 양陽, 기사己巳 ⇨ 음陰
   4) 천상화天上火: 무오戊午 ⇨ 양陽, 기미己未 ⇨ 음陰
   5) 대역토大驛土: 무신戊申 ⇨ 양陽, 기유己酉 ⇨ 음陰
   6) 평지목平地木: 무술戊戌 ⇨ 양陽, 기해己亥 ⇨ 음陰

4. 경자庚子 ⇨ 양陽, 신축辛丑 ⇨ 음陰

1) 벽상토壁上土: 경자庚子 ⇨ 양陽, 신축辛丑 ⇨ 음陰
2) 송백목松柏木: 경인庚寅 ⇨ 양陽, 신묘辛卯 ⇨ 음陰
3) 백납금白鑞金: 경진庚辰 ⇨ 양陽, 신사辛巳 ⇨ 음陰
4) 노방토路傍土: 경오庚午 ⇨ 양陽, 신미辛未 ⇨ 음陰
5) 석류목石榴木: 경신庚申 ⇨ 양陽, 신유辛酉 ⇨ 음陰
6) 차천금鎈釧金: 경술庚戌 ⇨ 양陽, 신해辛亥 ⇨ 음陰

5. 임자壬子 ⇨ 양陽, 계축癸丑 ⇨ 음陰

1) 상자목桑柘木: 임자壬子 ⇨ 양陽, 계축癸丑 ⇨ 음陰
2) 금박금金箔金: 임인壬寅 ⇨ 양陽, 계묘癸卯 ⇨ 음陰
3) 장류수長流水: 임진壬辰 ⇨ 양陽, 계사癸巳 ⇨ 음陰
4) 양류목楊柳木: 임오壬午 ⇨ 양陽, 계미癸未 ⇨ 음陰
5) 검봉금劍鋒金: 임신壬申 ⇨ 양陽, 계유癸酉 ⇨ 음陰
6) 대해수大海水: 임술壬戌 ⇨ 양陽, 계해癸亥 ⇨ 음陰

천간天干 합合에 대하여 간략하게 설명하면 다음과 같으며, 도표를 통하여 기본논리基本論理만을 밝힌다.

1) 갑기합甲己合은 토土 ⇨ 중정지합中正之合
2) 을경합乙庚合은 금金 ⇨ 인의지합仁義之合
3) 병신합丙辛合은 수水 ⇨ 위엄지합威嚴之合
4) 정임합丁壬合은 목木 ⇨ 인수지합仁壽之合
5) 무계합戊癸合은 화火 ⇨ 무정지합無情之合

1) 갑기합甲己合은 토土 ⇨ 중정지합中正之合

  (1) 해중금海中金: 갑자甲子 ⇨ 양陽, 벽력화霹靂火: 기축己丑 ⇨ 음陰
  (2) 대계수大溪水: 갑인甲寅 ⇨ 양陽, 성두토城頭土: 기묘己卯 ⇨ 음陰

(3) 복등화覆燈火: 갑진甲辰 ⇨ 양陽, 대림목大林木: 기사己巳 ⇨ 음陰
(4) 사중금沙中金: 갑오甲午 ⇨ 양陽, 천상화天上火: 기미己未 ⇨ 음陰
(5) 천중수泉中水: 갑신甲申 ⇨ 양陽, 대역토大驛土: 기유己酉 ⇨ 음陰
(6) 산두화山頭火: 갑술甲戌 ⇨ 양陽, 평지목平地木: 기해己亥 ⇨ 음陰

음양陰陽의 두 가지 논리만으로 간략하게 설명하면 갑기합토甲己合土 위에 해중금과 벽력화가 있고 갑기합토甲己合土 위에 대계수와 성두토가 있으며, 갑기합토甲己合土 위에 복등화와 대림목이 있고 갑기합토甲己合土 위에 사중금과 천상화가 있으며, 갑기합토甲己合土 위에 천중수와 대역토가 있고 갑기합토甲己合土 위에 산두화와 평지목이 있다. 또한 각각의 육십갑자六十甲子가 8상八象으로 나뉘어 이루어지는 것이니, 곧 예를 들면 해중금 양陽의 태양太陽, 양陽의 소음少陰, 양陽의 소양少陽, 양陽의 태음太陰, 음陰의 태양太陽, 음陰의 소음少陰, 음陰의 소양少陽, 음陰의 태음太陰으로 이루어지고 벽력화 양陽의 태양太陽, 양陽의 소음少陰, 양陽의 소양少陽, 양陽의 태음太陰, 음陰의 태양太陽, 음陰의 소음少陰, 음陰의 소양少陽, 음陰의 태음太陰으로 이루어진다. 이는 변역變易이며, 자세하게 풀고자한다면 통변通變을 바탕으로 만들어야 한다. 통변通變에 대한 것은 www.천운해제.com에서 사주로 괘 세우기 웹을 이용하면 알 수 있다. 또한 통변通變 도표주역통변도표.차례를 만들어 놓았으니 많은 도움이 될 것이다.

갑기합토甲己合土를 바탕으로 위의 육십갑자六十甲子가 8상八象이라는 차이를 이루면서 크고 작음을 세우는 것이다. 이렇듯 화火, 수水, 목木, 금金, 토土의 기운이 음양陰陽 16상十六象 행태론行態論을 쫓아 일어나는 것이니, 음양陰陽 육십갑자六十甲子를 자세하게 알고 변역變易, 곧 본인의 저서 "천운해제天運解題"를 바탕으로 깊이 알아나가기를 바란다.

2) 을경합乙庚合은 금金 ⇨ 인의지합仁義之合

(1) 해중금海中金: 을축乙丑 ⇨ 음陰, 벽상토壁上土: 경자庚子 ⇨ 양陽

(2) 대계수大溪水: 을묘乙卯 ⇨ 음陰, 송백목松柏木: 경인庚寅 ⇨ 양陽
　(3) 복등화覆燈火: 을사乙巳 ⇨ 음陰, 백납금白鑞金: 경진庚辰 ⇨ 양陽
　(4) 사중금沙中金: 을미乙未 ⇨ 음陰, 노방토路傍土: 경오庚午 ⇨ 양陽
　(5) 천중수泉中水: 을유乙酉 ⇨ 음陰, 석류목石榴木: 경신庚申 ⇨ 양陽
　(6) 산두화山頭火: 을해乙亥 ⇨ 음陰, 차천금鑕釧金: 경술庚戌 ⇨ 양陽

　음양陰陽의 두 가지 논리만으로 간략하게 설명하면 을경합금乙庚合金 위에 해중금과 벽상토가 있고 을경합금乙庚合金 위에 대계수와 송백목이 있으며, 을경합금乙庚合金 위에 복등화와 백납금이 있고 을경합금乙庚合金 위에 사중금과 노방토가 있으며, 을경합금乙庚合金 위에 천중수와 석류목이 있고 을경합금乙庚合金 위에 산두화와 차천금이 있다. 또한 각각의 육십갑자六十甲子가 8상八象으로 나뉘어 이루어지는 것이니, 곧 예를 들면 해중금 양陽의 태양太陽, 양陽의 소음少陰, 양陽의 소양少陽, 양陽의 태음太陰, 음陰의 태양太陽, 음陰의 소음少陰, 음陰의 소양少陽, 음陰의 태음太陰으로 이루어지고 벽상토 양陽의 태양太陽, 양陽의 소음少陰, 양陽의 소양少陽, 양陽의 태음太陰, 음陰의 태양太陽, 음陰의 소음少陰, 음陰의 소양少陽, 음陰의 태음太陰으로 이루어진다. 이는 변역變易이며, 자세하게 풀고자한다면 통변通變을 바탕으로 만들어야 한다.

　을경합금乙庚合金을 바탕으로 위의 육십갑자六十甲子가 8상八象이라는 차이를 이루면서 크고 작음을 세우는 것이다. 이렇듯 화火, 수水, 목木, 금金, 토土의 기운이 음양陰陽 16상十六象 행태론行態論을 쫓아 일어나는 것이니, 음양陰陽 육십갑자六十甲子를 자세하게 알고 변역變易, 곧 본인의 저서 "천운해제天運解題"를 바탕으로 깊이 알아나가기를 바란다.

3) 병신합丙辛合은 수水 ⇨ 위엄지합威嚴之合

　(1) 간하수澗下水: 병자丙子 ⇨ 양陽, 벽상토壁上土: 신축辛丑 ⇨ 음陰
　(2) 노중화爐中火: 병인丙寅 ⇨ 양陽, 송백목松柏木: 신묘辛卯 ⇨ 음陰

(3) 사중토沙中土: 병진丙辰 ⇨ 양陽, 백납금白鑞金: 신사辛巳 ⇨ 음陰
(4) 천하수天下水: 병오丙午 ⇨ 양陽, 노방토路傍土: 신미辛未 ⇨ 음陰
(5) 산하화山下火: 병신丙申 ⇨ 양陽, 석류목石榴木: 신유辛酉 ⇨ 음陰
(6) 옥상토屋上土: 병술丙戌 ⇨ 양陽, 차천금鎈釧金: 신해辛亥 ⇨ 음陰

음양陰陽의 두 가지 논리만으로 간략하게 설명하면 병신합수丙辛合水 위에 간하수와 벽상토가 있고 병신합수丙辛合水 위에 노중화와 송백목이 있으며, 병신합수丙辛合水 위에 사중토와 백납금이 있고 병신합수丙辛合水 위에 천하수와 노방토가 있으며, 병신합수丙辛合水 위에 산하화와 석류목이 있고 병신합수丙辛合水 위에 옥상토와 차천금이 있다. 또한 각각의 육십갑자六十甲子가 8상八象으로 나뉘어 이루어지는 것이니, 곧 예를 들면 간하수 양陽의 태양太陽, 양陽의 소음少陰, 양陽의 소양少陽, 양陽의 태음太陰, 음陰의 태양太陽, 음陰의 소음少陰, 음陰의 소양少陽, 음陰의 태음太陰으로 이루어지고 벽상토 양陽의 태양太陽, 양陽의 소음少陰, 양陽의 소양少陽, 양陽의 태음太陰, 음陰의 태양太陽, 음陰의 소음少陰, 음陰의 소양少陽, 음陰의 태음太陰으로 이루어진다. 이는 변역變易이며, 자세하게 풀고자한다면 통변通變을 바탕으로 만들어야 한다.

병신합수丙辛合水를 바탕으로 위의 육십갑자六十甲子가 8상八象이라는 차이를 이루면서 크고 작음을 세우는 것이다. 이렇듯 화火, 수水, 목木, 금金, 토土의 기운이 음양陰陽 16상十六象 행태론行態論을 쫒아 일어나는 것이니, 음양陰陽 육십갑자六十甲子를 자세하게 알고 변역變易, 곧 본인의 저서 "천운해제天運解題"를 바탕으로 깊이 알아나가기를 바란다.

4) 정임합丁壬合은 목木 ⇨ 인수지합仁壽之合
(1) 간하수澗下水: 정축丁丑 ⇨ 음陰, 상자목桑柘木: 임자壬子 ⇨ 양陽
(2) 노중화爐中火: 정묘丁卯 ⇨ 음陰, 금박금金箔金: 임인壬寅 ⇨ 양陽
(3) 사중토沙中土: 정사丁巳 ⇨ 음陰, 장류수長流水: 임진壬辰 ⇨ 양陽

(4) 천하수天下水: 정미丁未 ⇨ 음陰, 양류목楊柳木: 임오壬午 ⇨ 양陽
　(5) 산하화山下火: 정유丁酉 ⇨ 음陰, 검봉금劍鋒金: 임신壬申 ⇨ 양陽
　(6) 옥상토屋上土: 정해丁亥 ⇨ 음陰, 대해수大海水: 임술壬戌 ⇨ 양陽

　음양陰陽의 두 가지 논리만으로 간략하게 설명하면 정임합목丁壬合木 위에 간하수와 상자목이 있고 정임합목丁壬合木 위에 노중화와 금박금이 있으며, 정임합목丁壬合木 위에 사중토와 장류수가 있고 정임합목丁壬合木 위에 천하수와 양류목이 있으며, 정임합목丁壬合木 위에 산화하와 검봉금이 있고 정임합목丁壬合木 위에 옥상토와 대해수가 있다. 또한 각각의 육십갑자六十甲子가 8상八象으로 나뉘어 이루어지는 것이니, 곧 예를 들면 간하수 양陽의 태양太陽, 양陽의 소음少陰, 양陽의 소양少陽, 양陽의 태음太陰, 음陰의 태양太陽, 음陰의 소음少陰, 음陰의 소양少陽, 음陰의 태음太陰으로 이루어지고 상자목 양陽의 태양太陽, 양陽의 소음少陰, 양陽의 소양少陽, 양陽의 태음太陰, 음陰의 태양太陽, 음陰의 소음少陰, 음陰의 소양少陽, 음陰의 태음太陰으로 이루어진다. 이는 변역變易이며, 자세하게 풀고자 한다면 통변通變을 바탕으로 만들어야 한다.
　정임합목丁壬合木을 바탕으로 위의 육십갑자六十甲子가 8상八象이라는 차이를 이루면서 크고 작음을 세우는 것이다. 이렇듯 화火, 수水, 목木, 금金, 토土의 기운이 음양陰陽 16상十六象 행태론行態論을 쫓아 일어나는 것이니, 음양陰陽 육십갑자六十甲子를 자세하게 알고 변역變易, 곧 본인의 저서 "천운해제天運解題"를 바탕으로 깊이 알아나가기를 바란다.

5) 무계합戊癸合은 화火 ⇨ 무정지합無情之合

　(1) 벽력화霹靂火: 무자戊子 ⇨ 양陽, 상자목桑柘木: 계축癸丑 ⇨ 음陰
　(2) 성두토城頭土: 무인戊寅 ⇨ 양陽, 금박금金箔金: 계묘癸卯 ⇨ 음陰
　(3) 대림목大林木: 무진戊辰 ⇨ 양陽, 장류수長流水: 계사癸巳 ⇨ 음陰
　(4) 천상화天上火: 무오戊午 ⇨ 양陽, 양류목楊柳木: 계미癸未 ⇨ 음陰

(5) 대역토大驛土: 무신戊申 ⇨ 양陽, 검봉금劍鋒金: 계유癸酉 ⇨ 음陰
　　(6) 평지목平地木: 무술戊戌 ⇨ 양陽, 대해수大海水: 계해癸亥 ⇨ 음陰

　음양陰陽의 두 가지 논리만으로 간략하게 설명하면 무계합화戊癸合火 위에 벽력화와 상자목이 있고 무계합화戊癸合火 위에 성두토와 금박금이 있으며, 무계합화戊癸合火 위에 대림목과 장류수가 있고 무계합화戊癸合火 위에 천상화와 양류목이 있으며, 무계합화戊癸合火 위에 대역토와 검봉금이 있고 무계합화戊癸合火 위에 평지목과 대해수가 있다. 또한 각각의 육십갑자六十甲子가 8상八象으로 나뉘어 이루어지는 것이니, 곧 예를 들면 벽력화 양陽의 태양太陽, 양陽의 소음少陰, 양陽의 소양少陽, 양陽의 태음太陰, 음陰의 태양太陽, 음陰의 소음少陰, 음陰의 소양少陽, 음陰의 태음太陰으로 이루어지고 상자목 양陽의 태양太陽, 양陽의 소음少陰, 양陽의 소양少陽, 양陽의 태음太陰, 음陰의 태양太陽, 음陰의 소음少陰, 음陰의 소양少陽, 음陰의 태음太陰으로 이루어진다. 이는 변역變易이며, 자세하게 풀고자한다면 통변通變을 바탕으로 만들어야 한다.

　무계합화戊癸合火를 바탕으로 위의 육십갑자六十甲子가 8상八象이라는 차이를 이루면서 크고 작음을 세우는 것이다. 이렇듯 화火, 수水, 목木, 금金, 토土의 기운이 음양陰陽 16상十六象 행태론行態論을 쫓아 일어나는 것이니, 음양陰陽 육십갑자六十甲子를 자세하게 알고 변역變易, 곧 본인의 저서 "천운해제天運解題"를 바탕으로 깊이 알아나가기를 바란다.

● 지지地支 6합六合에 대하여.

　12지지地支가 2개의 지지地支끼리 서로 만나 음양陰陽이 화합和合하게 되는데 이를 6합六合이라고 한다.

1. 자축합子丑合= ⇒ 토土

      자子 쥐 ⇨ 양陽   축丑 소 ⇨ 음陰

1) 갑자甲子 ⇨ 해중금海中金   1) 을축乙丑 ⇨ 해중금海中金
2) 병자丙子 ⇨ 간하수澗下水   2) 정축丁丑 ⇨ 간하수澗下水
3) 무자戊子 ⇨ 벽력화霹靂火   3) 기축己丑 ⇨ 벽력화霹靂火
4) 경자庚子 ⇨ 벽상토壁上土   4) 신축辛丑 ⇨ 벽상토壁上土
5) 임자壬子 ⇨ 상자목桑柘木   5) 계축癸丑 ⇨ 상자목桑柘木

음양陰陽의 두 가지 논리만으로 간략하게 설명하면 자축합토子丑合土 위에 해중금 음양의 기운이 있고 자축합토子丑合土 위에 간하수 음양의 기운이 있으며, 자축합토子丑合土 위에 벽력화 음양의 기운이 있고 자축합토子丑合土 위에 벽상토 음양의 기운이 있으며, 자축합토子丑合土 위에 상자목 음양의 기운이 있다. 또한 각각의 육십갑자六十甲子가 8상八象으로 나뉘어 이루어지는 것이니, 곧 예를 들면 갑자 해중금 양陽의 태양太陽, 양陽의 소음少陰, 양陽의 소양少陽, 양陽의 태음太陰, 음陰의 태양太陽, 음陰의 소음少陰, 음陰의 소양少陽, 음陰의 태음太陰으로 이루어지고 을축 해중금 양陽의 태양太陽, 양陽의 소음少陰, 양陽의 소양少陽, 양陽의 태음太陰, 음陰의 태양太陽, 음陰의 소음少陰, 음陰의 소양少陽, 음陰의 태음太陰으로 이루어진다. 이는 변역變易이며, 자세하게 풀고자한다면 통변通變을 바탕으로 만들어야 한다. 갑자 해중금과 을축 해중금의 통변을 예로 든다. 이후에는 모든 것이 이와 같다.

- **해중금**海中金: **해중금**海中金**의 64괘 해제 통변 도표.**

해중금海中金: 갑자甲子 ⇨ 양陽   을축乙丑 ⇨ 음陰
양陽-태양太陽//건乾☰.   음陰-태양太陽//손巽☴.
소음少陰//태兌☱.   소음少陰//감坎☵.

소양少陽//리離☲.　　　　　　소양少陽//간艮☶.
태음太陰//진震☳.　　　　　　태음太陰//곤坤☷.

해중금海中金: 갑자甲子 ⇨ 양陽　　을축乙丑 ⇨ 음陰
양陽-태양太陽//건乾☰.　　　　음陰-태양太陽//손巽☴.
소음少陰//태兌☱.　　　　　　소음少陰//감坎☵.
소양少陽//리離☲.　　　　　　소양少陽//간艮☶.
태음太陰//진震☳.　　　　　　태음太陰//곤坤☷.

1. 건괘乾卦 ☰

1) 乾爲天건위천:　☰乾上 ⇨ 해중금海中金 양陽의 태양太陽
　　　　　　　　☰乾下 ⇨ 해중금海中金 양陽의 태양太陽
2) 天澤履천택이:　☰乾上 ⇨ 해중금海中金 양陽의 태양太陽
　　　　　　　　☱兌下 ⇨ 해중금海中金 양陽의 소음少陰
3) 天火同人천화동인:☰乾上 ⇨ 해중금海中金 양陽의 태양太陽
　　　　　　　　☲離下 ⇨ 해중금海中金 양陽의 소양少陽
4) 天雷无妄천뢰무망:☰乾上 ⇨ 해중금海中金 양陽의 태양太陽
　　　　　　　　☳震下 ⇨ 해중금海中金 양陽의 태음太陰
5) 天風姤천풍구:　☰乾上 ⇨ 해중금海中金 양陽의 태양太陽
　　　　　　　　☴巽下 ⇨ 해중금海中金 음陰의 태양太陽
6) 天水訟천수송:　☰乾上 ⇨ 해중금海中金 양陽의 태양太陽
　　　　　　　　☵坎下 ⇨ 해중금海中金 음陰의 소음少陰
7) 天山遯천산둔:　☰乾上 ⇨ 해중금海中金 양陽의 태양太陽
　　　　　　　　☶艮下 ⇨ 해중금海中金 음陰의 소양少陽
8) 天地否천지비:　☰乾上 ⇨ 해중금海中金 양陽의 태양太陽
　　　　　　　　☷坤下 ⇨ 해중금海中金 음陰의 태음太陰

2. 태괘兌卦 ☱

1) 澤天夬택천쾌: ☱兌上 ⇨ 해중금海中金 양陽의 소음少陰
   ☰乾下 ⇨ 해중금海中金 양陽의 태양太陽
2) 兌爲澤태위택: ☱兌上 ⇨ 해중금海中金 양陽의 소음少陰
   ☱兌下 ⇨ 해중금海中金 양陽의 소음少陰
3) 澤火革택화혁: ☱兌上 ⇨ 해중금海中金 양陽의 소음少陰
   ☲離下 ⇨ 해중금海中金 양陽의 소양少陽
4) 澤雷水택뢰수: ☱兌上 ⇨ 해중금海中金 양陽의 소음少陰
   ☳震下 ⇨ 해중금海中金 양陽의 태음太陰
5) 澤風大過택풍대과: ☱兌上 ⇨ 해중금海中金 양陽의 소음少陰
   ☴巽下 ⇨ 해중금海中金 음陰의 태양太陽
6) 澤水困택수곤: ☱兌上 ⇨ 해중금海中金 양陽의 소음少陰
   ☵坎下 ⇨ 해중금海中金 음陰의 소음少陰
7) 澤山咸택산함: ☱兌上 ⇨ 해중금海中金 양陽의 소음少陰
   ☶艮下 ⇨ 해중금海中金 음陰의 소양少陽
8) 澤地萃택지췌: ☱兌上 ⇨ 해중금海中金 양陽의 소음少陰
   ☷坤下 ⇨ 해중금海中金 음陰의 태음太陰

3. 이괘離卦 ☲

1) 火天大有화천대유: ☲離上 ⇨ 해중금海中金 양陽의 소양少陽
   ☰乾下 ⇨ 해중금海中金 양陽의 태양太陽
2) 火澤暌화택규: ☲離上 ⇨ 해중금海中金 양陽의 소양少陽
   ☱兌下 ⇨ 해중금海中金 양陽의 소음少陰
3) 離爲火이위화: ☲離上 ⇨ 해중금海中金 양陽의 소양少陽
   ☲離下 ⇨ 해중금海中金 양陽의 소양少陽

4) 火雷噬嗑화뢰서합: ☲離上 ⇨ 해중금海中金 양陽의 소양少陽
　　　　　　　　　 ☳震下 ⇨ 해중금海中金 양陽의 태음太陰
5) 火風鼎화풍정:　 ☲離上 ⇨ 해중금海中金 양陽의 소양少陽
　　　　　　　　　 ☴巽下 ⇨ 해중금海中金 음陰의 태양太陽
6) 火水未濟화수미제: ☲離上 ⇨ 해중금海中金 양陽의 소양少陽
　　　　　　　　　 ☵坎下 ⇨ 해중금海中金 음陰의 소음少陰
7) 火山旅화산여:　 ☲離上 ⇨ 해중금海中金 양陽의 소양少陽
　　　　　　　　　 ☶艮下 ⇨ 해중금海中金 음陰의 소양少陽
8) 火地晋화지진:　 ☲離上 ⇨ 해중금海中金 양陽의 소양少陽
　　　　　　　　　 ☷坤下 ⇨ 해중금海中金 음陰의 태음太陰

4. 진괘震卦 ☳

1) 雷天大壯뇌천대장: ☳震上 ⇨ 해중금海中金 양陽의 태음太陰
　　　　　　　　　 ☰乾下 ⇨ 해중금海中金 양陽의 태양太陽
2) 雷澤歸妹뇌택귀매: ☳震上 ⇨ 해중금海中金 양陽의 태음太陰
　　　　　　　　　 ☱兌下 ⇨ 해중금海中金 양陽의 소음少陰
3) 雷火豊뇌화풍:　 ☳震上 ⇨ 해중금海中金 양陽의 태음太陰
　　　　　　　　　 ☲離下 ⇨ 해중금海中金 양陽의 소양少陽
4) 震爲雷진위뢰:　 ☳震上 ⇨ 해중금海中金 양陽의 태음太陰
　　　　　　　　　 ☳震下 ⇨ 해중금海中金 양陽의 태음太陰
5) 雷風恒뇌풍항:　 ☳震上 ⇨ 해중금海中金 양陽의 태음太陰
　　　　　　　　　 ☴巽下 ⇨ 해중금海中金 음陰의 태양太陽
6) 雷水解뇌수해:　 ☳震上 ⇨ 해중금海中金 양陽의 태음太陰
　　　　　　　　　 ☵坎下 ⇨ 해중금海中金 음陰의 소음少陰
7) 雷山小過뇌산소과: ☳震上 ⇨ 해중금海中金 양陽의 태음太陰
　　　　　　　　　 ☶艮下 ⇨ 해중금海中金 음陰의 소양少陽

8) 雷地豫뇌지예: ☳震上 ⇨ 해중금海中金 양陽의 태음太陰
　　　　　　　 ☷坤下 ⇨ 해중금海中金 음陰의 태음太陰

5. 손괘巽卦 ☴

1) 風天小畜풍천소축: ☴巽上 ⇨ 해중금海中金 음陰의 태양太陽
　　　　　　　　　 ☰乾下 ⇨ 해중금海中金 양陽의 태양太陽
2) 風澤中孚풍택중부: ☴巽上 ⇨ 해중금海中金 음陰의 태양太陽
　　　　　　　　　 ☱兌下 ⇨ 해중금海中金 양陽의 소음少陰
3) 風火家人풍화가인: ☴巽上 ⇨ 해중금海中金 음陰의 태양太陽
　　　　　　　　　 ☲離下 ⇨ 해중금海中金 양陽의 소양少陽
4) 風雷益풍뢰익: ☴巽上 ⇨ 해중금海中金 음陰의 태양太陽
　　　　　　　 ☳震下 ⇨ 해중금海中金 양陽의 태음太陰
5) 巽爲風손위풍: ☴巽上 ⇨ 해중금海中金 음陰의 태양太陽
　　　　　　　 ☴巽下 ⇨ 해중금海中金 음陰의 태양太陽
6) 風水渙풍수환: ☴巽上 ⇨ 해중금海中金 음陰의 태양太陽
　　　　　　　 ☵坎下 ⇨ 해중금海中金 음陰의 소음少陰
7) 風山漸풍산점: ☴巽上 ⇨ 해중금海中金 음陰의 태양太陽
　　　　　　　 ☶艮下 ⇨ 해중금海中金 음陰의 소양少陽
8) 風地觀풍지관: ☴巽上 ⇨ 해중금海中金 음陰의 태양太陽
　　　　　　　 ☷坤下 ⇨ 해중금海中金 음陰의 태음太陰

6. 감괘坎卦 ☵

1) 水天需수천수: ☵坎上 ⇨ 해중금海中金 음陰의 소음少陰
　　　　　　　 ☰乾下 ⇨ 해중금海中金 양陽의 태양太陽

2) 水澤節수택절:　　☵坎上 ⇨ 해중금海中金 음陰의 소음少陰
　　　　　　　　　☱兌下 ⇨ 해중금海中金 양陽의 소음少陰

3) 水火旣濟수화기제:　☵坎上 ⇨ 해중금海中金 음陰의 소음少陰
　　　　　　　　　☲離下 ⇨ 해중금海中金 양陽의 소양少陽

4) 水雷屯수뢰둔:　　☵坎上 ⇨ 해중금海中金 음陰의 소음少陰
　　　　　　　　　☳震下 ⇨ 해중금海中金 양陽의 태음太陰

5) 水風井수풍정:　　☵坎上 ⇨ 해중금海中金 음陰의 소음少陰
　　　　　　　　　☴巽下 ⇨ 해중금海中金 음陰의 태양太陽

6) 坎爲水감위수:　　☵坎上 ⇨ 해중금海中金 음陰의 소음少陰
　　　　　　　　　☵坎下 ⇨ 해중금海中金 음陰의 소음少陰

7) 水山蹇수산건:　　☵坎上 ⇨ 해중금海中金 음陰의 소음少陰
　　　　　　　　　☶艮下 ⇨ 해중금海中金 음陰의 소양少陽

8) 水地比수지비:　　☵坎上 ⇨ 해중금海中金 음陰의 소음少陰
　　　　　　　　　☷坤下 ⇨ 해중금海中金 음陰의 태음太陰

7. 간괘艮卦 ☶

1) 山天大畜산천대축:　☶艮上 ⇨ 해중금海中金 음陰의 소양少陽
　　　　　　　　　☰乾下 ⇨ 해중금海中金 양陽의 태양太陽

2) 山澤損산택손:　　☶艮上 ⇨ 해중금海中金 음陰의 소양少陽
　　　　　　　　　☱兌下 ⇨ 해중금海中金 양陽의 소음少陰

3) 山火賁산화비:　　☶艮上 ⇨ 해중금海中金 음陰의 소양少陽
　　　　　　　　　☲離下 ⇨ 해중금海中金 양陽의 소양少陽

4) 山雷頤산뢰이:　　☶艮上 ⇨ 해중금海中金 음陰의 소양少陽
　　　　　　　　　☳震下 ⇨ 해중금海中金 양陽의 태음太陰

5) 산풍고山風蠱:　　☶艮上 ⇨ 해중금海中金 음陰의 소양少陽
　　　　　　　　　☴巽下 ⇨ 해중금海中金 음陰의 태양太陽

6) 山水蒙산수몽: ☶艮上 ⇨ 해중금海中金 陰음의 少陽소양
　　　　　　　 ☵坎下 ⇨ 해중금海中金 陰음의 少陰소음

7) 艮爲山간위산: ☶艮上 ⇨ 해중금海中金 陰음의 少陽소양
　　　　　　　 ☶艮下 ⇨ 해중금海中金 陰음의 少陽소양

8) 山地剝산지박: ☶艮上 ⇨ 해중금海中金 陰음의 少陽소양
　　　　　　　 ☷坤下 ⇨ 해중금海中金 陰음의 太陰태음

8. 곤괘坤卦 ☷

1) 地天泰지천태: ☷坤上 ⇨ 해중금海中金 陰음의 太陰태음
　　　　　　　 ☰乾下 ⇨ 해중금海中金 陽양의 太陽태양

2) 地澤臨지택림: ☷坤上 ⇨ 해중금海中金 陰음의 太陰태음
　　　　　　　 ☱兌下 ⇨ 해중금海中金 陽양의 少陰소음

3) 地火明夷지화명이: ☷坤上 ⇨ 해중금海中金 陰음의 太陰태음
　　　　　　　　　 ☲離下 ⇨ 해중금海中金 陽양의 少陽소양

4) 地雷復지뢰복: ☷坤上 ⇨ 해중금海中金 陰음의 太陰태음
　　　　　　　 ☳震下 ⇨ 해중금海中金 陽양의 太陰태음

5) 地風升지풍승: ☷坤上 ⇨ 해중금海中金 陰음의 太陰태음
　　　　　　　 ☴巽下 ⇨ 해중금海中金 陰음의 太陽태양

6) 地水師지수사: ☷坤上 ⇨ 해중금海中金 陰음의 太陰태음
　　　　　　　 ☵坎下 ⇨ 해중금海中金 陰음의 少陰소음

7) 地山謙지산겸: ☷坤上 ⇨ 해중금海中金 陰음의 太陰태음
　　　　　　　 ☶艮下 ⇨ 해중금海中金 陰음의 少陽소양

8) 坤爲地곤위지: ☷坤上 ⇨ 해중금海中金 陰음의 太陰태음
　　　　　　　 ☷坤下 ⇨ 해중금海中金 陰음의 太陰태음

곧 각각의 60갑자六十甲子가 서로 만나 64괘를 이루는 것이 통변通變이다.

2. 인해합寅亥合 ⇨ 목木

인寅 호랑이 ⇨ 양陽
1) 갑인甲寅 ⇨ 대계수大溪水
2) 병인丙寅 ⇨ 노중화爐中火
3) 무인戊寅 ⇨ 성두토城頭土
4) 경인庚寅 ⇨ 송백목松柏木
5) 임인壬寅 ⇨ 금박금金箔金

해亥 돼지 ⇨ 음陰
1) 을해乙亥 ⇨ 산두화山頭火
2) 정해丁亥 ⇨ 옥상토屋上土
3) 기해己亥 ⇨ 평지목平地木
4) 신해辛亥 ⇨ 차천금鑡釧金
5) 계해癸亥 ⇨ 대해수大海水

위의 자축합토子丑合土와 같은 맥락脈絡을 따르는 것이라 생략한다.

3. 묘술합卯戌合 ⇨ 화火

묘卯 토끼 ⇨ 음陰
1) 을묘乙卯 ⇨ 대계수大溪水
2) 정묘丁卯 ⇨ 노중화爐中火
3) 기묘己卯 ⇨ 성두토城頭土
4) 신묘辛卯 ⇨ 송백목松柏木
5) 계묘癸卯 ⇨ 금박금金箔金

술戌 개 ⇨ 양陽
1) 갑술甲戌 ⇨ 산두화山頭火
2) 병술丙戌 ⇨ 옥상토屋上土
3) 무술戊戌 ⇨ 평지목平地木
4) 경술庚戌 ⇨ 차천금鑡釧金
5) 임술壬戌 ⇨ 대해수大海水

위의 자축합토子丑合土와 같은 맥락脈絡을 따르는 것이라 생략한다.

4. 진유합辰酉合 ⇨ 금金

　　　　진辰 용 ⇨ 양陽　　　　　　　　유酉 닭 ⇨ 음陰
1) 갑진甲辰 ⇨ 복등화覆燈火　　　1) 을유乙酉 ⇨ 천중수泉中水
2) 병진丙辰 ⇨ 사중토沙中土　　　2) 정유丁酉 ⇨ 산하화山下火
3) 무진戊辰 ⇨ 대림목大林木　　　3) 기유己酉 ⇨ 대역토大驛土
4) 경진庚辰 ⇨ 백납금白鑞金　　　4) 신유辛酉 ⇨ 석류목石榴木
5) 임진壬辰 ⇨ 장류수長流水　　　5) 계유癸酉 ⇨ 검봉금劍鋒金

위의 자축합토子丑合土와 같은 맥락脈絡을 따르는 것이라 생략한다.

5. 사신합巳申合 ⇨ 수水

　　　　사巳 뱀 ⇨ 음陰　　　　　　　　신申 원숭이 ⇨ 양陽
1) 을사乙巳 ⇨ 복등화覆燈火　　　1) 갑신甲申 ⇨ 천중수泉中水
2) 정사丁巳 ⇨ 사중토沙中土　　　2) 병신丙申 ⇨ 산하화山下火
3) 기사己巳 ⇨ 대림목大林木　　　3) 무신戊申 ⇨ 대역토大驛土
4) 신사辛巳 ⇨ 백납금白鑞金　　　4) 경신庚申 ⇨ 석류목石榴木
5) 계사癸巳 ⇨ 장류수長流水　　　5) 임신壬申 ⇨ 검봉금劍鋒金

위의 자축합토子丑合土와 같은 맥락脈絡을 따르는 것이라 생략한다.

6. 오미합午未合은 6합六合을 해도 오행五行이 변하지 않는다고 한다

오午 말 ⇨ 양陽
1) 갑오甲午 ⇨ 사중금沙中金
2) 병오丙午 ⇨ 천하수天下水
3) 무오戊午 ⇨ 천상화天上火
4) 경오庚午 ⇨ 노방토路傍土
5) 임오壬午 ⇨ 양류목楊柳木

미未 양 ⇨ 음陰
1) 을미乙未 ⇨ 사중금沙中金
2) 정미丁未 ⇨ 천하수天下水
3) 기미己未 ⇨ 천상화天上火
4) 신미辛未 ⇨ 노방토路傍土
5) 계미癸未 ⇨ 양류목楊柳木

위의 자축합토子丑合土와 같은 맥락脈絡을 따르는 것이라 생략한다.

● **지지**地支 **3합**三合**에 대하여.**

12지지十二地支 가운데서 3개의 지지地支 끼리 서로 만나 음과 양으로 화합和合하는 것을 지지地支 3합三合이라고 한다.

1. 신자진申子辰 3합三合 ⇨ **수국**水局

신申 원숭이 ⇨ 양陽
1) 갑신甲申 ⇨ 천중수泉中水
2) 병신丙申 ⇨ 산하화山下火
3) 무신戊申 ⇨ 대역토大驛土
4) 경신庚申 ⇨ 석류목石榴木
5) 임신壬申 ⇨ 검봉금劍鋒金

자子 쥐 ⇨ 양陽
1) 갑자甲子 ⇨ 해중금海中金
2) 병자丙子 ⇨ 간하수澗下水
3) 무자戊子 ⇨ 벽력화霹靂火
4) 경자庚子 ⇨ 벽상토壁上土
5) 임자壬子 ⇨ 상자목桑柘木

　　　　진辰 용 ⇨ 양陽

1) 갑진甲辰 ⇨ 복등화覆燈火
2) 병진丙辰 ⇨ 사중토沙中土
3) 무진戊辰 ⇨ 대림목大林木
4) 경진庚辰 ⇨ 백납금白鑞金
5) 임진壬辰 ⇨ 장류수長流水

　신자진申子辰 3합三合은 수국水局이라고 하지만 각각의 오행이 같은 기운을 따라 합하면서 수국水局, 화국火局, 토국土局, 목국木局, 금국金局을 하는 것이며, 수많은 대입을 통하여 성쇠盛衰의 경중輕重이 천차만별千差萬別이다. 갑신 천중수, 병자 간하수, 임진 장류수가 만나 수국을 이루며, 갑자 천중수, 경자 벽상토, 병진 사중토가 만나 해害가 되는 일이 만만하지가 않다. 그러므로 변역變易을 깊이 이해하고 통변通變을 바탕으로 밝게 헤아려야 무한수無限數를 읽을 수 있다. 통변通變에 대한 것은 www.천운해제.com 에서 "사주로 괘세우기" 웹을 이용하면 알 수 있다. 또한 통변通變 도표(주역 통변도표 차례)를 만들어 놓았으니 많은 도움이 될 것이다.

2. 사유축巳酉丑 3합三合 ⇨ 금국金局

　　　사巳 뱀 ⇨ 음陰　　　　　　유酉 닭 ⇨ 음陰

1) 을사乙巳 ⇨ 복등화覆燈火　　1) 을유乙酉 ⇨ 천중수泉中水
2) 정사丁巳 ⇨ 사중토沙中土　　2) 정유丁酉 ⇨ 산하화山下火
3) 기사己巳 ⇨ 대림목大林木　　3) 기유己酉 ⇨ 대역토大驛土
4) 신사辛巳 ⇨ 백납금白鑞金　　4) 신유辛酉 ⇨ 석류목石榴木
5) 계사癸巳 ⇨ 장류수長流水　　5) 계유癸酉 ⇨ 검봉금劍鋒金

축丑 소 ⇨ 음陰

1) 을축乙丑 ⇨ 해중금海中金
2) 정축丁丑 ⇨ 간하수澗下水
3) 기축己丑 ⇨ 벽력화霹靂火
4) 신축辛丑 ⇨ 벽상토壁上土
5) 계축癸丑 ⇨ 상자목桑柘木

신자진申子辰 3합三合과 같은 맥락脈絡을 따르는 것이라 생략한다.

3. 인오술寅午戌 3합三合 ⇨ 화국火局

인寅 호랑이 ⇨ 양陽
1) 갑인甲寅 ⇨ 대계수大溪水
2) 병인丙寅 ⇨ 노중화爐中火
3) 무인戊寅 ⇨ 성두토城頭土
4) 경인庚寅 ⇨ 송백목松柏木
5) 임인壬寅 ⇨ 금박금金箔金

오午 말 ⇨ 양陽
1) 갑오甲午 ⇨ 사중금沙中金
2) 병오丙午 ⇨ 천하수天下水
3) 무오戊午 ⇨ 천상화天上火
4) 경오庚午 ⇨ 노방토路傍土
5) 임오壬午 ⇨ 양류목楊柳木

술戌 개 ⇨ 양陽
1) 갑술甲戌 ⇨ 산두화山頭火
2) 병술丙戌 ⇨ 옥상토屋上土
3) 무술戊戌 ⇨ 평지목平地木
4) 경술庚戌 ⇨ 차천금鑕釧金
5) 임술壬戌 ⇨ 대해수大海水

신자진申子辰 3합三合과 같은 맥락脈絡을 따르는 것이라 생략한다.

4. 해묘미亥卯未 3합三合 ⇨ 목국木局

해亥 돼지 ⇨ 음陰
1) 을해乙亥 ⇨ 산두화山頭火
2) 정해丁亥 ⇨ 옥상토屋上土
3) 기해己亥 ⇨ 평지목平地木
4) 신해辛亥 ⇨ 차천금鎈釧金
5) 계해癸亥 ⇨ 대해수大海水

묘卯 토끼 ⇨ 음陰
1) 을묘乙卯 ⇨ 대계수大溪水
2) 정묘丁卯 ⇨ 노중화爐中火
3) 기묘己卯 ⇨ 성두토城頭土
4) 신묘辛卯 ⇨ 송백목松柏木
5) 계묘癸卯 ⇨ 금박금金箔金

미未 양 ⇨ 음陰
1) 을미乙未 ⇨ 사중금沙中金
2) 정미丁未 ⇨ 천하수天下水
3) 기미己未 ⇨ 천상화天上火
4) 신미辛未 ⇨ 노방토路傍土
5) 계미癸未 ⇨ 양류목楊柳木

신자진申子辰 3합三合과 같은 맥락脈絡을 따르는 것이라 생각한다.

● **지지**地支 **반합**反合**에 대하여.**

12지지十二地支가 3개의 지지地支끼리 서로 만나 음과 양이 서로 화합和합하는 일에 있어서 3합중三合中에 2개의 지지만 있어도 반합半合이라고 한다. 지면상 생략한다.

VII

살론_{殺論}에
대하여

굳이 살론殺論에 대하여 논하고자 하는 것은 이 살론을 내세워 여타의 방법으로 사람들을 현혹眩惑시키기 때문이며, 이러한 방법을 통하여 사람들을 불안하게 만들기 때문이다. 몇 가지 예를 들어 설명할 뿐, 크게 관심을 두고 생각을 하거나 사람들을 호도糊塗하려는 것이 아니다. 단지 바르게 알리고자 함이며, 현혹되지 않기를 바라는 마음에서이다.

1. 형살刑殺

서로가 서로의 삶을 속박하거나 깔보고 배신背信하며, 불쾌감을 주거나 억울한 일을 당하는 것을 이른다. 곧 서로가 화합하지 못하는 것을 이르는 것이다.

1) 지세지형持勢之刑

성품性品이 온화하고 정이 많은 것 같으나, 자신의 권력權力이나 위신威信만을 의지하면서 타인他人을 얕보고 깔아뭉개면서 이기적利己的인 모습을 보인다는 살이다.

(1) 인사寅巳--형刑　(2) 사신巳申--형刑　(3) 인신寅申--형刑

(1) 인사寅巳--형刑

　　　　인寅 호랑이 ⇨ 양陽　　　　사巳 뱀 ⇨ 음陰
　　　① 갑인甲寅 ⇨ 대계수大溪水　　① 을사乙巳 ⇨ 복등화覆燈火
　　　② 병인丙寅 ⇨ 노중화爐中火　　② 정사丁巳 ⇨ 사중토沙中土
　　　③ 무인戊寅 ⇨ 성두토城頭土　　③ 기사己巳 ⇨ 대림목大林木
　　　④ 경인庚寅 ⇨ 송백목松柏木　　④ 신사辛巳 ⇨ 백납금白鑞金
　　　⑤ 임인壬寅 ⇨ 금박금金箔金　　⑤ 계사癸巳 ⇨ 장류수長流水

대계수와 복등화가 만나면 복등화의 기운이 지극히 풍전등화風前燈火이며, 대계수가 사중토를 만나면 마르지 않던 물이 메마르게 되고 대계수가 대림목을 만나면 서로가 서로에게 기쁨이 되며, 대계수와 백납금이 만나면 청산유수青山流水에 일사천리一瀉千里이고 대계수와 장류수가 만나면 그 기운이 노도怒濤와 같다.

노중화와 복등화가 만나면 서로가 마음의 상처를 주고받으며, 노중화와 사중토가 만나면 쓸모없는 사중토가 그릇이 되고 노중화와 대림목이 만나면 노중화는 평생 마음고생은 심하나 먹고 사는 일에는 풍족할 것이며, 노중화와 백납금이 만나면 노중화는 마음의 상처로 고생하고 백납금은 말이 많아지며, 노중화와 장류수가 만나면 노중화는 멀리 떠난 임을 그리워하고 장류수는 미련 없이 떠나는 매정한 사랑이다.

성두토와 복등화가 만나면 복등화는 성문을 밝히고 성두토와 사중토가 만나면 서로가 그리워하면서도 가까이하지 못하며, 성두토와 대림목이 만나면 서로가 서로에게 많은 도움이 되고 성두토와 백납금이 만나면 드러난 형세가 가히 장엄하며, 성두토와 장류수가 만나면 장류수가 성두토의 해자가 되어 난공불락難攻不落의 성을 만든다.

송백목이 복등화를 만나면 서로 나대는 성질로 인하여 둘 다 다치고 송백목과 사중토가 만나면 그 뿌리가 흔들리며, 송백목과 대림목이 만나면 송백목의 까칠한 성격이 부드러워지고 송백목과 장류수가 만나면 서로가 멀리서 바라보는 형상이 된다.

금박금이 복등화를 만나면 금박금의 위세에 복등화가 빌붙고 금박금과 사중토가 만나면 금박금의 빛이 사라지며, 금박금과 대림목이 만나면 모든 분쟁의 소지가 되고 금박금과 백납금이 만나면 서로 잘난 척하다가 많은 것을 잃으며, 금박금과 장류수가 만나면 때를 기다려 목적한 바를 이룬다. 또한 각각의 육십갑자六十甲子가 8상八象으로 나뉘어 이루어지는 것이니, 곧 예를 들면 갑인 대계수 양陽의 태양太陽, 양陽의 소음少陰, 양陽의 소양少陽, 양陽의 태음太陰, 음陰의 태양太陽, 음陰의 소음少陰, 음陰의 소양少陽, 음陰의 태음太陰으로 이루어지고 을사 복등화 양陽의 태양太陽, 양陽의 소음少陰, 양陽의 소양少陽, 양陽의 태음太陰, 음陰의 태양太陽, 음陰의 소음少

陰, 음陰의 소양少陽, 음陰의 태음太陰으로 이루어진다. 이는 변역變易이며, 자세하게 풀고자한다면 통변通變을 바탕으로 만들어야 한다. 통변通變에 대한 것은 www.천운해제.com에서 "사주로 괘세우기" 웹을 이용하면 알 수 있다. 또한 통변通變 도표(주역통변도표 차례)를 만들어 놓았으니 많은 도움이 될 것이다.

(2) 사신巳申--형刑

　　　　사巳 뱀 ⇨ 음陰　　　　　신申 원숭이 ⇨ 양陽
① 을사乙巳 ⇨ 복등화覆燈火　　① 갑신甲申 ⇨ 천중수泉中水
② 정사丁巳 ⇨ 사중토沙中土　　② 병신丙申 ⇨ 산하화山下火
③ 기사己巳 ⇨ 대림목大林木　　③ 무신戊申 ⇨ 대역토大驛土
④ 신사辛巳 ⇨ 백납금白鑞金　　④ 경신庚申 ⇨ 석류목石榴木
⑤ 계사癸巳 ⇨ 장류수長流水　　⑤ 임신壬申 ⇨ 검봉금劍鋒金

　복등화와 천중수가 만나면 천중수의 이성적이며 계산적인 것에 복등화가 뒤집혀지고 복등화와 산하화가 만나면 복등화가 산에 불을 질러 모두 태워버리며, 복등화와 대역토가 만나면 대역토의 넉넉함에 복등화가 불을 밝히고 복등화와 석류목이 만나면 서로가 등을 돌린 채 외면하며, 복등화와 검봉금이 만나면 검봉금의 서릿발에 복등화가 움츠러든다.

　사중토와 천중수가 만나면 천중수는 피가 마르고 사중토와 산하화가 만나면 산하화의 기운에 사중토가 쓸모가 있어지며, 사중토와 대역토가 만나면 대역토의 앞마당이 되어 행복하고 사중토와 석류목이 만나면 힘든 여정이지만 함께 하며, 사중토와 검봉금이 만나면 검봉금의 의지가 꺾인다.

　대림목과 천중수가 만나면 천중수가 대림목의 기운으로 마르지 않고 대림목과 산하화가 만나면 이보다 좋은 괘卦가 없으며, 대림목과 대역토가 만나면 사업으로 번창하면서 넉넉히 베풀고 대림목과 석류목이 만나면 석류목이 안전해지며, 대림목과 검봉금이 만나면 검봉금의 칼날이 부러진다.

백납금과 천중수가 만나면 백납금의 청산유수靑山流水가 더욱 논리 정연해지고 백납금과 산하화가 만나면 말로써 한몫을 하며, 백납금과 대역토가 만나면 장사에 능수능란해지고 백납금과 석류목이 만나면 말싸움에 석류목이 다치며, 백납금과 검봉금이 만나면 문인과 무인이 만나는 것과 같다.

장류수와 천중수가 만나면 이해득실利害得失에 빠르고 장류수와 산하화가 만나면 매사 모든 것이 앞으로 발전해가며, 장류수와 대역토가 만나면 대역토는 장류수를 기다리는 형상이고 장류수와 석류목이 만나면 장류수의 냉정함에 석류목의 마음이 서러워지며, 장류수와 검봉금이 만나면 각주구검刻舟求劍한다. 또한 각각의 육십갑자六十甲子가 8상八象으로 나뉘어 이루어지는 것이니, 곧 예를 들면 을사 복등화 양陽의 태양太陽, 양陽의 소음少陰, 양陽의 소양少陽, 양陽의 태음太陰, 음陰의 태양太陽, 음陰의 소음少陰, 음陰의 소양少陽, 음陰의 태음太陰으로 이루어지고 갑신 천중수 양陽의 태양太陽, 양陽의 소음少陰, 양陽의 소양少陽, 양陽의 태음太陰, 음陰의 태양太陽, 음陰의 소음少陰, 음陰의 소양少陽, 음陰의 태음太陰으로 이루어진다. 이는 변역變易이며, 자세하게 풀고자한다면 통변通變을 바탕으로 만들어야 한다.

(3) 인신寅申--형刑

인寅 호랑이 ⇨ 양陽
① 갑인甲寅 ⇨ 대계수大溪水
② 병인丙寅 ⇨ 노중화爐中火
③ 무인戊寅 ⇨ 성두토城頭土
④ 경인庚寅 ⇨ 송백목松柏木
⑤ 임인壬寅 ⇨ 금박금金箔金

신申 원숭이 ⇨ 양陽
① 갑신甲申 ⇨ 천중수泉中水
② 병신丙申 ⇨ 산하화山下火
③ 무신戊申 ⇨ 대역토大驛土
④ 경신庚申 ⇨ 석류목石榴木
⑤ 임신壬申 ⇨ 검봉금劍鋒金

대계수와 천중수가 만나면 천중수의 입지가 위태로워지고 대계수와 산하화가 만나면 서로 마음이 맞아 매사에 호호탕탕하며, 대계수와 대역토가 만나면 아름다운 산수화가 만들어지고 대계수와 석류목이 만나면 대계수의 변덕에 석류목이 상처를 받으며, 대계수와 검봉금이 만나면 대계수의 기운에 날을 세운 검봉금의 기운이 더욱 강해진다.

　노중화와 천중수가 만나면 감정과 이성의 만남이라 하나는 뜨겁고 하나는 차며, 노중화와 산하화가 만나면 그 마음자리가 더욱 넓어지고 노중화와 대역토가 만나면 오고가는 모든 사람들의 화톳불이라 베푸는 정이 많으며, 노중화와 석류목이 만나면 서로에게 위로가 되어주고 노중화와 검봉금이 만나면 화롯불에 검이 만들어지는 것이니, 새로운 일이 밝게 일어난다.

　성두토와 천중수가 만나면 꼭 필요한 자리에 앉아 소임을 다하고 성두토와 산하화가 만나면 위험천만한 일이 벌어지며, 성두토와 대역토가 만나면 많은 사람들이 서로 의지하면서 살아가고 성두토와 석류목이 만나면 아기자기하게 세상사를 살아가며, 성두토와 검봉금이 만나면 성주에게 강한 힘이 부여된다.

　송백목과 천중수가 만나면 서로 잘난 척 등을 돌리고 송백목과 산하화가 만나면 송백목이 늘 위태로우며, 송백목과 대역토가 만나면 송백목이 칭송을 받고 송백목과 석류목이 만나면 석류목이 귀찮아서 도망을 가며, 송백목과 검봉금이 만나면 송백목이 잘려 나간다.

　금박금과 천중수가 만나면 이재와 명분을 강하게 내세우고 금박금과 산하화가 만나면 서로 부딪히는 일이 많아지며, 금박금과 대역토가 만나면 귀한 대접을 받고 금박금과 석류목이 만나면 강하면서 섬세하며, 금박금과 검봉금이 만나면 매사에 극과 극을 달린다. 또한 각각의 육십갑자六十甲子가 8상八象으로 나뉘어 이루어지는 것이니, 곧 예를 들면 갑인 대계수 양陽의 태양太陽, 양陽의 소음少陰, 양陽의 소양少陽, 양陽의 태음太陰, 음陰의 태양太陽, 음陰의 소음少陰, 음陰의 소양少陽, 음陰의 태음太陰으로 이루어지고 갑신 천중수 양陽의 태양太陽, 양陽의 소음少陰, 양陽의 소양少陽, 양陽의 태음太陰, 음陰의 태양太陽, 음陰의 소음少陰, 음陰의 소양少陽, 음陰의 태음太陰으로 이루어진다. 이는 변역變易이며, 자세하게 풀고자한다면 통변通變을 바탕으로 만들어야 한다.

2) 무은지형無恩之刑

타고난 성질이나 기질氣質이 인간人間다운 정情이 없고 혹독酷毒한 까닭으로 은혜를 모르며, 배신背信을 당하거나 배신을 하고 친구나 가까운 이들을 해친다는 살殺이다.

(1) 축술丑戌--형刑　(2) 술미戌未--형刑　(3) 축미丑未--형刑

(1) 축술丑戌--형刑

　　　　축丑 소 ⇨ 음陰　　　　　　술戌 개 ⇨ 양陽
① 을축乙丑 ⇨ 해중금海中金　　① 갑술甲戌 ⇨ 산두화山頭火
② 정축丁丑 ⇨ 간하수澗下水　　② 병술丙戌 ⇨ 옥상토屋上土
③ 기축己丑 ⇨ 벽력화霹靂火　　③ 무술戊戌 ⇨ 평지목平地木
④ 신축辛丑 ⇨ 벽상토壁上土　　④ 경술庚戌 ⇨ 차천금釵釧金
⑤ 계축癸丑 ⇨ 상자목桑柘木　　⑤ 임술壬戌 ⇨ 대해수大海水

해중금과 산두화가 만나면 해중금은 깊고 산두화는 산꼭대기라 서로 경원시하며, 해중금과 옥상토가 만나면 서로 관계할 바가 없고 해중금과 평지목이 만나면 평지목의 고생이 이루 말할 수 없으며, 해중금과 차천금이 만나면 해중금은 억척이지만 차천금은 따지고 드는 기운이며, 해중금과 대해수가 만나면 서로가 큰 도움을 주는 관계이다.

간하수가 산두화를 만나면 한없이 머리를 조아리고 간하수와 옥상토가 만나면 서로가 믿지를 못하며, 간하수와 평지목이 만나면 서로 불평불만不平不滿만 많아지고 간하수와 차천금이 만나면 간하수가 눌리며, 간하수와 대해수가 만나면 간하수의 존재는 사라진다.

벽력화와 산두화가 만나면 서로에게 도움이 되고 벽력화와 옥상토가 만나면 서로에게 불만이 많으며, 벽력화와 평지목이 만나면 평지목이 부러져 나가고 벽력화와 차천금이 만나면 순간순간의 이득이 있으며, 벽력화와 대해수가 만나면 순간의 도움으로 생명줄을 잇게 된다.

벽상토와 산두화가 만나면 고립무원孤立無援이고 벽상토와 옥상토가 만나면 관을 짜는 형상이며, 벽상토와 평지목이 만나면 구속된 삶을 살아가고 벽상토와 차천금이 만나면 재복을 타고나며, 벽상토와 대해수가 만나면 벽상토가 무너져 내린다.

　상자목이 산두화를 만나면 상자목이 버림을 받고 상자목과 옥상토가 만나면 오로지 한 우물만 파며, 상자목과 평지목이 만나면 보잘 것 없는 존재로서 서로 잘난 척을 하고 상자목과 차천금이 만나면 상자목의 욕심으로 차천금이 깨지며, 상자목과 대해수가 만나면 상자목이 썩는다. 또한 각각의 육십갑자六十甲子가 8상八象으로 나뉘어 이루어지는 것이니, 곧 예를 들면 을축 해중금 양陽의 태양太陽, 양陽의 소음少陰, 양陽의 소양少陽, 양陽의 태음太陰, 음陰의 태양太陽, 음陰의 소음少陰, 음陰의 소양少陽, 음陰의 태음太陰으로 이루어지고 갑술 산두화 양陽의 태양太陽, 양陽의 소음少陰, 양陽의 소양少陽, 양陽의 태음太陰, 음陰의 태양太陽, 음陰의 소음少陰, 음陰의 소양少陽, 음陰의 태음太陰으로 이루어진다. 이는 변역變易이며, 자세하게 풀고자한다면 통변通變을 바탕으로 만들어야 한다.

(2) 술미戌未--형刑

술戌 개 ⇨ 양陽

① 갑술甲戌 ⇨ 산두화山頭火
② 병술丙戌 ⇨ 옥상토屋上土
③ 무술戊戌 ⇨ 평지목平地木
④ 경술庚戌 ⇨ 차천금鎈釧金
⑤ 임술壬戌 ⇨ 대해수大海水

미未 양 ⇨ 음陰

① 을미乙未 ⇨ 사중금沙中金
② 정미丁未 ⇨ 천하수天下水
③ 기미己未 ⇨ 천상화天上火
④ 신미辛未 ⇨ 노방토路傍土
⑤ 계미癸未 ⇨ 양류목楊柳木

　산두화와 사중금이 만나면 눈만 마주보는 사이가 되며, 산두화와 천하수가 만나면 산두화가 인도자로서 이끌어주고 산두화와 천상화가 만나면 의기투합意氣投合하며, 산두화와 노방토가 만나면 천하를 주유하고 산두화와 양류목이 만나면 영활한 머리를 지닌다.

옥상토와 사중금이 만나면 서로를 등한시하고 옥상토와 천하수가 만나면 옥상토가 천하수를 무시하고 옥상토와 천상화가 만나면 옥상토는 그림자로 숨어들며, 옥상토와 노방토가 만나면 늘 평행선을 긋고 살아가며, 옥상토와 양류목이 만나면 양류목이 기를 펴지 못한다.

평지목과 사중금이 만나면 제 몸 하나 꾸미기에 평생을 허비하고 평지목이 천하수를 만나면 평생 빌붙어 살아가며, 평지목과 천상화가 만나면 평생 외롭고 평지목이 노방토를 만나면 동가숙서가숙하며, 평지목이 양류목과 만나면 학자로서의 길을 간다.

차천금과 사중금이 만나면 차천금의 따지는 성질과 사중금의 꾸미는 성격이 부딪혀 시끄럽고 차천금과 천하수가 만나면 크게 이루기는 하나 천하수가 토사구팽兎死狗烹당하며, 차천금과 천상화가 만나면 큰 재물을 얻고 차천금과 노방토가 만나면 바쁘기도 하겠지만 얻은 것이 많으며, 차천금과 양류목이 만나면 양류목에 차천금이 곤란해진다.

대해수와 사중금이 만나면 백사장의 분위기로 젖어가며, 대해수와 천하수가 만나면 서로의 마음이 맞고 의지하며, 대해수와 천상화가 만나면 많은 소금을 얻어 천하를 보살피고 대해수와 노방토가 만나면 피곤한 몸을 뉘이기도 전에 떠나야 할 상황이 되며, 대해수가 양류목을 만나면 잠시 쉬어가는 의지처가 된다. 또한 각각의 육십갑자六十甲子가 8상八象으로 나뉘어 이루어지는 것이니, 곧 예를 들면 갑술 산두화 양陽의 태양太陽, 양陽의 소음少陰, 양陽의 소양少陽, 양陽의 태음太陰, 음陰의 태양太陽, 음陰의 소음少陰, 음陰의 소양少陽, 음陰의 태음太陰으로 이루어지고 을미 사중금 양陽의 태양太陽, 양陽의 소음少陰, 양陽의 소양少陽, 양陽의 태음太陰, 음陰의 태양太陽, 음陰의 소음少陰, 음陰의 소양少陽, 음陰의 태음太陰으로 이루어진다. 이는 변역變易이며, 자세하게 풀고자한다면 통변通變을 바탕으로 만들어야 한다.

(3) 축미丑未--형刑

　　　　축丑 **소** ⇨ **음**陰　　　　　　**미**未 **양** ⇨ **음**陰
　　① 을축乙丑 ⇨ 해중금海中金　　① 을미乙未 ⇨ 사중금沙中金
　　② 정축丁丑 ⇨ 간하수澗下水　　② 정미丁未 ⇨ 천하수天下水
　　③ 기축己丑 ⇨ 벽력화霹靂火　　③ 기미己未 ⇨ 천상화天上火
　　④ 신축辛丑 ⇨ 벽상토壁上土　　④ 신미辛未 ⇨ 노방토路傍土
　　⑤ 계축癸丑 ⇨ 상자목桑柘木　　⑤ 계미癸未 ⇨ 양류목楊柳木

　해중금과 사중금이 만나면 진득한 해중금이 희생을 하지만 사중금은 이기적이며, 해중금과 천하수가 만나면 서로가 서로에게 양보를 하고 해중금과 천상화가 만나면 해중금의 고된 삶이 더해지며, 해중금과 노방토가 만나면 고된 일에 더하여 바빠지고 해중금과 양류목이 만나면 잠시나마 삶의 여유를 가진다.

　간하수와 사중금이 만나면 간하수의 간사함에 사중금이 놀아나고 간하수와 천하수가 만나면 간하수의 존재는 사라지며, 간하수와 천상화가 만나면 간하수가 바짝 마르고 간하수와 노방토가 만나면 노방토가 헛웃음만 지으면서 받아들이며, 간하수와 양류목이 만나면 양류목이 등을 돌린다.

　벽력화와 사중금이 만나면 사중금을 일깨워주고 벽력화와 천하수가 만나면 적재적소에 따라 움직임이 빠르며, 벽력화와 천상화가 만나면 극과 극을 이루는 기질이고 벽력화와 노방토가 만나면 아닌 밤중에 홍두깨라 놀라는 일이 많으며, 벽력화와 양류목이 만나면 양류목이 부러져나간다.

　벽상토와 사중금이 만나면 안으로만 숨어들고 벽상토와 천하수가 만나면 계란으로 바위를 치는 상황이 벌어지며, 벽상토와 천상화가 만나면 그 뜨거운 열기를 이기지 못하고 벽상토와 노방토가 만나면 여러 집 살림을 하며, 벽상토와 양류목이 만나면 양류목의 흐드러짐을 시기하는 벽상토의 기운 때문에 늘 구속이나 간섭을 받는다.

　상자목과 사중금이 만나면 매사에 분쟁을 일으키고 상자목과 천하수가 만나면 상자목이 늘 응석을 부리며, 상자목과 천상화가 만나면 상자목이 늘 불평불만을 늘어놓고 상자목이 노방토를 만나면 외로움에 새서방을 들이며, 상자목이 양류목을 만나면 한 밤중에 담을 넘는다. 또한 각각의 육십갑자六十甲子가 8상八象으로 나뉘어 이루어지는 것이니, 곧 예를 들면 을축 해중금 양陽의 태양太陽, 양陽의 소음少陰, 양陽의 소양少陽, 양陽의 태음太陰, 음陰의 태양太陽, 음陰의 소음少陰, 음陰의 소양少陽, 음陰의 태음太陰으로 이루어지고 을미 사중금 양陽의 태양太陽, 양陽의 소음少陰, 양陽의 소양少陽, 양陽의 태음太陰, 음陰의 태양太陽, 음陰의 소음少陰, 음陰의 소양少陽, 음陰의 태음太陰으로 이루어진다. 이는 변역變易이며, 자세하게 풀고자 한다면 통변通變을 바탕으로 만들어야 한다.

3) 무례지형無禮之刑

타고난 성품이나 기질이 난폭亂暴하고 예의禮儀가 없으며, 욕심慾心이 많고 상대방에게 불쾌감不快感을 주는 살을 이른다.

(1) 자묘子卯--형刑   (2) 묘자卯子--형刑

(1) 자묘子卯--형刑

　　　　자子 쥐 ⇨ 양陽　　　　　묘卯 토끼 ⇨ 음陰
① 갑자甲子 ⇨ 해중금海中金　　① 을묘乙卯 ⇨ 대계수大溪水
② 병자丙子 ⇨ 간하수澗下水　　② 정묘丁卯 ⇨ 노중화爐中火
③ 무자戊子 ⇨ 벽력화霹靂火　　③ 기묘己卯 ⇨ 성두토城頭土
④ 경자庚子 ⇨ 벽상토壁上土　　④ 신묘辛卯 ⇨ 송백목松柏木
⑤ 임자壬子 ⇨ 상자목桑柘木　　⑤ 계묘癸卯 ⇨ 금박금金箔金

해중금과 대계수가 만나면 의기투합意氣投合을 잘하며, 해중금과 노중화가 만나면 서로에게 불만은 많지만 가난하지 않고 해중금과 성두토가 만나면 고된 노동이 따르지만 부를 쌓을 것이며, 해중금과 송백목이 만나면 해안 절벽에 외롭게 서있는 소나무이고 해중금과 금박금이 만나면 고된 삶이 따르지만 권세와 명예도 따른다.

간하수와 대계수가 만나면 간하수의 간사함과 대계수의 변덕이 눈에 보이며, 간하수와 노중화가 만나면 간하수의 자잘함에 노중화의 가슴이 터지고 간하수는 노중화의 기운에 바짝 타들어가며, 간하수와 성두토가 만나면 작은 물이 모여 큰물을 이루듯 재물을 쌓고 간하수와 송백목이 만나면 잦은 다툼으로 서로에게 상처가 되며, 간하수와 금박금이 만나면 주종의 관계를 이룬다.

벽력화와 대계수가 만나면 곤란한 일들이 순식간에 풀리고 벽력화 노중화가 만나면 가라앉던 화가 다시 치밀어 오르며, 벽력화와 성두토가 만나면 놀라서 가슴 졸이는 일이 많아지고 벽력화와 송백목이 만나면 송백목이 제 고집에 부러져나가며, 벽력화와 금박금이 만나면 순간에 권위나 권세, 부 따위를 얻게 된다.

벽상토와 대계수가 만나면 벽상토의 구속에 대계수가 날뛰고 벽상토와 노중화가 만나면 몸이 뜨거운 것을 감당하지 못하며, 벽상토와 성두토가 만나면 한 집에 부인을 여럿 두고 벽상토와 송백목이 만나면 벽상토의 구속에 송백목이 말라가며, 벽상토와 금박금이 만나면 집안에 금송아지를 모셔놓고 인색하게 군다.

상자목과 대계수가 만나면 놀기를 좋아하고 상자목과 노중화가 만나면 서로가 서로에게 못되게 굴면서 화만 일으키며, 상자목과 성두토가 만나면 한 집안의 살림을 맡아 키우고 상자목과 송백목이 만나면 그 다툼이 가히 전쟁을 치르는 것만 같고 상자목과 금박금이 만나면 죽음이 목전까지 가서야 주종의 관계를 이룬다. 또한 각각의 육십갑자六十甲子가 8상八象으로 나뉘어 이루어지는 것이니, 곧 예를 들면 갑자 해중금 양陽의 태양太陽, 양陽의 소음少陰, 양陽의 소양少陽, 양陽의 태음太陰, 음陰의 태양太陽, 음陰의 소음少陰, 음陰의 소양少陽, 음陰의 태음太陰으로 이루어지고 을묘 대계수 양陽의 태양太陽, 양陽의 소음少陰, 양陽의 소양少陽, 양陽의 태음太陰, 음陰의 태양太陽, 음陰의 소음少陰, 음陰의 소양少陽, 음陰의 태음太陰으로 이루어진다. 이는 변역變易이며, 자세하게 풀고자한다면 통변通變을 바탕으로 만들어야 한다.

(2) 묘자卯子--형刑

　　　묘卯 토끼 ⇨ 음陰　　　　　　자子 쥐 ⇨ 양陽
　① 을묘乙卯 ⇨ 대계수大溪水　　① 갑자甲子 ⇨ 해중금海中金
　② 정묘丁卯 ⇨ 노중화爐中火　　② 병자丙子 ⇨ 간하수澗下水
　③ 기묘己卯 ⇨ 성두토城頭土　　③ 무자戊子 ⇨ 벽력화霹靂火
　④ 신묘辛卯 ⇨ 송백목松柏木　　④ 경자庚子 ⇨ 벽상토壁上土
　⑤ 계묘癸卯 ⇨ 금박금金箔金　　⑤ 임자壬子 ⇨ 상자목桑柘木

　대계수와 해중금이 만나면 흉금 없이 서로의 마음을 털어내고 대계수와 간하수가 만나면 제 고집만을 고수하면서 간하수의 존재가 사라지며, 대계수와 벽력화가 만나면 순간에 많은 부를 쌓게 되고 대계수와 벽상토가 만나면 한 순간에 재물을 잃으며, 대계수와 상자목이 만나면 놀기도 좋아하지만 서로의 다툼이 끊이지 않는다.

　노중화와 해중금이 만나면 몸과 마음은 고되지만 재물은 마르지 않으며, 노중화와 간하수가 만나면 서로를 무시하면서 시기하고 노중화와 벽력화가 만나면 순간의 실수가 화를 불러 일으키며, 노중화와 벽상토가 만나면 모든 것이 튼실해지고 노중화와 상자목이 만나면 헤어지기를 반복한다.

　성두토와 해중금이 만나면 집안을 이루면서 안주하고 성두토와 간하수가 만나면 잔소리와 자잘한 마음에 실망을 하며, 성두토와 벽력화가 만나면 급한 성격으로 인하여 주변 사람을 괴롭히고 성두토와 벽상토가 만나면 안으로 숨기기를 좋아하며, 성두토와 상자목이 만나면 고집으로 인하여 자신의 위치를 잃는다.

　송백목과 해중금이 만나면 고풍스러우나 외로워지고 송백모과 간하수가 만나면 간하수의 자잘함에 송백목의 잔소리와 잘난 척이 극에 달하며, 송백목과 벽력화가 만나면 송백목의 성질을 죽여 버리는 벽력화의 기운이고, 송백목과 벽상토가 만나면 답답한 마음이 이루 말 할 수 없고 송백목과 상자목이 만나면 다투는 일이 하루가 멀다 하고 일어나는 일상이다.

금박금과 해중금이 만나면 그 어떠한 상황이라도 살아나는 기운이며, 금박금과 간하수가 만나면 가뭄에 비가 오듯 목마름을 면할 것이고 금박금과 벽력화가 만나면 생각지도 않은 좋은 일이 갑자기 생기며, 금박금과 벽상토가 만나면 지닌 재물이 자꾸만 쌓이고 금박금과 상자목이 만나면 처음에는 기세가 등등하나 나중에는 자신을 낮추게 되는 변화가 따른다. 또한 각각의 육십갑자六十甲子가 8상八象으로 나뉘어 이루어지는 것이니, 곧 예를 들면 을묘 대계수 양陽의 태양太陽, 양陽의 소음少陰, 양陽의 소양少陽, 양陽의 태음太陰, 음陰의 태양太陽, 음陰의 소음少陰, 음陰의 소양少陽, 음陰의 태음太陰으로 이루어지고 갑자 해중금 양陽의 태양太陽, 양陽의 소음少陰, 양陽의 소양少陽, 양陽의 태음太陰, 음陰의 태양太陽, 음陰의 소음少陰, 음陰의 소양少陽, 음陰의 태음太陰으로 이루어진다. 이는 변역變易이며, 자세하게 풀고자한다면 통변通變을 바탕으로 만들어야 한다.

4) 자형自刑

의지가 매우 약하며, 억울한 일을 많이 당하고 앞뒤를 가리지 못하면서 자기주장만을 일방적으로 내세우고 매사에 변명과 핑계를 대는 살을 이른다.

(1) 진진辰辰--형刑   (2) 오오午午--형刑
(3) 유유酉酉--형刑   (4) 해해亥亥--형刑

(1) 진진辰辰--형刑

진辰 용 ⇨ 양陽	진辰 용 ⇨ 양陽
① 갑진甲辰 ⇨ 복등화覆燈火	① 갑진甲辰 ⇨ 복등화覆燈火
② 병진丙辰 ⇨ 사중토沙中土	② 병진丙辰 ⇨ 사중토沙中土
③ 무진戊辰 ⇨ 대림목大林木	③ 무진戊辰 ⇨ 대림목大林木
④ 경진庚辰 ⇨ 백납금白鑞金	④ 경진庚辰 ⇨ 백납금白鑞金
⑤ 임진壬辰 ⇨ 장류수長流水	⑤ 임진壬辰 ⇨ 장류수長流水

복등화와 복등화가 만나면 뒤집어엎는 일이 다반사이며, 복등화와 사중토가 만나면 서로에 대하여 불평불만만이 있고 복등화와 대림목이 만나면 한 순간에 온 숲을 불태워 없애며, 복등화와 백납금이 만나면 필요에 따라 말이 달라지고 복등화와 장류수가 만나면 장강에 빛을 비춰주는 기운이다.

사중토와 복등화가 만나면 모래 바람에 등불이 위태롭고 사중토와 사중토가 만나면 모든 것이 밑이 빠진 독이며, 사중토와 대림목이 만나면 모래 바람을 막아주는 방풍림으로 그 삶이 넉넉할 것이고 사중토와 백납금이 만나면 말과 행동에 신뢰성이 없으며, 사중토와 장류수가 만나면 넉넉한 물의 기운에 마르지 않는다.

이후의 내용들은 위의 내용과 같이 지극히 중복되는 것이 많으며, 반복되는 것이기에 생략한다. 육십갑자 병납음의 의미와 함께 8상八象의 의미를 밝게 안다면 그리 어려운 것이 아니다. 모든 살론煞論이나 복론福論이 이러한 것이니, 본인의 의지를 분명히 가지기를 바란다. 때문에 생략하는 것이며, 늘 초심을 잃지 않고 많은 것을 얻어가지기를 바라는 마음이다. 또한 통변通變에 대한 것은 www.천운해제.com에서 "사주로 괘세우기" 웹을 이용하면 알 수 있다. 또한 통변通變 도표주역통변도표.차례를 만들어 놓았으니 많은 도움이 될 것이다.

(2) 오.오午午--형刑

    오午 말 ⇨ 양陽　　　　　　오午 말 ⇨ 양陽

① 갑오甲午 ⇨ 사중금沙中金　　① 갑오甲午 ⇨ 사중금沙中金
② 병오丙午 ⇨ 천하수天下水　　② 병오丙午 ⇨ 천하수天下水
③ 무오戊午 ⇨ 천상화天上火　　③ 무오戊午 ⇨ 천상화天上火
④ 경오庚午 ⇨ 노방토路傍土　　④ 경오庚午 ⇨ 노방토路傍土
⑤ 임오壬午 ⇨ 양류목楊柳木　　⑤ 임오壬午 ⇨ 양류목楊柳木

(3) 유유酉酉--형刑

　　　유酉 닭 ⇨ 음陰　　　　　　유酉 닭 ⇨ 음陰
　① 을유乙酉 ⇨ 천중수泉中水　　① 을유乙酉 ⇨ 천중수泉中水
　② 정유丁酉 ⇨ 산하화山下火　　② 정유丁酉 ⇨ 산하화山下火
　③ 기유己酉 ⇨ 대역토大驛土　　③ 기유己酉 ⇨ 대역토大驛土
　④ 신유辛酉 ⇨ 석류목石榴木　　④ 신유辛酉 ⇨ 석류목石榴木
　⑤ 계유癸酉 ⇨ 검봉금劍鋒金　　⑤ 계유癸酉 ⇨ 검봉금劍鋒金

(4) 해해亥亥--형刑

　　　해亥 돼지 ⇨ 음陰　　　　　해亥 돼지 ⇨ 음陰
　① 을해乙亥 ⇨ 산두화山頭火　　① 을해乙亥 ⇨ 산두화山頭火
　② 정해丁亥 ⇨ 옥상토屋上土　　② 정해丁亥 ⇨ 옥상토屋上土
　③ 기해己亥 ⇨ 평지목平地木　　③ 기해己亥 ⇨ 평지목平地木
　④ 신해辛亥 ⇨ 차천금鎈釧金　　④ 신해辛亥 ⇨ 차천금鎈釧金
　⑤ 계해癸亥 ⇨ 대해수大海水　　⑤ 계해癸亥 ⇨ 대해수大海水

2. 충살沖殺

상대방에게 심한 말로 마음에 못을 박거나 상처를 주면서 해害를 주는 살이라 한다. 곧 서로가 서로에게 해를 끼치는 일이 심하다는 살이다.

1) 자오子午--충沖　2) 묘유卯酉--충沖　3) 축미丑未--충沖　4) 진술辰戌--충沖

5) 인신寅申--충沖　6) 사해巳亥--충沖

1) 자오子午--충沖

　　　자子 쥐 ⇨ 양陽　　　　　　오午 말 ⇨ 양陽
　(1) 갑자甲子 ⇨ 해중금海中金　(1) 갑오甲午 ⇨ 사중금沙中金
　(2) 병자丙子 ⇨ 간하수澗下水　(2) 병오丙午 ⇨ 천하수天下水
　(3) 무자戊子 ⇨ 벽력화霹靂火　(3) 무오戊午 ⇨ 천상화天上火

(4) 경자庚子 ⇨ 벽상토壁上土　　　(4) 경오庚午 ⇨ 노방토路傍土
　　(5) 임자壬子 ⇨ 상자목桑柘木　　　(5) 임오壬午 ⇨ 양류목楊柳木

2) 묘유卯酉--충沖

　　　　묘卯 토끼 ⇨ 음陰　　　　　유酉 닭 ⇨ 음陰
　　(1) 을묘乙卯 ⇨ 대계수大溪水　　　(1) 을유乙酉 ⇨ 천중수泉中水
　　(2) 정묘丁卯 ⇨ 노중화爐中火　　　(2) 정유丁酉 ⇨ 산하화山下火
　　(4) 기묘己卯 ⇨ 성두토城頭土　　　(3) 기유己酉 ⇨ 대역토大驛土
　　(4) 신묘辛卯 ⇨ 송백목松柏木　　　(4) 신유辛酉 ⇨ 석류목石榴木
　　(5) 계묘癸卯 ⇨ 금박금金箔金　　　(5) 계유癸酉 ⇨ 검봉금劍鋒金

3) 축미丑未--충沖

　　　　축丑.소 ⇨ 음陰　　　　　미未.양 ⇨ 음陰
　　(1) 을축乙丑 ⇨ 해중금海中金　　　(1) 을미乙未 ⇨ 사중금沙中金
　　(2) 정축丁丑 ⇨ 간하수澗下水　　　(2) 정미丁未 ⇨ 천하수天下水
　　(3) 기축己丑 ⇨ 벽력화霹靂火　　　(3) 기미己未 ⇨ 천상화天上火
　　(4) 신축辛丑 ⇨ 벽상토壁上土　　　(4) 신미辛未 ⇨ 노방토路傍土
　　(5) 계축癸丑 ⇨ 상자목桑柘木　　　(5) 계미癸未 ⇨ 양류목楊柳木

4) 진술辰戌--충沖

　　　　진辰 용 ⇨ 양陽　　　　　술戌 개 ⇨ 양陽
　　(1) 갑진甲辰 ⇨ 복등화覆燈火　　　(1) 갑술甲戌 ⇨ 산두화山頭火
　　(2) 병진丙辰 ⇨ 사중토沙中土　　　(2) 병술丙戌 ⇨ 옥상토屋上土
　　(3) 무진戊辰 ⇨ 대림목大林木　　　(3) 무술戊戌 ⇨ 평지목平地木
　　(4) 경진庚辰 ⇨ 백납금白鑞金　　　(4) 경술庚戌 ⇨ 차천금鎈釧金
　　(5) 임진壬辰 ⇨ 장류수長流水　　　(5) 임술壬戌 ⇨ 대해수大海水

5) 인신寅申--충沖

　　　　인寅 호랑이 ⇨ 양陽　　　　　　신申 원숭이 ⇨ 양陽
　　(1) 갑인甲寅 ⇨ 대계수大溪水　　(1) 갑신甲申 ⇨ 천중수泉中水
　　(2) 병인丙寅 ⇨ 노중화爐中火　　(2) 병신丙申 ⇨ 산하화山下火
　　(3) 무인戊寅 ⇨ 성두토城頭土　　(3) 무신戊申 ⇨ 대역토大驛土
　　(4) 경인庚寅 ⇨ 송백목松柏木　　(4) 경신庚申 ⇨ 석류목石榴木
　　(5) 임인壬寅 ⇨ 금박금金箔金　　(5) 임신壬申 ⇨ 검봉금劍鋒金

6) 사해巳亥--충沖

　　　　사巳 뱀 ⇨ 음陰　　　　　　해亥 돼지 ⇨ 음陰
　　(1) 을사乙巳 ⇨ 복등화覆燈火　　(1) 을해乙亥 ⇨ 산두화山頭火
　　(2) 정사丁巳 ⇨ 사중토沙中土　　(2) 정해丁亥 ⇨ 옥상토屋上土
　　(3) 기사己巳 ⇨ 대림목大林木　　(3) 기해己亥 ⇨ 평지목平地木
　　(4) 신사辛巳 ⇨ 백납금白鑞金　　(4) 신해辛亥 ⇨ 차천금鎈釧金
　　(5) 계사癸巳 ⇨ 장류수長流水　　(5) 계해癸亥 ⇨ 대해수大海水

3. 파살破殺

사람으로 인하여 풍파風波가 일어나거나 재물財物로 인하여 풍파가 많다는 살殺이다. 때문에 매사에 우환憂患이나 질고疾苦가 따르면서 남보다 뒤처지고 생리사별生離死別까지도 있다는 살이다.

1) 자유子酉--파破 2) 오묘午卯--파破 3) 축진丑辰--파破 4) 사신巳申--파破
5) 인해寅亥--파破 6) 미술未戌--파破

1) 자유子酉--파破

　　　　자子 쥐 ⇨ 양陽　　　　　　유酉 닭 ⇨ 음陰
　　(1) 갑자甲子 ⇨ 해중금海中金　　(1) 을유乙酉 ⇨ 천중수泉中水

(2) 병자丙子 ⇨ 간하수澗下水　　　(2) 정유丁酉 ⇨ 산하화山下火
　　(3) 무자戊子 ⇨ 벽력화霹靂火　　　(3) 기유己酉 ⇨ 대역토大驛土
　　(4) 경자庚子 ⇨ 벽상토壁上土　　　(4) 신유辛酉 ⇨ 석류목石榴木
　　(5) 임자壬子 ⇨ 상자목桑柘木　　　(5) 계유癸酉 ⇨ 검봉금劍鋒金

2) 오묘午卯--파破
　　　　오午 말 ⇨ 양陽　　　　　　　묘卯 토끼 ⇨ 음陰
　　(1) 갑오甲午 ⇨ 사중금沙中金　　　(1) 을묘乙卯 ⇨ 대계수大溪水
　　(2) 병오丙午 ⇨ 천하수天下水　　　(2) 정묘丁卯 ⇨ 노중화爐中火
　　(3) 무오戊午 ⇨ 천상화天上火　　　(3) 기묘己卯 ⇨ 성두토城頭土
　　(4) 경오庚午 ⇨ 노방토路傍土　　　(4) 신묘辛卯 ⇨ 송백목松柏木
　　(5) 임오壬午 ⇨ 양류목楊柳木　　　(5) 계묘癸卯 ⇨ 금박금金箔金

3) 축진丑辰--파破
　　　　축丑 소 ⇨ 음陰　　　　　　　진辰 용 ⇨ 양陽
　　(1) 을축乙丑 ⇨ 해중금海中金　　　(1) 갑진甲辰 ⇨ 복등화覆燈火
　　(2) 정축丁丑 ⇨ 간하수澗下水　　　(2) 병진丙辰 ⇨ 사중토沙中土
　　(3) 기축己丑 ⇨ 벽력화霹靂火　　　(3) 무진戊辰 ⇨ 대림목大林木
　　(4) 신축辛丑 ⇨ 벽상토壁上土　　　(4) 경진庚辰 ⇨ 백납금白鑞金
　　(5) 계축癸丑 ⇨ 상자목桑柘木　　　(5) 임진壬辰 ⇨ 장류수長流水

4) 사신巳申--파破
　　　　사巳 뱀 ⇨ 음陰　　　　　　　신申 원숭이 ⇨ 양陽
　　(1) 을사乙巳 ⇨ 복등화覆燈火　　　(1) 갑신甲申 ⇨ 천중수泉中水
　　(2) 정사丁巳 ⇨ 사중토沙中土　　　(2) 병신丙申 ⇨ 산하화山下火
　　(3) 기사己巳 ⇨ 대림목大林木　　　(3) 무신戊申 ⇨ 대역토大驛土
　　(4) 신사辛巳 ⇨ 백납금白鑞金　　　(4) 경신庚申 ⇨ 석류목石榴木
　　(5) 계사癸巳 ⇨ 장류수長流水　　　(5) 임신壬申 ⇨ 검봉금劍鋒金

5) 인해寅亥--파破

   인寅 호랑이 ⇨ 양陽   해亥 돼지 ⇨ 음陰

  (1) 갑인甲寅 ⇨ 대계수大溪水   (1) 을해乙亥 ⇨ 산두화山頭火
  (2) 병인丙寅 ⇨ 노중화爐中火   (2) 정해丁亥 ⇨ 옥상토屋上土
  (3) 무인戊寅 ⇨ 성두토城頭土   (3) 기해己亥 ⇨ 평지목平地木
  (4) 경인庚寅 ⇨ 송백목松柏木   (4) 신해辛亥 ⇨ 차천금鎈釧金
  (5) 임인壬寅 ⇨ 금박금金箔金   (5) 계해癸亥 ⇨ 대해수大海水

6) 미술未戌--파破

   미未 양 ⇨ 음陰   술戌 개 ⇨ 양陽

  (1) 을미乙未 ⇨ 사중금沙中金   (1) 갑술甲戌 ⇨ 산두화山頭火
  (2) 정미丁未 ⇨ 천하수天下水   (2) 병술丙戌 ⇨ 옥상토屋上土
  (3) 기미己未 ⇨ 천상화天上火   (3) 무술戊戌 ⇨ 평지목平地木
  (4) 신미辛未 ⇨ 노방토路傍土   (4) 경술庚戌 ⇨ 차천금鎈釧金
  (5) 계미癸未 ⇨ 양류목楊柳木   (5) 임술壬戌 ⇨ 대해수大海水

4. 해살害殺

평생을 살아가면서 많은 재물財物을 잃고 손재수가 따르면서 가족과 생리별生離別하며, 혼자 살아가게 되는 고달픈 살殺이라 이른다.

1) 자미子未--해害 2) 묘진卯辰--해害 3) 축오丑午--해害 4) 신해申亥--해害
5) 인사寅巳--해害 6) 유술酉戌--해害

1) 자미子未--해害

   자子 쥐 ⇨ 양陽   미未 양 ⇨ 음陰

  (1) 갑자甲子 ⇨ 해중금海中金   (1) 을미乙未 ⇨ 사중금沙中金
  (2) 병자丙子 ⇨ 간하수澗下水   (2) 정미丁未 ⇨ 천하수天下水

(3) 무자戊子 ⇨ 벽력화霹靂火   (3) 기미己未 ⇨ 천상화天上火
(4) 경자庚子 ⇨ 벽상토壁上土   (4) 신미辛未 ⇨ 노방토路傍土
(5) 임자壬子 ⇨ 상자목桑柘木   (5) 계미癸未 ⇨ 양류목楊柳木

2) 묘진卯辰--해害

    묘卯 토끼 ⇨ 음陰   진辰 용 ⇨ 양陽

(1) 을묘乙卯 ⇨ 대계수大溪水   (1) 갑진甲辰 ⇨ 복등화覆燈火
(2) 정묘丁卯 ⇨ 노중화爐中火   (2) 병진丙辰 ⇨ 사중토沙中土
(3) 기묘己卯 ⇨ 성두토城頭土   (3) 무진戊辰 ⇨ 대림목大林木
(4) 신묘辛卯 ⇨ 송백목松柏木   (4) 경진庚辰 ⇨ 백납금白鑞金
(5) 계묘癸卯 ⇨ 금박금金箔金   (5) 임진壬辰 ⇨ 장류수長流水

3) 축오丑午--해害

    축丑 소 ⇨ 음陰   오午 말 ⇨ 양陽

(1) 을축乙丑 ⇨ 해중금海中金   (1) 갑오甲午 ⇨ 사중금沙中金
(2) 정축丁丑 ⇨ 간하수澗下水   (2) 병오丙午 ⇨ 천하수天下水
(3) 기축己丑 ⇨ 벽력화霹靂火   (3) 무오戊午 ⇨ 천상화天上火
(4) 신축辛丑 ⇨ 벽상토壁上土   (4) 경오庚午 ⇨ 노방토路傍土
(5) 계축癸丑 ⇨ 상자목桑柘木   (5) 임오壬午 ⇨ 양류목楊柳木

4) 신해申亥--해害

    신申 원숭이 ⇨ 양陽   해亥 돼지 ⇨ 음陰

(1) 갑신甲申 ⇨ 천중수泉中水   (1) 을해乙亥 ⇨ 산두화山頭火
(2) 병신丙申 ⇨ 산하화山下火   (2) 정해丁亥 ⇨ 옥상토屋上土
(3) 무신戊申 ⇨ 대역토大驛土   (3) 기해己亥 ⇨ 평지목平地木
(4) 경신庚申 ⇨ 석류목石榴木   (4) 신해辛亥 ⇨ 차천금鎈釧金
(5) 임신壬申 ⇨ 검봉금劍鋒金   (5) 계해癸亥 ⇨ 대해수大海水

5) 인사寅巳--해害

　　　인寅 호랑이 ⇨ 양陽　　　　　사巳 뱀 ⇨ 음陰

　　(1) 갑인甲寅 ⇨ 대계수大溪水　　(1) 을사乙巳 ⇨ 복등화覆燈火
　　(2) 병인丙寅 ⇨ 노중화爐中火　　(2) 정사丁巳 ⇨ 사중토沙中土
　　(3) 무인戊寅 ⇨ 성두토城頭土　　(3) 기사己巳 ⇨ 대림목大林木
　　(4) 경인庚寅 ⇨ 송백목松柏木　　(4) 신사辛巳 ⇨ 백납금白鑞金
　　(5) 임인壬寅 ⇨ 금박금金箔金　　(5) 계사癸巳 ⇨ 장류수長流水

6) 유술酉戌--해害

　　　유酉 닭 ⇨ 음陰　　　　　술戌 개 ⇨ 양陽

　　(1) 을유乙酉 ⇨ 천중수泉中水　　(1) 갑술甲戌 ⇨ 산두화山頭火
　　(2) 정유丁酉 ⇨ 산하화山下火　　(1) 병술丙戌 ⇨ 옥상토屋上土
　　(3) 기유己酉 ⇨ 대역토大驛土　　(3) 무술戊戌 ⇨ 평지목平地木
　　(4) 신유辛酉 ⇨ 석류목石榴木　　(4) 경술庚戌 ⇨ 차천금鑕釧金
　　(5) 계유癸酉 ⇨ 검봉금劍鋒金　　(5) 임술壬戌 ⇨ 대해수大海水

5. 원진살元嗔殺

　아무런 연유緣由나 이유理由 없이 서로가 서로를 미워하고 싫어하는 감정이 일어나면서 서로에 대해 불평불만不平不滿을 늘어놓는다는 살殺이다. 부부夫婦라 하여도 서로가 다른 곳을 보면서 의견 다툼이 심하고 때에 따라서는 헤어지며, 재물을 크게 잃거나 풍파風波가 멈추지 않는다는 것이다. 스스로의 몸을 챙기기에도 어려워지며, 잘나가던 일이 나빠지고 재혼再婚하는 사람이 많다는 살殺이다.

　1) 자미子未--원진元嗔　2) 묘신卯申--원진元嗔　3) 축오丑午--원진元嗔
　4) 진해辰亥--원진元嗔　5) 인유寅酉--원진元嗔　6) 사술巳戌--원진元嗔

　1) 자미子未--원진元嗔

　　　　자子 쥐 ⇨ 양陽　　　　　　　　미未 양 ⇒ 음陰
(1) 갑자甲子 ⇨ 해중금海中金　　(1) 을미乙未 ⇨ 사중금沙中金
(2) 병자丙子 ⇨ 간하수澗下水　　(2) 정미丁未 ⇨ 천하수天下水
(3) 무자戊子 ⇨ 벽력화霹靂火　　(3) 기미己未 ⇨ 천상화天上火
(4) 경자庚子 ⇨ 벽상토壁上土　　(4) 신미辛未 ⇨ 노방토路傍土
(5) 임자壬子 ⇨ 상자목桑柘木　　(5) 계미癸未 ⇨ 양류목楊柳木

2) 묘신卯申--원진元嗔
　　　　묘卯 토끼 ⇨ 음陰　　　　　　신申 원숭이 ⇨ 양陽
(1) 을묘乙卯 ⇨ 대계수大溪水　　(1) 갑신甲申 ⇨ 천중수泉中水
(2) 정묘丁卯 ⇨ 노중화爐中火　　(2) 병신丙申 ⇨ 산하화山下火
(3) 기묘己卯 ⇨ 성두토城頭土　　(3) 무신戊申 ⇨ 대역토大驛土
(4) 신묘辛卯 ⇨ 송백목松柏木　　(4) 경신庚申 ⇨ 석류목石榴木
(5) 계묘癸卯 ⇨ 금박금金箔金　　(5) 임신壬申 ⇨ 검봉금劍鋒金

3) 축오丑午--원진元嗔
　　　　축丑 소 ⇨ 음陰　　　　　　　오午 말 ⇨ 양陽
(1) 을축乙丑 ⇨ 해중금海中金　　(1) 갑오甲午 ⇨ 사중금沙中金
(2) 정축丁丑 ⇨ 간하수澗下水　　(2) 병오丙午 ⇨ 천하수天下水
(3) 기축己丑 ⇨ 벽력화霹靂火　　(3) 무오戊午 ⇨ 천상화天上火
(4) 신축辛丑 ⇨ 벽상토壁上土　　(4) 경오庚午 ⇨ 노방토路傍土
(5) 계축癸丑 ⇨ 상자목桑柘木　　(5) 임오壬午 ⇨ 양류목楊柳木

4) 진해辰亥--원진元嗔
　　　　진辰 용 ⇨ 양陽　　　　　　　해亥 돼지 ⇨ 음陰
(1) 갑진甲辰 ⇨ 복등화覆燈火　　(1) 을해乙亥 ⇨ 산두화山頭火
(2) 병진丙辰 ⇨ 사중토沙中土　　(2) 정해丁亥 ⇨ 옥상토屋上土

(3) 무진戊辰 ⇨ 대림목大林木　　(3) 기해己亥 ⇨ 평지목平地木
(4) 경진庚辰 ⇨ 백납금白鑞金　　(4) 신해辛亥 ⇨ 차천금鎈釧金
(5) 임진壬辰 ⇨ 장류수長流水　　(5) 계해癸亥 ⇨ 대해수大海水

5) 인유寅酉--원진元嗔

인寅 호랑이 ⇨ 양陽　　　　유酉 닭 ⇨ 음陰
(1) 갑인甲寅 ⇨ 대계수大溪水　　(1) 을유乙酉 ⇨ 천중수泉中水
(2) 병인丙寅 ⇨ 노중화爐中火　　(2) 정유丁酉 ⇨ 산하화山下火
(3) 무인戊寅 ⇨ 성두토城頭土　　(3) 기유己酉 ⇨ 대역토大驛土
(4) 경인庚寅 ⇨ 송백목松柏木　　(4) 신유辛酉 ⇨ 석류목石榴木
(5) 임인壬寅 ⇨ 금박금金箔金　　(5) 계유癸酉 ⇨ 검봉금劍鋒金

6) 사술巳戌--원진元嗔

사巳 뱀 ⇨ 음陰　　　　　술戌 개 ⇨ 양陽
(1) 을사乙巳 ⇨ 복등화覆燈火　　(1) 갑술甲戌 ⇨ 산두화山頭火
(2) 정사丁巳 ⇨ 사중토沙中土　　(2) 병술丙戌 ⇨ 옥상토屋上土
(3) 기사己巳 ⇨ 대림목大林木　　(3) 무술戊戌 ⇨ 평지목平地木
(4) 신사辛巳 ⇨ 백납금白鑞金　　(4) 경술庚戌 ⇨ 차천금鎈釧金
(5) 계사癸巳 ⇨ 장류수長流水　　(5) 임술壬戌 ⇨ 대해수大海水

6. 역마살驛馬煞

몸과 마음이 매사에 공사다망公私多忙하더라도 잇속이 없으며, 좋지 않은 일이 따라다닌다고 한다. 또한 길吉한 신이 함께 움직이면 발전發展한다고 한다.

순행順行: 태어난 날 일지日支 인오술寅午戌이 신申을 만날 때.
역행逆行: 태어난 달 월지月支 인오술寅午戌이 신申을 만날 때.

1) 인신寅申 ⇨ 역마驛馬

        인寅 호랑이 ⇨ 양陽　　　　　신申 원숭이 ⇨ 양陽

 (1) 갑인甲寅 ⇨ 대계수大溪水　　(1) 갑신甲申 ⇨ 천중수泉中水
 (2) 병인丙寅 ⇨ 노중화爐中火　　(2) 병신丙申 ⇨ 산하화山下火
 (3) 무인戊寅 ⇨ 성두토城頭土　　(3) 무신戊申 ⇨ 대역토大驛土
 (4) 경인庚寅 ⇨ 송백목松柏木　　(4) 경신庚申 ⇨ 석류목石榴木
 (5) 임인壬寅 ⇨ 금박금金箔金　　(5) 임신壬申 ⇨ 검봉금劍鋒金

2) 오신午申 ⇨ 역마驛馬

        오午 말 ⇨ 양陽　　　　　　신申 원숭이 ⇨ 양陽

 (1) 갑오甲午 ⇨ 사중금沙中金　　(1) 갑신甲申 ⇨ 천중수泉中水
 (2) 병오丙午 ⇨ 천하수天下水　　(2) 병신丙申 ⇨ 산하화山下火
 (3) 무오戊午 ⇨ 천상화天上火　　(3) 무신戊申 ⇨ 대역토大驛土
 (4) 경오庚午 ⇨ 노방토路傍土　　(4) 경신庚申 ⇨ 석류목石榴木
 (5) 임오壬午 ⇨ 양류목楊柳木　　(5) 임신壬申 ⇨ 검봉금劍鋒金

3) 술신戌申 ⇨ 역마驛馬

        술戌 개 ⇨ 양陽　　　　　　신申 원숭이 ⇨ 양陽

 (1) 갑술甲戌 ⇨ 산두화山頭火　　(1) 갑신甲申 ⇨ 천중수泉中水
 (2) 병술丙戌 ⇨ 옥상토屋上土　　(2) 병신丙申 ⇨ 산하화山下火
 (3) 무술戊戌 ⇨ 평지목平地木　　(3) 무신戊申 ⇨ 대역토大驛土
 (4) 경술庚戌 ⇨ 차천금鎈釧金　　(4) 경신庚申 ⇨ 석류목石榴木
 (5) 임술壬戌 ⇨ 대해수大海水　　(5) 임신壬申 ⇨ 검봉금劍鋒金

순행順行: 태어난 날 일지日支 신자진申子辰이 인寅을 만날 때.
역행逆行: 태어난 달 월지月支 신자진申子辰이 인寅을 만날 때.

1) 신인申寅 ⇨ 역마驛馬

      신申 원숭이 ⇨ 양陽　　　　　인寅 호랑이 ⇨ 양陽

  (1) 갑신甲申 ⇨ 천중수泉中水　　(1) 갑인甲寅 ⇨ 대계수大溪水
  (2) 병신丙申 ⇨ 산하화山下火　　(2) 병인丙寅 ⇨ 노중화爐中火
  (3) 무신戊申 ⇨ 대역토大驛土　　(3) 무인戊寅 ⇨ 성두토城頭土
  (4) 경신庚申 ⇨ 석류목石榴木　　(4) 경인庚寅 ⇨ 송백목松柏木
  (5) 임신壬申 ⇨ 검봉금劍鋒金　　(5) 임인壬寅 ⇨ 금박금金箔金

2) 자인子寅 ⇨ 역마驛馬

      자子 쥐 ⇨ 양陽　　　　　　인寅 호랑이 ⇨ 양陽

  (1) 갑자甲子 ⇨ 해중금海中金　　(1) 갑인甲寅 ⇨ 대계수大溪水
  (2) 병자丙子 ⇨ 간하수澗下水　　(2) 병인丙寅 ⇨ 노중화爐中火
  (3) 무자戊子 ⇨ 벽력화霹靂火　　(3) 무인戊寅 ⇨ 성두토城頭土
  (4) 경자庚子 ⇨ 벽상토壁上土　　(4) 경인庚寅 ⇨ 송백목松柏木
  (5) 임자壬子 ⇨ 상자목桑柘木　　(5) 임인壬寅 ⇨ 금박금金箔金

3) 진인辰寅 ⇨ 역마驛馬

      진辰 용 ⇨ 양陽　　　　　　인寅 호랑이 ⇨ 양陽

  (1) 갑진甲辰 ⇨ 복등화覆燈火　　(1) 갑인甲寅 ⇨ 대계수大溪水
  (2) 병진丙辰 ⇨ 사중토沙中土　　(2) 병인丙寅 ⇨ 노중화爐中火
  (3) 무진戊辰 ⇨ 대림목大林木　　(3) 무인戊寅 ⇨ 성두토城頭土
  (4) 경진庚辰 ⇨ 백납금白鑞金　　(4) 경인庚寅 ⇨ 송백목松柏木
  (5) 임진壬辰 ⇨ 장류수長流水　　(5) 임인壬寅 ⇨ 금박금金箔金

순행順行: 태어난 날 일지日支 사유축巳酉丑이 해亥를 만날 때.
역행逆行: 태어난 달 월지月支 사유축巳酉丑이 해亥을 만날 때.

1) 사해巳亥 ⇨ 역마驛馬

　　　　사巳 뱀 ⇨ 음陰　　　　　　　해亥 돼지 ⇨ 음陰

　(1) 을사乙巳 ⇨ 복등화覆燈火　　(1) 을해乙亥 ⇨ 산두화山頭火
　(2) 정사丁巳 ⇨ 사중토沙中土　　(2) 정해丁亥 ⇨ 옥상토屋上土
　(3) 기사己巳 ⇨ 대림목大林木　　(3) 기해己亥 ⇨ 평지목平地木
　(4) 신사辛巳 ⇨ 백납금白鑞金　　(4) 신해辛亥 ⇨ 차천금釵釧金
　(5) 계사癸巳 ⇨ 장류수長流水　　(5) 계해癸亥 ⇨ 대해수大海水

2) 유해酉亥 ⇨ 역마驛馬

　　　　유酉 닭 ⇨ 음陰　　　　　　　해亥 돼지 ⇨ 음陰

　(1) 을유乙酉 ⇨ 천중수泉中水　　(1) 을해乙亥 ⇨ 산두화山頭火
　(2) 정유丁酉 ⇨ 산하화山下火　　(2) 정해丁亥 ⇨ 옥상토屋上土
　(3) 기유己酉 ⇨ 대역토大驛土　　(3) 기해己亥 ⇨ 평지목平地木
　(4) 신유辛酉 ⇨ 석류목石榴木　　(4) 신해辛亥 ⇨ 차천금釵釧金
　(5) 계유癸酉 ⇨ 검봉금劍鋒金　　(5) 계해癸亥 ⇨ 대해수大海水

3) 축해丑亥 ⇨ 역마驛馬

　　　　축丑 소 ⇨ 음陰　　　　　　　해亥 돼지 ⇨ 음陰

　(1) 을축乙丑 ⇨ 해중금海中金　　(1) 을해乙亥 ⇨ 산두화山頭火
　(2) 정축丁丑 ⇨ 간하수澗下水　　(2) 정해丁亥 ⇨ 옥상토屋上土
　(3) 기축己丑 ⇨ 벽력화霹靂火　　(3) 기해己亥 ⇨ 평지목平地木
　(4) 신축辛丑 ⇨ 벽상토壁上土　　(4) 신해辛亥 ⇨ 차천금釵釧金
　(5) 계축癸丑 ⇨ 상자목桑柘木　　(5) 계해癸亥 ⇨ 대해수大海水

순행順行: 태어난 날 일지日支 해묘미亥卯未가 사巳를 만날 때.
역행逆行: 태어난 달 월지月支 해묘미亥卯未가 사巳를 만날 때.

1) 해사亥巳 ⇨ 역마驛馬

　　　해亥 돼지 ⇨ 음陰　　　　　사巳 뱀 ⇨ 음陰
　(1) 을해乙亥 ⇨ 산두화山頭火　　(1) 을사乙巳 ⇨ 복등화覆燈火
　(2) 정해丁亥 ⇨ 옥상토屋上土　　(2) 정사丁巳 ⇨ 사중토沙中土
　(3) 기해己亥 ⇨ 평지목平地木　　(3) 기사己巳 ⇨ 대림목大林木
　(4) 신해辛亥 ⇨ 차천금鑡釧金　　(4) 신사辛巳 ⇨ 백납금白鑞金
　(5) 계해癸亥 ⇨ 대해수大海水　　(5) 계사癸巳 ⇨ 장류수長流水

2) 묘사卯巳 ⇨ 역마驛馬

　　　묘卯 토끼 ⇨ 음陰　　　　　사巳 뱀 ⇨ 음陰
　(1) 을묘乙卯 ⇨ 대계수大溪水　　(1) 을사乙巳 ⇨ 복등화覆燈火
　(2) 정묘丁卯 ⇨ 노중화爐中火　　(2) 정사丁巳 ⇨ 사중토沙中土
　(3) 기묘己卯 ⇨ 성두토城頭土　　(3) 기사己巳 ⇨ 대림목大林木
　(4) 신묘辛卯 ⇨ 송백목松柏木　　(4) 신사辛巳 ⇨ 백납금白鑞金
　(5) 계묘癸卯 ⇨ 금박금金箔金　　(5) 계사癸巳 ⇨ 장류수長流水

3) 미사未巳 ⇨ 역마驛馬

　　　미未 양 ⇨ 음陰　　　　　　사巳 뱀 ⇨ 음陰
　(1) 을미乙未 ⇨ 사중금沙中金　　(1) 을사乙巳 ⇨ 복등화覆燈火
　(2) 정미丁未 ⇨ 천하수天下水　　(2) 정사丁巳 ⇨ 사중토沙中土
　(3) 기미己未 ⇨ 천상화天上火　　(3) 기사己巳 ⇨ 대림목大林木
　(4) 신미辛未 ⇨ 노방토路傍土　　(4) 신사辛巳 ⇨ 백납금白鑞金
　(5) 계미癸未 ⇨ 양류목楊柳木　　(5) 계사癸巳 ⇨ 장류수長流水

7. 평두살平頭煞

교통사고나 낙상 등, 여타의 방법으로 크게 다치고 병원신세를 피하지 못한다는 흉한 살이라고 한다.

1) 갑자甲子, 2) 갑인甲寅, 3) 갑진甲辰, 4) 병진丙辰

1) 갑자甲子

육십갑자六十甲子 병납음竝納音으로는 해중금海中金이며, 그 뜻을 풀어보면 거친 바다 가운데 금金이 있다는 것이니, 세파世波에 시달리는 형상이다. 또한 순행順行일 때는 해중금의 기운이 시주時柱에 있다면 평생平生 평두살平頭煞로 고통 받는다는 것이고 일주日柱에 있으면 초년에 평두살이라는 것이고 월주月柱에 있으면 중년에 평두살이라는 것이며, 년주年柱에 있다면 말년에 평두살 때문에 고생한다는 것이다. 그러나 8상八象에 따라 경중의 차이가 있으며, 어떠한 사람과 인연因緣을 만나느냐에 따라 달라지는 것이 살煞이라는 것이다.

갑자甲子 해중금海中金을 8상八象으로 나누면 다음과 같다.

(1) 갑자甲子 해중금海中金 양陽의 태양太陽: 외강내강外剛內剛으로서 겉으로도 강剛하면서 안으로도 강한 성격의 소유자이다.
(2) 갑자甲子 해중금海中金 양陽의 소음少陰: 외강내유중外剛內柔重으로서 겉으로는 강하면서 안은 부드럽고 신중愼重한 성격의 소유자이다.
(3) 갑자甲子 해중금海中金 양陽의 소양少陽: 외강내유약경外剛內柔弱輕으로서 겉으로는 강하지만 안으로는 부드럽고 약하며, 말과 행동이 가볍다.
(4) 갑자甲子 해중금海中金 양陽의 태음太陰: 외강내무명外剛內無明으로서 겉으로는 강하고 현명賢明해 보이지만 지혜에 어두운 까닭으로 아둔한 성품의 소유자이다.
(5) 갑자甲子 해중금海中金 음陰의 태양太陽: 외유내강外柔內剛으로서 겉은

부드럽지만 안은 강하고 지혜롭다.

(6) 갑자甲子 해중금海中金 음陰의 소음少陰: 외유내유중外柔內柔重으로서 겉으로는 부드럽지만 안은 부드러우면서 신중하고 실속을 따르는 현명함이 있다.

(7) 갑자甲子 해중금海中金 음陰의 소양少陽: 외유경내유약外柔輕內柔弱으로서 겉으로는 부드럽고 말과 행동이 가벼우며, 안도 또한 부드럽고 약한 성격이다.

(8) 갑자甲子 해중금海中金 음陰의 태음太陰: 외유중내유약무명外柔重內柔弱無明으로서 겉으로는 부드럽고 신중해 보이지만 안은 약하고 우유부단하며 지혜에 밝지 못하여 아둔한 면을 보이면서 깨달아 얻지 못하는 성품이다.

해중금海中金의 변역變易은 본인의 저서 "천운해제天運解題"에 자세히 설명이 되어있으니 많은 참고가 되기를 바란다. 또한 어떠한 인연을 만나느냐에 따라 달라지는 것이 삶이니, 통변通變을 하길 바라며, 홈페이지 "www.천운해제.com"에 접속하여 간접적인 경험經驗을 통하여 많은 것을 얻길 바라는 바이다.

2) 갑인甲寅

육십갑자六十甲子 병납음으로는 대계수大溪水이며, 큰 계곡을 거칠게 흘러 내리는 물의 기운이다. 자세히 살펴보면 장맛비가 내려 계곡의 물이 불어난 것을 보면 그 이치를 알 것이다. 변역變易 8상八象은 위의 글과 같으므로 생략한다.

3) 갑진甲辰

육십갑자六十甲子 병납음으로는 복등화覆燈火이며, 작은 호롱불이 뒤집힌다는 것이다. 그 작은 불이 뒤집혀 큰 불로 번지는 것이니, 말하지 않아도 그 이치를 알 것이다.

4) 병진丙辰

육십갑자六十甲子 병납음으로는 사중토이며, 모래 가운데 흙이라는 것이다. 거친 사막과 같은 기운으로 그 형상을 그려보면 평두살의 의미가 분명하며, 8상八象으로 보면 그 이치가 보일 것이다. 또한 어떠한 인연을 맺느냐에 따라 삶이 뒤바뀌는 기운이기도 하다.

살론煞論을 올린 것은 타인의 말에 혹할까 걱정이 되어 올리는 것이니, 크게 마음 쓸 일이 아니다. 나 또한 살론에 대해서는 관심을 두지 않는다. 단지 예만 들었을 뿐이다.

역치_{易治}란

VIII

역치란 음력陰曆 연월일시年月日時에 따른 병납음과 이 음력 병납음을 뒤집어 행태, 곧 겉으로 드러난 것을 보는 법으로서 이 역치를 여기에서는 밝힐 수가 없다. 다만 다음과 같이 예를 들어 짐작할 수 있도록 예만 든다. 8상八象을 통한 변역變易에 밝고 통변通變의 이치를 세울 수 있다면 알 수 있는 것으로서 그리 어려운 것이 아니다.

음력 연월일시의 병납음 4가지와 역치易治로 풀어낸 병납음 4가지가 합하여 개인의 삶뿐만이 아니라 서로의 사주를 비교하여 주어진 상황이나 형편을 보는 것이 역치이다. 음력 연월일시는 바탕에 깔린 본질적이면서 근본적인 바탕을 이르는 것이며, 역치는 밖으로 드러나는 행태 및, 기질, 행동, 말 등을 이르는 것이다. 곧 음력은 내괘內卦를 이르는 것이며, 이를 역치하면 외괘外卦를 이르는 것이다. 달리 말을 붙이면 음력은 하괘下卦를 이르는 것이며, 이를 역치하면 상괘上卦를 이르는 것이다. 이렇듯 상하8괘 上下八卦를 이루어 소상론小象論으로서의 의미를 세우고 대상론大象論에 이입하여 위아래, 동서남북을 꿰뚫어 보는 것이 역치이다. 변역과 통변의 이치를 밝게 세울 수 있다면 역치는 그리 어려운 일이 아니기 때문에 이곳에서는 밝히지 않는다.

예를 들면 음력陰曆 1950년 3월 12일 오전 9시에 태어난 남자나 여자의 괘卦를 세우고 변역變易과 통변通變할 수 있도록 표를 만들면 아래와 같다.

음　　력: 1950년 3월 12일 평달 9시
양　　력: 1950 4월 28일 9시
음력간지: 경인년庚寅年 경진월庚辰月 계사일癸巳日 정사시丁巳時
년　　주: 송백목松柏木 양의 태양太陽 건乾 ☰
경인년 ⇨ 송백목松柏木
양년: 입춘立春-입하立夏 ⇨ 태양太陽 건乾
월　　주: 백납금白鑞金 양의 소음少陰 태兌 ☱

경진월 ⇨ 백납금白鑞金

양월: 춘분春分-하지夏至 ⇨ 소음少陰 태兌

일　주: 장류수長流水 양의 소양少陽 리離 ☲

일주의 "양/음"은 "월"의 간지 첫 자의 "양/음"에 따라 결정됨

계사일 ⇨ 장류수長流水

음일: 곡우穀雨 후 8일까지 ⇨ 소양少陽 리離

시　주: 사중토沙中土 음의 소음少陰 감坎 ☵

정사시 ⇨ 사중토沙中土

음시: 새벽 5시--오전 11시 ⇨ 소음少陰 감坎

사주四柱가 순행順行하는 경우

순행順行이라는 것은 양陽의 기운이 일어나 활동하는 동지부터 하지까지를 이른다.

시주時柱가 평생 운, 일주日柱가 초년 운, 월주月柱가 중년 운, 년주年柱가 말년 운을 보는 것이다.

www.천운해제.com의 사주로 괘 세우기

IX 후기

IX. 후기

늘 미명未明속에서 빛을 찾기 위해 노력을 기울였다. 어려운 길이라는 것은 알았지만 시간時間을 두고 넉넉하게 이끌어온 것이 지금의 삶이 아닌가 한다.

오늘도 가던 길을 멈추고 뒤돌아본다. 그렇다고 미련 때문이 아니며, 또 그 무슨 사연 때문만도 아니다. 새롭게 다가서는 것은 없다, 늘 마음의 울림을 이야기하고 싶지만 세상사世上事의 흐름이 너무 답답하고 외롭게만 만들어가는 까닭으로 입이 다물어질 뿐이다.

생경生硬한 이론으로 세상을 현혹眩惑시키는 것은 아닌지 늘 의문疑問을 가지지만, 낮과 밤이 오감을 어찌 막을 수 있겠는가. 다만 조금이나마 도움이 되기를 바랄 뿐이며, 타인의 말에 현혹되어 다치지 않기를 바라는 마음이고 조금만 더 행복해지기를 바라는 마음이다.

때때로 세상을 다 아는 듯 오만傲慢하게 굴기보다는 스스로를 낮추고 세상사를 위해야 하겠다. 남을 먼저 생각하고 배려配慮하는 마음을 지녀야겠다. 더하여 안다고 나서지 말아야겠다. 때때로 힘들기는 하겠지만 상생相生의 길로 나가야겠다.

많은 분들께 감사를 드리며, 물심양면으로 출간에 큰 도움을 주신 분들에게 다시 한 번 감사를 드립니다.

막걸리 한잔에 온 시름을 놓고 글을 마친다.

2014년 8월 새벽 비가 내리는 하늘을 보면서
—智 이건표.

홈페이지: www.천운해제.com